新编思想政治教育学原理（第二版）

沈壮海 主编

中国人民大学出版社
·北京·

目　录

绪　论

思想政治教育是一种特殊的教育实践活动。思想政治教育学就是在探索这一实践活动规律的过程中形成的学问。这门学问内容丰富，涵盖面广，涉及思想政治教育的方方面面。“思想政治教育学原理”是反映其中原理性内容的一门课程。学好这门课程，是掌握思想政治教育专门知识、形成思想政治教育专业素养的内在要求。

第一节 什么是思想政治教育

在领导中国革命、建设、改革和新时代中国特色社会主义实践的进程中，我们党高度重视思想政治教育工作，并在丰富的实践进程中不断拓展理论探索，开创推进学科建设，为深化对思想政治教育规律的认识做出了具有中国特色、中国风格、中国气派的贡献。思想政治教育的重要作用，也深深地融入中国革命、建设、改革和新时代中国特色社会主义实践中，生动地展现在中华民族站起来、富起来、强起来的复兴进程中。同时也要看到，我们称为“思想政治教育”的这种特殊的政治实践活动、教育实践活动，并不独存于我们党领导中国革命、建设、改革和新时代中国特色社会主义实践的进程之中，而是人类进入政治社会之后便广泛存在的实践活动。它与政治同步而生，随政治发展演化，形态多样，广存于世。认识思想政治教育现象，既需要看到思想政治教育活动在人类政治社会中的普遍性存在，也需要看到不同历史时期和社会制度中思想政治教育的不同，全面把握思想政治教育的本质和特征。

一、思想政治教育的实践活动

概括而言，思想政治教育即一定的阶级或政党为将自己所倡导的意识形态转化为人们广泛接受的意识形态，引导人们形成相应的思想政治素质而自觉开展的教育实践活动。它服务于相应意识形态的传播与接受，指向人们相应思想政治素质的形成和发展，借助于各式各样教育的途径实现自己的目的。

循史而察，可以看到，思想政治教育与人类政治社会的出现一样久远。在人类进入政治社会之前，便有各种各样原始形态的思想政治教育，如各种礼仪规范、交往规则、秩序意识、习俗禁忌的教育等，其中便包含着思想政治教育的萌芽。人类社会进入政治社会之后，严格意义上的思想政治教育也随之产生，成为人类政治生活中的重要方面。可以说，思想政治教育这种特殊的实践活动是与人类社会的政治现象“同体诞生”的，也是政治活动所内含的不可分割的构成。一个阶级、一个政党要强化本阶级、本政党成员的归属意识，开展为实现本阶级和政党利益的各种形式的斗争，要赢得更广泛的民意，汇聚更广泛的社会力量，必须通过相应的宣传和鼓动，这种宣传和鼓动，亦即我们所称的思想政治教育。执政者要维护自己的政治统治，实现自己的政治理念和主张，推行相应的政策，也需要通过各种途径将自己的理念、主张和政策推及民众，以争取社会成员的广泛认可和认同，给自己的政治行为“盖上社会普遍承认的印章”①。这种传播理念和主张、构建认可和认同的活动，亦即我们所称的思想政治教育。实际上，任何政治目的的达成、任何政治统治的实现、任何政治机器的运转，都是建立在人心认同的基础之上的，都离不开意识形态体系的解释说明、维护支撑。古往今来许多的政治家、思想家在论及政治的时候都特别强调“人心向背”，强调“心安，是国安也。心治，是国治也”（《管子·心术下》），种种此论，其重要指向，也正在这里。

同样可以看到的是，在任何一个政治社会中，构建并发展、强化占主导地位的意识形态，都是国家机器的重要职责，也是国家机器赖以运转的基本条件。恩格斯将国家称作“第一个支配人的意识形态力量”②，清晰揭示了国家诞生、确立及其运行中意识形态力量的重要性。马克思、恩格斯还指出：“统治阶级的思想在每一时代都是占统治地位的思想……既然他们作为一个阶级进行统治，并且决定着某一历史时代的整个面貌，那么，不言而喻，他们在这个历史时代的一切领域中也会这样做，就是说，他们还作为思维着的人，作为思想的生产者进行统治，他们调节着自己时代的思想的生产和分配；而这就意味着他们的思想是一个时代的占统治地位的思想。”③ 这一论述，揭示的是人类政治社会发展中的一个通则。统治阶级调节“自己时代的思想的生产和分配”的过程，就是社会主流意识形态建设的过程，就是构建、巩固这个时代“占统治地位的思想”的过程。“在有阶级和阶级冲突存在的社会里，全部社会生活的再生产必然蕴含着意识形态的再生产，没有意识形态的再生产，人类社会（这里指阶级社会）的再生产是不可能的。”④ 换言之，只要人类还处于政治社会的发展阶段，就一定有意识形态的再生产问题。而意识形态的再生产，实现的路径可以而且肯定是多种多样的，但其中极为重要的基本路径之一便是借助教育的渠道。这种借助教育的渠道来推进意识形态再生产，或者说构建、增进相应意识形态的主导性的活动，便是思想政治教育。

① 马克思，恩格斯．马克思恩格斯选集：第4卷．3版．北京：人民出版社，2012：123.
② 同①259.
③ 马克思，恩格斯．马克思恩格斯选集：第1卷．3版．北京：人民出版社，2012：178－179.
④ 俞吾金．意识形态论．修订版．北京：人民出版社，2009：153.

链接

《礼记·大学》说："大学之道，在明明德，在亲民，在止于至善。"古今中外，关于教育和办学，思想流派繁多，理论观点各异，但在教育必须培养社会发展所需要的人这一点上是有共识的。培养社会发展所需要的人，说具体了，就是培养社会发展、知识积累、文化传承、国家存续、制度运行所要求的人。所以，古今中外，每个国家都是按照自己的政治要求来培养人的，世界一流大学都是在服务自己国家发展中成长起来的。我国社会主义教育就是要培养社会主义建设者和接班人。

——习近平．在北京大学师生座谈会上的讲话．人民日报，2018-05-03.

意识形态再生产，或者说相应意识形态主导性的构建、增进，归根结底，亦即人的相应思想政治素质塑造的过程。人是社会的主体。一如马克思、恩格斯所指出的那样："思想本身根本**不能实现什么东西**。思想要得到实现，就要有使用实践力量的人。"① 任何意识形态主导性的增强，最根本的评判标准，就在于人们对其接受的广度与深度，唯有当它越来越广泛地深入人心的时候，才能够成为主导性的、主流性的意识形态，才能够转化为现实的力量。而它向一个个鲜活的社会个体转化的过程，也就是社会个体思想政治素质形成发展的过程。思想政治教育便是这样的一种社会实践活动，它以自己的方式，致力于相应意识形态的构建、维护和发展，担负着培养人的思想政治素质的重任。意识形态的传播与接受、人的思想政治素质的教育和培养是同一个过程的不同方面，二者统一于思想政治教育的具体实践之中。

二、思想政治教育的概念流变

思想政治教育活动的普遍存在及其重要意义，在历史上很早便引起了人们的关注。人们用不同的概念来指称这种特殊的社会实践活动，从不同的角度探索这种社会实践活动中的规律性问题。例如，在中国古代，人们将这种社会实践活动称为"德教""德化""教化"等。在中华传统文化特别是儒家文化中，便包含着极为丰富的德行教化思想；注重教化，成为儒家文化、中华传统文化的一个显著特征。在西方，对于这种特殊的社会实践活动，人们也有许多称呼，如"价值教育""道德教育""政治社会化""公民教育""政治教育"等，并建构起了许多相关的学问，流派纷呈。这些丰富多样的概念，所指的都与我们现在讲的思想政治教育有关。类

① 马克思，恩格斯．马克思恩格斯文集：第1卷．北京：人民出版社，2009：320.

似概念的丰富性，说明思想政治教育这种社会实践活动的普遍性存在。在人类思想史上，围绕这种社会实践活动而从不同角度具体展开的许多理论、学说、思想观点，是我们现在开展思想政治教育理论与实践探索应当高度重视的重要思想资源。

链接

中国传统文化，尤其是作为其核心的思想文化的形成和发展，大体经历了中国先秦诸子百家争鸣、两汉经学兴盛、魏晋南北朝玄学流行、隋唐儒释道并立、宋明理学发展等几个历史时期。……儒家思想和中国历史上存在的其他学说都坚持经世致用原则，注重发挥文以化人的教化功能，把对个人、社会的教化同对国家的治理结合起来，达到相辅相成、相互促进的目的。……中国优秀传统文化的丰富哲学思想、人文精神、教化思想、道德理念等，可以为人们认识和改造世界提供有益启迪，可以为治国理政提供有益启示，也可以为道德建设提供有益启发。

——习近平．在纪念孔子诞辰 2 565 周年国际学术研讨会暨国际儒学联合会第五届会员大会开幕会上的讲话．人民日报，2014-09-25.

马克思主义经典作家对于思想政治教育这种特殊的社会实践活动，也曾有过多种指称，如“宣传工作”“鼓动工作”“政治工作”“政治教育”等。在马克思、恩格斯积极参加拟订，并于 1847 年 12 月由第一个国际性的无产阶级政党——共产主义者同盟第二次代表大会审查通过的《共产主义者同盟章程》中，关于“盟员的条件”便明确规定要“具有宣传的能力和热情、坚定不移的信念、革命的活力”①。1877 年，恩格斯在《卡尔·马克思》一文中回顾马克思的革命生涯时，也曾这样写道，马克思于 1847 年“在布鲁塞尔抓住时机创立了德意志工人协会，从而开始了实际的鼓动工作”，在加入共产主义者同盟之后，“实际的鼓动工作对于他就具有更重要的意义了”②。

在领导工人运动的革命实践中，列宁也时常运用“政治鼓动”“宣传”等概念，并明确提出了“政治工作”“政治教育”等术语。例如，列宁在《论〈宣言书〉》中曾强调指出，政治教育一定不能脱离具体的政治活动和政治斗争：“难道还需要向社会民主党人证明，**离开**政治斗争和政治活动就谈不上任何政治教育吗？难道可以设想除了政治活动和政治斗争还能够用什么课程或书本等等来对工人群众进行政治教育吗？”③ 在 1901 年秋至 1902 年 2 月撰写的《怎么办？》中，列宁曾对政治教育、

---

① 马克思，恩格斯．马克思恩格斯全集：第 10 卷．2 版．北京：人民出版社，1998：744.

② 马克思，恩格斯．马克思恩格斯选集：第 3 卷．3 版．北京：人民出版社，2012：716，717.

③ 列宁．列宁全集：第 4 卷．2 版．北京：人民出版社，1984：274.

政治工作的有效开展做出非常丰富的论述。他指出，“群众的自发高潮愈增长，运动愈扩大，对于社会民主党在理论工作、政治工作和组织工作方面表现巨大的自觉性的要求也就愈无比迅速地增长起来”①，“‘生动的政治工作’也只能从生动的政治鼓动着手，而生动的政治鼓动又非有经常出版并且正常发行的全俄报纸不可”②，“我们应当积极地对工人阶级进行政治教育，发展工人阶级的政治意识”③。1934 年 1 月 26 日，《在党的第十七次代表大会上关于联共（布）中央工作的总结报告》中，斯大林提出了“政治思想领导问题”④，并认为，政治思想工作的主要任务是“把党的理论水平提到应有的高度”，“在党的一切环节中加强思想工作”，“在党的队伍中不倦地宣传列宁主义”等⑤。

在中国共产党人的话语体系中，“政治教育”“政治工作”“政治宣传”等也被广泛使用。1926 年 7 月，周恩来为国民革命军总政治部举办的战时政治训练班做了题为《国民革命军及军事政治工作》的报告，深入阐述了在国民革命军中开展政治工作的目的、意义以及政治工作的范围、方法等问题。1927 年 3 月，毛泽东在其撰写的《湖南农民运动考察报告》中，曾对湖南农民运动中的政治宣传、政治教育给予高度评价，“政治宣传的普及乡村，全是共产党和农民协会的功绩。很简单的一些标语、图画和讲演，使得农民如同每个都进过一下子政治学校一样，收效非常之广而速”⑥，“开一万个法政学校，能不能在这样短时间内普及政治教育于穷乡僻壤的男女老少，像现在农会所做的政治教育一样呢？我想不能吧”⑦。1932 年中央给苏区中央局及苏区闽赣两省委的指示中，以及 1934 年在瑞金召开的全国红军第一次政治工作会议上，都曾明确将政治工作称为“红军的生命线”。1937 年 10 月 25 日，在和英国记者贝特兰的谈话中，毛泽东称八路军有“一种极其重要和极其显著的东西”⑧，那就是政治工作。也有“思想政治工作”“思想教育”的提法。例如，1940 年 3 月 19 日，陈云在延安抗日军政大学第五期学生毕业大会上的讲话中便强调：“维护党的统一，不靠刀枪，要靠纪律；同时，加强思想政治工作，端正路线和方针、政策。”⑨ 1941 年 9 月 10 日，在中央政治局扩大会议上，毛泽东在论及反

---

① 列宁．列宁选集：第 1 卷．3 版修订版．北京：人民出版社，2012：338－339.
② 同①440.
③ 同①342.
④ 斯大林．斯大林选集：下卷．北京：人民出版社，1979：330.
⑤ 同④341.
⑥ 毛泽东．毛泽东选集：第 1 卷．2 版．北京：人民出版社，1991：35.
⑦ 同⑥34.
⑧ 毛泽东．毛泽东选集：第 2 卷．2 版．北京：人民出版社，1991：379.
⑨ 陈云．陈云文选：第 1 卷．2 版．北京：人民出版社，1995：196.

对主观主义和宗派主义问题时，强调“掌握思想教育是我们第一等的业务”①。1945年4月24日，在党的七大上，毛泽东明确指出：“掌握思想教育，是团结全党进行伟大政治斗争的中心环节。如果这个任务不解决，党的一切政治任务是不能完成的。”② 1949年10月24日，在同绥远负责人的谈话中，毛泽东使用了“思想政治教育”的概念。他要求，对绥远起义人员“要按照他们的具体情况和能够接受的程度进行思想政治教育，不能强迫灌注”③。

目前，“思想政治教育”与“思想政治工作”是本领域运用最广的概念。人们在许多场合和语境中也经常不加区别地使用这两个概念，将其视为同义词。但实际上，两者指义有所不同。“思想政治教育”的概念更多用以指称思想政治工作领域具有更明确教育形态的实践活动，而“思想政治工作”概念所指则较此要广泛得多。

从上述概念史的简要梳理中，我们可以看到古今中外人们对思想政治教育实践活动的高度关注，看到马克思主义的思想政治教育形成发展的基本脉络。对思想政治教育的不同指称，表达了不同时空背景下人们认识思想政治教育现象的多维角度和不同水平。概念史梳理的意义在于，它有助于我们看到一个更为纵深、更为开阔、更为丰富的思想政治教育的历史、理论和实践空间，也有助于我们在综览与比较中认同思想政治教育的普遍性存在及不同历史条件与社会制度下思想政治教育的不同性质、不同形态。

三、思想政治教育的本质特征

思想政治教育具有多种多样的特征，例如，它具有实践性、目的性、组织性、系统性、多样性、复杂性等。这些都是思想政治教育的特征，但是，还不能说这些就是思想政治教育的本质特征。所谓本质特征，指的是直接反映着事物本质的主要特征。思想政治教育的本质特征可以概括为政治性、导向性、教育性。

政治性。任何思想政治教育，都具有鲜明的政治性，都是由特定的政治主体围绕着特定的政治目的而进行的。所主导的政治主体的不同、所持有的政治立场的不同、所指向的政治目的的不同、所传递的教育内容政治取向的不同，标示着不同思想政治教育的不同政治特性。如前所述，在人类社会历史上、在当今世界不同国度中，思想政治教育都普遍存在。尽管其指称不同，但均是思想政治教育；然而，尽

① 毛泽东．毛泽东文集：第2卷．北京：人民出版社，1993：375.

② 毛泽东．毛泽东选集：第3卷．2版．北京：人民出版社，1991：1094.

③ 毛泽东．毛泽东文集：第6卷．北京：人民出版社，1999：11.

管都可视之为思想政治教育，但其本质不尽相同。对其做出区分的首要根据，即其政治性的不同。我们将不同历史时期、不同社会制度下的思想政治教育称为资产阶级的思想政治教育、无产阶级的思想政治教育，资本主义制度下的思想政治教育、社会主义制度下的思想政治教育等等，所依据的即其各自鲜明的政治性。在当代中国，思想政治教育的政治性体现在它是中国共产党的意识形态工作的重要组成部分，由中国共产党领导，党的各级组织作为主体组织实施；体现在思想政治教育的实施以建设、巩固和发展社会主义意识形态，动员各方面的力量汇聚于中国特色社会主义建设和实现中华民族伟大复兴的宏伟事业，培养能够担当民族复兴大任的时代新人为主要目标。当代中国的思想政治教育，就其内容而言，以马克思主义理论及其在当代中国发展的新成果，中国特色社会主义的思想理论、理想信念、价值理念、政治要求、道德规范、制度政策等为核心内容，这也是其政治性的鲜明体现。

导向性。导向的明确，是思想政治教育政治性的体现，是思想政治教育目的性的反映，也是思想政治教育取得实效性的重要前提。所谓的“价值无涉”“价值中立”的思想政治教育是不存在的；只强调所谓价值判断能力的培养而不直接指向于对明确价值目标、准则的认同的各式各样的教育，要么是不存在的，要么是无效的。思想政治教育活动的开展就是要将自己所主张、所传递的内容转化为在一个社会中具有主导性的思想理论、价值取向，或者说，就是要确立、增进自己所主张、传递的内容在意识形态或思想文化领域的主导性。“夫道不欲杂，杂则多，多则扰，扰则忧，忧而不救”（《庄子·内篇·人间世》）。在思想政治教育开展的过程中，主张什么、弘扬什么、倡导什么、要求什么、认可什么、反对和抵制什么，如此等等，在这些问题上，都应当是旗帜鲜明的，不能够含含糊糊、模棱两可。这是思想政治教育的本质要求，也是有效的思想政治教育的必要特征。

教育性。思想政治教育归根到底是一种教育活动，具备一切教育活动所具有的形式要件，以对人的教育为活动的基本形式，为其价值实现的根本依据。思想政治教育活动的开展，就是要传播相应的思想理论、理想信念、价值理念、政治要求、道德规范、制度政策等，以期引导人们形成、提升相应的思想政治素质。“夫教者，因体能质而利之者也”（《国语·晋语四》）。思想政治教育的教育性，内在地要求思想政治教育的开展必须遵循教育规律、遵循人的思想政治素质形成发展规律。另外，从一定意义上讲，思想政治教育具有终身性。只要个体还处在现实的社会关系之中，还在参与社会政治生活，他就有了解、掌握相应的思想政治观念、价值态度等的需要，就有接受思想政治教育的需要。当然，处于不同年龄阶段的个体，其认识水平、生活经历、社会地位、利益或发展需求等不同，在接受思想政治教育的过程中也必然存在不同的接受规律、阶段性特点。思想政治教育的开展，需要与这些规律和特点相对接、相吻合。这也是在理解思想政治教育的教育性时应当把握的重要方面。

第二节 思想政治教育之“学”与“学科”

实践是理论之源，理论是引导实践发展的智慧。思想政治教育实践的发展，为思想政治教育的理论探索与发展奠定了基础，也为思想政治教育学的诞生和发展创造了条件。

一、思想政治教育学的研究对象

思想政治教育学就是以思想政治教育为研究对象的学问。这门学问的研究任务，在于探索思想政治教育这一特殊社会政治实践活动的规律，形成准确反映思想政治教育活动形成发展、实践展开等的知识体系，为思想政治教育的有效推进、创新发展提供学理支撑。

作为思想政治教育学研究对象的思想政治教育，不是抽象的，而是具体的，其核心主体是马克思主义的思想政治教育，是中国共产党的思想政治教育，是社会主义中国的思想政治教育。马克思主义思想政治教育的诞生，以坚定的人民立场、彻底的思想理论、高远的理想追求，实现了人类社会思想政治教育史上最伟大的变革，为世界无产阶级运动、社会主义制度的确立和发展注入了强大的理论引领与精神推动。中国共产党在领导中国革命、建设、改革和新时代中国特色社会主义实践的进程中，创造性地开展思想政治教育实践与理论的双重探索，形成了中国共产党人开展思想政治教育的独特优势，也取得了关于思想政治教育丰富的、原创性的理论成果。毛泽东思想、邓小平理论、“三个代表”重要思想、科学发展观、习近平新时代中国特色社会主义思想等马克思主义中国化时代化的理论成果中都包含着关于思想政治教育的思想智慧，体现着中国共产党推进思想政治教育实践与理论创新发展的不懈努力与开拓历程。马克思主义及其中国化时代化的新成果，确立了我们开展思想政治教育学研究的理论基础；马克思主义、社会主义思想政治教育的生动展开，提供了我们深化思想政治教育学探索的实践根据。当代中国的伟大社会变革，不是简单延续我国历史文化的母版，不是简单套用马克思主义经典作家设想的模板，不是其他国家社会主义实践的再版，也不是国外现代化发展的翻版，不可能找到现成的教科书。这一宏伟而独特的实践进程中思想政治教育的新发展，创造了我们写好思想政治教育的新的“教科书”的最鲜活的实践样本、实践经验。在2016年5月17日召开的哲学社会科学工作座谈会上，习近平总书记指出，“只有以我国实际为研究起点，提出具有主体性、原创性的理论观点，构建具有自身特质的学科体系、学术体系、话语体系，我国哲学社会科学才能形成自己的特色和优势”，“解决好民族性问题，就有更强能力去解决世界性问题；把中国实践总结好，就有更强能力为解决世界性问题提供思路和办法。这是由特殊性到普遍性的发展规律”①。立足中国实际而形成的思想政治教育学原理，既是对中国特色思想政治教育实践的理论升华，也同样具有普遍性的原理意义。

链接

要按照立足中国、借鉴国外，挖掘历史、把握当代，关怀人类、面向未来的思路，着力构建中国特色哲学社会科学，在指导思想、学科体系、学术体系、话语体系等方面充分体现中国特色、中国风格、中国气派。

——习近平．在哲学社会科学工作座谈会上的讲话．人民日报，2016-05-19.

强调思想政治教育学的理论探索要立足中国、聚焦马克思主义的思想政治教育、中国共产党的思想政治教育、社会主义中国的思想政治教育，并不排斥对古今中外各种思想政治教育实践形态的系统分析、深入研究。如前所述，在人类政治社会中，思想政治教育是一种普遍性的存在。对于这种普遍性的存在，由古而今，中外都积淀形成了丰富多样的思想成果。在深化思想政治教育学研究的过程中，我们也要对不同历史时期、不同社会制度下的思想政治教育实践给予自觉观照，察其不同、究其共有；对不同思想流派围绕思想政治教育问题形成的思想成果给予分析研判，撷其精华，弃其糟粕，在综览古今中外中，努力对思想政治教育的丰富形态有更为深入的理解，对思想政治教育发展变化、有效开展的规律有更为深刻的把握。

① 习近平．在哲学社会科学工作座谈会上的讲话．人民日报，2016-05-19.

二、思想政治教育学的学科特性

思想政治教育学具有鲜明的学科特性。

首先，思想政治教育学具有强烈的意识形态性。哲学社会科学的大部分学科，都具有鲜明的意识形态色彩。思想政治教育本身便是一种意识形态领域的实践活动，作为对这种实践活动的理论反映，思想政治教育学更是具有强烈的意识形态性。它有自己明确的服务对象，贯穿着明确的价值取向。如前所述，所谓“价值无涉”“价值中立”的思想政治教育是不存在的，“价值无涉”“价值中立”的思想政治教育学也是不存在的。我们所要建设的思想政治教育学，是以马克思主义为指导的、服务于新时代中国特色社会主义建设、服务于担当民族复兴大任时代新人培养的思想政治教育学。

其次，思想政治教育学具有显著的实践性。习近平总书记在纪念马克思诞辰200周年大会上指出：“实践性是马克思主义理论区别于其他理论的显著特征。马克思主义不是书斋里的学问，而是为了改变人民历史命运而创立的，是在人民求解放的实践中形成的，也是在人民求解放的实践中丰富和发展的，为人民认识世界、改造世界提供了强大精神力量。”① 思想政治教育学同样是具有显著实践性的学问，它确立、形成的根据在实践，丰富发展的动力与营养在实践，建设的目标指向在实践。这也要求思想政治教育学研究的深化，要深深扎根在新时代中国特色社会主义建设、培养能够担当民族复兴大任的时代新人等实践之中，倾听时代的呼声，把握实践提出的问题，在与实践的密切互动中获取不竭的创新发展动力。

链接

我们决不想把新的科学成就写成厚厚的书，只向“学术”界吐露。正相反，我们两人已经深入到政治运动中；我们已经在知识分子中间，特别是在德国西部的知识分子中间获得一些人的拥护，并且同有组织的无产阶级建立了广泛联系。我们有义务科学地论证我们的观点，但是，对我们来说同样重要的是：争取欧洲无产阶级，首先是争取德国无产阶级拥护我们的信念。

——马克思，恩格斯．马克思恩格斯选集：第4卷．3版．北京：人民出版社，2012：203.

① 习近平．在纪念马克思诞辰200周年大会上的讲话．北京：人民出版社，2018：9.

最后，思想政治教育学具有高度的综合性。思想政治教育学的综合性是由社会主流意识形态发展变化、人的思想政治素质形成发展的高度复杂性以及思想政治教育的高度复杂性所决定的。这些方面的高度复杂性，决定了思想政治教育学的建设与发展，必须有开阔的学术视野、广博的学术积累，充分吸纳哲学社会科学、自然科学相关学科领域的知识和方法。思想政治教育学的综合性并不否定它是一门具有高度专业性的学问。其综合，是围绕社会主流意识形态形成发展、人的思想政治素质形成发展与教育引导等思想政治教育学科的基本问题而实现的多学科知识的综合、熔铸。在这种综合与熔铸中，思想政治教育学已经形成了自己的概念范畴、知识形态，成为一门专门性的学问。采众长而聚于一，是学问之道，也是思想政治教育学这门具有高度综合性的学问在创新发展中应当遵循的基本原则。

三、思想政治教育学的内容体系

思想政治教育学包含的内容非常丰富。对思想政治教育展开的不同角度的研究，形成了思想政治教育学的不同理论分支，共同构成了思想政治教育学的理论体系。这一理论体系，也是一个开放的体系，仍将随着思想政治教育实践的新发展而不断丰富发展。从整体上看，思想政治教育学的内容体系大体可以划分为以下四个方面：

一是思想政治教育学原理。思想政治教育学原理即在对思想政治教育是什么、为什么、怎么做等问题的探索和回答中形成的基本理论。关于思想政治教育本质特征、产生根源、发展规律、功能价值、实践形态、矛盾转化等问题的分析探讨，都是思想政治教育学原理覆盖的范围。在思想政治教育学理论体系中，思想政治教育学原理为我们认识思想政治教育活动确立了基本的立场、观点和方法，构建了思想政治教育领域的基本话语体系，是其他各种关于思想政治教育的理论分支得以展开、确立的基石。从这些意义上讲，“思想政治教育学原理”课程也是同学们进入思想政治教育专业领域必须学好的入门课、必修课。目前，“思想政治教育学原理”的教材版本甚多，体系结构各具特色。在本教材中，我们基于思想政治教育即一定的阶级或政党为将自己所倡导的意识形态转化为人们广泛接受的意识形态、引导人们形成相应的思想政治素质而自觉开展的教育实践活动这一基本认识，聚焦社会主流意识形态形成发展、人的思想政治素质形成发展的探讨，并以此为关钮，对思想政治教育的本质、流变、价值、形态、组织调控、过程展开、时度效、教育者以及学校思想政治教育、传播媒介与思想政治教育、制度与思想政治教育等系列重要问题做出了相应分析和讲解。这种体系设计，具有一定的创新性，其中多个论题，都是首次纳入“思想政治教育学原理”教材的体系之中予以阐发的。

二是思想政治教育史学。思想政治教育史学即沿着历史轴线对思想政治教育进行研究。对思想政治教育历史发展的研究，既包括从整体上对人类政治社会思想政治教育发展史的研究，又包括对思想政治教育断代史的研究、对特定阶级或政党等的思想政治教育史的研究，也包括围绕某一具体论题从历史的角度切入开展的研究。思想政治教育史学的探索，有助于我们更加深刻地认识思想政治教育的发展变化，更加科学地看待思想政治教育理论与实践的历史积淀，在对历史规律的探寻中汲取智慧。

三是比较思想政治教育学。比较思想政治教育学即以比较的方法开展的对思想政治教育的研究。比较研究的重点是对不同国度思想政治教育的比较分析。比较研究为我们认识自己竖起了一面镜子，有助于我们在对“非我”的认识中深化对自我的认识；同时，比较研究还有助于我们看到更丰富的思想政治教育现象，在基于对思想政治教育各种具体形态的探索中更好地把握思想政治教育的规律。加强思想政治教育的比较研究，也是我们借鉴域外有益经验“为我所用”，推进思想政治教育创新发展的必由之路。

四是对思想政治教育实践课题的研究。思想政治教育学不是书斋里的学问。经济社会发展对社会主流意识形态提出的各种各样的问题、思想政治教育实践中遇到的各种各样的问题，都是对思想政治教育学的现实发问，也都是思想政治教育学实现新发展的动力源泉。思想政治教育实践课题的研究，是思想政治教育学研究中极具活力的重要领域。之所以说思想政治教育学具有很强的实践性，重要体现即在于它极为关注实践中提出的各种各样的思想政治教育课题，努力对其做出理论上的回应、实践上的推动。

以上四个方面，大体反映了思想政治教育学内容体系的基本版图。需要特别说明的是，这样的划分，是为了比较清晰简洁地勾勒框架、说明问题。四个方面，并非泾渭分明、相互划壑为邻，而是密切关联在一起，交融互渗、相互支撑、相互影响。思想政治教育学原理的研究，也多寓于历史的、比较的、现实的课题的探讨之中，剥离开历史的、比较的、现实的课题的分析，那样的原理肯定是干瘪的、空洞的，在这样的基础上形成的所谓“原理”，也肯定是没有生命力的，是称不上“原理”的。思想政治教育历史的、比较的、现实的课题的研究中，也有基本理论问题贯穿其中，也要注重基本理论问题的提炼与升华，否则，历史的、比较的、现实的课题的研究也无以走向深入，无以开掘出普遍的意义。

四、思想政治教育学科的确立与发展

思想政治教育作为一门学科进入我国高等学校的殿堂，是 20 世纪 80 年代的事情。随着改革开放的起步和推进，我国意识形态和思想文化领域出现了许多新情况新问题，迫切要求加强和改进思想政治教育工作，社会上关于思想政治教育、思想政治工作科学化的讨论不断深入，创建思想政治教育学科、培养思想政治教育专业人才，越来越受到各方面的关注。1980 年 9 月，钱学森在《文汇报》上发表《从社会科学到社会技术》一文，指出，“思想政治的科学可以称为马克思主义德育学。它是以马克思主义哲学、辩证唯物主义和历史唯物主义为指导的。其基础是政治经济学、心理学、伦理学、社会学和教育学等”，呼吁“一定要早日建立这门德育学”①。

1982 年 11 月 19 日，在全国党员教育工作会议上，中央书记处书记宋任穷再次强调：“要逐步形成一种观念：思想政治工作，党员教育工作，这是一门科学，是一门治党、治国的科学，在这个岗位上的几百万干部要努力钻研这个专业，造就大批思想政治工作专家，去完成新时期赋予我们的任务。”② 1983 年 7 月，中共中央批转的《国营企业职工思想政治工作纲要（试行）》中提出：“中央和地方要筹办以培养思想政治工作的领导干部为目标的政治院校。现有的全国综合性大学、文科院校，各部、委、总局所属的大专院校，有条件的都要增设政治工作专业或政治工作干部进修班。” 1984 年 4 月 13 日，在反复研究的基础上，教育部颁发了《关于在 12 所院校设置思想政治教育专业的意见》，决定在 12 所院校进行试点，设置思想政治教育专业，招收本科学生。这 12 所院校是南开大学、复旦大学、武汉大学、东北师范大学、陕西师范大学、华东师范大学、华中师范学院、西南师范学院、清华大学、北京钢铁学院、上海交通大学、大连工学院。这一文件的颁发，在思想政治教育学科建设中具有里程碑意义，标志着思想政治教育学科的正式创立。同年，教育部还曾颁发文件，部署在相关高校开办思想政治教育专业第二学士学位班。

从 1984 年在高校设置专业、开始培养本科人才起，思想政治教育学科建设一步一个脚印扎实推进，并在不长的时间里取得了长足进展。1987 年 9 月 20 日，国家教育委员会颁布《关于思想政治教育专业培养硕士研究生的实施意见》，决定从

---

① 钱学森．从社会科学到社会技术．文汇报，1980－09－29.

② 加强共产党员的教育工作．北京：人民出版社，1983：38.

1988年开始在十所高校招收本专业硕士研究生。1996年5月，国务院学位委员会印发《关于下达第六批博士和硕士学位授权学科、专业点名单的通知》，在相关高校设立“马克思主义理论教育与思政教育”（后更名为“马克思主义理论与思想政治教育”）博士学位授权学科。至此，贯通本、硕、博学历层次的人才培养体系完整成形。在当时，马克思主义理论与思想政治教育专业作为政治学一级学科下的一个二级学科设立。2005年，马克思主义理论被列为一级学科，思想政治教育设置为其中的一个二级学科。经过多年发展，思想政治教育学科发展规模不断壮大，建设质量不断提升，为思想政治教育战线培养了大批高素质的专门人才。思想政治教育学的研究探索也在此过程中不断深化，内容不断丰富、体系不断完善，发展成为中国特色哲学社会科学中的一个重要领域。

第三节 学习意义和学习方法

“思想政治教育学原理”是思想政治教育专业学生的必修课、基础课。学习好这门课程，需要我们坚持学思并重、理论联系实际。

一、本课程的学习意义

学习“思想政治教育学原理”，是扎实掌握思想政治教育理论知识的基础所在。随着思想政治教育实践的深化发展，随着人们对思想政治教育理论探索的日趋深入，思想政治教育学作为一门学科和学问所构建、积累的理论知识越来越丰富。对于思想政治教育专业的学生而言，要系统地掌握这些知识，需循“序”而行。这个“序”，即思想政治教育理论知识的内在逻辑、内在结构。如前所述，在思想政治教育的理论体系中，思想政治教育学原理所探索的是思想政治教育活动所内含的基本问题，所反映的是关于思想政治教育的基本理论、基础性知识。“思想政治教育学原理”课程就是对这些基本理论、基础性知识的具体呈现。学习好这门课程，有了对思想政治教育基本理论、基础性知识的掌握，同学们才能形成对这门学科的基本认知，进而有对思想政治教育理论知识更丰富的掌握、更深入的探索。

学习“思想政治教育学原理”，是全面提升思想政治教育业务素质的内在要求。推动科学化，提高实效性，是人们对思想政治教育的期望，也是思想政治教育工作者的追求。思想政治教育的科学化与否、实效性大小，影响因素很多，与思想政治教育者业务素质的高低也紧密联系在一起。思想政治教育者的业务素质表现在许多方面，除了过硬的政治素质、坚定的理想信念、对思想政治教育工作的热爱等之外，还必须有对本领域知识的系统掌握、深刻理解及灵活运用的自觉。“褚小者不可以怀大，绠短者不可以汲深。”不了解社会主流意识形态形成发展的规律、特点，不能把握其现实表现及发展态势，不掌握人的思想活动、思想政治素质形成发展的规律与特点，不能把握思想政治教育的时机、节奏、力度等，便不可能承担起有效开展思想政治教育工作的任务。只有学好“思想政治教育学原理”课程，同学们才能练好将来做好思想政治教育工作的基本功。

学习“思想政治教育学原理”，是有效推动思想政治教育创新发展的重要前提。思想政治教育是一个始终需要创新的领域。时空条件在变化、社会存在在变化、党和国家发展面临的形势任务在变化、教育对象素质与思想活动在变化，新问题层出不穷。思想政治教育唯有不断变而趋新，才能始终与时代同行，不被教育对象甩在身后。在 2016 年底召开的全国高校思想政治工作会议上，习近平总书记强调，做好高校思想政治工作，要“因事而化、因时而进、因势而新”。这是对思想政治教育提出的明确要求，也是对思想政治教育历史经验的深刻总结。变而趋新，是提高思想政治教育有效性的内在要求。真正的、有意义的变而趋新，建立在坚持思想政治教育基本原理、遵循思想政治教育基本规律的基础上。越是面对纷繁多变的社会现实，越是面对复杂呈现的新课题，对基本原理与规律的理解与遵循越具有重要意义；对基本原理与规律掌握越深刻、理解越清晰，面对新问题新要求时，变而趋新的自觉与能力也自然越强。因而，要推动思想政治教育的创新发展，首先要回到对思想政治教育基本原理的学习与研究上来，把创新探索建立在对规律的遵循的基础之上。这就需要切实学好“思想政治教育学原理”这门课。

二、本课程的学习方法

学好“思想政治教育学原理”，需要我们坚持学思并重。“学而不思则罔，思而不学则殆。”学，重在掌握基本知识、基本理论、基本观点。思，重在思考基本知识、基本理论、基本观点的理论与现实意义、实际运用。

学好“思想政治教育学原理”，需要我们在认真学习研究马克思主义基本理论的同时广泛吸收多学科的知识。马克思主义理论中关于人的本质和人的全面发展的理论、关于意识形态的理论、关于社会矛盾和社会发展规律的理论、关于精神文明建设的理论、关于国家与政党的理论、关于无产阶级政党建设的理论等，都是我们开展思想政治教育研究的理论基础，需要认真学习。同时，哲学社会科学和自然科学的许多门类，如政治学、伦理学、教育学、心理学、传播学、社会学、历史学、认知科学等，对于我们更好地认识与理解思想政治教育的有关现象和问题也都提供了许多认知的窗口、许多方法和知识的启示。在学习“思想政治教育学原理”及今后从事思想政治教育理论与实践工作的过程中，我们都需要不断加强马克思主义基本理论的学习，加强对多种学科知识的吸收借鉴。

学好“思想政治教育学原理”，需要我们坚持理论联系实际。理论联系实际，是马克思主义的优良学风，也是中华优秀传统文化中所推崇的治学方法论。诚如宋代朱熹所言：“为学之实，固在践履。苟徒知而不行，诚与不学无异。”在本课程的学习中坚持理论联系实际，需要我们多结合思想政治教育的具体实践开展情况、有关典型案例等进一步思考课程中有关理论知识，多用课程中所阐述的有关理论知识来分析思想政治教育中的有关实际现象、指导自己的思想政治教育实践等。这些都是深化对课程所学认识的重要途径。

学好“思想政治教育学原理”，需要我们有批判精神与创新意识。学习，并不止于接受，而应是接受已知与开创新知的统一体，既要求我们将已有的思想智慧吸收消化，也要求我们在此起点上做出新的理论探索。任何学问、任何学科、任何事业乃至社会，都是在这一过程中实现继往开来的。思想政治教育学的建设发展同样应当如此。思想政治教育学科虽然已经有了40年的历史发展，面对着极为丰厚的思想资源、有着中国共产党百年来的鲜活实践经验，但是在哲学社会科学的学科史中，仍然是一个极为年轻的学科。对于许多问题的认识与分析，对于理论知识体系的建构，还需要付出更艰辛的努力。这就需要我们在学习的过程中，多问“为什么”，多些批判精神与创新意识，以推动这门学问的进一步丰富、完善和成熟。

思考题

1. 为什么说思想政治教育是人类政治社会中一种普遍存在的社会实践活动？

2. 如何理解思想政治教育的本质特征？

3. 在教师的指导下，尝试梳理一下我国及本校思想政治教育专业人才培养的发展历程。

4. 为了学好“思想政治教育学原理”这门课，你有什么样的学习计划？

第一章

思想政治教育的产生与发展

在人类历史的长河中，思想政治教育经历了萌芽、产生、形成与发展的过程。作为一门学科，思想政治教育学是在漫长历史积淀的基础上发展起来的。了解思想政治教育的产生、形成与演进，以正确的态度对待思想政治教育的历史成果，有助于更好地把握其整体发展特点和基本规律，进而为推动新时代思想政治教育的创新发展提供有益启示和借鉴。

第一节 思想政治教育的萌芽与产生

思想政治教育是人类教育活动发展到一定阶段的产物，它萌芽于早期教育活动之中，经历漫长时间之后，直到原始社会末期，随着阶级和国家的出现以及相关条件的成熟才正式产生。

一、思想政治教育的萌芽

思想政治教育发端于原始社会时期人类的教育活动之中。在尚未完全开化的原始社会时期，生产力极其低下的客观实际决定了人类只有选择群居生活，才能在与自然界的斗争中满足生存需要。虽然原始社会的群居生活没有严格的活动规范和组织准则，但是在群体生活中，人们也会在学习技艺、技能的同时，思考群己方面的关系，并在长期的协作过程中形成相应的道德伦理、行为规范等群体意识，以调节群体成员之间的关系。因此，融合于生产活动与社会生活中的生存教育、劳动教育、成人教育、道德教育等便应运而生。需要说明的是，此时的教育并非组织性很强的自觉行为，而是日常生产生活中的自发行为，目的在于满足群体生存的需要。当然，也没有专职的教育者，氏族长老只是凭借生产经验和生活阅历丰富，成为生产技术的传授者和社会精神文化的传播者。

原始社会时期的自然崇拜、图腾崇拜和祖先崇拜也具有十分鲜明的教育意义。原始社会早期，人类在对自然保持神秘和敬畏的同时，又希望能够得到自然的庇护，由此产生自然崇拜。氏族公社时期，人类在探寻自身来源时，幻想自己与某一动植物具有亲缘关系，大部分氏族都会以某些动植物为各自的图腾，有解释图腾的神话故事和相关禁忌，形成特定的图腾崇拜。随着对自然认识的深入，图腾崇拜逐渐转化为祖先崇拜，人们通过祭祀、传说、神话等形式，将本族始祖视为创世英雄，在缅怀祖先的同时，祈求祖先的庇护。这三大崇拜是人类早期原始宗教的表现形态，人们通过特定的宗教仪式来祈求自然、图腾和祖先的庇护。随着宗教信仰的分化发展、宗教仪式的复杂多样，专门负责宗教活动的巫师得以出现，他们开展的宗教活动具有一定的教育意义，蕴含着零散的思想政治教育内容。

二、思想政治教育的产生

作为一种具有鲜明政治属性的教育活动，思想政治教育的产生与人类政治活动的演进是相伴而行的。从起源和发展历程上看，政治是一个历史范畴，并非人类社会与生俱来的现象和社会关系。政治是调节利益关系的重要工具，是经济的集中体现，它需要借助一定的权力机构来实现利益关系的调节。马克思、恩格斯根据摩尔根（Lewis Henry Morgan）的科学考察，对人类氏族社会和政治形成发展进行深刻分析，认为政治起源于人类原始社会的氏族公社阶段。

在人类原始社会的氏族公社阶段，由于生产力水平低下，共同利益占据主导地位，利益差别并不具有对抗性。但是随着社会生产力的发展，氏族社会中男女地位发生重大变化，男子在农业、畜牧业和手工业等主要生产部门中逐渐占据主导地位，父系氏族社会逐渐取代母系氏族社会。在父系氏族社会中，随着劳动成果的剩余，私有财产开始出现。贫富差异的变化使一些人能够占有他人的劳动成果，并利用自己所占有的劳动成果役使他人，阶级社会开始出现。原来氏族部落首领的民主推选转化为世袭，形成最初的部落显贵，文化教育也为其垄断，教育逐渐分化为培养劳心者的专门教育和教化劳动者的社会教育。可以说，直到私有制和阶级的产生，人类社会的利益第一次以阶级利益的对抗为主要内容，各对立阶级为维护自己的利益，彼此之间必然展开阶级斗争。因此，阶级斗争和处理阶级利益关系，成为政治的重要内容。此时便产生了“特殊公共权力”，即国家。政治所要处理的阶级关系，实际上就转化为处理国家生活的各种关系。统治阶级在利用国家调和社会利益关系的同时，也重视从思想上实现统治，将代表本阶级利益的思想上升为社会主流意识形态。总之，思想政治教育伴随着私有制和人类阶级社会的出现而正式产生。

思想政治教育的本质是一定的社会群体和阶级通过主流意识形态的传播教育来实现统治目的的特殊实践活动。在阶级和国家产生以前，人类社会所要调节的关系更多体现在道德关系和非对抗利益关系的处理上，并非政权关系、阶级关系，也就没有真正出现以协调阶级关系、维护阶级利益为目的的思想政治教育。阶级和国家产生之后，人类社会的核心是国家政权，一个阶级要从根本上实现本阶级的利益，必须掌握政权、取得统治地位。为了巩固和维持本阶级统治地位，统治阶级需要将本阶级的统治思想上升为社会主流思想，进而被更广泛地接受和认可，思想政治教育便由此应运而生。因此，思想政治教育活动普遍存在于阶级社会发展的历史进程中，随着阶级社会的演进而发展。

第二节 思想政治教育的发展

思想政治教育伴随着人类社会发展经历了漫长的历史演进，在不同区域、国家、民族和不同时期呈现不同的发展脉络，体现不同的发展特点。在奴隶社会、封建社会、资本主义社会中，统治阶级推进的思想政治教育是其控制人们思想的重要工具。马克思主义的诞生，使得无产阶级的思想政治教育成为本阶级反抗阶级剥削和压迫的强有力武器。中国共产党诞生后，在新民主主义革命时期、社会主义革命和建设时期、改革开放和社会主义现代化建设新时期、中国特色社会主义新时代的伟大实践中，高度重视并创造性地开展思想政治教育，在理论创新与实践创新的良性互动中，构建并形成了具有中国特色的思想政治教育理论体系。

一、思想政治教育历史演进的总体特征

在阶级社会，无论是中国还是西方，思想政治教育均为统治阶级所普遍重视，并且围绕构建社会主流意识形态而展开，理论创新和实践探索不断推进。

（一）思想政治教育为统治阶级所普遍重视

在阶级社会历史演进中，尽管朝代更替，但是思想政治教育始终受到统治阶级的普遍重视。思想政治教育的目标指向在于主流意识形态的大众化传播，其实质就是培养维护统治阶级统治行为的人。因此，无论是在中国古代还是外国思想政治教育发展的整体脉络中，统治阶级都始终重视思想政治教育。

在中国古代，思想政治教育多以“教化”为表征出现于日常生活中。早在夏商时期就有专门负责教化的机构，西周的官僚制度、礼乐制度、学校制度开始完善，太史、太宗以及中央和地方官都承担着思想政治教育的责任。春秋战国时期，“学在官府”的局面被打破，民间私学开始产生，士人的崛起使得从事教化的群体变得庞大起来。秦汉时期，随着教化机构的健全和完备，从中央到地方均有负责教化的

人员。魏晋南北朝时期，门第意识和士族门阀地位的巩固，使得教化主体在私学和家庭教育中得到发展壮大；与此同时，佛教为一些统治者所重视，僧侣等也被纳入教化主体队伍中。隋唐时期，除了发达的官学之外，统治者还大力提倡兴办私学，特别是科举制的产生培养了庞大的儒生群体，为从事教化的队伍注入了力量。宋元时期，随着书院、乡约、宗族的发展壮大，相关负责人如官员、讲学者、宗族族长等均扮演着教化者的角色。明清时期的教化在沿袭已有传统的基础上，进一步强化对人们的思想控制，以巩固封建君主专制统治。

链接

中国古代的思想政治教育或者说教化，实际上是范围十分广泛的“习俗教育”或“社会意识教育”，包括今天所说的政治教育、思想教育、法治教育、礼仪训练等内容。孟子曾说：“夏曰校，殷曰序，周曰庠，学则三代共之，皆所以明人伦也。”（《孟子·滕文公上》）意思是，夏朝管学校叫“校”，殷商叫“序”，周代叫“庠”，尽管三个朝代对学校的称谓不同，但是学校教育的目的却非常明确并且一以贯之，即“明人伦”，也就是教育人们认识并处理好“父子有亲，君臣有义，夫妇有别，长幼有序，朋友有信”的伦常事理。显然，这里的“明人伦”既包含着各种各样的社会关系和人伦秩序，也包含着调节和维护这些关系和秩序的基本政治要求、道德准则、法律规范以及风俗习惯。

在外国，思想政治教育活动也普遍存在，并为统治阶级所重视。古希腊时期，由于早期学校尚未出现，思想政治教育主要由家庭成员、国家长老或贤人等履行，直到后期学校等教育机构的建立，才有专门的教师进行思想政治教育。古罗马阶段的思想政治教育是从共和时期的家庭教育中分化出来的；直到帝国时期公立学校的出现，官办教育逐渐占据主要地位，成为开展思想政治教育的主渠道；在衰落的后期，宗教在维护摇摇欲坠的罗马奴隶制度方面发挥着独特作用，教育被逐渐限定于宗教领域，教会承担着思想政治教育的功能。当然，思想政治教育主体也发生了由家庭私人教师到公办学校教师，再到教会人员的转变。中世纪的教育主要以教会学校、骑士教育和中世纪大学为主，僧侣、教士、教师等是此时期重要的思想政治教育者。随着文艺复兴、启蒙运动的兴起发展，自然科学、人文科学等学科发展迅速，形成了近代思想教育体系，虽然宗教教育此时依然存在，但是学校教育有了突飞猛进的发展，大批教师、宗教教士以及代表资产阶级的理论者扮演着思想政治教育者的角色。

（二）思想政治教育紧紧围绕着构建社会主流意识形态展开

思想政治教育是一项育人的工作，是以人的思想为对象的实践活动，其首先面临的就是传播什么思想的问题。思想蕴含于理论之中，为实现阶级统治，统治阶级都会选择适合自己的思想理论作为指导，这些思想理论也伴随着思想政治教育的发展逐渐系统化、体系化。

在中国古代思想政治教育发展过程中，刚开始进入奴隶社会的夏商时期，思想政治教育所主要解决的问题是如何借助“天”来实现从“公天下”到“家天下”的合理转变，进而为王朝更替的正当性辩护，将君王统治与天命紧密联系在一起。自周朝之后，天命与君主的德行紧密联系一起，开启从“尊天”到“重人”思想的转变，周公制礼作乐使得思想政治教育有了较为初步的理论指导。历经春秋战国“百家争鸣”，各诸侯国纷纷选择不同的思想作为政教方略。自秦朝实现“大一统”之后，历朝历代也都努力构建自己的统治思想和理论体系。如秦朝以法家思想为指导，汉初以黄老思想为指导。汉武帝采纳董仲舒“罢黜百家，独尊儒术”的政策，使儒家思想成为之后近两千年封建社会的统治思想。儒家思想尽管是封建社会的主导思想，但其在发展过程中也因时代变化、历史发展、社会需要，而不断吸纳佛教、道教等其他流派、学派或其他民族文化等思想，以使自身理论得到不断丰富。总体而言，中国古代思想政治教育主要围绕着作为中国古代社会主流意识形态的儒家思想而展开。

在欧洲，古希腊是最早进入阶级社会的地区，建立了历史上最早的以奴隶主和公民为主导的城邦民主制国家。在柏拉图和亚里士多德这些思想家看来，人是理性的动物，也是政治的动物，政治活动与教育活动是同一的，教育是国家政权建设的一个重要方面。这说明，统治者从一开始就已经比较自觉地将主流意识形态的教化与国家的政治统治结合起来了。在古希腊城邦时期，聚焦于城邦治理，斯巴达重视尚武精神和英雄传统教育，雅典则以自由、和谐发展为主题，重视人的道德品质教育。在古罗马时期，罗马人从本国实际出发，吸收借鉴外来文化，其中法律思想是该时期的重大思想成就，并在思想政治教育过程中发挥重要作用。进入中世纪，思想政治教育在封建专制和基督教神权的统治下逐渐发展。这一时期的思想政治教育与宗教相互渗透，集中表现为对社会成员普遍推行宗教神权教育，利用宗教进行意识形态教育，为封建制度的合法性进行辩护。14 世纪末到 15 世纪初，新兴的资本主义生产关系逐渐取代封建生产关系。随着资产阶级思想解放运动的相继开展，宗教教义、宗教道德逐渐被驱逐出意识形态领域，体现新兴资产阶级利益的意识形态取而代之。思想家们高举科学理性、人性解放、自由发展的旗号，抨击封建专制与宗教神学对人的禁锢，传播与确立新兴资产阶级的价值观念和意识形态。17 世纪之后，随着资本主义制度的建立与巩固，资本主义国家思想政治教育的主要功能日渐明确，那就是增强公民对资本主义制度的认同，培育具有“资本主义精神”的公民，公民教育随之兴起和发展。在历史演进中，西方思想政治教育虽然经历了较大的更替变换，但始终是围绕着构建社会主流意识形态而展开。

（三）思想政治教育的理论探索和实践形式不断丰富

在思想政治教育发展过程中，因社会形态发展的时代性、地域性等特点，而呈现出理论与实践不断丰富发展的态势。中国古代思想政治教育所形成的讲仁爱、重民本、守诚信、崇正义、尚和合、求大同等核心思想理念，以及西方以民主教育、法治教育、自由教育、天赋人权教育等为主题的公民教育，历经发展与积累，厚实着思想政治教育的理论基础，丰富着思想政治教育的实践形式。

中国古代思想政治教育理论随着统治需要逐步发展与完善。尽管思想政治教育主要理论内容以儒家思想为主，但不同时期也有所变化和丰富。如夏商时期以神权教育为主要内容，周朝以礼乐教育为主要内容，秦朝则主要呈现出“以法为教”的趋势。汉朝选择以儒家思想为指导，以孝治天下，将儒家经典著作作为重要教育内容。自汉朝之后，儒家思想占社会主流地位，以德教为主要内容并贯穿于之后的整个封建时期。至宋代，学校对学生主要进行包括“礼”在内的知识学习和行为规范教育，将儒家道德理想、行为规范日常化为生活中的言行举止，此时期程朱理学是主要学习内容。明清也以程朱理学为思想正统，清代以“崇儒重道”为基本文化政策，不断调整思想政治教育的内容。直到鸦片战争以后，西方新式的教育模式和教育内容日益中渐，冲击着传统的教育内容。

西方思想政治教育理论也处于不断发展之中，其理论内容呈现出较大的性质差异。古希腊时期的教育服从于城邦培养目标，斯巴达主要以尚武精神、英雄传统等为教育内容，雅典则侧重音乐、诗歌、阅读、算数等方面的教育。古罗马时期，罗马法是思想政治教育的主要内容，在培养“雄辩家”成为教育主要目的后，修辞学、辩证法等逐渐成为教育的主要内容，也包括数学、天文、几何、历史、伦理和音乐等课程。进入中世纪，思想政治教育内容以宗教神学为主，学校开设的“七艺”课程都旨在为神学服务，《圣经》占有重要地位。文艺复兴时期，代表资本主义思想观念的人文主义教育思想开始涌现，思想政治教育以肯定和尊重人的价值为指向，注重身心和人格的和谐发展，教育内容一反之前“神学”之学，增加了人文和自然知识的课程，促进了近代自然科学和人文科学的诞生。在文艺复兴的基础上，启蒙运动以传播资产阶级的人权和民主为主流，教育内容注重从“人的眼光”

出发，宣传自由、平等、民主、法治，重视人的德、智、体等方面的培育。随着资本主义制度的确立和完善，思想政治教育的内容均以传播资本主义思想理念、价值取向为主。

与思想政治教育的理论探索相适应，思想政治教育的实践形式也不断发展，主要体现在思想政治教育的活动和载体日益丰富多样。在思想政治教育活动方面，通过组织或利用不同的活动，融入相应的思想政治教育内容，助力传播主流意识形态，从而实现思想政治教育目的。例如，传统节日时开展的庆典活动、聚会活动，学校举办的相关教学活动，宗教仪式安排的祭祀活动，军队作战前的舆论动员活动，书院的讲学活动，以及一些日常的教育实践活动等。在思想政治教育载体方面，丰富拓展思想政治教育的物质文化载体和精神文化载体，寓思想政治教育内容于其中，潜移默化地熏陶人们的思想，陶冶人们的品行，塑造人们的行为。其中，物质文化载体如学校、广场、街头、庙宇，用于记载思想文化的文献书籍以及各种历史遗产等；精神文化载体如音乐、舞蹈、绘画、雕塑、戏剧等，以及民间习俗、家箴家训、乡规民约等。

二、马克思主义思想政治教育的诞生

随着资本主义的发展，整个社会日益形成两大对立阶级——资产阶级和无产阶级。两个阶级在斗争过程中产生了以消灭阶级、消灭剥削为主要目标的思想理论体系——马克思主义，其引领思想政治教育进入全新的时代。1848 年，由马克思、恩格斯共同起草的《共产党宣言》正式发表，标志着马克思主义的诞生，也标志着无产阶级思想政治教育正式形成。

（一）马克思、恩格斯的思想政治教育实践活动

马克思、恩格斯是科学社会主义的创始人，在其革命实践过程中，开展了大量思想政治教育实践活动，积累了丰富的思想政治教育实践经验，对丰富发展马克思主义思想政治教育理论和实践做出了重要贡献。

马克思、恩格斯在革命实践中组织工人群众参加政治斗争。马克思、恩格斯指出，工业的发展使工人运动具有了必然性，但他们公开反对把密谋作为工人革命运动的具体形式，认为这是忽视工人阶级思想政治教育，从根本上轻视工人阶级力量的一种表现。“密谋家并不满足于一般地组织革命的无产阶级。他们要做的事情恰恰是要超越革命发展的进程，人为地制造革命危机，使革命成为毫不具备革命条件

的即兴之作。……他们极端轻视对工人进行更富理论性的关于阶级利益的教育。”①为此，在欧洲革命爆发后，马克思、恩格斯积极参加武装起义，起草《共产党在德国的要求》，为各国无产阶级制定行动纲领，他们认为共产党人当时的主要任务是对工人群众进行思想政治教育，组织其参加政治斗争。在第一国际时期，马克思、恩格斯精心指导国际的各项重要活动和内部的历次斗争，主张国际应广泛接受各种各样的工人组织和社会主义者，逐步把工人群众争取到无产阶级革命中来。在法英美等各国爆发工人起义后，马克思、恩格斯也是及时进行理论指导和实际支持。尤其是在法国巴黎人民起义后，马克思、恩格斯认为当时无产阶级政党最迫切的任务就是动员民众和舆论声援巴黎公社，他们通过各种渠道密切关注巴黎局势和公社的各项活动，并就斗争策略、军事防御、社会经济措施等方面向公社领导人提出建议。总之，参加和指导工人群众的革命运动是马克思、恩格斯思想政治教育实践的重要内容。

马克思、恩格斯在无产阶级政党建设中强化理论武装。马克思、恩格斯直接指导和帮助欧洲无产阶级先进分子创建了世界上第一个无产阶级政党——共产主义者同盟。他们为同盟撰写了基本纲领，即《共产党宣言》，使同盟建立在科学理论的基础上。在谈到为什么共产主义者同盟能够成为德国唯一起作用的革命组织时，马克思、恩格斯认为：“在理论方面，他们胜过其余无产阶级群众的地方在于他们了解无产阶级运动的条件、进程和一般结果。”② 一方面，马克思、恩格斯教育无产阶级政党应主动加强理论学习与理论研究，以保持思想上的先进性和在革命运动中的领导作用。他们认为加强理论学习和研究是提高无产阶级政党理论水平的“最好的道路”。另一方面，马克思、恩格斯还教育无产阶级政党要善于进行内部的理论斗争。他们认为，一个成熟的、坚强的无产阶级政党需要经历反复的党内斗争，不经过斗争、不清除各种非无产阶级思想，绝不可能建成统一和成熟的无产阶级政党。就像恩格斯所指出的那样，“无产阶级的发展，无论在什么地方总是在内部斗争中实现的”③。此外，马克思、恩格斯也明确指出，无产阶级政党必须努力传播科学理论。他们要求无产阶级政党及其成员不但要努力学习共产主义理论，而且应该积极宣传这一理论，要善于在理论研究的基础上进行理论宣传。如果不能让人民群众掌握先进的理论，就无法进行有力的斗争。所以，强化理论武装是无产阶级政党建设的重要任务，也是马克思、恩格斯开展思想政治教育实践活动的重要方面。

---

① 马克思，恩格斯．马克思恩格斯全集：第10卷．2版．北京：人民出版社，1998：333-334.

② 马克思，恩格斯．马克思恩格斯文集：第2卷．北京：人民出版社，2009：44.

③ 马克思，恩格斯．马克思恩格斯文集：第10卷．北京：人民出版社，2009：486.

马克思、恩格斯在批判错误思潮中宣传科学思想。马克思、恩格斯认为，批判错误思潮是传播正确思想理论的重要途径。在革命实践和理论研究的过程中，马克思、恩格斯对蒲鲁东主义、巴枯宁主义、拉萨尔主义、杜林主义等种种错误思潮进行了批判和清算，使马克思主义得到了广泛传播。例如，马克思、恩格斯在洛桑代表大会、布鲁塞尔代表大会和巴塞尔代表大会上都批判了蒲鲁东派维护私有制、反对公有制的观点，坚决驳斥了“土地归农民、贷款归工人”的主张，指出私有制是工人农民受剥削和压迫的根源，有力地宣传了科学共产主义的基本原则。再如，巴枯宁的无政府主义观点虽然猛烈地批判了社会的不平等和剥削，但不切实际地幻想在 24 小时之内消灭国家，反对任何权威，并醉心于密谋暴动，本质上反映了在资本主义大生产中濒于破产的小资产阶级和农民的绝望心理。马克思、恩格斯对这种唯意志观点进行了批判，指出，“历史的动力以及宗教、哲学和任何其他理论的动力是革命，而不是批判”[①]，进一步明确了革命的重要性和必要性。当然，彻底的社会革命是同经济发展的一定历史条件相联系的，只有工业无产阶级随着资本主义的发展自身也变得日益强大的时候，社会革命才有可能。可见，马克思、恩格斯在革命实践和理论研究的过程中，时刻针对错误思想观点进行批评，这不仅是马克思主义理论形成发展的必然要求，也是其思想政治教育的具体实践。

（二）思想政治教育基础理论的确立

思想是行为的先导，有科学的理论才有科学的实践。关于无产阶级的历史使命、人的本质和人的全面发展理论、社会存在与社会意识的辩证关系、社会主义意识灌输理论等，为马克思主义思想政治教育的发展奠定了坚实的理论基础。

无产阶级的历史使命。马克思主义所开辟的共产主义事业是人类历史上前所未有的崭新事业，其最终目标是建立一个没有剥削、没有压迫、人类自由全面发展的社会。马克思主义揭示了人类社会发展的客观规律，认为社会形态的更替有着内在的必然性，共产主义是历史发展的必然。而要彻底埋葬资本主义，使这种必然成为现实，则是无产阶级的历史使命。第一，无产阶级是先进生产力的代表，“在当前同资产阶级对立的一切阶级中，只有无产阶级是真正革命的阶级”[②]。第二，无产阶级革命性最强。这是“由于在无产阶级的生活条件中集中表现了现代社会的一切生活条件所达到的非人性的顶点，由于在无产阶级身上人失去了自己，

---

① 马克思，恩格斯．马克思恩格斯文集：第 1 卷．北京：人民出版社，2009：544.

② 马克思，恩格斯．马克思恩格斯文集：第 2 卷．北京：人民出版社，2009：41.

而同时不仅在理论上意识到了这种损失，而且还直接被无法再回避的、无法再掩饰的、绝对不可抗拒的**贫困——必然性**的这种实际表现——所逼迫而产生了对这种非人性的愤慨，所以无产阶级能够而且必须自己解放自己”①。第三，无产阶级的革命性最彻底。“批判的武器当然不能代替武器的批判，物质力量只能用物质力量来摧毁”②。无产阶级除了双手一无所有，他们没有本阶级的私利，只有通过彻底的革命，才能解放全人类，进而解放自己。

人的本质和人的全面发展理论。正确认识人的本质和人的全面发展，努力培养实现共产主义所需要的人，是马克思主义思想政治教育基础理论中的重要问题。马克思指出：“从前的一切唯物主义（包括费尔巴哈的唯物主义）的主要缺点是：对对象、现实、感性，只是从**客体**的**或者直观**的形式去理解，而不是把它们当做**感性的人的活动**，当做**实践**去理解，不是从主体方面去理解。”③“人的本质不是单个人所固有的抽象物，在其现实性上，它是一切社会关系的总和。”④这是马克思主义关于人的问题的总纲。相对于资本主义制度下人的社会关系，社会主义制度为人的全面发展不断创造着各种必要的条件。马克思、恩格斯强调：“只有在共同体中，个人才能获得全面发展其才能的手段，也就是说，只有在共同体中才可能有个人自由。”⑤共产主义取代资本主义不仅意味着人的本质的实现和人由片面的人向全面发展的人的转变，从全人类的角度来看，它也是人类由必然王国向自由王国的飞跃。

社会存在与社会意识的辩证关系。社会存在决定社会意识，社会意识反作用于社会存在。马克思指出：“人们在自己生活的社会生产中发生一定的、必然的、不以他们的意志为转移的关系，即同他们的物质生产力的一定发展阶段相适合的生产关系。这些生产关系的总和构成社会的经济结构，即有法律的和政治的上层建筑竖立其上并有一定的社会意识形式与之相适应的现实基础。物质生活的生产方式制约着整个社会生活、政治生活和精神生活的过程。不是人们的意识决定人们的存在，相反，是人们的社会存在决定人们的意识。”⑥要理解某一时代的社会意识，就必须了解该社会的物质生产方式。人的思想观念变化发展由生产方式所决定，同时在阶级社会中表现出明显的阶级性。正如马克思、恩格斯所指出的，“占统治地位的思

---

① 马克思，恩格斯．马克思恩格斯文集：第1卷．北京：人民出版社，2009：262.
② 同①11.
③ 同①499.
④ 同①505.
⑤ 同①571.
⑥ 马克思，恩格斯．马克思恩格斯文集：第2卷．北京：人民出版社，2009：591.

想不过是占统治地位的物质关系在观念上的表现，不过是以思想的形式表现出来的占统治地位的物质关系”[①]。所以，只有掌握革命的理论，工人群众的意识才能成为真正的阶级意识，才会有无产阶级的革命运动。

社会主义意识灌输理论。工人阶级虽然自发地倾向于社会主义，但科学社会主义却不可能从工人内部自发产生。无产阶级政党坚持不懈地向工人运动灌输科学社会主义，是工人运动从自发阶段向自觉阶段飞跃的前提。马克思主义认为，无产阶级是新的生产方式的代表者，是资本主义制度的掘墓人，他们不但能够自己解放自己，而且能够解放全人类。列宁在《怎么办?》中论证了关于必须把社会主义从外部灌输到工人中去的思想。一方面，列宁从世界工人运动的历史角度，阐释了社会主义意识形态灌输的必要性。正如他所指出的那样，“各国的历史都证明：工人阶级单靠自己本身的力量，只能形成工联主义的意识，即确信必须结成工会，必须同厂主斗争，必须向政府争取颁布对工人是必要的某些法律，如此等等”[②]，“为了使工人能**更多地做到这一点**，就必须尽量设法提高全体工人的觉悟水平”[③]。另一方面，列宁还从意识形态领域斗争的严峻性角度，强调了社会主义意识形态灌输的重要性。他明确指出，“对社会主义意识形态的**任何**轻视和**任何脱离**，都意味着资产阶级意识形态的加强”[④]，“工人阶级自发地倾向社会主义，然而最流行的（而且时刻以各种各样的形式复活起来的）资产阶级意识形态，却自发地而又最猖狂地迫使工人接受它”[⑤]，因此必须坚决同资产阶级思想体系争夺舆论阵地，“我们的任务是要战胜资本家的一切反抗，不仅是军事上和政治上的反抗，而且是最深刻、最强烈的思想上的反抗”[⑥]。

（三）马克思主义经典作家关于思想政治教育的丰富论述

马克思主义经典作家在思想政治教育理论和实践的发展过程中，形成了关于思想政治教育的系列论述，包括思想政治教育内容、思想政治教育对象、思想政治教育方式方法等。系统把握马克思主义经典作家关于思想政治教育的丰富论述，是夯实思想政治教育理论根基的必然要求，也是深化思想政治教育创新发展的重要保障。

---

① 马克思，恩格斯．马克思恩格斯文集：第1卷．北京：人民出版社，2009：550－551.
② 列宁．列宁选集：第1卷．3版修订版．北京：人民出版社，2012：317.
③ 同②326.
④ 列宁．列宁全集：第6卷．2版增订版．北京：人民出版社，2013：38.
⑤ 同②328.
⑥ 列宁．列宁全集：第39卷．2版增订版．北京：人民出版社，2017：448.

关于思想政治教育内容的论述。马克思主义经典作家高度重视无产阶级意识教育和理论教育。马克思、恩格斯在《共产党宣言》中明确指出，“共产党一分钟也不忽略教育工人尽可能明确地意识到资产阶级和无产阶级的敌对的对立”[①]，强调通过教育让无产阶级形成自觉的阶级意识。列宁也指出：“马克思和恩格斯对工人阶级的功绩，可以这样简单地来表达：他们教会了工人阶级自我认识和自我意识，用科学代替了幻想。”[②] 列宁在马克思、恩格斯的基础上进一步将理论教育和阶级意识与俄国无产阶级革命相联系，并将其具体化为爱国主义教育、共产主义道德教育和社会主义信念教育。在爱国主义教育方面，列宁强调爱国主义是一种情感，“我们爱自己的语言和自己的祖国”[③]。在共产主义道德教育方面，列宁认为，“为巩固和完成共产主义事业而斗争，这就是共产主义道德的基础”[④]，要“能够建立为无产阶级胜利所必需的铁的纪律并能在最困难的条件下坚持住这种纪律”[⑤]。在社会主义信念教育方面，列宁提出，“要善于利用每一件小事来**向大家**说明自己的社会主义信念和自己的民主主义要求，**向大家**解释无产阶级解放斗争的世界历史意义”[⑥]。在重视向无产阶级输入正确思想理论的同时，马克思、恩格斯和列宁也都重视清除错误的思想，包括传统的观念和宗教思想，“无产阶级如果向这些思想和愿望作出让步，它就会丧失自己在历史上的领导地位”[⑦]。清除教育中的宗教成分是人们思想解放、开放的一个开端。马克思以巴黎公社为例，高度赞扬无产阶级努力清除宗教对教育影响的做法。列宁也认为无产阶级的世界观教育，离不开对宗教本质、根源的正确认知，“必须**善于**同宗教作斗争，为此应当**用唯物主义观点**来说明群众中的信仰和宗教的根源”[⑧]，同时要组织最广泛的科学教育和反宗教的宣传工作。

关于思想政治教育对象的论述。马克思主义经典作家认为无产阶级思想政治教育是为无产阶级解放服务的，无产阶级要最终解放自己，需要解放全人类。但是无产阶级单靠自己的力量难以战胜强大的资产阶级，它必须联合一切可以联合的广泛力量。首先，农民是无产阶级革命重要的因素。恩格斯在《法德农民问题》中看到了“农民到处都是人口、生产和政治力量的非常重要的因素”[⑨]，发现农民是社会发

---

① 马克思，恩格斯．马克思恩格斯文集：第2卷．北京：人民出版社，2009：66.
② 列宁．列宁选集：第1卷．3版修订版．北京：人民出版社，2012：89.
③ 列宁．列宁选集：第2卷．3版修订版．北京：人民出版社，2012：450.
④ 列宁．列宁选集：第4卷．3版修订版．北京：人民出版社，2012：292.
⑤ 同④135.
⑥ 同②364－365.
⑦ 马克思，恩格斯．马克思恩格斯文集：第10卷．北京：人民出版社，2009：443.
⑧ 同③250.
⑨ 马克思，恩格斯．马克思恩格斯文集：第4卷．北京：人民出版社，2009：509.

展的重要力量。他将工人阶级与农民阶级联系起来分析，认为两者之间的解放从根本上说是一致的，进而指出“我们党的义务是随时随地向农民解释”他们的处境。其次，小资产阶级左翼是可以争取的对象。恩格斯在分析资产阶级的过程中，发现“在现代文明已经发展的国家里，形成了一个新的小资产阶级，它摇摆于无产阶级和资产阶级之间，并且作为资产阶级社会的补充部分不断地重新组成”①。随着大工业的发展，小资产阶级容易在商业、工业、农业中被监工和雇员所代替，所以小资产阶级和无产阶级之间有时会有一致的奋斗目标，只要对其进行政治宣传和理论教育，就有可能将其吸收到革命队伍中来。最后，青少年是无产阶级革命的新生力量。马克思曾指出：“工人阶级中比较先进的那部分人则完全懂得，他们阶级的未来，因而也是人类的未来，完全取决于新一代工人的成长。”② 因此，如果不与资产阶级阻碍青少年的发展做斗争，工人阶级的下一代将“毁灭”。只有重视青少年，并对其进行教育，才能使其成为无产阶级革命的重要力量。此外，列宁在俄国革命的实践中，也注重巩固、扩大思想政治教育对象群体，强调随时随地向工人阶级、农民、军队进行社会主义宣传，对青年进行共产主义道德教育，并启发妇女觉悟等。

关于思想政治教育方式方法的论述。马克思主义经典作家不仅重视思想政治教育的理论创造，同时也重视思想政治教育实践，他们亲自参与无产阶级革命运动，在运动过程中善于利用各种载体，激发无产阶级的革命意识和革命动力。第一，报纸、杂志是开展思想政治教育的主要阵地。报纸、杂志是面向社会大众的重要媒介，马克思、恩格斯认为：“报纸最大的好处，就是它每日都能干预运动，能够成为运动的喉舌，能够反映丰富多彩的每日事件，能够使人民和人民的日刊发生不断的、生动活泼的联系。至于杂志，……它能够更广泛地探讨各种事件，并且只谈最主要的问题。杂志可以详细地科学地研究作为整个政治运动的基础的经济关系。”③ 列宁指出，“报纸不仅是集体的宣传员和集体的鼓动员，而且是集体的组织者”④。第二，无产阶级组织、政党及其开展的政治运动是推动思想政治教育的重要力量。马克思、恩格斯认为，无产阶级组织或政党既是领导无产阶级斗争的主体力量，也是广泛传播无产阶级思想的重要载体。恩格斯指出，政治运动是教育工人进行革命的重要手段，“谁要想革命，谁就要有准备革命和教育工人进行革命的手段，即政治行动”⑤。列宁也

① 马克思，恩格斯．马克思恩格斯文集：第2卷．北京：人民出版社，2009：56.

② 马克思，恩格斯．马克思恩格斯全集：第21卷．2版．北京：人民出版社，2003：270.

③ 马克思，恩格斯．马克思恩格斯全集：第10卷．2版．北京：人民出版社，1998：115-116.

④ 列宁．列宁选集：第1卷．3版修订版．北京：人民出版社，2012：441.

⑤ 马克思，恩格斯．马克思恩格斯文集：第3卷．北京：人民出版社，2009：224.

重视利用各种组织机构进行革命斗争的指导，积极创办各种类型的组织机构，宣传社会主义和民主主义革命理念。第三，通俗读物在思想政治教育实践中发挥着重要作用。马克思、恩格斯在实践中高度重视从群众的角度撰写人民能够看懂的读物，通过语言的生动性和内容的科学性来提高人们的阶级意识和觉悟。列宁也重视小册子和传单的作用，认为小册子和传单是用来“进行必要的宣传、鼓动和组织工作的”[①]，它们具有便于携带和通俗易懂的特点，容易为大家所接受，也有助于达到广泛宣传的效果。第四，演讲、谈话、批判是开展思想政治教育的重要方式。马克思、恩格斯注重通过演讲和谈话的方式与无产阶级保持密切联系。马克思曾在伦敦、巴黎、布鲁塞尔等多个场合进行演讲，充满热情、富有逻辑，内容丰富、思路清晰，给人们以深刻印象。马克思、恩格斯还注重以谈话的方式实现思想交流和理论教育。他们认为，倾听工人对于运动的意见非常重要，应该主动同工人讨论重大的政治经济问题，以掌握他们对这些问题的理解是否充分。列宁也善于用通俗的语言进行宣传工作，将抽象的理论通俗化，使广大群众能够听懂接受。第五，书信、歌曲、油画等也是思想政治教育的载体和方式。书信是马克思、恩格斯宣传无产阶级思想极为重要的方式。他们互通书信探讨无产阶级革命理论和宣传策略，与持相反看法的理论家们“论战”，传播无产阶级革命思想。歌曲也是思想政治教育的重要方式，马克思在提到革命歌曲《血腥的屠杀》时，就认为“这是一个勇敢的战斗的呼声”，肯定了歌曲具有震撼人心的力量。油画虽然不及文字表达得明确直接，但有时候也发挥着独特的思想政治教育作用。恩格斯曾称赞一幅描绘纺织工人向工厂主交亚麻布的油画：“从宣传社会主义这个角度来看，这幅画所起的作用要比一百本小册子大得多。”[②]

三、中国共产党思想政治教育的创新发展

“思想政治教育”这一概念，是中国共产党提出的原创性术语。在百年奋斗实践中，我们党的思想政治教育也在实践中不断创新，在创新中不断发展。

（一）始终坚持思想政治教育的“生命线”地位

“生命线”是党对思想政治工作地位的形象比喻和科学概括，最早开始使用于土

① 列宁．列宁全集：第 39 卷．2 版增订版．北京：人民出版社，2017：90.

② 马克思，恩格斯．马克思恩格斯全集：第 2 卷．北京：人民出版社，1957：589.

地革命战争时期的红军队伍之中。中国共产党成立之初就重视思想政治工作，大革命之后，党开始从战略上、思想上论证革命未来的道路。继毛泽东提出“枪杆子里面出政权”的著名论断之后，军队思想政治工作的理论和实践日渐发展。1929 年 12 月，《古田会议决议》指出，“红军的宣传工作是红军第一个重大工作。若忽视了这个工作，就是放弃了红军的主要任务”①。古田会议之后，党对红军思想政治工作的地位和作用认识不断深化，并在 1932 年 7 月 21 日的《中央给中区中央局及苏区闽赣两省委信》中，首次明确指出“政治工作不是附带的，而是红军的生命线”②。

链接

1929 年 12 月，在福建上杭县古田镇召开的中国共产党红军第四军第九次代表大会，通过了毛泽东起草的《中国共产党第四军第九次代表大会决议案》，史称《古田会议决议》。《古田会议决议》解决了在长期处于分散的农村游击战争环境下，怎样遵循“思想建党、政治建军”的原则，建设无产阶级政党和人民军队的问题，包括纠正党内非无产阶级意识的不正确倾向问题、党的组织问题、党内教育问题、红军宣传工作问题、士兵政治训练问题、废止肉刑问题、优待伤病兵问题、红军军事系统与政治系统的关系问题等八个部分，科学阐明了一系列加强和改进红军和党内思想政治教育的观点与措施，标志着中国共产党思想政治教育理论的形成。

“生命线”论断自提出以后，随着实践发展而日益丰富。1934 年 2 月，在中国工农红军第一次政治工作会议上，“政治工作是红军的生命线”的思想得到系统阐释。抗日战争时期，周恩来在国统区发表《抗战军队的政治工作》，强调，“以革命主义为基础的革命政治工作是一切革命军队的生命线与灵魂！”③《关于军队政治工作问题》也指出，“政治工作是我们军队的生命线，无此则不是真正的革命军队”④。新中国成立后，如何从“生命线”的论断理解政治与经济的关系，毛泽东先后指出，“政治工作是一切经济工作的生命线”⑤，“思想工作和政治工作，是完成经济工作和技术工作的保证，它们是为经济基础服务的。思想和政治又是统帅，是灵魂。只要我们的思想工作和政治工作稍为一放松，经济工作和技术工作就一定会走到邪路上去”⑥。

---

① 中央档案馆．中共中央文件选集：第 5 册．北京：中共中央党校出版社，1990：818.

② 中央档案馆．中共中央文件选集：第 8 册．北京：中共中央党校出版社，1991：310.

③ 周恩来．周恩来选集：上卷．北京：人民出版社，1980：93.

④ 中共中央文献研究室，中央档案馆．建党以来重要文献选编：第 21 册．北京：中央文献出版社，2011：225.

⑤ 毛泽东．毛泽东文集：第 6 卷．北京：人民出版社，1999：449.

⑥ 毛泽东．毛泽东文集：第 7 卷．北京：人民出版社，1999：351.

这些论断符合唯物主义和辩证法思想，标志着思想政治教育的“生命线”论断更加成熟。

改革开放以来，我们党对思想政治工作地位和作用的认识进一步深化。邓小平提出一手抓物质文明建设，一手抓精神文明建设，强调思想政治工作是经济工作和其他一切工作的生命线，要实行政治和经济的统一、政治和技术的统一、又红又专的方针。江泽民立足于我国社会主义改革和建设的新要求和国际形势的新变化，指出党的思想政治工作是经济工作和其他一切工作的生命线，是团结全党和全国各族人民实现党和国家各项任务的中心环节，是我们党和社会主义国家的重要政治优势，突出思想政治教育的凝聚功能和动力作用。胡锦涛强调思想政治教育是做人的工作，既要坚持教育人、引领人、鼓舞人、鞭策人，又要做到尊重人、理解人、关心人、帮助人，从方法论的角度丰富了思想政治教育的“生命线”论断。

中国特色社会主义进入新时代以来，习近平高度重视思想政治工作“生命线”的作用，把思想政治工作作为治党治国的重要方式，着力固根基、扬优势、补短板、强弱项，提高科学化规范化制度化水平。不仅强调发挥政治工作对强军兴军的生命线作用，要求把理想信念在全军牢固立起来，把党性原则在全军牢固立起来，把战斗力标准在全军牢固立起来，把政治工作威信在全军牢固立起来；也强调突出思想政治工作是学校各项工作的生命线，明确提出思想政治工作关系“培养什么样的人、如何培养人以及为谁培养人”这个根本问题，要坚持把立德树人作为中心环节，把思想政治工作贯穿教育教学全过程，完善思想政治工作体系，推进大中小学思想政治教育一体化。可以说，把对思想政治工作地位作用的认识提升到了新的高度。

链接

“生命线”论断是中国共产党在长期革命和建设实践中形成的对思想政治工作的价值定位。中国共产党人首次提出“生命线”论断是在1932年7月21日，在《中央给中区中央局及苏区闽赣两省委信》中指出：“政治工作在红军中有决定的意义，……政治工作不是附带的，而是红军的生命线。”之后在新民主主义革命、社会主义革命和建设、改革开放和社会主义现代化建设、中国特色社会主义新时代的各个时期，党中央都提出了相关思想，不断丰富着“生命线”论断。

（二）始终坚持思想政治教育服从服务大局

自中国共产党成立至今，思想政治教育始终服从服务大局，紧扣中华民族伟大复兴这一主题主线开展理论研究和实践工作。当然，在不同历史时期，思想政治教育的目标、任务随着社会主要矛盾的变化而变化。

新民主主义革命时期，我们党的思想政治教育主要是服从服务于反对帝国主义、封建主义、官僚资本主义，争取民族独立、人民解放，为实现中华民族伟大复兴创造根本社会条件。建党之初，思想政治教育的主要任务是强化党对工人群众的领导，组织工人阶级，开展工人运动，服务革命斗争的纲领。土地革命战争时期，思想政治教育则主要服务于武装革命斗争，通过三湾改编、“三大纪律，八项注意”等整顿军风，做好军队思想教育，同时向群众宣传“穷人要革命”，翻身当家做主人的道理。在反“围剿”时期，思想政治教育主要以鼓舞士气、提高部队战斗力、加强纪律教育以及动员群众积极支援前线为主。长征途中，思想政治教育的主要工作为宣传党的正确路线，坚定革命信念，并做好沿途的群众工作。全面抗日战争爆发之后，思想政治教育围绕抗战路线的宣传教育而展开，发动民众投身抗战。解放战争时期，思想政治教育的主旋律在于向解放区军民乃至全国人民，阐述中国所面临的两种命运、两种前途以及中国革命所要求的两手策略。

社会主义革命和建设时期，我们党的思想政治教育主要是服从服务于实现从新民主主义到社会主义的转变，进行社会主义革命，推进社会主义建设，为实现中华民族伟大复兴奠定根本政治前提和制度基础。新中国成立初期，思想政治教育紧扣服务巩固新生政权和恢复国民经济的主题，在推动土地改革、镇压反革命运动以及支持抗美援朝中发挥着思想引导和精神支撑的作用。党在 1952 年提出过渡时期的总路线和总任务，此时思想政治教育的主要任务是教育全党和全国人民，动员社会各界为实现总路线而奋斗。1956 年，党的八大做出我国社会主要矛盾变化的判断，指出社会主要矛盾转变为人们对于经济文化迅速发展的需要同当前经济文化不能满足人们需要的状况之间的矛盾。思想政治教育的重要目标导向也由此转到为满足人们经济文化需要提供保障上来。在良好的开局之后，由于受“左”倾错误思想的影响，思想政治教育逐渐偏离正确方向，滑向了服从服务“文化大革命”期间“以阶级斗争为纲”的错误泥潭。

改革开放和社会主义现代化建设新时期，我们党的思想政治教育主要是服从服务于继续探索中国建设社会主义的正确道路，解放和发展社会生产力，使人民摆脱贫困、尽快富裕起来，为实现中华民族伟大复兴提供充满新的活力的体制保证和快速发展的物质条件。党的十一届三中全会重新确立了解放思想、实事求是的思想路线，思想政治教育逐渐走向正轨。引导人们正确认识新时期经济与政治的关系、充分调动一切积极因素为社会主义现代化建设服务，是此时思想政治教育的主要任务。自觉为经济建设和改革开放服务，在各行各业培养有理想、有道德、有文化、有纪律的“四有”新人是思想政治教育主要任务的集中表达。尤其是这一时期，我们党从新的实践和时代特征出发坚持和发展马克思主义，科学回答建设中国特色社会主义的系列基本问题，所形成的中国特色社会主义理论体系，奠定了新时期思想政治教育的理论基础。

中国特色社会主义进入新时代，我们党的思想政治教育主要是服从服务于实现第一个百年奋斗目标，向第二个百年奋斗目标进军，全面建设社会主义现代化国家，全面推进中华民族伟大复兴。党的十九大做出了“我国社会主要矛盾已经转化为人民日益增长的美好生活需要和不平衡不充分的发展之间的矛盾”[①] 的重大判断。着力解决发展不平衡不充分的问题，不仅需要充分地尊重、关注和最大限度地满足人民在经济、政治、文化、社会、生态等方面日益增长的客观需要，更需要大力提高人民的思想觉悟、道德水准和文明素养，引导人民以更为主动的精神力量、更加饱满的精神状态投入创造美好生活的实践。与此相应，新时代思想政治教育要围绕中心、服务大局，坚持不懈用习近平新时代中国特色社会主义思想铸魂育人，弘扬以伟大建党精神为源头的中国共产党人精神谱系，深入开展社会主义核心价值观宣传教育，深化爱国主义、集体主义、社会主义教育，培养一代又一代德智体美劳全面发展的社会主义建设者和接班人，培养一代又一代在社会主义现代化建设中可堪大用、能担重任的栋梁之才，确保党的事业和社会主义现代化强国建设后继有人。

（三）始终坚持把培养社会主义建设者和接班人作为根本任务

自中国共产党成立以来，思想政治教育始终围绕“培养什么人、怎样培养人、为谁培养人”这一根本问题，把培养社会主义建设者和接班人作为根本任务，矢志培养拥护中国共产党领导和我国社会主义制度、立志为中国特色社会主义奋斗终身的有用人才。

培养有社会主义觉悟的有文化的劳动者。在领导中国革命和建设的过程中，毛泽东将马克思主义青年观同中国的实际相结合，向全国青年发出“身体好、学习好、工作好”的号召，强调德育、智育、体育“三育并重”。1957 年，毛泽东亲自制定并明确提出了我们党的教育方针：“我们的教育方针，应该使受教育者在德育、智育、体育几方面都得到发展，成为有社会主义觉悟的有文化的劳动者。”[②] 这不仅

① 习近平．决胜全面建成小康社会　夺取新时代中国特色社会主义伟大胜利：在中国共产党第十九次全国代表大会上的报告．北京：人民出版社，2017：11.

② 毛泽东．毛泽东文集：第 7 卷．北京：人民出版社，1999：226.

对于学校全面开设课程，促进青年学生身心全面发展，发挥了指导性的作用，同时对于在教育实践中克服轻视和鄙视劳动的思想，起到了重要的推动作用。同年，毛泽东同志在莫斯科对中国青年留学生们说："世界是你们的，也是我们的，但是归根结底是你们的。你们青年人朝气蓬勃，正在兴旺时期，好像早晨八九点钟的太阳。希望寄托在你们身上。……世界是属于你们的。中国的前途是属于你们的。"[①]青年身上肩负着国家的前途命运和振兴希望，他们成长成才关系到国家未来的繁荣和发展。

培育社会主义"四有"新人。在改革开放和社会主义现代化建设新时期，邓小平同志基于对"什么是社会主义、怎样建设社会主义"这一重大问题的思考，把新时期社会主义事业接班人的基本要求概括为"四有"，即有理想、有道德、有文化、有纪律。1980 年 5 月 26 日，邓小平同志给《中国少年报》和《辅导员》杂志题词："希望全国的小朋友，立志做有理想、有道德、有知识、有体力的人，立志为人民作贡献，为祖国作贡献，为人类作贡献。"[②] 1985 年，邓小平同志在全国科技工作会议上明确提出，要"教育全国人民做到有理想、有道德、有文化、有纪律"[③]。从此，做"有理想、有道德、有文化、有纪律"的"四有"新人，就成为国家对公民的基本要求，也成为提高整个中华民族的思想道德素质和科学文化素质的基本内容。在推进中国特色社会主义事业的实践中，江泽民同志结合新的实际提出要按照"四有"新人的要求，从德智体美各方面促进青年一代的全面发展。胡锦涛同志提出，广大青年牢记党和人民的重托，自觉担负起时代的重任，努力成为理想远大、信念坚定的新一代，品德高尚、意志顽强的新一代，视野开阔、知识丰富的新一代，开拓进取、艰苦创业的新一代。

培养担当民族复兴大任的时代新人。党的十八大以来，习近平总书记高度重视青年工作，围绕青年成长成才发表了系列重要讲话，系统回答了"新时代需要什么样的人才、怎样培养人才以及为谁培养人才"的重大问题，明确了新时代思想政治教育的根本任务。习近平总书记在党的十九大上提出"要以培养担当民族复兴大任的时代新人为着眼点"[④] 的新要求，强调青年一代有理想、有本领、有担当，国家

---

① 中共中央文献研究室．毛泽东年谱（一九四九—一九七六）：第 3 卷．北京：中央文献出版社，2013：248－250.

② 中共中央文献研究室．邓小平年谱（一九七五—一九九七）：上．北京：中央文献出版社，2004：639.

③ 邓小平．邓小平文选：第 3 卷．北京：人民出版社，1993：110.

④ 习近平．决胜全面建成小康社会　夺取新时代中国特色社会主义伟大胜利：在中国共产党第十九次全国代表大会上的报告．北京：人民出版社，2017：42.

就有前途，民族就有希望。在2018年9月召开的全国教育大会上，习近平总书记进一步明确指出，“我国是中国共产党领导的社会主义国家，这就决定了我们的教育必须把培养社会主义建设者和接班人作为根本任务，培养一代又一代拥护中国共产党领导和我国社会主义制度、立志为中国特色社会主义奋斗终身的有用人才”[①]，并且从方法论的角度，即“要在坚定理想信念上下功夫”“要在厚植爱国主义情怀上下功夫”“要在加强品德修养上下功夫”“要在增长知识见识上下功夫”“要在培养奋斗精神上下功夫”“要在增强综合素质上下功夫”，明确了培养担当民族复兴大任的时代新人的基本遵循。2022年4月25日，习近平在中国人民大学考察时，强调“立足新时代新征程，中国青年的奋斗目标和前行方向归结到一点，就是坚定不移听党话、跟党走，努力成长为堪当民族复兴重任的时代新人”[②]，勉励广大青年用脚步丈量祖国大地，用眼睛发现中国精神，用耳朵倾听人民呼声，用内心感应时代脉搏，把对祖国血浓于水、与人民同呼吸共命运的情感贯穿学业全过程，融汇在事业追求中。在党的二十大报告中，习近平明确指出：“全党要把青年工作作为战略性工作来抓，用党的科学理论武装青年，用党的初心使命感召青年”，教育引导广大青年“立志做有理想、敢担当、能吃苦、肯奋斗的新时代好青年”[③]。

（四）始终坚持不断推进理论和实践的双重探索

自中国共产党成立至今，思想政治教育在实践中积累了丰富的经验，在理论上也日益完善。始终坚持理论联系实际，不断推进实践基础上的理论创新，是中国共产党百年思想政治教育不断完善和发展的重要经验。

与时俱进，思想政治教育理论愈加体系化。历经百年的发展，党的思想政治教育理论在马克思列宁主义、毛泽东思想、中国特色社会主义理论体系和习近平新时代中国特色社会主义思想的指导下不断丰富发展，形成了一个内容丰富、方法科学、结构合理、逻辑清晰的思想政治教育理论体系。在新民主主义革命时期，中国共产党不断总结群众宣传和军队教育工作的经验，形成了《古田会议决议》和《关于军队政治工作问题的报告》等思想政治工作方面的纲领性文献。党的七大确立毛泽东思想为党的指导思想，进一步丰富了思想政治教育理论。新中国成立之后，以

---

① 习近平在全国教育大会上强调　坚持中国特色社会主义教育发展道路　培养德智体美劳全面发展的社会主义建设者和接班人．人民日报，2018-09-11.

② 习近平在中国人民大学考察时强调　坚持党的领导传承红色基因扎根中国大地　走出一条建设中国特色世界一流大学新路．人民日报，2022-04-26.

③ 习近平．高举中国特色社会主义伟大旗帜　为全面建设社会主义现代化国家而奋斗：在中国共产党第二十次全国代表大会上的报告．北京：人民出版社，2022：71.

毛泽东同志为主要代表的中国共产党人将马克思主义基本原理与具体国情相结合，从理论上对社会主义思想政治教育的基本内容、方针政策、领导体制与运行机制等进行探讨，逐步形成了党的社会主义思想政治教育理论体系。党的十一届三中全会以来，思想政治教育理论建设进入一个新的阶段。一方面，以邓小平理论、“三个代表”重要思想和科学发展观为重要组成部分的中国特色社会主义理论体系，丰富了思想政治教育理论的内容；另一方面，随着思想政治教育科学化的讨论，思想政治教育作为一门学科得以正式确立，为思想政治教育理论的创新发展提供了学科依据。党的十八大以来，以习近平同志为主要代表的中国共产党人对思想政治教育理论更加重视，习近平总书记在全国宣传思想工作会议、全国高校思想政治工作会议、全国教育大会和学校思想政治理论课教师座谈会等重要会议上发表的讲话，体现了思想政治教育理论创新的新成果。习近平新时代中国特色社会主义思想为思想政治教育提供了坚实的思想指导和理论支撑。

扎实开展，思想政治教育实践日益科学化。建党百年来，思想政治教育作为宝贵传统和鲜明政治优势延续至今。党始终根据所处的历史条件和各个阶段所肩负的历史使命，倡导和推动了系列思想政治教育活动，取得了显著成效。土地革命战争时期，党在工人阶级、农民和军队中进行思想启蒙运动，广泛开展马克思主义和反帝反封建的宣传，为革命运动的蓬勃发展凝聚力量。全面抗日战争时期，针对党内存在的“左”倾思想和主观主义，开展整风运动，打破了主观主义的约束，推动马克思主义基本原理同中国具体实践相结合，标志着党的思想政治教育工作逐步成熟。解放战争时期，党把思想政治教育与土地改革运动实际相结合，进一步提高了军队的纪律性和战斗性。新中国成立以后，党继承和发扬思想政治教育在动员和组织人民群众方面的巨大优势，制定新中国思想政治教育的方针政策，建立起新中国思想政治教育工作制度、机构和队伍，进行了思想政治教育的许多创造性新探索。十一届三中全会的召开，标志着党的思想政治教育进入崭新的阶段。我们党先后开展“五讲四美三热爱”运动等，凸显了思想政治教育在物质文明和精神文明中的重要作用。党的十八大以来，以习近平同志为核心的党中央全面加强以马克思主义理论教育为根本、以理想信念教育为核心、以培育和践行社会主义核心价值观为引领、以爱国主义教育为主题、以道德教育和法治教育为基础的新时代思想政治教育工作，既强调遵循思想政治工作规律，遵循教书育人规律，遵循学生成长规律，又要求做到“因事而化、因时而进、因势而新”，不断提高思想政治教育工作的科学性和创新性，为实现中华民族伟大复兴的中国梦提供精神动力和智力支持。

良性互动，推进思想政治教育理论和实践双重探索。坚持理论创新和实践探索的良性互动，是我们党不断开创新局面、取得巨大成功的宝贵经验，也是中国共产党思想政治教育创新发展的不竭动力。思想政治教育理论的与时俱进，是坚持一切从实际出发的重要体现。思想政治教育理论从初步形成到成熟完善，再到创新发展，植根于思想政治教育实践，是对新民主主义革命时期、社会主义革命和建设时期、改革开放和社会主义现代化建设新时期、中国特色社会主义进入新时代以来思想政治教育实践的经验总结和理论概括。中国共产党思想政治教育实践从革命年代起步，于建设时期发展推进，在新时代丰富完善，离不开思想政治教育理论的具体指导。脱离了马克思列宁主义、毛泽东思想、中国特色社会主义理论体系和习近平新时代中国特色社会主义思想的理论根基和思想资源，思想政治教育实践无异于“泥足巨人”，寸步难行。所以，坚持理论创新和实践探索的良性互动，是推动中国共产党思想政治教育不断创新发展的重要保证。

第三节 以科学的态度对待思想政治教育历史成果

思想政治教育从产生到发展至今，为我们留下了宝贵的历史成果。总结其发展的基本特点，挖掘其中的历史智慧，有助于深入了解思想政治教育基本规律，找寻有益的启示和借鉴。思想政治教育的深化发展，需要以科学的态度对待这些历史成果，坚持古为今用、洋为中用，坚持创造性转化、创新性发展，坚持中国特色和世界比较相联系。

一、坚持尊重历史，深化理论研究

作为特殊的社会实践活动，思想政治教育是一种历史的产物，是随着历史的发展而发展的。从思想政治教育的萌芽产生，到阶级社会思想政治教育的变迁转化，再到马克思主义思想政治教育和中国共产党思想政治教育的创新发展，这一历史发展过程积淀了丰厚、宝贵的思想政治教育历史成果。关于思想政治教育产生发展的研究，本质上就是对思想政治教育历史成果的厘定和剖析，提炼其基本特征和发展规律，进而总结历史的经验教训和有益的借鉴启示。这就要求我们坚持以辩证唯物主义和历史唯物主义为指导，借助过去留存下来的档案、文献和实物等史料，秉承科学、谨慎、认真的态度，做到理论建构与历史事实的统一。

对待思想政治教育历史成果，应以客观的历史事实为基础。客观的历史事实是正确对待思想政治教育历史成果的依据。只有以客观历史事实为基础，才能做出正确的认识和判断，为思想政治教育的深化发展所借鉴，避免出现误读、歪曲历史的现象。在关于思想政治教育产生发展的研究过程中，曾出现过“独创论”、“过时论”和“照搬论”等不同的声音。其中，“独创论”认为思想政治教育是马克思主义的“独创”，或者说是中国共产党的“独创”；“过时论”尽管承认思想政治教育在古代已有出现，但认为古代的思想政治教育是封建历史的遗留，它们今天都已经过时；“照搬论”则对中国古代思想政治教育优秀成果或者外国思想政治教育历史成果持绝对肯定态度，认为可以不必对它们进行改造加工，只要“照搬”或“拿来”为我所用就行。可以说，这些带有倾向性的片面认识，都没有客观审视思想政治教育的历史事实。只有尊重历史事实，以正确的态度面对几千年来思想政治教育的历史发展，将其置于特定的历史条件和背景中，才能看清思想政治教育的“名”与“实”，辨明精华与糟粕，进而挖掘其中所蕴含的宝贵资源为当代所用。

对待思想政治教育历史成果，还应在历史事实的基础上强化理论研究。面对浩如烟海、弥足珍贵的思想政治教育历史成果，不同的人有着不同的主观认识和相关见解。关于思想政治教育产生发展的研究并非为史而史，而是史论结合，力求通过对历史的研究总结经验、把握规律、吸取教训，这一过程是在繁杂的史料中不断进行思维加工和理论建构的过程。那么，我们应该站在本学科的立场认真审视，注重区分思想政治教育学的产生发展与教育学、政治学、伦理学等相关学科的区别，既要看到思想政治教育学的产生发展与其他学科历史研究的共性，如采用通用的历史研究方法，也要看到思想政治教育学的产生发展与其他学科历史研究的不同之处，如凸显思想政治教育的意识形态性。唯有如此，才能为思想政治教育学的整体发展提供更为扎实的历史根基、更为科学的历史论断。当然，在理论建构过程中，我们应充分吸收不同学科形成的有益成果，这样才有助于彼此之间相互交流、沟通、探讨，进而深化对思想政治教育的研究。

二、坚持创造性转化、创新性发展

对历史的科学研究，除了需要在尊重历史事实的基础上进行客观的理论分析之外，还需要关注当下思想政治教育的发展与诉求，坚持大历史观，以高度的历史自觉审视思想政治教育的历史成果。这就必然要求将回顾过去、立足现在和展望未来三者紧密联系起来，形成一个整体的系统。以现在和未来的需求以及所要解决的问题为着眼点，坚持创造性转化、创新性发展，实现批判继承与创新发展相统一，进而更好地展示其历史意义，发挥其时代价值。

任何时代的思想政治教育理论与实践，都是在对思想政治教育历史成果批判继承的基础上形成、发展的。历史成果，毫无疑问，有其精华的地方，也有其糟粕之处。对其精华，应根据实际需要有选择性地、批判性地继承；对其糟粕，应该加以抛弃，但不能因此就一味否定所有历史成果。对待思想政治教育历史成果，我们应该把握好习近平新时代中国特色社会主义思想的世界观和方法论，坚持好、运用好贯穿其中的立场、观点、方法，既要了解思想政治教育历史成果发生、存在和延续的历史合理性，又要了解思想政治教育历史成果被新的历史发展所取代的历史必然性。只有这样，才能更精准地区分精华与糟粕，才能更科学地进行批判、继承与借鉴。

结合时代需求、融合时代发展，对思想政治教育历史成果实现创造性转化、创新性发展。创造性转化就是按照时代特点和要求，对思想政治教育历史成果中仍有借鉴价值的内涵和形式加以改造，赋予其新的时代内涵和现代表达形式，激活其生命力。创新性发展就是按照时代的新进步、新发展，对思想政治教育相关历史成果的内涵加以补充、拓展、完善，增强其影响力和感召力。这就要求我们深入思想政治教育的历史中去，挖掘其中所蕴含的仍具价值的内容、方法、载体等，并结合当前思想政治教育自主知识体系和实践体系的实际需要进行转化，为建设有中国特色、中国风格、中国气派的新时代思想政治教育体系服务。如在培育和践行社会主义核心价值观中，应该赋予传统文化的修齐治平、为政以德、以义制利、忠孝廉耻等思想新的内涵，使其更好地涵养社会主义核心价值观；在深化爱国主义、集体主义、社会主义教育时，应该重视传统家训、乡规民约等在主流意识形态传播教育中的积极作用，使其更好地塑造家风家教和家庭美德。

三、坚持中国特色和世界比较相联系

以科学的态度对待思想政治教育历史成果，要求我们要善于把中国的思想政治教育和外国的思想政治教育联系起来，在对比分析中外思想政治教育的历史发展中，发现中外思想政治教育存在的差异，分析中外思想政治教育一致的地方，既从同中求异，又从异中求同，做到中国特色和世界比较相联系。

同中求异，就是在中外思想政治教育的普遍性中寻求差异性。思想政治教育是人类进入阶级社会以来普遍的社会实践活动，中国有，外国也有；当今有，古代也有。每个国家、民族的思想政治教育尽管都遵循思想政治教育整体的形成与演进规律，但由于各自的历史实际、制度实际、文化实际有所差异，各个国家、民族的思想政治教育各具特色。只有深入认识其深层机理，才能够从历史发展中了解当今中国和西方国家的思想政治教育所具有的民族性、文化性、历史性。这就要求我们无论是进行思想政治教育理论研究，还是推进思想政治教育具体实践，都要在思想政治教育发展的世界视野中，坚持中国特色，推动中国特色思想政治教育的创新发展。

异中求同，就是在中外思想政治教育的差异性中寻求共同点。尽管不同时期、不同国家的思想政治教育存在一定的差异，但这种差异所反映出的独特性与多样性，是不同国家、地域间思想政治教育得以交流、借鉴的前提和基础。异中求同，汲取域外精华，有助于丰富和深化自身的思想政治教育体系建设。思想政治教育理论要进一步深化，实践要进一步推进，既要保持自身的独特性，找到属于自己的准确定位，又要注意挖掘中外思想政治教育的共同点，借鉴吸收其他国家有益的思想政治教育经验，坚持个性与共性相统一、民族性与世界性相融合，实现与人类社会发展的整体发展脉络和未来发展趋势相联系，不断增强思想政治教育的中国特色与世界眼光，更好地推动思想政治教育向前发展。

思考题

1. 如何认识思想政治教育产生发展的历史根源？
2. 如何理解马克思主义思想政治教育理论基础的主要内容？
3. 如何把握中国共产党思想政治教育创新发展的具体表现？
4. 如何科学对待思想政治教育历史成果？

第二章

思想政治教育的价值

价值，作为一个哲学概念，是指客体的存在、属性和变化对于主体的意义，是客体对人和社会某种需要的满足关系。思想政治教育的价值，表达的是作为客体的思想政治教育对于作为主体的人及社会组织的积极意义，是思想政治教育对人、社会、国家发展需要的满足关系。思想政治教育是建构、传播社会主流意识形态，对人的思想政治素质进行塑造和培养的一种社会实践活动，它对于国家的建设与治理、社会的维系与运行、个体的生存与发展都具有重要价值。

第一节 思想政治教育的国家价值

马克思主义认为，国家是社会管理和阶级矛盾发展到一定阶段的产物。国家作为一种社会组织形式，具有管理社会公共事务和实施政治统治的双重职能。掌握国家权力的统治阶级，要维系政治统治，实施国家治理，必然要开展思想统治与意识形态建设方面的活动，并通过这些活动来传播与贯彻国家意志。思想政治教育作为一定政治集团尤其是统治阶级所开展的政治实践活动，从根本上说是为国家利益服务的，承载着鲜明的国家意志与国家职能。思想政治教育对于塑造主流意识形态、传播贯彻国家意志、推进实施国家治理都具有重要价值。

一、塑造主流意识形态

国家的存在和发展，既需要一定的物质基础，也需要相应的思想基础。意识形态是国家运行的重要组成部分，为国家的存在和发展提供思想基础。意识形态是集中反映一定社会集团或阶级根本利益的思想理论体系，它决定着该社会集团或阶级的行为准则、价值取向、政治纲领、社会理想等，对政治体系和国家运行产生深刻影响。主流意识形态是一定社会中居于主体地位、具有主导作用的意识形态。主流意识形态一般而言是国家统治阶级的意识形态。统治阶级在社会实践中，不仅建构了生产关系，构筑了社会的经济基础，而且还建构了思想关系，构筑了政治和思想的上层建筑。社会的思想上层建筑成为统治阶级维持和巩固自身政治统治的工具和手段。统治阶级凭借自身的政治权力掌握着思想资源的生产和分配，决定着社会精神生活的方向和性质。

主流意识形态集中体现着统治阶级的根本利益，是维系国家统治与社会运行的思想理论体系。不同历史时期的统治阶级都非常注重利用主流意识形态来捍卫自身的政治统治和国家权力。汉武帝为了巩固初生的西汉政权，“罢黜百家，独尊儒术”，用国家政权的力量将儒家思想提升为占统治地位的意识形态，在政治“大一统”的基础上实现了思想“大一统”。儒家思想于是成为一种社会主流意识形态，用儒家思想来教化民众也成为历代封建统治者巩固国家统治基础的重要途径。公元

4世纪末，古罗马统治者为了巩固帝国权力对世俗社会的统治，将基督教定为罗马帝国的官方宗教，基督教逐渐成为罗马帝国的主流意识形态，利用基督教来钳制人民的思想、巩固政治统治成为罗马帝国实施思想统治的重要手段。西方马克思主义者阿尔都塞（Louis Pierre Althusser）将国家机器区分为“镇压性国家机器”和“意识形态国家机器”，前者指暴力机构，如政府、行政机关、军队、法庭、警察、监狱等，后者指宗教、教育、家庭、法律、政治（包括不同政党在内的政治体系）、工会、传播媒介等。镇压性国家机器是“以暴力形式”来产生作用的，而意识形态国家机器则是“以意识形态的方式来产生作用”的。另外一位西方马克思主义者葛兰西（Antonio Gramsci）感触于资本主义国家利用学校、电台等意识形态工具麻痹、瓦解无产阶级的事实，从思考前沿的经济、政治斗争转而关注“现代国家”中的“文化领导权”问题。无论是阿尔都塞的意识形态国家机器理论还是葛兰西的文化领导权理论，都揭示了当代资本主义国家意识形态与权力运行之间的密切关系，也揭示了资产阶级利用主流意识形态实现国家统治的内在逻辑。

国家主流意识形态的形成，必须经过有目的、有计划、有组织的塑造与建构，必须有相应的意识形态的建设与宣传活动。思想政治教育是统治阶级建构、传播并促进社会成员内化主流意识形态的实践活动。主流意识形态并不是自发形成的，而是在国家政治生活中经过建构、传承、内化而逐渐确立的。统治阶级的意识形态诉求，并不会自然而然地上升为占社会主流地位的意识形态，必须经过有组织、有计划的建构、传播与教育，才能塑造成为国家的主流意识形态。

在塑造主流意识形态的过程中，思想政治教育具有特殊的作用。第一，思想政治教育有助于主流意识形态的内部建构。一种思想理论体系之所以能够成为国家的主流意识形态，离不开统治阶级内部的理论建设活动。为统治阶级服务的知识分子要对社会各种意识形态进行甄别、筛选，通过各种理论加工、提炼活动，创制出体现统治阶级根本利益的意识形态体系，并使这种意识形态体系首先为统治阶级所掌握与认同，从而被国家政权提升、确认为主流意识形态。这种意识形态的创制与建构活动，是统治阶级内部的一种思想政治教育活动，对于最终确立国家主流意识形态具有重要意义。第二，思想政治教育有助于主流意识形态的社会传播。国家层面的意识形态必须向社会进行传播，才能转化为社会层面的主流意识形态。统治阶级要利用各种组织体系、宣传工具、传播手段，向社会传播其意识形态，实现统治阶级意识形态的社会化。思想政治教育通过宣传、传播主流意识形态，能够巩固并扩大主流意识形态的社会基础。第三，思想政治教育有助于主流意识形态的个体内化。思想政治教育承担着将国家与社会的意识形态转化为社会成员个体的思想政治素质的重要职能。通过各种具体的思想政治教育活动，社会成员逐渐接受、内化主流意识形态，并转化为个体的思想政治素质，从而在社会成员内心确立起对主流意识形态的认同。这个过程是主流意识形态的个体化过程。只有通过思想政治教育，国家主流意识形态才能逐渐形成、确立，并完成主流意识形态的社会化、个体化过程，从而发挥塑造国家认同、维系国家统治的功能。

主流意识形态的塑造，对于维系国家运行、巩固国家政权具有重要意义。思想政治教育是意识形态工作的重要方面，是主流意识形态建设的重要方式。习近平总书记指出："经济建设是党的中心工作，意识形态工作是党的一项极端重要的工作。"① 在当代中国，思想政治教育肩负着建构、传播社会主义意识形态，对广大人民群众进行马克思主义理论教育，推动马克思主义中国化、时代化、大众化的重要使命。思想政治教育对于确立和巩固马克思主义在我国意识形态领域的主导地位，不断发展和壮大社会主义主流意识形态，为中国共产党长期执政提供思想基础，为中国特色社会主义国家建设提供政治保障，都具有十分重要的价值。

二、传播贯彻国家意志

国家意志是指国家作为一种政治共同体的意志，它是国家生存、发展的根本利益和总体诉求在国家意识层面的集中反映与体现。国家意志根植于一定的生产关系与经济基础，以法律、制度、政策等为主要载体与表现形式，集中宣示和表达着统治阶级的根本利益与基本意愿。国家意志具有阶级性、全局性、权威性等特征。恩格斯指出："在现代历史中，国家的意志总的说来是由市民社会的不断变化的需要，是由某个阶级的优势地位，归根到底，是由生产力和交换关系的发展决定的。"② 在阶级社会，国家意志主要反映了经济上占主导地位并掌握国家政权的统治阶级的意志，集中体现着统治阶级的根本利益。国家意志不仅是统治阶级根本利益的集中体现，也是作为一种政治共同体的国家整体利益和公共意志的最高体现。国家意志是从不同个体、社会群体、政治集团中产生，并超越这些个体意志、局部意志的总体意志。国家意志主要通过法律法规、规章制度、决策部署等形式加以体现，并以国家强制力保障实施，具有权威性。思想政治教育作为塑造国家主流意识形态的实践活动，彰显着鲜明的国家意志，承担着传播贯彻国家意志的重要职能。

---

① 习近平．习近平谈治国理政：第1卷．2版．北京：外文出版社，2018：153.

② 马克思，恩格斯．马克思恩格斯全集：第28卷．2版．北京：人民出版社，2018：360.

思想政治教育彰显着国家意志。主流意识形态的塑造与建设，是思想上层建筑领域的重要活动，是维系国家政治统治、实现国家利益的思想保障。这就决定了思想政治教育承担着履行国家职能的重要职责，承载着鲜明的国家意志。古希腊政治学家亚里士多德认为，对公民进行有关国家政体的教育是国家政权建设的重要方面，如果城邦的立法者“忽视教育就会危害政体”，“一个城邦应常常教导公民们能适应本邦的政治体系及生活方式”①。雅典公民教育的实质就是“按照政体的精神教育公民”②。这些论述揭示了公民教育与国家意志、国家利益之间的内在关系。对广大青少年以及社会成员进行思想政治教育，是我国国家意志的具体表现，有着明确的法律依据。2018 年新修订的《中华人民共和国宪法》第 24 条规定：国家通过普及理想教育、道德教育、文化教育、纪律和法制教育，通过在城乡不同范围的群众中制定和执行各种守则、公约，加强社会主义精神文明的建设。国家倡导社会主义核心价值观，提倡爱祖国、爱人民、爱劳动、爱科学、爱社会主义的公德，在人民中进行爱国主义、集体主义和国际主义、共产主义的教育，进行辩证唯物主义和历史唯物主义的教育，反对资本主义的、封建主义的和其他的腐朽思想。2021 年新修订的《中华人民共和国教育法》第 5 条规定：教育必须为社会主义现代化建设服务、为人民服务，必须与生产劳动和社会实践相结合，培养德智体美劳全面发展的社会主义建设者和接班人。第 6 条规定：教育应当坚持立德树人，对受教育者加强社会主义核心价值观教育，增强受教育者的社会责任感、创新精神和实践能力。国家在受教育者中进行爱国主义、集体主义、中国特色社会主义的教育，进行理想、道德、纪律、法治、国防和民族团结的教育。我国宪法与法律中的这些权威性规定，将思想政治教育明确地上升为国家意志，赋予思想政治教育这项活动法定的地位与职能，同时也使思想政治教育承载着宣传、贯彻国家意志的重要使命。

思想政治教育传播着国家意志。国家意志通常需要经过法定的程序加以形成与确认。国家意志一旦形成，必然会通过各种方式进行传播，将统治阶级的根本利益普遍化为全社会成员的共同利益，使统治阶级的根本意愿转化为全社会成员的共同追求。国家意志一方面有国家强力机构加以体现与保障，另一方面也需要借助舆论、教育、文化等精神手段进行宣传与推行。思想政治教育在舆论宣传、学校教育、文化熏陶等方面，都能够发挥传播、传递国家意志的作用。思想政治教育者既可以发动国家的宣传机器，运用各种媒介与手段，使国家意志通过舆论的方式来影响社会成员，也可以利用学校等教育机构，将国家意志渗透到教材编写、课堂教学

---

① 亚里士多德．政治学．北京：商务印书馆，1965：406.

② 同①275.

等活动中，使国家意志通过学校教育的方式来影响社会成员。美国学者阿普尔（Michael W. Apple）揭示了学校课程以及教育活动的意识形态属性，阐释了学校教育与国家意志之间的复杂关系。他认为，学校的课程教育中，“大量课程知识的正式内容受到一致认同的意识形态的统治”①，“教育并非一个价值中立的事业，就教育制度的本质而言，无论教育工作者是否意识得到，他们已经被卷入了一项政治活动”②。思想政治教育者还可以巧妙地利用文化艺术等精神生产活动，使文艺创作及文艺作品彰显一定的国家意志，使国家意志融入文化艺术活动中，从而影响社会成员的思想与行为。

思想政治教育贯彻着国家意志。国家意志要贯彻到具体的行为中，落实到每个社会成员的身上，更需要通过一定的思想政治教育完成。思想政治教育用体现国家意志的思想体系、行为规范，引导社会成员的思想与行为发展，塑造一定的思想政治素质，使社会成员理解、接受与认同国家意志，并按照国家意志来规范自己的思想与行为。法律作为国家意志的重要体现，要真正实现由“纸面”向“人心”的转化，必须使每个公民都能做到按照法律规范的要求来思维与行动。开展法律知识的普及和法律意识的教育，是当代世界各国思想政治教育的重要内容，通过这些活动能够帮助公民做到自觉遵法、守法，从而使得国家意志在公民的思想行为层面得到落实。事关国家长远发展的重大决策与制度安排，也是国家意志的重要内容，这些决策与制度要真正得到贯彻落实，必须使广大社会成员理解、认同、接受。我国思想政治教育围绕党和国家的中心工作，及时地向人民群众开展形势政策、大政方针的宣传与解读，能够使广大人民群众更好地理解与把握党和政府的重要决策与政策，营造一种有利于重大制度与决策有效实施的良好社会氛围，推动体现国家意志的各项方针政策得以具体落实。

三、推进实施国家治理

国家治理是国家有序运行的重要保证。在国家治理中，思想政治教育发挥着独特的作用。思想政治教育不仅是国家治理体系的有机组成部分，而且也是提升国家治理能力的重要方式。2021 年 7 月，中共中央、国务院印发了《关于新时代加强和改进思想政治工作的意见》，其中指出“加强和改进思想政治工作，事关党的前途命运，事关国家长治久安，事关民族凝聚力和向心力”。同时，指出要“把思想政治工作作为治党治国的重要方式”③。

---

① 阿普尔．意识形态与课程．上海：华东师范大学出版社，2001：65.

② 同①1.

③ 中共中央　国务院印发《关于新时代加强和改进思想政治工作的意见》．人民日报，2021－07－13.

思想政治教育能够推进精神生活领域的治理。国家治理不仅包括对经济活动、政治活动、社会生活等领域的治理，而且包括对道德、宗教、文艺等精神生活领域的治理。一个国家的治理体系，不仅应该包括物质技术体系、制度规范体系，还应该包括思想文化体系。从古今中外国家治理的经验看，思想文化体系一直是执政者实施有效国家治理的精神基础。以儒家文化为主体的意识形态，是自西汉以来中国封建社会历代统治者治理国家的重要思想基础。近代西方社会开创了资本主义政治制度体系，支撑这些制度体系的是资产阶级思想文化体系。近代资本主义政治制度的确立，离不开资产阶级启蒙运动的精神影响，而资产阶级思想文化体系的不断传播与内化，也促进了资本主义制度和意识形态的深入人心。苏联的解体，折射出意识形态领域的混乱、失序对国家治理体系的毁灭性打击。凡此种种，都表明了思想文化体系在国家治理中的重要地位。始终坚持社会主义意识形态在国家治理中的指导地位，是社会主义国家治理的本质要求，是社会主义国家治理体系优越性在意识形态领域的重要体现。要实现对精神生活的有效治理，关键在于加强主流思想文化建设，发挥其在精神生活领域的引领与整合作用。思想政治教育能够激发人们从事精神文化生产的积极性、主动性、创造性，为国家治理提供强大的精神文化资源，并有效整合这些资源。思想政治教育还能够通过传播主流思想文化，增强社会成员对国家制度规范体系的认同感，为国家治理提供思想支撑。因此，从国家治理的角度看，思想政治教育在精神生活领域发挥着重要的治理功能，是国家治理体系的重要构成和治理能力的重要表现，是一种特殊的国家治理方式。纵观中国共产党的发展历程，思想政治教育始终是中国共产党人治国理政的重要法宝之一，是构成我国社会主义国家治理体系的重要方面。改革开放以来，中国共产党在精神文明建设方面进行探索，在思想政治教育的理念、内容、方法等方面进行创新，不断巩固主流思想文化阵地，丰富与发展中国特色社会主义，从而为国家治理提供了强有力的精神支撑。

思想政治教育能够为国家治理提供强大的价值支撑。国家治理不仅需要解决如何治理、用什么来治理的问题，而且需要解决为何治理、治理为了什么的问题，后者就涉及国家治理的价值取向问题。价值体系的建构是国家治理的题中应有之义。思想政治教育是建构和传播主流价值体系的重要方式。在中国共产党领导的国家治理体系建设中，思想政治教育发挥着推动主流价值体系建设、为国家治理提供价值支撑的重要作用。无论是革命军队的政治工作、执政党的思想建设、新生政权的统一战线工作、改革开放初期的思想解放运动，都反复说明了这一点。当前，我国治理体系建设正处于关键时期，推进国家治理体系和治理能力的现代化是国家建设的重要目标，形成与发展现代国家治理所需要的价值体系是摆在我们面前的重要任务。习近平总书记指出：“推进国家治理体系和治理能力现代化，要大力培育和弘扬社会主义核心价值体系和核心价值观，加快构建充分反映中国特色、民族特性、时代特征的价值体系。”①《中国共产党第十九届中央委员会第四次全体会议公报》指出，发展社会主义先进文化、广泛凝聚人民精神力量，是国家治理体系和治理能力现代化的深厚支撑。思想政治教育对于熔铸主流价值体系，并将其转化、内化为治理主体的价值信念和行动指南，构筑推动“中国之治”的中国精神、中国价值和中国力量，具有重要意义。思想政治教育是推进社会主义核心价值体系建设，培育和践行社会主义核心价值观的重要方式和途径。思想政治教育通过各种有效的载体和方式，开展深入持久的核心价值观培育和践行活动，从而整合和引领不同阶层、群体和社会成员的价值观念，为国家治理提供强有力的价值体系。将思想政治教育贯穿在国家治理中，还能够引导来自不同领域、阶层的治理主体，自觉地将社会主义核心价值体系融入、内化到治理活动中，毫不动摇地坚持国家治理的社会主义方向，充分彰显国家治理的基本价值目标，从而形成治理效能和治理价值相互促进的正向效应。不仅如此，思想政治教育还有利于形成和发展国家治理所需的价值认同。充分发掘思想政治教育在新时代国家治理价值体系建设中的诉求表达功能、价值商谈功能、协调沟通功能，有利于最大限度地吸纳和汇集不同层面、不同层次的治理诉求，激发社会自身的治理活力，促进自治和共治，形成治理的最大公约数，从而推动包容性治理的发展。

思想政治教育能够提升国家的治理能力。在国家治理中，治理主体发挥着重要作用。现代国家治理，是国家机构、社会组织以及公民等共同参与的治理活动，其中执政党、政府与公民是重要的治理主体。执政党与政府的治理能力和公民参与国家治理的状况，直接决定着治理成败和治理效果。思想政治教育是开发国家治理中的人力资源、提升国家治理能力的重要实践活动。执政党、政府是治理主体的核心组成部分。强有力的执政党与政府机构，是实现有效国家治理的关键。从思想上建党，是中国共产党发展的重要历史经验和基本原则。在中国共产党领导人民治理国家的历史进程中，思想政治教育一直是加强党的建设，巩固执政基础，对党员干部进行执政理念、执政价值观、执政方法等方面教育的重要途径。开展以领导干部为重点对象的思想政治教育，有利于增强党员干部的理想信念，提高党员的思想政治素质，巩固党的思想理论基础，从而不断提升中国共产党治国理政的能力。公民以及各种公民组织是现代国家治理的重要参与者。实现国家治理体系现代化和

① 习近平．习近平谈治国理政：第1卷．2版．北京：外文出版社，2018：106.

社会全面现代化的条件之一，就是必须塑造具备现代意识和现代素养的公民。推进人的现代化，是国家治理体系和治理能力现代化的迫切任务。人的现代意识、现代观念以及现代素养的形成，需要通过教育来推进。思想政治教育在培育公民意识、塑造公民品格，促进政治文化与国民素养现代化方面发挥着重要作用，对于形成和发展公民的政治认同，增强和引导公民在国家治理中的政治参与，都具有重要意义。

第二节 思想政治教育的社会价值

思想政治教育不仅承载着推动国家建设与发展的职能，而且发挥着促进社会有序运行的作用。对于社会运行而言，思想政治教育具有维系协调社会秩序、组织实施社会动员、形成增进社会凝聚的重要价值。

一、维系协调社会秩序

良好的社会秩序是社会良性运行的基本条件。“社会良性运行和协调发展，就是指特定社会经济、政治、社会生活和思想文化几大系统之间，以及各系统内不同部分、不同层次之间的相互促进，而社会障碍、失调等因素被控制在最小的限度和最小的范围内。”① 社会有序运行是社会良性运行和协调发展的重要表征，是社会可持续发展的根本条件。社会有序，就是能协调各种社会矛盾，控制偏离社会轨道的行为和社会冲突，保证社会在一定秩序范围内运行的状态。思想政治教育具有对社会秩序进行维系与协调的功能。

思想政治教育对社会秩序具有维系作用。社会的有序运行离不开对社会秩序的维系。维系社会秩序是任何社会存在与发展的基本条件。社会规范是维系社会秩序的重要手段。只有每个社会成员形成对社会规范的自觉遵从，社会才能有序运行。因此，社会组织体系必须运用社会规范以及与之相应的手段和方式，对社会成员的

① 郑杭生，等．社会运行导论．北京：中国人民大学出版社，1993：17.

社会行为及其价值观念进行指导和约束，从而建立和维护社会秩序。对社会秩序进行维系的方式有多种，大致可以分为外控方式与内控方式。组织、法律、制度等是维系社会秩序的外控方式，旨在运用具有强制力的规范来约束社会成员的外在行为，道德、舆论、风俗等则是维系社会秩序的内控方式，旨在通过影响人们内在的思想观念来建立对社会规范的自觉认同。任何正式组织、政权、制度、法律的外在约束，只有转化为每个人对社会价值观念、行为规范自觉的认同和遵循，才能有效地发挥作用。思想政治教育是一种维系社会秩序的特殊内控方式。思想政治教育通过思想教育、舆论引导、文化熏陶、道德养成等多种方式，通过系统的世界观、人生观、价值观教育，使人们形成社会所要求的情感、信念和价值观念，从内心确立起对社会价值体系和行为规范体系的自觉认同和遵从。通过思想政治教育，社会成员由思想的自觉走向行为的自觉，实现对社会规范的内在认同与社会秩序的自觉遵守，从而推动社会的有序运行。思想政治教育不仅能够保障个体社会行为的有序，而且能够保障社会精神文化生活的有序。一个社会在精神文化生活领域要从无序走向有序，离不开主流意识形态的引导和规约。思想政治教育通过建构、传播主流意识形态，有利于巩固主流文化阵地，减少、消除不良思想观念所导致的社会紊乱现象，从而确保社会思想稳定、人心安定。

思想政治教育对社会秩序具有协调作用。由于人们在社会利益、价值判断乃至情感取向诸方面存在着一系列差异和对立，其行为过程必然产生各种矛盾、摩擦和碰撞。人们只有在社会协调的基础上，才能开展各项活动，并实现一定的社会目标。社会是由不同阶级、阶层和利益群体构成的。一定社会协调内部不同阶级、不同阶层、不同社会成员之间利益关系的活动，必然伴随着对反映和维护这些不同利益关系的思想观念进行检视、辩护、批判等意识形态性质的协调活动，形成有利于社会发展的思想秩序，为保障社会的有序运行创造思想条件。协调社会各阶级、各社会群体的利益矛盾及思想矛盾，既需要建立起进行利益分配的权威性制度，又需要创造一种进行思想协调的思想整合机制。毛泽东在《关于正确处理人民内部矛盾的问题》一文中指出，随着社会主义革命的完成，阶级矛盾已经不是社会的主要矛盾，人民群众内部在根本利益一致基础上的个体利益和集体利益、局部利益和整体利益、当前利益和长远利益之间的矛盾上升为社会的主要矛盾。社会主义政治生活的主题是正确处理人民群众的内部矛盾。要正确处理人民群众的内部矛盾，主要通过说理的方法、教育的方法，通过耐心的思想政治教育，来使人民群众正确地认识和处理好各种利益矛盾，从而达到协调利益关系、化解社会矛盾、推动社会有序运行的目的。思想政治教育不仅能够对社会的利益关系进行协调，而且能够对社会的思想关系进行协调。在人类社会的精神生活领域，总是存在着不同思想观念之间的关系。这些不同思想观念之间往往存在着一定的矛盾、摩擦，需要进行化解、引导，否则就会引发社会的思想紊乱。思想政治教育能够通过理论宣传、思想教育、人文关怀、心理疏导等多种方式，确立正确的思想体系，批判错误的社会思潮，化解不同观念之间的矛盾，推动不同思想文化的和谐发展，保持社会思想秩序的良性运行。思想政治教育通过对利益关系、思想关系的协调，确保社会经济生活、文化生活的良性运行，使经济基础与上层建筑之间、物质文明与精神文明之间形成良性的互动，从而推动各种社会关系的协调发展。

二、组织实施社会动员

社会动员，是一定的社会组织对各种社会资源进行调集，发动社会成员积极参与重大社会活动，并促使其思想和行为方式发生预期变化的社会活动或社会过程。"动员"一词最初用于军事领域。随着现代化进程的发展，"动员"的内涵也逐步从军事领域转而涵盖政治、经济、文化、社会等各个领域。西方学者用社会动员来描述现代化进程中个人思想和行为方式的转变，甚至认为"现代化进程就是社会动员过程"①。社会动员是推动社会发展的重要动力。思想政治教育是社会动员的一种重要形式，是通过发动群众进行思想动员，调配资源进行政治动员的重要实践活动。思想政治教育对于引导和动员社会成员参与社会实践、促进社会进步具有重要意义。

思想政治教育发挥着思想动员的作用。社会动员的前提是思想发动，即通过思想动员统一社会成员的认识，协调社会成员的行动，整合相关社会资源，从而通过动员社会成员达到动员整个社会的目的。因此，社会动员的过程也是人们思想观念和社会意识形态朝着一定的方向变化发展的过程。"社会动员在本质上就是组织群众、发动群众的过程，是动员主体将其价值和主张用有效的方式灌输给群众进而引导社会有效参与的过程。"② 思想政治教育是组织群众、发动群众、教育群众，激发群众为一定社会目标奋斗的社会动员形式。思想政治教育通过向社会成员灌输一定的思想观念、理想信念，激发起内在的精神动力，产生巨大的思想动员效应。我国春秋战国时期，代表不同政治力量的思想家纵横捭阖，进行各种形式的政治游说，

① 艾森斯塔特．现代化：抗拒与变迁．北京：中国人民大学出版社，1988：243.
② 蔡志强．社会动员论：基于治理现代化的视角．南京：江苏人民出版社，2015：1.

形成了“百家争鸣”的局面，促进了思想和文化的繁荣发展。辛亥革命推翻统治中国两千多年的封建帝制，建立中华民国，与以孙中山为代表的一批资产阶级革命先行者不遗余力地“唤起民众”的努力是分不开的。在中国共产党发展的历史征程中，党的思想动员工作始终与党的事业相伴随。中国共产党创建之初就进行了广泛的反帝反封建的思想动员。20 世纪 20—30 年代，李大钊、陈独秀、毛泽东等中国共产党的早期创始人，通过办刊物、写文章、建社团等方式开展马克思主义的理论传播，用马克思主义的普遍真理引导各界群众，将群众自发高涨的爱国救亡意识转化为反帝反封建的革命行动，促成了工农运动的兴起和发展。党从一大起就重视加强思想理论宣传的计划性、组织性、指导性，以满足斗争发展的需要，“将宣传教育摆在实际斗争的头等重要位置，为提高群众觉悟……作出精心安排和周密布置”①。1939 年 4 月 26 日，中国共产党发布《中共中央为开展国民精神总动员运动告全党同志书》，提出“必须动员全国人民振奋抗战到底之精神，才能争取最后胜利”②。这个动员书就精神动员的方式方法做了阐述，强调“只有经过民主方式，着重宣传鼓动，才能推动全国人民，造成压倒敌人刷新自己的巨潮”③。改革开放初期，社会动员的内容随着党的中心任务的调整，从“以阶级斗争为纲”转向以经济建设为中心。这一时期社会动员的一项重要功能就是解放思想。党和政府通过大众传播媒介不断地进行社会动员，号召群众响应和贯彻执行改革开放各项新政策。因此，思想动员是思想政治教育发挥社会动员作用的重要机制，是发动、组织、引导社会成员推动社会进步的重要力量。

思想政治教育发挥着政治动员的作用。政治动员是社会动员的重要内容，是一定的政治集团为了实现特定的政治目标，激发社会成员参与社会政治实践的行为与过程。政治动员是社会政治发展的一种基本方式，也是思想政治教育影响社会政治生活的重要途径。思想政治教育通过政治宣传、政治教育，用一定的政治理论、政治主张来说服社会成员，用一定的政治信仰、政治目标来激励社会成员，引导社会成员积极参与到一定的政治行动中，具有强大的政治动员功能。古代社会的动员实践，其核心内容是统治者向群众宣传、推广其政治主张，从而维护政治统治的过程。近代中国的政治变革伴随着频繁而激烈的政治动员。中国共产党的思想政治教育发挥了重要的政治动员作用，深刻地影响着中国革命的历史进程。

---

① 刘建军．中国共产党思想政治教育的理论与实践．北京：中国人民大学出版社，2008：35.

② 中共中央文献研究室，中央档案馆．建党以来重要文献选编（一九二一——一九四九）：第 16 册．北京：中央文献出版社，2011：180.

③ 同②186.

链接

如果要把几十年来的革命做一个总结，那就是……要打倒帝国主义和封建主义，只有把占全国人口百分之九十的工农大众动员起来，组织起来，才有可能。

——毛泽东．毛泽东选集：第2卷．2版．北京：人民出版社，1991：564-565.

革命战争时期的政治动员，主要是进行战争形势和战争目的的教育，号召人民和军队参加革命、支援革命。《古田会议决议》指出，“红军决不是单纯地打仗的，它除了打仗消灭敌人军事力量之外，还要负担宣传群众、组织群众、武装群众、帮助群众建立革命政权以至于建立共产党的组织等项重大的任务”①。社会主义革命和建设时期，中国共产党将政治动员广泛运用于国家建设和社会治理当中。中国共产党发动了一系列的政治运动，包括新中国成立初期开展的土地改革、抗美援朝、“三反”“五反”运动以及之后开展的农业合作化运动、对手工业的社会主义改造和资本主义工商业的公私合营运动。这些动员在短期内扫清了旧社会的封建残余力量，整肃了社会环境，统一了思想、凝聚了人心，为迅速开展大规模的社会主义建设奠定了良好的基础。党的十一届三中全会以来，政治动员的方式日益朝着常态化动员、活动式动员转变。中国共产党围绕着中心工作开展了一系列党内集中教育活动，如“三讲”教育活动、“三个代表”重要思想学习教育活动、保持共产党员先进性教育活动、学习实践科学发展观活动、“创先争优”活动等。党的十八大以来，以习近平同志为核心的党中央全面推进新时代党的建设新的伟大工程，持续开展了多次党内集中教育，分别是党的群众路线教育实践活动、“三严三实”专题教育、“两学一做”学习教育、“不忘初心、牢记使命”主题教育、党史学习教育、学习贯彻习近平新时代中国特色社会主义思想主题教育。中国共产党以与时俱进的精神，运用互联网以及其他新媒体吸引民众参政议政，不断实现思想政治教育在动员方式与手段上的创新，调动了社会成员参与政治生活的积极性，推动了政治文明的进步。

三、形成增进社会凝聚

社会是由具有不同社会地位、不同利益诉求、不同思维方式与价值观念的个体所构成的，将这些千差万别的个体整合在一起，形成推动社会存在与发展的凝聚

① 毛泽东．毛泽东选集：第1卷．2版．北京：人民出版社，1991：86.

力，是社会良性运行的基本前提与必然要求。社会凝聚力是维系社会团结、推动社会发展的重要力量。在社会凝聚力形成与发展的过程中，思想政治教育发挥着重要的社会整合作用，是促进、增强社会凝聚力的重要途径。思想政治教育能够促进社会利益共识的达成，在此基础上不断发展思想共识，形成政治共识，从而增强社会的向心力和凝聚力。

思想政治教育能够凝聚社会的利益共识。利益差别和利益分化，是不同阶层和群体之间产生矛盾和冲突的深层根源，也是产生社会冲突、社会分裂的根本原因。市场经济的发展以及改革开放的推进使我国社会的利益格局发生了深刻变化，阶层分化也导致社会的利益分化不断显现。在利益层面形成基本的社会共识，形成利益的最大公约数，才能维系社会稳定与社会团结。思想政治教育是了解人民群众不同利益诉求的重要渠道。尊重人民群众合理的利益诉求，将解决思想认识问题和实际利益问题结合起来，是中国共产党思想政治工作的优良传统。认真倾听广大人民群众的呼声，广泛了解不同社会阶层的利益诉求，是党的群众路线在思想政治教育方面的具体表现和时代要求。思想政治教育能够发挥联系群众面广、组织网络健全、活动形式多样等优势，充分了解不同阶层和群体特别是弱势群体的利益诉求，将党的群众路线和民主集中制原则，具体贯彻落实到维护、保障、实现最广大人民群众根本利益的实践中。思想政治教育是解决各种利益矛盾的重要方式。随着利益矛盾在基层的大量积聚，党的各种基层组织和群众组织，包括村委会、社区委员会以及妇联、共青团、各级各类工会等，在处理各种利益纠纷、协调不同利益矛盾方面扮演着越来越重要的角色。这些社会组织能够通过调查走访、权益维护、居间调解等工作，将家庭纠纷、邻里纠纷、劳资纠纷等各种具体的利益矛盾解决在基层，从而阻断利益矛盾向利益冲突扩散升级的链条。思想政治教育是处理利益关系的重要手段。在个体利益与集体利益、局部利益与全局利益、当前利益与长远利益发生矛盾和冲突时，需要用一种正确、科学的利益观来引导不同利益主体的利益选择。思想政治教育能够帮助人们科学认识自身的合理利益，正确处理个体利益、集体利益、国家利益的关系，引导不同阶层和群体形成利益共识。

思想政治教育能够凝聚社会的思想共识。共同的心理倾向、思想意识、价值观念，是一种社会整合的有效的“软力量”，是社会凝聚力形成的“思想水泥”。思想政治教育对于增进社会群体的思想凝聚，构筑维系社会存在与发展的思想共识，具有重要意义。古今中外，很多民族和国家都非常注重以思想共识来形成和增进社会凝聚。不管是历史上的犹太民族、德意志民族，还是当代西方的发达资本主义国家，都从文化传统、宗教信仰中寻找民族认同、社会团结的思想源泉，并且不遗余力地将这种思想灌输到民众中。中国共产党的思想政治教育，用共产主义远大理想和中国特色社会主义共同理想教育人民，用中华民族共同体意识团结各族人民，用社会主义主流文化引领多样文化的发展，用社会主义核心价值体系凝聚不同阶层的社会成员，是加强与巩固社会凝聚力的重要途径。当前，随着所有制形式、社会组织形式、就业方式的多元化，社会成员思想观念之间的差异性日益明显。如何用健全的社会心理、正确的价值观念、共同的理想信念来凝聚社会的思想共识，发挥社会主流意识形态在心理疏导、文化整合、思潮引领等方面的作用，是我国社会发展进程中面临的一个重要课题。面对急剧社会变迁而产生的各种社会问题，思想政治教育通过人文关怀与心理疏导，使社会成员正确地对待自身社会地位的升降，及时有效地进行心理调适，缓解人们的失落感、紧张感，理性地对待社会的某些不公正现象，帮助人们找到人生发展的方向，从而形成积极、健康的社会心理。面对各种亚文化的冲击，思想政治教育通过开展丰富多样的群众性精神文明创建活动，将主流文化渗透到不同阶层和群体中，以主流文化包容、吸纳亚文化，通过对亚文化的涵化丰富发展主流文化，从而实现社会主义文化的整合发展。面对各种社会思潮的冲击，思想政治教育通过对马克思主义理论的研究、传播，牢牢把握社会主义先进文化的发展方向，巩固主流意识形态阵地，发挥马克思主义在引领社会思潮方面的重要作用，增强主流意识形态在不同社会阶层和群体中的说服力、吸引力和感召力，促进社会成员对主流意识形态的认同，从而凝聚社会的思想共识。

思想政治教育能够凝聚社会的政治共识。一个执政党、一个国家如果缺乏凝聚力，就难以维系政治统治和国家统一。而政治凝聚力的形成，是以政治共识的达成为基本条件的。只有使不同社会成员对统治阶级的政治主张、政治纲领、政治决策达成基本的共识，才能产生政治认同感和政治凝聚力，从而为国家政权的稳定与社会政治的运行提供强有力的政治保障。思想政治教育在形成与巩固社会的政治共识、加强政治生活中的凝聚力方面发挥着重要作用。“人心是最大的政治，统一战线是凝聚人心、汇聚力量的强大法宝。”① 长期以来，思想政治教育在中国共产党的统一战线工作中发挥了沟通、动员、说服、转化等重要作用，从其他社会阶层中吸纳了大量的政治力量，最大范围地凝聚了不同社会阶层的政治共识，推动了我国社会主义政治制度的发展。在新的历史条件下，面对不同阶层政治关系逐渐调整、政治诉求渐趋多元、新社会阶层政治参与愿望日益强烈的现实，思想政治教育在促进

① 习近平．高举中国特色社会主义伟大旗帜　为全面建设社会主义现代化国家而团结奋斗：在中国共产党第二十次全国代表大会上的报告．北京：人民出版社，2022：39.

不同阶层的政治沟通、凝聚不同阶层的政治共识方面，也有不可替代的作用。统治阶级必须加强与各阶层的人民群众的政治沟通，才能全面了解他们的政治诉求，满足他们政治参与的意愿，并使他们认同其政治主张，从而将不同阶层的政治诉求和政治参与聚合为统一的政治决策和政治行动。通过人民代表大会制度、中国共产党领导的多党合作和政治协商制度、民族区域自治制度、基层群众自治制度，中国共产党广泛地听取民意、吸纳民智，充分发扬民主，促进党与不同阶层、不同群体的政治沟通。另外，通过吸收新的社会阶层中的优秀分子入党，既实现了政治交流和新社会阶层的社会流动，吸纳了新生的政治力量，有利于增强党的阶级基础，扩大党的群众基础，提高党的社会影响力，巩固党的执政地位，而且通过系统的、深入的思想政治教育，还能够发挥这些新党员在各自所属阶层中的积极影响，加强与各种社会组织的政治沟通，有利于增进新的社会阶层对政治制度和政策的认同，提高政治整合能力。

第三节 思想政治教育的个体价值

思想政治教育不仅具有促进国家健康发展与社会有序运行的价值，对于个体而言，还具有引导个体的社会化、培育个体的思想政治素质、促进人的全面发展的价值。

一、引导个体的社会化

个体只有首先成为社会的一员，并以社会允许和接纳的方式行动，才能在社会中生存和发展。一个人要从自然人成长为社会人，从一无所知到适应一定的社会文化，参与社会生活，承担一定的社会角色，成为合格的社会成员，就必须学习社会规范，掌握一定的知识、技能和观念，取得社会生活资格。这个过程就是一个“社会化”的过程。人的社会化，贯穿在人的生命历程的始终，是个体发展和社会存续的必经过程和必要环节。人的社会化过程，实际上是个体通过学习和接受教育，掌握社会所需的知识技能、角色规范、价值体系的过程。

思想政治教育能引导个体更好地适应社会的思想关系，促进主流文化的个体内化。个体在社会中生存，必须适应社会。适应社会的需要是个体生存的基本需要。

而适应社会不仅包括对社会物质环境和物质关系的适应，而且还包括对社会精神环境和思想关系的适应。个体必须主动适应社会既定的生产关系、历史传统，接受社会主流的价值体系和行为规范。个体不仅要适应社会的生产关系，而且要适应体现一定社会价值观念的思想关系。比如，原始人就已经开始产生了基本的集体观念和原始信仰，并且以此作为氏族和部落认同的重要基础，氏族成员必须接受它们才能获得成员资格。个体对道德关系的适应，更是社会适应的重要内容。道德关系渗透着一定的思想观念、价值取向，是一定思想关系在伦理生活中的体现。个体对道德关系的适应主要通过对这些思想观念、价值取向的接受，然后表现为对道德规范的遵守。正是在对这些思想关系的社会性适应的基础上，个体才能逐渐完成由自然人向社会人的转变。个体要适应社会的精神环境和思想关系，就必须学会按照社会主流的思想体系、价值观念、道德规范等思考和行动，使个体的思想和行为纳入社会的轨道，为社会所认可和接纳。这个过程同时也是个体内化社会主流文化的过程。作为一种社会化的方式，思想政治教育向个体传递的是社会主流的文化体系，通过主流意识形态的教育，不断形成和扩大个体对主流文化的认同。正是由于思想政治教育所担负的这一文化使命，决定了它在人的社会化中具有重要的地位和作用。

思想政治教育能够引导个体更好地适应政治生活，推动人的政治社会化进程。政治生活是人们日常生活的重要方面，政治角色是人们必须扮演的重要角色。在阶级社会，个体对社会关系的适应，进一步拓展至社会的政治生活领域，个体对政治关系和政治意识形态的适应，成为取得一定社会认可的资格和必要条件。政治社会化是个体社会化不可或缺的重要内容。思想政治教育作为一种系统地、有组织地向社会成员施加政治意识形态影响，培养本阶级所需要的政治人格的实践活动，发挥着政治社会化的功能，是推动个体政治社会化的重要方式。无论是在资本主义国家还是在社会主义国家，促进个体政治社会化，都是思想政治教育的核心内容。在社会主义国家，思想政治教育在促进社会成员政治社会化方面发挥着主导作用，是引导公民接受政治社会化的主渠道。思想政治教育把公民个体的差异性同他们的社会生活联系起来，在实践中“提高他们的思想意识，使他们具有真正符合他们的崇高称号的各方面的素养”①。我国思想政治教育较为注重通过系统的政治理论教育、广泛的政治宣传、制度化的政治参与等各种方式促进公民的政治社会化。西方资本主义国家同样也非常注重通过各种方式对公民进行政治社会化。公民教育、政治参与、环境熏陶等都是西方国家公民政治社会化的重要途径。资产阶级政党及其政

① 列宁．列宁选集：第4卷．2版．北京：人民出版社，1972：678.

府，通过这些生活化、多样化的活动，巧妙地向社会成员施加其政治意识形态的影响，使社会成员逐渐对本国的政治制度、政治文化形成认同感，对自身的政治权利、政治义务产生明确的认知，从而维系政治体系的有效运转。西方国家的政治社会化，表面上秉持“政治中立”的原则，意图淡化意识形态色彩，重视通过隐性教育、渗透性教育、柔性灌输的方式，以“润物无声”的方式传播政治文化，在形式上具有很强的迷惑性和隐蔽性。正如希腊学者波朗查斯（Nicos Poulantzas）所言，“它就是以一种特殊方式隐瞒阶级剥削，以致任何阶级统治的痕迹都系统地从它的语言中消失了”①，从本质上看，这种政治社会化活动，是为维护和巩固资产阶级的政治统治服务的，是西方国家对其社会成员进行意识形态教育的重要形式，同时也是西方国家思想政治教育的一种特殊表现方式。

思想政治教育能够综合运用社会各方面的资源，全面地推进个体社会化的发展。人的社会化是一个由不同内容、不同要素、不同环节构成的综合系统。其中，不仅包括知识、技能的习得，而且包括思想价值观念的内化；不仅涉及认知的形成，而且涉及态度的转变；不仅包含思想内化环节，而且包含行为外化环节。单纯的知识教育、技能教育、学科教育等专门教育形式，都只能在人的社会化的某一方面、某一要素、某一环节中发挥作用。而思想政治教育能够整合全社会的教育力量，将丰富多样的内容整合起来，协调控制整个教育过程，全方位地促进人的社会化。我国思想政治教育通过有效的领导体制和运行机制，充分整合家庭、学校、社会等不同领域的教育资源，利用党团组织、文体活动、管理活动、大众传媒等多种载体和渠道，采取榜样教育、说理教育、心理疏导、文化熏陶等多种方式和手段，对个体的思想、态度、行为进行全面塑造，在个体社会化进程中发挥着综合引领的效应。

二、培育个体的思想政治素质

思想政治素质的发展是人的社会化的重要方面。在社会化进程中，个体不仅要习得基本的知识技能，而且要形成社会所要求的价值观念与行为规范，不断发展与完善自身的人格。个体社会化的目的不仅仅是适应社会，而且要在此基础上获得更好的发展。个体的发展不仅体现在对科学文化素质的发展上，而且还体现在思想政治素质的发展上。思想政治素质是人的核心素质，它决定着科学文化素质的发展；科学文化素质是人的重要素质，它体现着人的思想政治素质的发展，并受后者的支

① 波朗查斯．政治权力与社会阶级．北京：中国社会科学出版社，1982：235.

配。因此，个体思想政治素质发展的需要在人的发展需要中具有十分重要的地位。满足个体思想政治素质发展的需要，培育个体的思想政治素质，是思想政治教育个体价值的重要体现。

思想政治教育能够培育个体的思想素质。哲学家帕斯卡尔（Blaise Pascal）认为："人显然是为思想而生的；这就是他全部的尊严和他全部的优异。"① 没有思想，人只是行尸走肉。人的思想观念和思想觉悟受到一定世界观、人生观和价值观的制约。后者从某种意义上决定着前者的思想图式。正确的世界观、人生观和价值观的形成，对于促进个体思想观念的进步和思想觉悟的提高具有重要意义。在古希腊，人们把哲学训练视为通向智慧之门的钥匙，而哲学训练就是关于世界观和方法论的教育。历史上的思想变革，往往是以新的世界观的形成作为条件的。近代自然科学的发展、欧洲启蒙运动的开展等，都是在世界观的破旧立新中为自己开辟道路的。而这种伟大的思想变革，同时也促进了个体的思想解放和社会的思想进步。青年马克思正是形成和确立了科学的世界观，才从思想上完成了由革命民主主义向共产主义的转变。中国共产党早期革命领袖毛泽东、周恩来、朱德等，正是因为接受了马克思主义的世界观，才完成了与封建思想的彻底决裂。要实现个体思想素质的发展，必须首先接受正确的世界观、人生观和价值观的系统影响，也即一定的思想政治教育。用科学的、先进的、革命的思想理论和价值观念来教育社会成员，是促进人类思想进步和解放的强大动力，也是个体思想素质发展的内在要求。人的信仰的形成更离不开思想政治教育。习近平总书记指出："人民有信仰，国家有力量，民族有希望。"② 信仰的形成，需要反复强化和巩固对已有世界观、人生观和价值观的认知，并形成持久的情感认同和意志追求，这就需要自觉地、不懈地加强思想政治教育。青年毛泽东对马克思主义的信仰经历了一个从自发到自觉、从模糊到明确、从思想到实践的转变过程。而推动这个转变过程的一个重要因素就是对马克思主义的系统、深入的学习。也正是因为毛泽东以及一大批中国共产党人的革命实践和理论宣传，把他们对马克思主义的坚定信仰转化为广大无产阶级和人民群众的共同理想。这说明了马克思主义的思想教育对于帮助个体和社会大众形成共产主义信仰具有重要意义。

思想政治教育能够培育个体的政治素质。生活在政治社会中，每个人都不能离开政治。每个国家和阶级都会对其成员提出政治素质方面的要求。个体只有提高自身的政治素质，才有可能被政治系统接纳和认可。个体政治素质的形成和发展离不

---

① 帕斯卡尔．思想录．北京：商务印书馆，1997：74.

② 习近平．习近平谈治国理政：第3卷．北京：外文出版社，2020：33.

开一定的思想政治教育。思想政治教育可以使一定阶级和政治集团的政治意识和政治思想内化为个体的政治素质，形成一定的政治认同。在封建专制制度下，统治阶级宣扬“君君臣臣，父父子子”的政治理念，向社会成员灌输臣民意识与忠君思想，使人们形成依附、服从、被动的政治人格。当代资本主义国家也不断向社会成员进行资本主义政治制度以及政治意识形态的教育，培养所谓的“积极公民”（active citizenship）。而中国共产党思想政治教育的目的，则是用马克思主义的政治理论教育，引导广大人民群众形成社会主义的政治意识、政治行为，激励无产阶级和广大人民群众为实现自身以及全人类的解放而奋斗。因此，中国共产党思想政治教育肩负着塑造社会主义事业建设者和接班人的神圣职责，也是实现个体政治素质发展的重要途径。

思想政治教育能够培育个体的道德素质。道德素质反映着一个人的思想境界、价值追求和行为准则。个体的道德素质，从行为层面上体现为个体对社会道德规范的自觉遵守，从思想层面上体现为个体对社会价值目标的积极追求。个体必须遵守社会的道德要求和伦理准则，否则就会受到舆论和良心的谴责。个体之所以能够做到自觉遵守社会道德规范，则是源于对高尚道德情操、道德信念和道德境界的内在追求。道德品质是一个人立身处世的根本，也是个体获得幸福生活的重要条件。亚里士多德认为，德性是一个人达致幸福生活的必要前提。而道德教育是涵养德性、提升个体道德素质的重要途径。个体总是从日常生活中汲取各种道德观念和行为准则，在家庭教育、学校教育以及社会教育中发展道德认知、道德判断和道德行为方面的能力，从而内化为一定的道德素质。道德教育既是一种行为养成的教育，也是一种价值观念的教育，它能够引导个体从他律走向自律，满足个体对道德发展的深层需求。2019 年颁布的《新时代公民道德建设实施纲要》指出，中国特色社会主义进入新时代，加强公民道德建设、提高全社会道德水平，是全面建成小康社会、全面建设社会主义现代化强国的战略任务，是适应社会主要矛盾变化、满足人民对美好生活向往的迫切需要，是促进社会全面进步、人的全面发展的必然要求。当代中国的思想政治教育承担着社会主义道德建设的重要使命，肩负着提高全民族道德水平、促进个体道德发展的重要职责。

思想政治教育能够培育个体的法治素质。法治素质既是公民政治素质的具体体现，又与个体道德素质紧密关联。西方国家公民教育的一个重要功能，就是培养遵守资本主义国家宪法与法律、具有资本主义法治观念与行为素质的公民。社会主义国家的法治体系，既包括与资本主义国家性质截然不同、真正体现全体人民共同利益的法律制度体系，也包括面向所有公民的、更高水平的法治教育体系。培养有纪律尤其是有较高法治素质的公民，一直是社会主义国家思想政治教育的重要目标。

随着我国社会主义民主与法治体系的不断健全，尤其是全面依法治国进程的持续推进，对社会成员的法治素质也提出了更高的要求。培养具有社会主义法治意识和观念，遵守社会主义法律制度和规范，积极参与社会主义民主政治生活，推动法治中国建设的现代公民，是当前时代新人培养的重要任务，也是社会主义精神文明建设和思想政治教育的基本方面。在学校的课程教学、社会的法治宣传、公民的道德建设等多种形式的思想政治教育中，都渗透着法治教育的内容，对个体法治意识、法治思维、法治观念、法治精神、法治行为的形成与发展都产生着广泛而深刻的影响。

三、促进人的全面发展

对于人的生存与发展而言，其终极目标不是对社会关系的适应，也不是某些素质的片面发展，而是实现人的全面发展。在人的价值结构中，实现全面而自由的发展是最高层次和终极的价值目的。

人的全面发展理论，是马克思主义理论的有机组成部分。马克思、恩格斯认为，人的全面发展是“人以一种全面的方式，就是说，作为一个完整的人，占有自己的全面的本质”①。马克思、恩格斯立足于现实的人与现实的生产关系，从对资本主义生产关系与社会制度所导致的人的片面畸形发展的批判中，提出了人的全面发展理论。马克思在《1844 年经济学哲学手稿》中指出，私有制和分工是造成人片面发展的主要原因。这种畸形发展过程“在简单协作中开始，在工场手工业中得到发展，在大工业中完成”②。马克思、恩格斯认为，“动物的生产是片面的，而人的生产是全面的”③。人的发展应该包括人的体力、智力等多方面能力和素质的充分、协调、自由的发展，是“人类全部力量的全面发展”④。共产主义运动的最终目的，是摆脱资本主义社会由于私有制和社会分工所造成的人的异化状态，实现人的解放和全面发展。马克思、恩格斯在《共产党宣言》中指出，共产主义“是这样一个联合体，在那里，每个人的自由发展是一切人的自由发展的条件”⑤。在《资本论》中，马克思再一次宣称，共产主义是“以每一个个人的全面而自由的发展为基本原则的社会形式”⑥。促进人的全面发展，是共产主义运动追求的伟大目标，也是无产

① 马克思，恩格斯．马克思恩格斯文集：第 1 卷．北京：人民出版社，2009：189.
② 马克思，恩格斯．马克思恩格斯文集：第 5 卷．北京：人民出版社，2009：418.
③ 同①162.
④ 马克思，恩格斯．马克思恩格斯全集：第 46 卷（上）．北京：人民出版社，1979：486.
⑤ 马克思，恩格斯．马克思恩格斯文集：第 2 卷．北京：人民出版社，2009：53.
⑥ 同②683.

阶级及其政党追求的崇高理想。

人的全面发展具有多方面的内涵：一是人的需要以及能力的全面发展；二是人的社会关系的全面丰富和社会交往的全面发展；三是人的素质的全面提高和个体的自由发展。要满足人多方面的发展需要，激发人的发展潜能，提升人的社会交往能力，促进人的素质的全面提升，既需要大力发展生产力，不断完善各种社会制度，为人的全面发展提供物质条件和社会条件，也需要通过教育来全面提升人的能力与素质。教育是促进人的全面发展的重要力量和途径之一。马克思、恩格斯多次指出，教育是实现人的全面发展的根本途径。教育“不仅是提高社会生产的一种方法，而且是造就全面发展的人的唯一方法”①。列宁明确指出培养全面发展的人，关键靠学校教育。“学校不仅应当传播一般共产主义原则，而且应当对劳动群众中的半无产者和非无产者阶层传播无产阶级在思想、组织、教育等方面的影响，以培养能够最终实现共产主义的一代人。”② 毛泽东进一步指出：培养全面发展的人的方式必须靠教育，“我们的教育方针，应该使受教育者在德育、智育、体育几方面都得到发展，成为有社会主义觉悟的有文化的劳动者”③。在实现人的全面而自由发展的价值和理想中，思想政治教育具有十分重要的作用。思想政治教育的根本目的是立德树人，促进人的全面发展。20 世纪 50 年代，毛泽东提出了德智体全面发展的思想。邓小平对这一思想又进行了深化与发展，提出要把年轻一代教育成“有理想、有道德、有文化、有纪律”的社会主义新人。改革开放以来，党和国家不仅把促进人的全面发展作为一切工作的出发点和着眼点，更是将促进人的全面发展作为新时期思想政治教育的重要目标。2004 年中共中央、国务院《关于进一步加强和改进大学生思想政治教育的意见》明确指出，思想政治教育要以大学生全面发展为目标，培养德智体全面发展的社会主义合格建设者和可靠接班人。2017 年中共中央、国务院《关于加强和改进新形势下高校思想政治工作的意见》提出，要培养又红又专、德才兼备、全面发展的中国特色社会主义合格建设者和可靠接班人。围绕培养和造就担当民族复兴大任的时代新人这一根本目标，习近平总书记特别指出，“要努力构建德智体美劳全面培养的教育体系，形成更高水平的人才培养体系”④。而建设高水平的人才培养体系，各级各类教育必须把立德树人融入教育全过程，科学设

---

① 马克思，恩格斯．马克思恩格斯选集：第 2 卷．3 版．北京：人民出版社，2012：230.

② 列宁．列宁全集：第 36 卷．2 版增订版．北京：人民出版社，2017：87.

③ 毛泽东．毛泽东文集：第 7 卷．北京：人民出版社，1999：226.

④ 习近平在全国教育大会上强调　坚持中国特色社会主义教育发展道路　培养德智体美劳全面发展的社会主义建设者和接班人．人民日报，2018－09－11.

计和建设学科体系、教学体系、教材体系、管理体系，把思想政治工作体系建设作为重要内容贯通其中。这些都表明了思想政治教育对于促进人的全面发展具有重要的意义和价值。

思想政治教育能够促进个体多方面素质与能力的全面和谐发展。人的素质是一个包含科学文化素质、思想政治素质、身心健康素质等诸方面的综合体。没有身心健康素质和科学文化素质作为基础，思想政治素质是没有根基的。而只局限于知识与技能素质的培养和教育，忽视了思想政治素质的培养，人的发展将是片面和畸形的。"育人为本、德育为先"。思想政治教育是提升人的思想政治素质的重要方式，也是促进人的素质的全面发展的重要保障。思想政治教育通过对个体思想政治素质的塑造，能够为人的全面发展提供正确的政治方向、先进的理论指导、强大的精神动力，为促进年青一代的成长成才奠定基础。思想政治教育不仅能够促进人的思想政治素质的发展，而且能够促进人多方面素质的和谐发展。思想政治教育可以促进个体的科学文化素质和思想政治素质的协调发展。思想政治教育通过提高个体的思想政治素质，帮助个体树立正确的世界观、人生观和价值观，解决"为谁学""怎么学"等问题，从而达到科学文化素质和思想政治素质互相促进的目的。思想政治教育还可以推动个体的知识学习能力和社会实践能力的协调发展。思想政治教育可以通过创设各种实践教育的手段和渠道，比如引导教育对象参与社会实践，参加丰富多彩的社会活动，来创造一个使个体把知识学习和能力运用结合起来，并实现相互转化的条件和舞台。思想政治教育还能促进个体的科学精神和人文精神的协调发展。具备科学知识和科学素养，是个体成才的基础。但如果缺乏一定的人文素质和人文关怀，比如对历史、文学、艺术等人文知识的了解，对社会价值和个体价值的深刻思考，对人生意义的自觉追问，个体就不能获得强大而持久的发展后劲。思想政治教育对于弥补科学教育的片面性，促进个体科学精神和人文精神的协调发展具有一定的作用。

思想政治教育能够促进人的自由发展。自由发展是全面发展的题中应有之义。所谓自由发展，不是随心所欲，而是能够最大限度地排除各种不利因素，为个体的发展创造良好的条件。人的素质的自由发展离不开一定的条件。这里不仅包括一定的物质条件，还包括一定的精神条件。党的二十大报告指出："中国式现代化是物质文明和精神文明相协调的现代化。物质富足、精神富有是社会主义现代化的根本要求。物质贫困不是社会主义，精神贫乏也不是社会主义。我们不断厚植现代化的物质基础，不断夯实人民幸福生活的物质条件，同时大力发展社会主义先进文化，加强理想信念教育，传承中华文明，促进物的全面丰富和人的全面发展。”[①] 思想政治教育能够为人的自由发展提供条件。这主要表现为思想政治教育能够为人的自由发展提供正确的导向和动力。人的自由发展不是在幻想中摆脱一切必然性的限制，而是在对必然性的认识和遵循的基础上，获得最大可能的发展空间。思想政治教育通过促进个体形成正确的世界观和方法论，能够帮助他们解决困扰人生发展的各种问题，排除错误认识的干扰，选择正确的发展道路，从而实现引导个体的自由发展的目的。人的自由发展还必须有强大的精神动力。思想政治教育通过刺激个体形成正确的自我意识，强化个体自我实现的成就动机，能为个体的自由发展提供源源不绝的动力。当然，一个人的自由发展不仅是不够的，而且是不可能的。只有社会中每个人都获得了自由发展的条件，才能实现个体的自由发展，才能形成一个每个人的自由发展是一切人自由发展的条件的“联合体”。只有使所有的人都具备了实现自由发展的精神条件，并且形成共同发展的社会意识，才能最终实现人的全面而自由发展的目的。

思考题

1. 如何理解思想政治教育具有彰显、传播和贯彻国家意志的价值？

2. 结合新时代中国特色社会主义建设的实际，谈谈思想政治教育在推进国家治理体系和治理能力现代化建设中的价值。

3. 联系中国共产党百年发展史，谈谈思想政治教育在社会建设中的价值。

4. 如何从个体生存与发展需要的角度把握思想政治教育的价值？新时代思想政治教育如何更好地满足人的全面发展的需要？

5. 如何理解思想政治教育国家价值、社会价值、个体价值三者之间的关系？

---

① 习近平．高举中国特色社会主义伟大旗帜　为全面建设社会主义现代化国家而团结奋斗：在中国共产党第二十次全国代表大会上的报告．北京：人民出版社，2022：23.

第三章

社会主流意识形态及其生成与发展

社会主流意识形态与思想政治教育密切相关。思想政治教育的内容源自社会主流意识形态，社会主流意识形态的播化即思想政治教育活动的实际开展。社会主流意识形态的本质与功能、社会主流意识形态的生成发展及其内在规律、社会主流意识形态建构与播化的基本内容及主要路径等基本问题，是思想政治教育学应致力探究的原理性问题。

第一节 社会主流意识形态的本质与功能

社会主流意识形态，是由社会领导阶级或集团所倡导、为大多数成员所接受、反映特定社会的经济基础和政治结构、具有相对独立性与稳定性的观念体系和思想系统。主流意识形态为特定社会的经济基础和政治结构做观念性阐释和辩护，对凝聚社会共识、维系社会稳定、引领社会发展具有重要影响作用。

一、社会主流意识形态的内涵

主流意识形态是社会领导阶级体系化的阶级意识，是反映社会经济基础和政治结构的观念性上层建筑，是影响社会稳定与发展的重要精神要素。特定社会的主流意识形态主要寓于该社会的主流政治思想、法律思想、历史观念、哲学、道德、宗教、文学、艺术等文化样态之中。

（一）体系化的阶级意识

意识形态属于社会意识范畴。社会意识是人们心理活动和精神活动的总称，意识形态是社会意识中反映特定阶级或集团根本利益的观念体系和思想系统。意识形态不是从来就有的，而是社会生产发展、贫富扩大和阶级分化基础上的产物。在古代社会，精神生产的主导权垄断在社会的统治阶级手中，“那些没有精神生产资料的人的思想，一般地是隶属于这个阶级的”①。因此彼时的“社会意识形态”，往往就是统治阶级的意识形态，就是“社会主流意识形态”。人类社会进入资本主义发展阶段后，意识形态不再是统治阶级的专有物，觉醒了的无产阶级也发展出了为自身和人类整体利益辩护的思想系统。从这时起，“社会意识形态”与“社会主流意识形态”的概念发生了分离。“社会主流意识形态”专指社会的统治阶级（领导阶级）所倡导的、旨在巩固自身阶级利益、维系社会稳定的观念体系。与以往为剥削阶级服务的虚假意识形态不同，以马克思主义为指导的无产阶级意识形态、社会主

① 马克思，恩格斯．马克思恩格斯文集：第1卷．北京：人民出版社，2009：550.

义社会主流意识形态，是服务于人民大众的科学理论系统。

（二）观念的上层建筑

从社会结构的角度分析，主流意识形态是特定社会经济基础之上与政治上层建筑相辅相成的观念性上层建筑。恩格斯深刻指出："每一历史时期的观念和思想也可以极其简单地由这一时期的经济的生活条件以及由这些条件决定的社会关系和政治关系来说明。"① 由此观之，作为上层建筑的重要组成部分，主流意识形态归根结底是对社会生产实践中人们缔结而成的经济政治关系的观念性反映；经济基础是决定主流意识形态产生、发展、变化的根本因素。同时，作为对特定社会经济基础和政治结构的积极反映，主流意识形态对这种经济关系和政治关系又具有能动的反作用。主流意识形态的传播力、引导力、影响力、公信力，事关经济基础的巩固与发展，事关国家政治秩序的和谐稳定。这就是人们在国家治理实践中高度重视主流意识形态建设的根本原因。

（三）共同的精神纽带

文明社会产生至今，任何一个国家、一个民族，作为一个具有凝聚力、向心力的有机整体，都不仅需要法律、条令等硬约束，而且需要道德、风俗、信仰、文化等意识形态层面的软规范。西方马克思主义代表人物，意大利思想家、革命家葛兰西，着重强调了意识形态"凝聚"社会成员、使之成为"统一"的"社会集团"的黏合功能。② 社会主流意识形态也由此被人们喻为"社会水泥"和"社会黏合剂"，生动凸显了其所具有的聚合社会成员思想、情感的重要作用。中国古人曾将维系古代政治社会的主流意识形态——"仁义礼制"称为百姓"日用而不知"的"治之本也"③，现代学者将意识形态称为社会成员不可或缺但又无影无形的"社会大气层"，种种描述所强调的都是社会主流意识形态作为聚合人心的共同精神纽带的重要内涵。

二、社会主流意识形态的本质特征

社会主流意识形态具有阶级性、历史性、主导性、共识性等本质特征。作为社

---

① 马克思，恩格斯．马克思恩格斯文集：第 3 卷．北京：人民出版社，2009：459.

② 葛兰西．狱中札记．北京：中国社会科学出版社，2000：239.

③ 《群书治要·袁子正书·礼政》："夫仁义礼制者，治之本也。法令刑罚者，治之末也。无本者不立，无末者不成，夫礼教之治，先之以仁义，示之以敬让，使民迁善日用而不知也。"

会领导阶级或集团的阶级意识，主流意识形态具有阶级性。作为特定历史发展阶段的产物，主流意识形态具有历史性。作为引领社会发展进步的方向标，主流意识形态具有主导性。作为聚合社会成员的思想共识，主流意识形态具有共识性。

（一）阶级性

社会主流意识形态的阶级属性体现在两个方面：其一，作为体系化的阶级意识，社会主流意识形态起源于阶级社会，是统治阶级的精神创造。其二，社会主流意识形态在根本上服务于统治阶级或集团的根本政治经济利益。在古代中国，作为统治阶级意识形态的礼乐文化，往往被视为维系家国天下运行不坠的总纲和“常经”。《管子》探讨“有地”的统治阶级“牧养”百姓的原则方法问题时，提出“国有四维，……一曰礼、二曰义、三曰廉、四曰耻”、“四维不张，国乃灭亡”的“宝训”（《管子·牧民第一》）；《礼记》强调：“重礼所以为国本也”（《礼记·冠义》）；董仲舒作《春秋繁露》，称“国之所以为国者德也”（《春秋繁露·保位权第二十》）。这里的“礼”“德”“四维”，就是为政者在治国实践中致力构建的社会主流意识形态。马克思、恩格斯创立的科学意识形态亦具有鲜明的阶级属性。在无产阶级反抗资产阶级统治的阶级斗争和社会革命实践中，马克思主义始终代表和捍卫无产阶级的阶级利益；在无产阶级和人民群众夺取国家政权、建设和发展社会主义制度的实践中，马克思主义仍然始终代表作为国家主人的最广大人民的根本利益。

（二）历史性

社会主流意识形态的历史性与阶级性互为关联。马克思曾经指出：“只有根据他们生产关系的一定的历史结构”，“才能够既理解统治阶级的意识形态组成部分，也理解这种一定社会形态的自由的精神生产”①。这里的“历史结构”一词即凸显了社会主流意识形态的历史性特征。如果我们把人类社会的历史进程当作一个连续的整体来看，就会发现社会主流意识形态不是从来就有的，而是随着阶级社会的产生而产生，随着阶级社会的发展而变化，而且必然会随着阶级的消亡而走向终结。马克思、恩格斯在《共产党宣言》里明确指出：“各个世纪的社会意识，尽管形形色色、千差万别，总是在某些共同的形式中运动的，这些形式，这些意识形式，只有当阶级对立完全消失的时候才会完全消失。”② 社会主流意识形态的历史性，在社会

---

① 马克思，恩格斯．马克思恩格斯全集：第33卷．2版．北京：人民出版社，2004：346.

② 马克思，恩格斯．马克思恩格斯文集：第2卷．北京：人民出版社，2009：51－52.

变革时期尤为明显。随着知识的积累、技术的进步，人类社会的物质生产实践也不断发展。与之同时，旧有的主流意识形态往往因其保守性而走向封闭和僵化，从而逐渐丧失其在社会思想文化领域的主导性地位，沦为阻碍社会进步的思想桎梏。在此境况下的统治阶级，或者为维护统治地位而改革自身的政治架构及意识形态，努力使自身重获先进性；或者被倡导先进生产方式和先进文化主张的新兴阶级所取代，并建构起新的主流意识形态。这一切都揭示了社会主流意识形态的历史性特征。

（三）主导性

社会主流意识形态的主导性特征主要体现在以下三个方面：其一，社会主流意识形态主导特定社会思想文化发展进步的潮头和方向。这种主导性特征是社会主流意识形态的题中应有之义。“主流”必然蕴含着“主导”，不具备“主导”地位的意识形态在根本上难以成为社会思想文化大潮之主流，而只能是“支流”甚或随波而逐的“末流”。其二，社会主流意识形态为社会成员提供判别是非、曲直、善恶的基本标准。“夫礼者，所以定亲疏，决嫌疑，别同异，明是非也。”（《礼记·曲礼上第一》）这一表述凸显了作为古代社会主流意识形态的“礼”对社会和人心所具有的规范作用。其三，社会主流意识形态的主导性之“导”，还体现在主流意识形态对社会成员的教化和劝勉之上。

链接

圣人之道，不能独以威势成政，必有教化。故曰：先之以博爱，教以仁也；难得者，君子不贵，教以义也。虽天子必有尊也，教以孝也；必有先也，教以弟也。此威势之不足独恃，而教化之功不大乎！（《春秋繁露·为人者天》）

（四）共识性

社会主流意识形态的共识性，主要指特定社会的主流意识形态所倡导的思想、观念、价值等基本内容，在一定意义上代表着这一社会的大多数成员的思想共识。主流意识形态的共识性与阶级性并不矛盾。一套不能反映社会共识的思想体系，会因缺乏说服力和吸引力而难以成为消弭分歧、聚合人心的精神纽带。因此可以说，成为社会大多数成员普遍接受的思想共识，是统治阶级的思想理论和文化主张得以真正上升为社会主流意识形态的前提。一个社会的主流意识形态，唯有契合于特定社会的一般性社会心理，方能成为被大多数社会成员所接受和认同的主流观念，成为标识该社会基本风貌的时代精神。值得强调的是，社会主流意识形态的共识性，在不同的社会或历史时期又具有不同的特点。在剥削阶级为政的社会里，统治阶级与广大民众的政治经济利益是根本冲突的，他们所构建的社会主流意识形态，往往倾向于掩盖其剥削实质，致力于借助形形色色的“贵民”“重民”话语或“平等”“博爱”字眼描绘出一副温情脉脉的“人道主义”假象。因此，一切剥削阶级倡导的社会主流意识形态都是一种伪装的“共识”，具有难以摆脱的遮蔽性和虚假性。而在无产阶级和广大人民群众当家作主的社会主义社会里，人们倡导的社会主流意识形态切实反映全体人民的政治经济利益，是区别于剥削阶级虚假意识形态的一种真正的思想共识。

三、社会主流意识形态的基本功能

作为思想的上层建筑，社会主流意识形态旨在为特定社会的经济基础、政治结构、文化样态的存在、运行和发展做合理性解释、观念性辩护和规范性设定，具有解释、整合、凝聚、引领四大基本功能。

（一）解释功能

社会主流意识形态的基本功能之一，就是从认识论的角度解释自然世界、人类社会和人自身的存在之理，引导社会成员形成统一的符合领导阶级根本利益的宇宙观、家国观、人生观。首先，宇宙的起源、世界的本质，是古今中外的社会主流意识形态均致力阐释的极其重要的基础问题。古往今来的宗教、哲学等，无不注重对此类问题的探索和解答。多彩的创世神话、多样的天道哲思，代表着人类特定发展阶段中，社会主流意识形态所致力构建的宇宙观念。其次，人以及人所构建的族群、国家、社会等共同体从哪里来、到哪里去，其价值所在、意义所指等体现社会共同体成员民族观、国家观、人生观的系列根本问题，亦是社会主流意识形态致力解释和阐发的重要内容。主流意识形态中的宇宙观与国家观、民族观、人生观是一体融贯的。仰观天道的目的，最终是为了俯察人世，为社会经济、政治制度和道德伦理秩序确立一个终极的正当性依据。《中庸》开篇强调的“天命之谓性，率性之谓道，修道之谓教”（《礼记·中庸》）体现的就是这一逻辑。也正是在此意义上，哥白尼“日心说”所颠覆的，不仅是中世纪欧洲宗教对世界起源和运行原理的解释，而且是这种意识形态所致力维系的世俗人伦秩序。所以，解释功能是社会主流意识形态的基本功能。

（二）整合功能

社会主流意识形态的整合功能，意指其对一般的社会意识、普通的社会心理及具有一定代表性的思想观念、文化思潮等所具有的吸收同化、熔炼整合效能。特定社会的主流意识形态，其根本内容和基本特质由该社会的经济基础所决定；而其具体内容及表现形式，则取之于特定社会思想文化的现有样态，体现了其对该社会现有思想文化资料的积极整合。恩格斯分析现代社会主义理论的内容与形式问题时深刻指出："同任何新的学说一样，它必须首先从已有的思想材料出发，虽然它的根子深深扎在物质的经济的事实中。"[①] 是否具有强大的整合能力，是检验一种意识形态系统是否具有思想上的共识性和观念上的吸引力的基本标尺，是衡量社会主流意识形态之主导地位是否稳固的重要参数。中国古代的宋明理学之所以在中国封建社会后期的意识形态领域长期居于主流地位，就是因为理学家们"出入释老"，在学习、整合当时社会具有广泛代表性和重要影响力的佛、道两家思想智慧的基础上"归本孔孟"，创造出了汇通三教精华的理学高峰。马克思主义之所以从诞生之日起就具有鲜明的科学性、先进性，具有强大的生命力和影响力，原因之一就是马克思主义理论的开放性特征使其始终保持强大的思想文化整合功能。

链接

一部马克思主义发展史就是马克思、恩格斯以及他们的后继者们不断根据时代、实践、认识发展而发展的历史，是不断吸收人类历史上一切优秀思想文化成果丰富自己的历史。因此，马克思主义能够永葆其美妙之青春，不断探索时代发展提出的新课题、回应人类社会面临的新挑战。

——习近平．在纪念马克思诞辰200周年大会上的讲话．人民日报，2018-05-05.

（三）凝聚功能

社会主流意识形态的凝聚功能，指其在思想、观念层面凝聚社会共识、强化思想认同的重要功用。文明社会以来，任何一个政治共同体的维系和发展，都不可能仅靠外在的法令、刑罚来实现，都在根本上离不开意识形态的凝魂聚气作用。孔子讨论为政问题时指出："道之以政，齐之以刑，民免而无耻；道之以德，齐之以礼，有耻且格。"（《论语·为政》）汉儒董仲舒指出："教，政之本也；狱，政之末也。"（《春秋繁露·精华》）凡此种种，无不强调社会主流意识形态的凝聚功能对维系社会稳定与发展所具有的重要作用。可以说，离开了主流意识形态的强大凝聚力，一

① 马克思，恩格斯．马克思恩格斯文集：第9卷．北京：人民出版社，2009：382.

个社会共同体就在根本上缺乏团结一心的思想基础；而提升社会主流意识形态的凝聚力、向心力，也是为政者开展意识形态建设工作的重要任务。习近平总书记在党的二十大报告中发出“建设具有强大凝聚力和引领力的社会主义意识形态”的号召，强调“意识形态工作是为国家立心、为民族立魂的工作”，“要牢牢掌握党对意识形态工作领导权，全面落实意识形态工作责任制，巩固壮大奋进新时代的主流思想舆论”①。这一重要论述，深刻凸显了意识形态凝聚力及其建设的极端重要性。

（四）引领功能

社会主流意识形态不仅具有思想凝聚功能，而且具有精神引领功能，可为社会成员朝向共同目标奋力前行提供强大精神力量。主流意识形态的引领功能，反映了相对独立的社会意识对社会存在的能动反作用。一个社会共同体，其主流思想文化水平的高低，不仅反映着共同体成员对世界和人自身的认识水平的高低，而且体现着他们改造世界、推动社会发展能力的强弱。总体而言，一定时期里，某种思想文化之所以能够在众多社会思潮中脱颖而出，成为社会的主流思想而为大多数社会成员所接纳和认同，就是因为这种理论是该时期社会思想文化的先进代表，因为这种理论在引领生产发展、促进社会进步过程中展示出了强大能量。此外，意识形态不是价值中立物，而是具有方向性、指引性的价值规范体系。主流意识形态面向全体社会成员所宣传的榜样人格、所描绘的社会愿景，往往成为引领社会成员团结进取的积极激励因素。中国古人倾慕的“君子人格”与“大同梦想”、当代中国大地上广为激荡的“时代新人”与“强国梦想”等，都充分彰显了特定社会的主流意识形态在促进个体人格成长与整体社会发展方面具有的引领与激励功能。

第二节 社会主流意识形态的生成与发展

考察人类文明历史，每一个稳定有序的社会都有自己的主流意识形态，每一个

① 习近平．高举中国特色社会主义伟大旗帜 为全面建设社会主义现代化国家而团结奋斗：在中国共产党第二十次全国代表大会上的报告．北京：人民出版社，2022：43.

社会的主流意识形态都有其生成、发展及代际更替的演变历史。此外，作为人类社会精神生产实践的产物，主流意识形态的生成发展不是主观随意的，而是有着内在的客观规律性。

一、社会主流意识形态的生成

社会主流意识形态是高度理论化、系统化的思想体系。主流意识形态的萌发、生成不是随意而就的，而是有着客观的生成基础、必需的生成条件以及多重因素矛盾互动的复杂生成过程。

（一）生成基础

人类社会的物质生产实践，是主流意识形态赖以形成的客观基础。阶级社会里从直接的物质生产实践中分离出来的精神生产，仅具有相对的独立性，物质生产始终是精神生产及其产品的牢固基础。马克思在讨论物质生产与精神生产的关系时指出："人们按照自己的物质生产率建立相应的社会关系，正是这些人又按照自己的社会关系创造了相应的原理、观念和范畴。"① 历史上的剥削阶级往往否认物质生产是意识形态的客观基础，认为他们主张的意识形态是社会物质生产实践的基础。他们把自己的意识形态主张视为永恒不变的真实存在，并在这个虚幻的基础上阐释他们主导的物质生产方式的合理性。这就是马克思主义经典作家历来把剥削阶级倡导的意识形态斥为"虚假观念"或"颠倒了的世界观"的根本原因。

链接

全部社会生活在本质上是**实践的**。凡是把理论引向神秘主义的神秘东西，都能在人的实践中以及对这种实践的理解中得到合理的解决。

——马克思，恩格斯．马克思恩格斯文集：第1卷．北京：人民出版社，2009：501.

（二）生成条件

社会主流意识形态的生成，不仅植根于特定的物质生产基础，而且有赖于特定的政治、文化、社会条件。

---

① 马克思，恩格斯．马克思恩格斯文集：第1卷．北京：人民出版社，2009：603.

首先，社会主流意识形态的生成有赖统一、稳定的政治秩序。考察人类历史不难发现，继统一、安定的社会政治生态而出现的，往往是统一的社会主流思想；政治失序，每每意味着主流意识形态的衰微乃至解体。恩格斯分析古代宗教意识形态的产生问题时强调，“没有**统一的君主**就决不会出现统一的神”[①]。中国古代春秋战国时期政治领域的王权下移、诸侯争霸，就是意识形态领域礼崩乐坏局面出现的重要原因；而西汉董仲舒的“罢黜百家，独尊儒术”、宋明时期的道学勃兴，无不以统一、稳定的政治秩序为前提条件。中国历史上素有的“盛世修典”传统，即政通人和背景下为政者致力巩固和发展社会主流意识形态的重要举措。

其次，社会主流意识形态的生成离不开特定的文化氛围。“国家之魂，文以化之，文以铸之。”[②] 社会主流意识形态的生成，离不开文化的涵养和铸造。这里的文化，包括社会成员共有的语言文字、历史记忆和风俗习惯等。其一，“**语言**是思想的直接现实”[③]。一个社会共同体中，共同的语言文字本身，就意味着社会成员所共享的基本思维元素和思维架构。其二，历史承载社会成员的共同记忆。龚自珍指出的“欲知大道，必先为史。灭人之国，必先去其史”，强调的就是社会成员的共同历史记忆在国族认同及主流意识形态建构中的重要作用。此外，共有的风俗习惯等也是特定社会的主流意识形态赖以生成的重要条件。秦王朝在统一天下万民的思想观念时要求的“书同文，行同伦”，反映的即这一道理。

最后，社会主流意识形态的生成基于社会成员共享的社会心理。意识形态不同于社会心理；但意识形态的产生又离不开社会心理。一个社会的主流意识形态，是人们在一般的社会心理基础上创造的一种系统、抽象的社会意识形式。可以说，在主流意识形态的生成过程中，社会成员所共享的社会心理构成了主流意识形态赖以萌发、生长的土壤。中国历史上被长期奉为主流意识形态的儒家学说所敬畏的“民心”，西方现代资产阶级学说表面看重的“民意”，就是政治社会中为大多数成员所共享的某种社会心理。

（三）生成过程

社会主流意识形态的生成过程体现为多重矛盾的对立统一运动。其一，主流意识形态的生成过程体现为主流意识形态与同时存在的多种社会思潮之间的斗争与融

---

① 马克思，恩格斯．马克思恩格斯全集：第 47 卷．2 版．北京：人民出版社，2004：418.

② 习近平．在纪念马克思诞辰 200 周年大会上的讲话．人民日报，2018－05－05.

③ 马克思，恩格斯．德意志意识形态（节选本）．北京：人民出版社，2018：127.

合运动。在以往的阶级社会里，统治阶级与被统治阶级的阶级意识彼此对立、相互冲突；同时统治阶级又不断转化、吸收被统治阶级的观念、诉求（如西周统治者的民间“采风”），使之融入建构之中的主流意识形态范畴，以此确保自身的意识形态在社会思想文化领域中的主导地位。而在社会主义社会里，主流意识形态生成过程中的思想斗争与融合运动，主要体现为在人民内部政治经济利益根本一致基础上各种思想观念之间的斗争、转化与融合。其二，主流意识形态的生成过程体现为自觉建构与自发生成的辩证运动。一方面，在社会共同体中，以领导阶级为主体，每一个集团、阶层甚至每一个体，都在主动表达着自己的观念和诉求，都在参与、影响着社会主流意识形态的建构进程。另一方面，在各种思想观念相互交流、彼此激荡之下，最终形成何种表现形式的主流意识形态，并不是哪一个体或集团所能完全自主决定的，而是在根本上取决于社会生产实践的客观发展需要。这就体现出主流意识形态生成过程中的自发性特征，也即恩格斯剖析“社会合力”时指出的“不自觉地和不自主地起着作用”① 的状况。其三，主流意识形态的生成过程体现为其在社会成员身上发生的“内化”“外化”相统一的辩证运动。所谓“内化”，指社会个体对主流意识形态的接受和认同。所谓“外化”，指在个体成员内在认同社会主流思想的基础上，于外在行为上践履主流意识形态、维护主流意识形态的举止。“内化”与“外化”相统一的辩证运动，是主流意识形态赖以生成的重要环节。不能被社会大多数成员接受和践行的意识形态，在根本上难以称为社会主流意识形态。

链接

任何一个人的愿望都会受到任何另一个人的妨碍，而最后出现的结果就是谁都没有希望过的事物。所以到目前为止的历史总是像一种自然过程一样地进行，而且实质上也是服从于同一运动规律的。但是，各个人的意志——其中的每一个都希望得到他的体质和外部的、归根到底是经济的情况（或是他个人的，或是一般社会性的）使他向往的东西——虽然都达不到自己的愿望，而是融合为一个总的平均数，一个总的合力，然而从这一事实中决不应作出结论说，这些意志等于零。相反，每个意志都对合力有所贡献，因而是包括在这个合力里面的。

——马克思，恩格斯．马克思恩格斯选集：第4卷．3版．北京：人民出版社，2012：605-606.

---

① 马克思，恩格斯．马克思恩格斯选集：第4卷．3版．北京：人民出版社，2012：605.

二、社会主流意识形态的发展

特定社会的主流意识形态一经生成，即会随着社会实践的发展而变化。此外，社会主流意识形态的发展运动不仅体现在同一社会阶段的内部，不同的社会时期、社会阶段、社会形态彼此更替之际，新旧主流意识形态之间亦体现出代际嬗变的特点。

（一）发展动力

社会主流意识形态具有多重发展动力。第一，推动社会主流意识形态发展的根本动力，是生产力与生产关系、经济基础与上层建筑之间的矛盾运动。西汉社会主流意识形态的发展变化可以很好地说明这一点。汉初天下疮痍未平，生产落后，于是统治者在政治上与民休息，于思想上尊奉黄老之学为主流意识形态。而随着生产的发展、经济的繁荣，出现“网疏而民富，役财骄溢，……宗室有土公卿大夫以下，争于奢侈，室庐舆服僭于上，无限度”（《史记·平准书》）的现象，乃至富甲一方的诸侯国联合发动“七国之乱”。在此背景下，主张积极有为、注重上下分别、强调中央权威的儒家学说顺势而起，成为统治者奉行的新的主流意识形态。第二，在阶级社会中，统治阶级与被压迫阶级之间的阶级斗争，是推动社会主流意识形态发展的直接动力。近代大工业的建立，把封建领主与新兴阶级置于尖锐对立关系之中。启蒙学者高扬的自由、平等、民主等意识形态，就是新兴资产阶级与旧贵族开展阶级斗争、争夺思想文化领域领导权和话语权的重要武器。第三，科学技术的进步是社会主流意识形态发展的巨大动力。科学技术不仅在变革物质生产的意义上对社会和社会主流意识形态的发展具有巨大推动作用，而且对思想文化的生产、传播本身具有直接推动作用。马克思把从中国传入西方的印刷术称为“科学复兴的手段”，喻为“对精神发展创造必要前提的最强大的杠杆”[①]，强调的就是科学技术的进步对社会主流意识形态发展所具有的积极促进作用。第四，人民群众是社会物质财富和精神财富的创造者，是推动社会主流意识形态发展的真正动力。

（二）发展历程

特定社会阶段的生产发展和社会进步，使得由领导阶级建构起来的主流意识形

① 马克思，恩格斯．马克思恩格斯文集：第 8 卷．北京：人民出版社，2009：338.

态也存在一个不断上升的发展过程。主流意识形态的发展历程，是意识形态体系逐渐完备、内涵不断丰富、影响持续扩大的过程。其一，主流意识形态体系的逐渐完备，体现为承载主流思想、主流价值的载体，从先前简单、直观的政治思想体系、法律思想体系，逐步发展为复杂、抽象的国族观念体系、思想道德体系乃至哲学与信仰体系等。其二，主流意识形态内涵的不断丰富，体现为：表达主流思想、主流价值的文化元素，逐渐由单一形式向多样形式发展；主流意识形态开放性、包容度逐步扩大。一种新的主流意识形态的产生发展过程，既是其与传统意识形态或外来意识形态不断斗争与较量的过程，亦是其自觉接续传统、主动包容外来、不断吸纳各类意识形态资源、不断丰富自己的思想内涵及表达形式的过程。其三，主流意识形态影响的持续扩大，表现为其在发展过程中对社会生产生活的渗透愈加细密而深入，对人们思想、情感、观念的影响愈加无形而深远。一个社会的领导阶级倡导的主流思想和主流价值融入民间文学、绘画、雕塑、音乐、曲剧等文化艺术载体，并在“百姓日用而不知”的境况下彰显移风易俗之效，是主流意识形态趋于成熟的重要标志。

链接

任何意识形态一经产生，就同现有的观念材料相结合而发展起来，并对这些材料作进一步的加工；不然，它就不是意识形态了，就是说，它就不是把思想当做独立地发展的、仅仅服从自身规律的独立存在的东西来对待了。

——马克思，恩格斯．马克思恩格斯文集：第4卷．北京：人民出版社，2009：309.

（三）代际嬗变

随着社会经济基础的变更和政治上层建筑的动摇，与之相应的主流意识形态亦将走向解体，并随着新的政治秩序的出现而产生新的主流意识形态，这就是主流意识形态的代际嬗变。在主流意识形态的代际嬗变中，旧的意识形态虽然退出了主导地位，但并没有直接消亡，而是以新的形式和新的面目，参与到新的主流意识形态的生成与建构之中，从而展示出人类思想文化发展的传承性、连续性特征。自从人类进入阶级社会以来，主流意识形态经历了四大阶段的嬗变历程，分别是奴隶制的意识形态、封建主义意识形态、资本主义意识形态和社会主义意识形态。总体而言，人类社会的主流意识形态的变化趋势是不断进步的。恩格斯说：“最初的、从动物界分离出来的人，在一切本质方面是和动物本身一样不自由的；但是文化上的每一个进步，都是迈向自由的一步。”[①] 社会主流意识形态的进步趋势，代表着人类在社会实践中改造世界的能力不断提升，代表着人类孜孜追求的自由的不断发展。

三、社会主流意识形态的生成发展规律

社会主流意识形态的生成发展，是多重因素的矛盾运动过程，体现出深刻的规律性，如主流意识形态与经济基础和政治结构的矛盾互动及相辅相成、主流意识形态与传统思想和外来文化的彼此激荡、主流意识形态与一般社会意识的上通下达等。

（一）主流意识形态与经济基础的矛盾互动

作为观念的上层建筑，社会主流意识形态最终由社会的经济基础所决定，是对社会物质生产方式的能动反映。一方面，不同时期、不同阶段的经济生产方式，催生不同内容和不同形式的社会主流意识形态；经济基础的变革，往往推动社会主流意识形态的发展变化。在批判资产阶级倡导的自由、平等观念时，马克思、恩格斯深刻揭露了作为资产阶级主流意识形态重要内容的“自由”学说赖以存在的经济基础：“在现今的资产阶级生产关系的范围内，所谓自由就是自由贸易、自由买卖。”[②] 因此，“买卖一消失，自由买卖也就会消失”，而资产阶级的自由思想也将失去赖以存在的基础，沦为“毫无意义”[③] 的空话。另一方面，主流意识形态对社会物质生产方式的巩固和发展具有强大反作用。一般而言，能够成为社会主流的意识形态，即能够满足特定社会阶段生产发展需要的先进思想文化的代表。因此它能够成为多数民众认知世界、思考社会的基本遵循，成为主导人们投身物质生产实践、推动社会进步的思想指针。在社会大变革时期，产生于传统经济基础上的原有主流意识形态，因不能适应新的物质生产实践而逐渐丧失其主流地位；代表先进生产实践的观念、文化则会逐渐萌芽、发展、壮大，在与旧思想、旧观念的斗争中取得主导性地位，成为新的社会主流意识形态。这就是社会主流意识形态与经济基础矛盾互动作用的体现。

（二）主流意识形态与政治结构的相辅相成

在一个社会共同体中，主流意识形态与政治结构同属该社会的上层建筑，是上

---

① 马克思，恩格斯．马克思恩格斯文集：第9卷．北京：人民出版社，2009：120.

②③ 马克思，恩格斯．马克思恩格斯文集：第2卷．北京：人民出版社，2009：47.

层建筑的一体两面。在主流意识形态的生成发展过程中，其与社会政治结构的运行彼此涵容、相辅相成。其一，稳定的政治结构，是主流意识形态赖以生成发展的前提。主流意识形态是政治上层建筑的思想形态，是对社会政治结构和社会成员相互间政治关系的观念性反映。中国古人强调的“礼以体政”（《左传·桓公二年》）就是这个意思。因此，主流思想的内容，折射政治结构的形态；政治结构的变化，引发主流思想的变迁。英国17世纪“光荣革命”之后，洛克（J. Locke）的政府理论之所以上升为近代英国社会的主流意识形态，是因为这种政府理论表面似由思想家笔下抽象的“自然人权”概念演绎而出，实则反映“光荣革命”及后来建立的资产阶级主导的与传统贵族相妥协的立宪制政体形式。其二，主流意识形态的生成发展，反过来可以影响政治结构的调整更化。中国古人早已指出，原本出自“政”的“礼”，其一旦形成，就具有强大的政治规范作用，“礼，经国家，定社稷，序民人，利后嗣者也”（《左传·隐公十一年》）。因此古人主张“为政先乎礼”（《孔子家语·大昏解》），“重礼所以为国本也”（《礼记·冠义》）。也正是在这一意义上，政治结构的变革，往往从思想观念领域的讨论、争辩入手。近代西方资产阶级革命前的启蒙论争、当代中国改革开放之初的真理标准问题大讨论等，凸显的都是主流意识形态与政治结构之间相辅相成的生成发展逻辑。

（三）延续传统与开拓创新的有机结合

主流意识形态的生成发展，固然从根本上离不开其与经济基础和政治结构的矛盾互动，但是思想文化本身亦有相对独立性。在一定意义上，主流意识形态的生成发展，有其内在的历史进程和逻辑线索。恩格斯指出：“在每一科学领域中都有一定的材料，这些材料是从以前的各代人的思维中独立形成的，并且在这些世代相继的人们的头脑中经过了自己的独立的发展道路。”[①] 考察社会思想文化的发展历史，社会主流意识形态的生成发展即体现延续传统与开拓创新的有机结合。一方面，不同民族、不同国家的社会主流意识形态在各个历史时期的发展变化历程中形成了独特的历史传统，积淀了具有稳定性、传承性、连贯性的精神基因和遗传密码。古希腊社会建立在奴隶制生产方式基础上的有限民主思想，经由文艺复兴和启蒙运动，与西方现代社会倡导的资产阶级民主思想相承接，此即社会主流意识形态生成发展进程中体现出的“传承性”特点。另一方面，主流意识形态的生成发展还具有“革新性”“突破性”的特征。任何一个社会共同体中，代代累积的思想文化，不断丰

① 马克思，恩格斯．马克思恩格斯文集：第10卷．北京：人民出版社，2009：658.

富着人们的知识，拓展着人们的视野，深化着人们的思想。与之相应，社会主流意识形态亦具有与时俱进、因时而化的品格。延续传统与开拓创新是彼此联系、有机统一的。社会主流意识形态总是在继承传统的基础上实现革新，总是在不断创新的前提下延续着传统。我们常说的“历久弥新”“推陈出新”“周虽旧邦，其命维新”等，就是对思想文化或社会主流意识形态在守常与求变的矛盾运动中不断发展的规律性体认。

链接

殷因于夏礼，所损益，可知也；周因于殷礼，所损益，可知也；其或继周者，虽百世可知也。（《论语·为政》）

（四）内向引鉴与外向传播的彼此含融

与人和人类社会的开放性、交互性特征对应，人类社会的思想文化本身，亦具有开放性与交互性特点。而在与异域文化交流、互动过程中，一个民族、一个国家的主流意识形态的生成与发展，就必然伴随着内向引鉴与外向传播彼此含融的深刻逻辑。其一，在思想文化的多元交互环境中，社会主流意识形态必须敞开自己、吸收外来、内向引鉴，才能不断保持先进性、增强引领力，才能有效巩固自身在社会思想文化领域中的主导地位。现代西方的自由、平等思想肇端于启蒙思想家对希腊、希伯来和中国文化的综合创造；当代中国主流意识形态的重要内容——中国化时代化马克思主义理论，产生于中国共产党人基于马克思主义基本原理对中外优秀文化的融会贯通。这些实例无不彰显着主流意识形态生成发展中开放包容、内向引鉴的品格。其二，思想文化多元交互下主流意识形态的生成和发展，还伴随着外向传播的进程。中国古人追求的“化成天下”及“声教讫于四海”，就是社会主流意识形态生成发展过程中注重外向传播的明证。内向引鉴与外向传播是相互影响、辩证统一的。正如习近平总书记指出的那样：“一切生命有机体都需要新陈代谢，否则生命就会停止。文明也是一样，如果长期自我封闭，必将走向衰落。交流互鉴是文明发展的本质要求。只有同其他文明交流互鉴、取长补短，才能保持旺盛生命活力。”[①] 对域外优秀文明成果的吸收借鉴，是一种文明体系、一个社会主流意识形态保持旺盛生命力的重要条件；与此同时，良好的对外形象、强大的域外吸引力和影

---

① 习近平．习近平谈治国理政：第 3 卷．北京：外文出版社，2020：469.

响力，也是一个社会的主流意识形态成功占据文化发展制高点的有力表征，是其对内展示科学性、先进性并增强凝聚力、感召力的重要依凭。

（五）抽象提升与日常普及的辩证统一

社会主流意识形态的生成发展过程，还是抽象提升与日常普及的辩证统一。所谓抽象提升，指主流意识形态的生成发展，是领导阶级对复杂的社会思想文化不断整合、不断提升的过程。一方面，复杂多样的社会思潮和文化是社会主流意识形态赖以孕育、萌发和生成发展的土壤；另一方面，社会主流意识形态又是对具体的、复杂多样的社会文化思潮的高度凝练、抽象概括和全面提升。离开了丰富多样的社会文化样态，社会主流意识形态就成了无源之水、无本之木；而若不能对社会思想文化进行全面概括和抽象提升，社会主流意识形态就不能超越并引领一般社会思潮，主流意识形态的“主导性”地位就无以挺立。传统儒家围绕“天命”“天道”等范畴构建社会主流意识形态时，往往“天”“民”并举，强调“天视自我民视”和“民之所欲，天必从之”，体现了社会主流意识形态生成发展过程中注重思想文化的“抽象提升”进路。除了向上的“抽象提升”运动，主流意识形态在其生成发展过程中还包括向下的“日常普及”环节。抽象的社会主流意识形态，要获得普通民众的广泛认同，从而有效发挥其凝聚和引领作用，就必须做到生活化、大众化、普及化，能够融入百姓的寻常日用之中，成为人们行事做人的基本规范。因此，以丰富多样的内容、载体、形态、样式，在社会生活的各领域、各群体之中传播普及社会主流意识形态，是主流意识形态建设的应有逻辑。中国古人强调的“极高明而道中庸”以及我们今天常说的“群众观点”“群众路线”等，都是在社会主流意识形态建设发展过程中自觉遵循“抽象提升”与“日常普及”辩证统一规律的体现。

链接

我们必须坚定历史自信、文化自信，坚持古为今用、推陈出新，把马克思主义思想精髓同中华优秀传统文化精华贯通起来、同人民群众日用而不觉的共同价值观念融通起来，不断赋予科学理论鲜明的中国特色，不断夯实马克思主义中国化时代化的历史基础和群众基础，让马克思主义在中国牢牢扎根。

——习近平．高举中国特色社会主义伟大旗帜　为全面建设社会主义现代化国家而团结奋斗：在中国共产党第二十次全国代表大会上的报告．北京：人民出版社，2022：18.

第三节 社会主流意识形态的建构与播化

社会主流意识形态之所以成为“主流”，重要的一点是其倡导的观念系统能被社会大多数成员所接受和信奉。以体系化的思想观念转化、提升社会成员的思想政治素质，做到主流意识形态的入脑入心，需要社会领导者积极开展主流意识形态的建构与播化。

一、社会主流意识形态的建构

社会主流意识形态的建构，指主流意识形态内容和体系的创设。概而言之，社会主流意识形态包括“知识”“信仰”“规范”三大结构，对应解决人们知、信、行的根本问题。与之相应，主流意识形态的建构，亦可分为知识体系建构、信仰体系建构和规范体系建构三大任务。

（一）知识体系建构

主流意识形态中的知识体系，主要对世界和人类社会的存在之理等进行认识论意义上的解释。如探索人与世界的起源、本质与目的等问题的“世界观”和“人生观”、引领人们认识国家、民族历史与现实的“国家观”“民族观”“历史观”等，都是主流意识形态中极为重要的知识性内容。为解答这些问题而建构的知识体系，就是主流意识形态所包含的“哲学”“人学”“史学”等内容。主流意识形态中的知识体系主要为特定的经济关系和政治结构进行观念上的论证。如：柏拉图（Plato）的“理念论”为政治上的“哲学王”确立了合理性；董仲舒“待教而善”[①] 的人性论，阐述了王道政治的必然性。中国古代的王朝统治者之所以高度重视为前朝修史的工作，就是为了在历史叙事中确立自身政权的正当性。主流意识形态中的知识体系建构，主要发挥“以理服人”的作用，体现着知识性与意识形态性的统一。历史上剥削阶级意识形态中的知识体系，其世界观是颠倒的，其人性论是抽象的，其历

① “天生民性有善质，而未能善，于是为之立王以善之，此天意也。”（《春秋繁露·深察名号》）

史观是唯心的。这是马克思、恩格斯在认识论意义上将以往剥削阶级的意识形态视为“虚假意识”的原因所在。无产阶级在科学理论指导下建构的知识体系，以辩证唯物主义和历史唯物主义的基本立场、观点、方法分析客观世界和主观世界，在深刻把握自然界和人类社会发展规律的基础上表达自己的意识形态立场，因此具有理论上的科学性与实践上的革命性。

（二）信仰体系建构

信仰具有超越性特征，它所描绘的是超越现实生活的“彼岸”或“未来”世界，是人们慰藉情感、置放心灵的精神家园。人类历史上形态各异的宗教、神话、社会理想等，通常属于信仰范畴。信仰具有精神上的强大感召力。任何一个致力于维系人心、巩固统治的领导阶级，在打造社会主流意识形态时都不能不重视信仰体系的建构议题。中国封建社会的皇帝自称“天子”，古埃及的法老自称“神子”，欧洲中世纪的国王宣扬“君权神授”，等等，这些观念背后都有一整套直接服务于政治需要的宗教信仰。法国政治学家托克维尔（A. Tocqueville）在深入考察美国现代政治文化的基础上指出：“在美国，宗教从来不直接参加社会的管理，但却被视为政治设施中的最主要设施。”① 马克思主义坚持唯物主义的无神论立场，在深入批判形形色色的宗教信仰基础上确立科学的共产主义理想信念。建构共产主义信仰体系，是无产阶级主流意识形态建设的重要任务。

链接

中国共产党人追求的共产主义最高理想，只有在社会主义社会充分发展和高度发达的基础上才能实现。想一下子、两下子就进入共产主义，那是不切实际的。邓小平同志说，巩固和发展社会主义制度，还需要一个很长的历史阶段，需要我们几代人、十几代人、甚至几十代人坚持不懈地努力奋斗。几十代人，那是多么长啊！从孔老夫子到现在也不过七十几代人。这样看问题，充分说明了我们中国共产党人政治上的清醒。必须认识到，我们现在的努力以及将来多少代人的持续努力，都是朝着最终实现共产主义这个大目标前进的。

——习近平．关于坚持和发展中国特色社会主义的几个问题．求是，2019（7）.

（三）规范体系建构

规范体系是社会主流意识形态系统中的又一重要组成部分。如果说知识体系解

① 托克维尔．论美国的民主：上卷．北京：商务印书馆，2009：372.

决人的理性认知问题、信仰体系解决人的情感认同问题的话，规范体系则在认知、认同基础上主要解决人们的践行问题。主流意识形态中的规范体系主要由价值规范、道德规范、习俗性规范等组成。价值和价值观是社会主流意识形态的核心。古今中外的政治实践无不高度重视价值体系建设，传统中国被视为“五常”的“仁、义、礼、智、信”、古希腊由“智慧、勇敢、节制、正义”组成的“四德”、现代西方宣扬的“自由、平等、博爱”价值观、当代中国倡导的社会主义核心价值观等，都是主流意识形态建构过程中凝练、打造的价值规范。除了内核性的价值观外，主流意识形态的规范体系建构还包括实际生活中的道德规范和习俗规范建设。值得强调的是，与以国家强制力量为依托的法律规范不同，意识形态上层建筑中的规范体系建设，强调柔性引导的原则和教化熏染的功夫。

二、社会主流意识形态的播化

社会主流意识形态的传播与教化，是领导阶级普及社会主流思想、凝聚成员价值共识、筑造人民精神家园的重要举措。舆论引导、政策示范、制度保障、学校涵育、文俗熏染等，是社会主流意识形态播化的基本路径。

（一）舆论引导

“舆，众也。”（《春秋左传正义·成公二年》）舆论，即民众之议、众口相传之论。舆论历来是孕育、传播主流思想的重要载体。加强对社会舆情、公共舆论的积极引导，是传播社会主流意识形态的重要着力点。主流意识形态播化实践中的舆论引导，应从三个方面着手。一是要倾听舆论。西周召穆公的“为川者决之使导，为民者宣之使言”（《国语·周语上》）与魏晋士大夫王沈的“自古贤圣，乐闻诽谤之言，听舆人之论”（《晋书·王沈传》）等，都是主张为政者应注重倾听舆论的经典表述。二是要明辨舆论。舆论因何故而兴起、由何人所倡导、被谁人所接受、朝何方而发展、生何种之影响等问题，都需要舆论引导者仔细辨明。三是要转化舆论。转化舆论是引导社会大众接受主流意识形态、使公共舆论成为弘扬和传播社会主流意识形态之有效载体的关键环节。转化舆论需要注意运用理论的力量。转化舆论不是简单地压制或宰制舆论。“压服的结果总是压而不服”①。加强主流意识形态的科学化建设，以透彻的理论诠释主流意识形态，以雄辩的说理阐发主流意识形态，真

---

① 毛泽东．毛泽东文集：第7卷．北京：人民出版社，1999：279.

正做到“以理服人”“以情感人”，是在转化和引导舆论过程中增强社会主流意识形态传播力、影响力的应为之举。转化舆论还要注意运用物质的力量。舆论问题通常不是单纯的思想或观念问题。舆情危机发生的深层根源，往往是社会利益分配机制或协调机制的失衡。社会领导者积极调整利益分配、化解利益冲突，是有效引导公共舆论、有效弘扬社会主流意识形态的根本举措。

（二）政策示范

切实发挥政策示范作用，是增强主流意识形态说服力和感染力的重要路径。主流意识形态与社会经济基础和政治结构的紧密关系，要求意识形态播化必须植根于经济社会建设实践之中，必须把主流意识形态熔铸于国家治理的方方面面，让无形的思想观念化为实实在在的方针政策。否则，主流意识形态就只是缥缈虚幻的空中楼阁而难以为社会大多数成员所信奉、遵守。发挥政策示范作用，其一，要建立健全意识形态工作本身的组织机构，制定主流意识形态播化的方针政策，做到守土有责、守土负责、守土尽责。毛泽东一贯强调，“掌握思想教育，是团结全党进行伟大政治斗争的中心环节”[①]。可以说，把思想工作当作一项具有战略意义的政治工作，以专门的机构和政策推动主流意识形态的播化，是有效开展意识形态工作的题中应有之义。其二，应注重将主流意识形态融入国家经济、政治、文化、社会、生态文明各方面工作的方针政策之中，充分发挥各项施政方针的思想引领和意识形态教化功能。习近平总书记在 2013 年的全国宣传思想工作会议上指出，“意识形态工作是党的一项极端重要的工作”，“要树立大宣传的工作理念，动员各条战线各个部门一起来做，把宣传思想工作同各个领域的行政管理、行业管理、社会管理更加紧密地结合起来”[②]。这些论述深刻强调了治国理政各项方针政策对意识形态播化所具有的示范和推动作用。

（三）制度保障

主流意识形态播化是一项系统、长期的育人、化人工程。意识形态工作的规范化、常态化运行需要牢固的制度保障。加强主流意识形态播化的制度保障，要注重发挥各项社会制度本身的教化功能。“制度文章，礼之器也。”（《礼记·乐记》）包含法律典章等重要内容的社会制度与主流意识形态互为表里。社会制度

① 毛泽东．毛泽东选集：第 3 卷．2 版．北京：人民出版社，1991：1094.

② 习近平．习近平谈治国理政：第 1 卷．2 版．北京：外文出版社，2018：153，156.

是主流意识形态的实体化呈现，主流意识形态是社会制度的抽象性表达。在一定意义上，人们正是借助为政者的律令制度来感受其所倡导的精神理念。所以，政治社会的各项规章制度本身即具有规范人心的意识形态播化作用。中国古代政治家认为，如果为政者设立的制度规范合于时宜，那么国家、社会的风俗就可以逐渐改善，百姓亦可遵从为政者的范导，“凡将立国，制度不可不时也，……制度时，则国俗可化，而民从制”（《商君书·壹言》）。加强主流意识形态播化的制度保障，还要注重社会主流意识形态播化工作本身的制度化建设。“思想改造的工作是长期的、耐心的、细致的工作，不能企图上几次课，开几次会，就把人家在几十年生活中间形成的思想意识改变过来。”① 推动社会主流意识形态建设工作的制度化运行，符合社会主流意识形态的传播教化规律，符合人的思想政治素质的形成发展规律。

（四）学校涵育

学校是主流意识形态建构、传播与教化的重要阵地。从直接的物质生产实践中脱离出来的学校，历来是社会精神生产、价值传播、思想教化的重要场所。学校开展的主流意识形态教育有着非常丰富的内容。遵照意识形态的“知识-信仰-规范”结构，学校意识形态教育可分为理性认知教育、情感认同教育和行为规范教育。理性认知教育主要包含世界观教育、人生观教育、历史观教育、政治观教育、国情教育、民族文化教育等内容。理性认知教育注重说理的充分性和透彻性，强调以理服人。情感认同教育主要包括精神信仰教育、理想信念教育、国族认同教育、政治认同教育等内容，情感认同教育强调以情感人。行为规范教育主要包括价值观教育、道德教育、法治教育、政策教育、纪律教育、人格完善教育等内容，行为规范教育强调以则劝人。学校教育中的理性认知教育、情感认同教育和行为规范教育是相互统一的。其中，理性认知教育是基础，明晰、透彻、雄辩的理论阐述是主流意识形态据以服人、感人、劝人的前提；情感认同教育是关键，是贯通知与行的桥梁，没有心灵、情感上的认同和确信，主流意识形态的思想引领就不可能真正实现；行为规范教育是目标，是理论武装群众并变成强大实践力量的最后关节点。此外，主流意识形态的学校涵育还包含丰富的载体、多样的形式，在课程育人之外还强调管理育人、服务育人、实践育人、组织育人等。

---

① 毛泽东．毛泽东文集：第7卷．北京：人民出版社，1999：279.

链接

古之教者，家有塾，党有庠，术有序，国有学。比年入学，中年考校。一年视离经辨志，三年视敬业乐群，五年视博习亲师，七年视论学取友，谓之小成；九年知类通达，强立而不反，谓之大成。夫然后足以化民易俗，近者说服，而远者怀之，此大学之道也。（《礼记·学记》）

（五）文俗熏染

文化、习俗，是社会主流意识形态播化的重要载体。“文化”一词的原初含义，即指为政者面向民众开展的政治与意识形态教化：“圣人之治天下也，先文德而后武力。凡武之兴为不服也。文化不改，然后加诛。”（《说苑·指武》）社会主流意识形态的传播与教化，需要充分发挥文化、习俗的熏陶、感染功能。其一，主流意识形态传播要注重以文化人。以文化人，就是把主流意识形态的基本内容、核心理念渗透于社会文化体系之中，实现主流思想与主流文化的高度融合；引导人们在潜移默化过程中接纳、认同主流意识形态。其二，主流意识形态传播要坚持以俗正人。民俗、风俗，指普通百姓日常生活中形成的习惯、风气。“为政之要，辨风正俗，最其上也。”（《风俗通义·序》）主流意识形态原本属于理论化、体系化的观念系统，将这种思想的上层建筑转化成社会大众普遍认同的观念，就需要坚持生活化、大众化的原则，将主流意识形态融入全民性的节日庆典和民俗活动，在百姓寻常日用之中实现辩风正俗、移风易俗。

三、社会主流意识形态的个体转化

前已指出，主流意识形态之主流地位的确立，离不开大多数社会成员对主流意识形态的认同。思想政治教育的根本任务，就是将主流意识形态注入社会个体成员的思想观念之中，在主流意识形态入脑入心的过程中促进个体思想政治素质的转化与提升。

转化、提升个体思想政治素质是主流意识形态建设的重要任务。思想政治素质是中国共产党人在思想政治工作实践中提炼出的用以指称人的思想、政治、道德等方面基本素养的专门术语。从比较思想政治教育学的视域看，思想政治素质概念与中国古代和西方的道德素质等概念具有一致性和相通性。孔子“‘孝乎惟孝、友于兄弟，施于有政。'是亦为政"（《论语·为政》）的判断、亚里士多德（Aristotle）将道德学列为政治学分支的做法，都凸显着道德和道德素质所具有的深刻政治意涵。人无德不立。在人的各项素质中，包括道德素质在内的思想政治素质居于重要地位。意识形态工作根本上是引导人、教化人、影响人的工作。以主流意识形态内容和规范来转化、提升人们的思想政治素质，是主流意识形态建设的重要任务。因为社会意识形态只有内化为大多数社会成员的思想政治素质，才能真正成为社会的主流意识形态。

将主流意识形态转化为个体思想政治素质的活动即思想政治教育。与思想政治素质概念类似，思想政治教育的概念亦由中国共产党人提出，但思想政治教育的活动则古今俱有、中外皆备。中国古人强调为政者要"以教道民"（《礼记·月令》）或"施教导民"（《史记·循吏列传》），而其所教内容如"父子有亲，君臣有义，夫妇有别，长幼有序，朋友有信"（《孟子·滕文公上》）等，即当时社会的主流意识形态。国外教育学家时常强调教育的"社会化"功能。从政治和意识形态的角度看，所谓"社会化"，指的就是国家与社会通过教育提升社会成员的思想政治素质，使之接受、认同社会的主流意识形态的过程。联合国教科文组织国际教育发展委员会推出的《学会生存——教育世界的今天和明天》一书，即明确指出了家庭、学校的社会化教育所包含的"意识形态职责"："从家庭教育开始，所有的教育都有使儿童和青年社会化的任务。学校继续和将要继续贯彻执行公民训练的职责和意识形态训练的职责。"① 古今中外这种将主流意识形态转化为个体思想政治素质的活动，就是我们今天所说的思想政治教育。

思想政治教育工作需深刻把握个体思想政治素质生成发展规律。思想政治教育是一项塑造灵魂、变化气质的人心工程。教育者面向教育对象开展思想政治教育工作，不是将主流意识形态简单、单向地输入教育对象头脑之中；而是在与教育对象已有思想观念进行双向交流、互动的矛盾运动中，潜移默化地引导教育对象体察、接纳主流意识形态，并将主流意识形态自觉转化为自身思想政治素质的过程。这就要求教育者能够充分了解教育对象的思想状况、心理特点，准确把握个体思想政治素质的生成发展规律，从而做到因材施教、循循善诱。毛泽东要求政治工作人员"注意研究情况，了解别人的心理"，"按照他们的具体情况和能够接受的程度进行思想政治教育"②。这里的"了解别人的心理"、按照他们"能够接受的程度进行思

---

① 联合国教科文组织国际教育发展委员会．学会生存：教育世界的今天和明天．北京：教育科学出版社，1996：85－86.

② 毛泽东．毛泽东文集：第6卷．北京：人民出版社，1999：11.

想政治教育”等论述，强调的就是教育者应对个体思想政治素质及其生成发展规律给予高度的重视。

思考题

1. 如何理解剥削阶级意识形态的虚假性与无产阶级意识形态的科学性？
2. 试述主流意识形态延续传统与开拓创新有机结合的生成发展规律。
3. 如何理解主流意识形态内容体系的内在逻辑？
4. 试析主流意识形态建设与思想政治教育活动的关系。

第四章

人的思想政治素质及其生成与发展

促进人的思想政治素质提升是开展思想政治教育的着眼点与落脚点。思想政治教育作用的发挥离不开对人的思想政治素质生成与发展的有效把握。深刻理解人的思想政治素质内涵特征及其内在结构，对人的思想政治素质生成与发展的规律性进行深入探索，是增强思想政治教育科学性、实效性与针对性的重要前提。

第一节 思想政治素质的内涵与重要性

人的思想政治素质是社会实践的产物，是一个内容丰富的素质系统，具有导向性、规范性与发展性等显著特征，对人的全面发展具有重要作用。

一、思想政治素质的内涵

素质一般是指人在从事社会实践活动时，以其先天禀赋为基础，通过环境教育影响和自身认识与实践而形成的相对稳定的、内在的基本身心条件，是人的思想、品质、知识、能力等各方面状况的综合反映，即在先天和后天共同作用下人的身心发展的总水平。按照不同的标准，学界对素质有不同类型的划分。按照素质的性质划分，可以分为自然素质、心理素质和社会素质，其中自然素质是指人生来就具有的先天属性，即人的有机体生来就具有的某些生理特点；心理素质是指以自然素质为基础，在后天环境、教育、实践活动等因素的影响下逐步发生、发展起来的情感、意志、性格的结合体；社会素质是指组成社会的群体普遍具有的修养程度、进步程度、文明程度、道德程度，以及精神状态的总和[①]。按照素质的表现形式划分，可以分为内潜素质与外显素质，其中内潜素质是指沉淀在心理深层的文化潜在意识，外显素质是指外部表现出来的从事各项社会实践活动的能力[②]。按照素质的内容划分，可以分为身体素质、心理素质、科学文化素质、思想政治素质等。

思想政治素质是人的素质的重要组成部分。在思想政治教育的科学研究与实际工作中，存在一些与思想政治素质相近的概念。比如，思想品德、思想道德素质等。这些概念既不是完全等同的，也不能相互割裂。比较而言，思想品德侧重强调个人品质的总和[③]，思想道德素质侧重强调社会需要的思想观念和道德规范。作为与思想政治教育相对应的概念，思想政治素质是一个涵括了思想素质、政治素质、道德素质和法治素质的综合性概念系统。

---

① 袁凯．人的素质学．甘肃社会科学，1996（5）.

② 陈爱容．素质概念研究综述．哲学动态，1991（12）.

③ 国家教委中央教科所德育研究中心．德育实用全书．北京：中国民主法制出版社，1997：11.

一般而言，思想政治素质是指人们从事社会政治活动所必需的基本条件和基本品质，是人们在特定教育引导与社会影响下，逐渐形成并能够在其行为中表现出来的相对稳固的思想品德和政治素养。从根本上说，思想政治素质是一定阶级的思想观念、政治观点、道德规范、法治要求在人们意识和行为中的具体表现。思想政治素质是一个多要素的综合系统，主要包括人的思想素质、政治素质、道德素质、法治素质四个方面。思想政治素质的生成与发展，是人在外界环境因素影响下，其内在的知、情、意、信、行诸要素辩证运动、均衡发展的过程。

二、思想政治素质的特征

深刻把握思想政治素质的特征，对于科学理解思想政治素质的内涵、促进思想政治教育内涵发展具有重要作用。思想政治素质的特征主要有以下几个方面：

（一）导向性

思想政治素质是人整个素质系统的灵魂，是个人的价值取向和服务方向的集中体现，包含了个人作为社会公民的基本素质要求，具有鲜明的导向性特征。思想政治素质的导向性是指其对人的综合素质与人的全面发展的引领导向作用，主要体现在目标导向、价值导向和行为导向三个维度上。目标导向是指思想政治素质本身所体现的社会主流意识形态性，深深影响着个人与社会关系的处理以及人的发展目标的确立。价值导向是指思想政治素质影响甚至决定着人们分析问题、评价事物、选择态度所遵循的价值判断标准，引导甚至决定着人的价值选择，对人的自我价值与社会价值实现均发挥重要的导向作用。行为导向是指思想政治素质对人的社会实践活动有着指导作用。人是有思想有意识的社会存在，人的生命活动是在一定的思想意识指导下进行的，正是这种“有意识的生命活动把人同动物的生命活动直接区别开来”[①]。人的各项实践活动都体现着一定的思想、意识、观念和精神力量，人对这些社会实践活动所持的态度、方式和手段等，直接受到其思想政治素质的影响。通常来说，良好的思想政治素质能够促进人的实践活动更好开展，而不良的思想政治素质对人的各项工作则会产生阻碍作用。

（二）规范性

思想政治素质能够调整人与自然、人与人、人与自身的关系，其内含的思想观

① 马克思．1844年经济学哲学手稿．北京：人民出版社，2018：53.

念、政治观点、道德规范、法治要求等内容，对人们社会实践活动发挥着重要的规范作用，是人们在生活实践中自觉遵守的准则和规范。人的思想政治素质为人们的社会生活提供了必要的“秩序”，这一“秩序”体现了为人处世的基本原则，通常是通过向社会成员昭示“应当如何”和“不得如何”等形式得以表现。例如，“己所不欲，勿施于人”等，使人们能够服从合理的社会制度、维护良好的社会秩序，并在不同的社会环境中实现自我规约。思想政治素质的规范性体现在人们社会生活的各个方面，具有广泛的约束力。人与自然的关系是人类社会最基本的关系。自然界是人类社会产生、存在和发展的基础和前提，人类归根结底是自然的一部分。思想政治素质作为人的一种意识观念，在人与自然的关系中发挥着重要的调节和规范作用。思想政治素质能够确立人与自然之间的道德准则，引导人们对自然环境形成正确的价值判断，提高人们在人与自然关系中的自律能力，使人们自觉按照一定的善恶标准来选择、调节、规范人与自然的关系。在人与人的关系方面，思想政治素质反映着人的思想境界、政治信仰、道德风貌和法治意识等，对协调人际关系、维护社会秩序具有重要作用。每个历史时代的人的思想政治素质，都是对人现实生活的积极反映，调节着人与人之间的社会关系，包括人与人之间的经济、政治、社会、文化等方面内容。在人与自身的关系方面，思想政治素质对人的“自我认知”发挥着重要规范作用。人不仅能将自然、他人作为对象，还能将自我作为对象。思想政治素质对人与自身关系的调节主要包括对自我身心健康状态的把握，对自我的认识和评价，对自我是非善恶的判断和选择等。总之，人的思想政治素质不仅能够反映和规范人与自然、人与人、人与自身的关系，这些关系在一定程度上也反映其思想政治素质状况。

链接

思想、观念、意识的生产最初是直接与人们的物质活动，与人们的物质交往，与现实生活的语言交织在一起的。人们的想象、思维、精神交往在这里还是人们物质行动的直接产物。

——马克思，恩格斯．马克思恩格斯选集：第 1 卷．3 版．北京：人民出版社，2012：151.

（三）发展性

思想政治素质的发展性不仅是指其随社会发展而不断丰富内涵，还在于主体自身对个人素质的建构、发展与超越。马克思指出：“人们自己创造自己的历史，但是他们并不是随心所欲地创造，并不是在他们自己选定的条件下创造，而是在直接碰到的、既定的、从过去承继下来的条件下创造。”[①] 社会发展的历史继承性决定了思想政治素质的内容要求也具有历史继承性，但思想政治素质的这种继承不是原封不动、一成不变的，而是会随着时代的变迁不断注入新的内涵，在继承中发展，在发展中继承。思想政治素质的发展性与社会的发展变化紧密相关。正如马克思所说：“随着经济基础的变更，全部庞大的上层建筑也或慢或快地发生变革。”[②] 思想政治素质作为社会实践与发展的产物，受生产力、生产关系等经济基础以及社会制度、社会关系等上层建筑不断发展变革的影响，社会发展对人的思想政治素质的要求不断变化，思想政治素质的内涵与外延也不断调整和完善。同时，思想政治素质的发展性与人的个体成长和不断丰富的实践活动密不可分。随着人年龄的增加、知识的丰富、阅历的增长，人的思想政治素质也会有所发展。人能够自主自觉地选择信息，对自己的思想政治素质进行自我认识，将教育者传播的思想政治信息进行有选择的接受，结合自身的思想观点加以理解，并能够根据自己的需要和对外部世界的认识，在不同程度上自觉调整和完善自己的思想政治素质。

三、思想政治素质的重要性

“没有正确的政治观点，就等于没有灵魂”[③]。事实上，自阶级产生之始，思想政治素质都是不同社会形态中不同阶级所关注的重点。思想政治素质作为人最重要的素质，其重要性主要体现在两个方面：一是思想政治素质在人的素质系统中居于首要位置，影响和制约着其他素质；二是思想政治素质对人的全面发展具有决定性作用。

（一）思想政治素质在人的素质系统中居于首要位置

在人的素质系统中，思想政治素质是最重要、居于主导地位的素质。正所谓“才者，德之资也；德者，才之帅也”。坚持“以德为先”“将德放在首位”等所强调之“德”，在根本上指的就是思想政治素质。思想政治素质是提升人的整体素质的关键内容。第一，思想政治素质决定着人的素质发展方向。在人的素质系统中，

① 马克思，恩格斯．马克思恩格斯选集：第1卷．3版．北京：人民出版社，2012：669.

② 马克思，恩格斯．马克思恩格斯文集：第2卷．北京：人民出版社，2009：592.

③ 毛泽东．毛泽东文集：第7卷．北京：人民出版社，1999：226.

不同的素质处于不同的地位，并发挥着各自的功能，起着不同的作用。思想政治素质的导向性与规范性，决定了其在人的素质系统中起着根本的导向作用，统率和决定着人的素质系统的状态、性质与方向。第二，思想政治素质是衡量人的综合素质的首要指标。一个人如果思想态度不端正、不过硬，不具备较强的政治素质、道德素质，则无法承担相应的社会责任，更无法为国家发展和民族复兴做出贡献。在考察一个人的综合素质时，科学文化知识、身体素质、能力素质固然重要，但思想政治素质始终是首要的、第一位的，必须摆在重中之重的位置。我国的人才评价体系强调德才兼备、以德为先，教育的根本任务是立德树人，这正是基于对思想政治素质在人的素质系统中所处的首要位置的深刻把握。第三，思想政治素质引领人的素质水平不断提升。思想政治素质既纵向地贯穿渗透于各个要素之中，又横向地制约、辐射其他要素。思想政治素质如果发展得不好，人的整体素质发展水平就会受到限制，正所谓“人无德不立”；思想政治素质如果得到良好发展，就会引领和带动人的整体素质提升到更高水平。

（二）思想政治素质对人的全面发展具有决定性作用

思想政治素质直接决定和影响人当前乃至一生的发展轨迹，决定其为谁服务，发展方向是正确还是偏向，以及发展动力是强大还是弱小。思想政治素质对人的全面发展具有决定性作用，能够为人的全面发展提供正确的政治方向、价值导向以及精神动力。第一，思想政治素质决定了人的社会活动的政治方向。良好的政治素质为人的全面发展奠定了政治方向基础。一个人政治方向正确与否是衡量其成长成才的重要标准，正确的政治方向能够保证个体自觉遵守和维护社会政治规范，将社会政治要求内化为自身政治方向，进而在社会历史发展进程中更好运用自身的知识和能力为国家社会发展做出贡献。第二，思想政治素质为人的全面发展提供正确价值导向。思想政治素质能够引导人们树立正确的价值目标，帮助人们协调处理社会价值与个人价值的关系、理想与现实的关系、社会发展与个人需要的关系等，引导人们对自我人生价值的设定与理解，更好地实现人生价值。如果没有正确的思想政治素质来指导，人们就会失去正确的人生价值取向。第三，思想政治素质为人的全面发展提供精神动力。思想政治素质能够内化为一种持久永恒的精神追求。坚定的政治信仰、崇高的理想信念能够产生强大的动力，给人以无私无畏的力量，推动人义无反顾地投身伟大事业，能够最大限度发挥人的聪明才智，为人的全面发展提供动力支撑。

链接

“才者，德之资也；德者，才之帅也。”人才培养一定是育人和育才相统一的过程，而育人是本。人无德不立，育人的根本在于立德。这是人才培养的辩证法。办学就要尊重这个规律，否则就办不好学。要把立德树人的成效作为检验学校一切工作的根本标准，真正做到以文化人、以德育人，不断提高学生思想水平、政治觉悟、道德品质、文化素养，做到明大德、守公德、严私德。要把立德树人内化到大学建设和管理各领域、各方面、各环节，做到以树人为核心，以立德为根本。

——习近平．在北京大学师生座谈会上的讲话．北京：人民出版社，2018：7.

第二节　思想政治素质的结构

思想政治素质的结构是指思想政治素质的各构成要素及其相互联系、相互作用的方式。思想政治素质作为一种立体性、多维性的综合素质结构，主要由思想素质、政治素质、道德素质与法治素质构成，四种要素相互影响、相互作用，构成一个有机统一的整体。

一、思想素质

思想素质，主要是指人的思想、理想、信念等，集中体现为世界观、人生观、价值观，在人的思想政治素质结构中处于基础地位。作为人的意识的一部分，思想素质有其自身的规定性。思想素质在一定程度上是对社会物质生活条件的反映，是个体在长期的社会实践中形成的对人、社会、客观事物的基本看法与观念。不同的时代和不同的社会性质对思想素质的内容要求不甚相同，但共同之处在于，都要求社会成员具备与占社会统治地位的意识形态相一致的思想素质。思想素质作为人的思想政治素质构成中的核心要素，是自觉的思想信念和意志的集中体现，对人的成长成才起着重要的引导作用。人的思想素质，总是要通过言行和态度表现出来，并支配着人的言行和态度。

随着社会的发展、时代的进步、环境的改变，人的思想素质也在随之不断变化，从而适应新情况、解决新问题。特别是处于当代这样一个急剧变革的新时代，新问题、新情况、新举措层出不穷，各种矛盾交叉复杂。这就更需要把握时代脉搏，不断提高人们的思想素质。要引导人们更加自觉地坚持和运用辩证唯物主义的世界观和方法论，增强辩证思维、战略思维能力，运用唯物史观正确地观察与审视我国社会发展及世界历史发展；引导人们确立科学高尚的人生追求，保持积极进取的人生态度，在奋斗奉献中实现人生价值；以社会主义核心价值观为引领，凝结全体人民的共同价值追求，并将其转化为人们的情感认同和行为习惯。

二、政治素质

政治素质，是指人们在政治社会化的过程中形成的比较稳定的政治立场、观点和政治行为，是人们从事社会政治活动所必需的基本素质和内在条件，综合体现着个人的政治方向、政治立场、政治观念、政治态度、政治修养等。政治素质主要包括政治认知、政治情感、政治意志、政治信仰、政治行为等。其中，政治认知是人们对政治事件、政治目标、政治制度、政治活动及其规律等的认识、判断和评价，即政治主体对于政治生活中的各种政治现象的认识和理解；政治情感是人们在完成政治认知的过程中，对认知对象自然而然产生的一种心理体验和感受，即对政治现象的爱憎、好恶、亲疏等情感；政治意志是指人们根据一定的立场、观点、信念，自觉地确定并为达到某种政治目的而形成的心理状态或过程，通常表现为完成某种政治任务的信心和决心大小、实践中的努力程度、克服困难的能动作用等，体现人们的政治品质；政治信仰是指人们对某种政治主张和政治理论体系的信赖和由此产生的强烈政治责任感，具体体现为对这种政治理论观点和主张的高度认同和坚定信念；政治行为是指人们运用政治知识和政治经验进行政治参与，围绕政治权力的获得和运用、政治权利的获得和实现而展开的活动，主要包括政治行为主体、政治行为方向、政治行为性质和政治行为方式等要素，是人们与政治环境相互作用的结果。

人的政治素质是一个社会政治文明发展水平的重要标志。在我国，人的政治素质集中表现为对中国特色社会主义制度以及对中国共产党领导的政治态度及其实际行为，社会成员政治素质的高低决定着其能否肩负起中国特色社会主义现代化建设和中华民族伟大复兴的重任。中国特色社会主义进入新时代，世界正处于百年未有之大变局，处在这一历史发展节点的社会成员，应当坚持党的领导，在社会实践中彰显出高度的政治敏锐性、维护大局意识以及有序政治参与意识，能够依法管理国家事务和社会事务、管理经济与文化事业，有序参加政治活动，通过合法途径表达政治意愿、行使政治权利并履行相应义务，自觉为维护社会的安定团结、促进民主法治进步做出应有贡献。对于广大共产党员而言，则应该形成坚定的共产主义理想信念，坚决做共产主义远大理想的坚定信仰者，深刻领悟“两个确立”的决定性意义，增强“四个意识”、坚定“四个自信”、做到“两个维护”，自觉把习近平新时代中国特色社会主义思想以及蕴含其中的世界观和方法论作为改造主观世界和客观世界的强大思想武器，不断增强政治判断力、政治领悟力、政治执行力。

三、道德素质

道德是社会意识形态的一部分，由一定的社会经济关系决定并为一定的经济关系服务。正如恩格斯所说：“人们自觉地或不自觉地，归根到底总是从他们阶级地位所依据的实际关系中——从他们进行生产和交换的经济关系中，获得自己的伦理观念。”[①] 道德素质包括道德认知、道德情感、道德意志、道德行为等，是一个人道德品质、道德形象和道德影响力等的综合体现。道德认知是指人们对于现实道德关系的理论、原则和规范的认识，包括道德印象的获得、道德概念的形成、道德规范的认知、道德思维能力的发展等；道德情感是指人们依据一定的道德标准，对现实道德关系和道德行为所产生的爱憎好恶等心理和情绪体验；道德意志是指人们在履行道德义务过程中所表现出来的品质，如自觉克服困难障碍、坚持道德行为的毅力和精神；道德行为是人们道德素质的外部表现，是指在一定道德观念的指导下，人们自觉选择的具有道德价值的行为。道德行为受道德观念的支配，同时又是检验道德观念的试金石。

“改革开放以来，我国经济发展很快，人民生活水平提高也很快。同时，我国社会正处在思想大活跃、观念大碰撞、文化大交融的时代，出现了不少问题。”[②] 多样化的利益诉求、社会思潮与价值观念，使广大人民迫切需要精神旗帜、价值引领和道德规范。新时代社会成员的道德素质整体表现为明大德、守公德、严私德。具体而言，一方面，吸收借鉴优秀道德成果，传承中华传统美德，发扬中国革命道德，吸收借鉴人类文明优秀道德成果；另一方面，自觉遵守公民道德准则，遵守社

---

① 马克思，恩格斯．马克思恩格斯选集：第3卷．3版．北京：人民出版社，2012：470.

② 习近平．在文艺工作座谈会上的讲话．人民日报，2015-10-15.

会公德、职业道德、家庭美德与个人品德，自觉将社会主义核心价值观作为日用而不觉的道德规范与行为准则，明德惟馨、崇德修身。

四、法治素质

法治素质是人认识、掌握和运用法律的能力和品质，体现在尊法、学法、守法、用法等多个方面，是社会主体对于法律及其相关制度体系的主观心理感受、认知把握和实际运用情况，主要包括人们的法治认知、法治意识、法治思维、法治能力和法治行为等。其中，法治认知是指人们对法律理论知识的学习掌握和理解，是法治素质的重要基础；法治意识是指人们对法律现象的内在领悟及领悟到的感觉、知觉、观念、态度和情感等心理因素；法治思维是指人们在分析、判断和处理问题时运用法治的理念、原则和标准的思维方式；法治能力是指运用法治思维方式思考、分析和解决法律问题的综合素质和能力；法治行为是指人们的法治认知、法治意识、法治思维和法治能力在具体实践中的运用，直接体现着人的法治素质水平。法治素质与思想素质、政治素质、道德素质共同构成思想政治素质。值得注意的是，法治素质与道德素质之间也有十分密切的关系。法律是成文的道德，道德是内心的法律。法治素质是道德素质的体现，为道德素质的系统建构提供了支撑和引领作用。

中国特色社会主义进入新时代，中国特色社会主义法律体系与法治体系在完善中不断发展，对人们的法治素质提出了更高的要求。不仅要求人们基本普及法律常识和增强法律意识，还要具有较高的法治素质。正如习近平总书记所说："任何组织或者个人都必须在宪法和法律范围内活动，任何公民、社会组织和国家机关都要以宪法和法律为行为准则，依照宪法和法律行使权利或权力、履行义务或职责。要深入开展法制宣传教育，在全社会弘扬社会主义法治精神，引导全体人民遵守法律、有问题依靠法律来解决，形成守法光荣的良好氛围。要坚持法制教育与法治实践相结合，广泛开展依法治理活动，提高社会管理法治化水平。"① 新时代社会成员的法治素质提升主要通过理论学习与实际运用两个方面展开。具体而言，一方面通过学习法律知识、掌握法律方法，深刻理解社会主义法律的本质特征和运行机制，整体把握中国特色社会主义法律体系与法治体系的精髓；另一方面通过参与法律实践、养成法律习惯、守住法律底线，尊重和维护法律权威，依法行使权利与履行义

① 习近平．习近平谈治国理政：第1卷．2版．北京：外文出版社，2018：145.

务，不断提升法治素质，用实际行动带动社会崇德向善，为推进社会主义法治国家建设贡献力量。

思想素质、政治素质、道德素质、法治素质紧密联系、相互促进。其中，思想素质是基础，决定和影响着其他思想政治素质；政治素质引领方向，在人的成长成才过程中发挥着重要作用；道德和法治素质具有较强的规范性与调节性，是协调人际关系、维护社会秩序的重要保障。总的来说，思想政治素质是一个主要由思想素质、政治素质、道德素质、法治素质相互作用、共同构成的综合素质系统。

链接

法律要发挥作用，需要全社会信仰法律。卢梭说，一切法律中最重要的法律，既不是刻在大理石上，也不是刻在铜表上，而是铭刻在公民的内心里。我国是个人情社会，人们的社会联系广泛，上下级、亲戚朋友、老战友、老同事、老同学关系比较融洽，逢事喜欢讲个熟门熟道，但如果人情介入了法律和权力领域，就会带来问题，甚至带来严重问题。

——中共中央文献研究室．习近平关于全面依法治国论述摘编．北京：中央文献出版社，2015：88-89.

第三节　思想政治素质的生成与发展

人的思想政治素质如何生成与发展的问题，是不同时代、不同社会在人类学和教育学意义上所关注的重要命题。关于这一问题，古今中外有不同的理论流派与研究范式。总的来说，加强关于人的思想政治素质生成与发展的规律性认识，把握人的思想政治素质与思想政治教育的内在关联，是思想政治教育研究与实践开展的重要前提。

一、思想政治素质生成与发展的理论概述

在人类发展的历史长河中，人的思想政治素质的生成与发展问题是人们广为关

注的问题。总的来看，马克思主义关于人的思想意识产生、发展、变化规律的相关理论，为我们认识思想政治素质生成与发展提供了理论指导，中华传统智慧与西方学术中的相关理论为我们提供了丰富的理论借鉴。

（一）马克思主义关于思想政治素质生成与发展的相关理论

马克思主义经典作家关于人的思想政治素质生成与发展的理论观点与相关论述，主要体现在社会存在与社会意识关系理论、以实践为基础的能动反映论和灌输理论等方面。

社会存在与社会意识关系理论，是马克思主义社会历史观的基本理论，揭示了包括思想政治素质在内的一般意识、一般思想形成发展的规律。马克思说："意识在任何时候都只能是被意识到了的存在，而人们的存在就是他们的现实生活过程。"① "物质生活的生产方式制约着整个社会生活、政治生活和精神生活的过程。不是人们的意识决定人们的存在，相反，是人们的社会存在决定人们的意识。"② 社会存在，即人们的实际生活过程，包括人们的一切活动，特别是社会实践活动。社会意识，是社会生活的精神方面、精神过程，包括政治、法律、道德、哲学、宗教以及风俗习惯、社会心理等。社会存在决定社会意识，社会意识对社会存在具有能动的反作用。不论是什么思想，都是由社会存在决定的，即使是荒唐的观念、虚幻的想法，以及"功名心、'对真理和正义的热忱'、个人的憎恶，或者甚至是各种纯粹个人的怪想"③，背后都隐藏着其产生的客观根源。正如恩格斯所说的："探讨那些作为自觉的动机明显地或不明显地，直接地或以意识形态的形式，甚至以被神圣化的形式反映在行动着的群众及其领袖即所谓伟大人物的头脑中的动因——这是能够引导我们去探索那些在整个历史中以及个别时期和个别国家的历史中起支配作用的规律的唯一途径。"④ 这一动因，"归根到底，是由生产力和交换关系的发展决定的"。"人们头脑中发生的这一思想过程，归根到底是由人们的物质生活条件决定的"⑤。社会存在与社会意识关系理论，为思想政治素质的生成与发展指出了一种必然性根据，即思想政治素质的生成与发展根植于社会实践活动，分析、研究各种思想意识、思想过程的产生、发展、变化，只能在社会存在中去寻找根源；提高思想

---

① 马克思，恩格斯．马克思恩格斯选集：第 1 卷．3 版．北京：人民出版社，2012：152.

② 马克思，恩格斯．马克思恩格斯选集：第 2 卷．3 版．北京：人民出版社，2012：2.

③ 马克思，恩格斯．马克思恩格斯选集：第 4 卷．3 版．北京：人民出版社，2012：254.

④ 同③256.

⑤ 同③258，261.

认识，推进思维活动也必须以“人们的存在”，即人们的实际生活过程为基础。

以实践为基础的能动反映论，是辩证唯物主义的认识论，揭示了正确的思想政治素质生成与发展的规律。能动反映论认为实践是客观的、能动的、社会的历史活动，是人们能动地认识、改造现实世界的客观物质活动。实践，并且只有实践，才能产生认识的需要，提供思想的来源；也只有实践，才能使人们接触和反映客观世界，推动人们由认识事物的现象深入认识事物的本质，由感性认识上升到理性认识；只有实践，才是检验认识正确与否的唯一标准。马克思说：“人的思维是否具有客观的真理性，这不是一个理论的问题，而是一个**实践的**问题。”① 毛泽东也说人的正确思想“只能从实践中来”，“一个正确的认识，往往需要经过由物质到精神，由精神到物质，即由实践到认识，由认识到实践这样多次的反复，才能够完成”②。依据这一理论所揭示的规律，思想政治教育必须从实际出发，坚持理论联系实际的原则；思想政治教育必须随社会实践的发展而发展，不能搞唯书唯上的教条主义；思想政治教育必须坚持知行统一、坚持改造主观世界与改造客观世界相结合的原则。

灌输理论揭示了思想政治素质生成与发展的教育引导规律。列宁在《怎么办?》中系统阐述了灌输理论。列宁根据人的能动特性与社会意识相对独立性原理，提出了“人的意识不仅反映客观世界，并且创造客观世界”③ 的命题。他认为科学社会主义思想就是指导人们反映、改造和创造客观社会的理论。但科学社会主义的思想体系，工人既需要，又不可能在工人头脑中自发产生。列宁指出，“工人本来**也不可能有**社会民主主义的意识。这种意识只能从外面灌输进去”④。所谓从外面灌输，是指“从经济斗争外面”，向工人灌输原来不了解的先进政治思想和“从工人同厂主的关系范围外面灌输给工人”阶级意识，使工人明确自己的历史使命。列宁所说的“从……外面”灌输，强调了革命理论指导革命实践的重要性，强调必须通过自觉的学习、教育、实践来掌握、运用革命理论，反对革命自发倾向和否定能动性的机械唯物主义倾向。尽管当今的社会历史条件同列宁所处的时代不同，但灌输理论并没有过时，把强制性、压服性的思想政治教育方式理解为灌输，是对列宁灌输理论的一种歪曲和误读。灌输理论启发我们，马克思主义的理论体系，即马克思主义的科学世界观和方法论，不可能自发产生，也不可能不学而知、不教而会，仍然需

① 马克思，恩格斯．马克思恩格斯选集：第1卷．3版．北京：人民出版社，2012：137-138.

② 毛泽东．毛泽东文集：第8卷．北京：人民出版社，1999：321.

③ 列宁．列宁全集：第55卷．2版增订版．北京：人民出版社，2017：182.

④ 列宁．列宁全集：第6卷．2版增订版．北京：人民出版社，2013：29.

要通过自觉学习、接受教育、应用于实践，才能在头脑中确立起来，形成思想政治素质。只有通过教育和自觉学习，才能逐步实现对个人、家庭等局部利益和眼前利益的超越，充分认识并重视国家利益和民族利益；充分认识并主动承担社会历史使命，自觉地向更高的思想境界和更高的实践阶段发展。因此，灌输理论不仅仅是一种教育方法，它实际上揭示了科学思想体系、正确世界观，只能通过学习、教育、实践而自觉形成，不可能自发产生，这是科学思想、正确世界观形成发展的规律，也是正确思想政治素质生成与发展的教育引导规律。

（二）中华传统智慧中蕴含的思想政治素质生成与发展的相关思想

早在春秋战国时期，我国古代的哲学家与教育家就曾对人的思想政治素质生成与发展进行过论述，孔子以“德政”“礼治”为核心内容，以“修己以安人”为基本目的，形成了以“仁”为最高范畴的德教体系；孟子劝导统治阶级“施仁政于民”，倡导“教以人伦”；与此同时，道家、墨家、法家等也提出了丰富的德教思想；汉代董仲舒提出“罢黜百家，独尊儒术”，强调通过教化的力量，使民众自觉养成良好品行。归根结底，中国古代的道德教化，就是要使社会成员形成与统治阶级要求相一致的思想政治素质。

中华传统智慧中关于思想政治素质生成与发展影响因素的思想。中国古代思想家和教育家主要意识到了思想政治素质的四个重要影响因素：一是社会经济状况。管仲曾提出，“仓廪实，则知礼节；衣食足，则知荣辱”（《管子·牧民》），强调粮仓充实、衣食饱暖，荣辱的观念才有条件深入人心。换言之，“仓廪实”“衣食足”是“知礼节”“知荣辱”的必要条件。孔子说：“不仁者不可以久处约，不可以长处乐。仁者安仁，知者利仁。”（《论语·里仁》）他认为没有仁德的人不能长久处于贫困中，因为会为非作歹，也不能长久处于安乐中，因为会骄奢淫逸。可以看出，中国古代的思想家和教育家已经意识到了人的社会经济状况对其思想政治素质产生的影响。二是后天学习与教化。孔子十分重视学习对人思想政治素质发展的重要作用。他说，“性相近也，习相远也”（《论语·阳货》），“我非生而知之者，好古，敏以求之者也”（《论语·述而》），强调学习能够提高人的道德水平。孟子提出“无教”则“近于禽兽”，认为人不教则不成人，强调教育的重要作用。荀子的“性恶论”更是强调后天教育的重要性，认为人的本性需要改造，也是可以改造的，社会环境和教育对陶冶人、改造人性具有非常重要的作用。如果“从人之性，顺人之情”，人就会放纵任性，任意胡为，违背礼义，成为“小人”。而如果“化师法，积文学，道礼义”（《荀子·性恶》），就会成为“君子”。三是遗传与智力。虽然孔子十分强调学习对素质发展的决定性作用，但他也意识到智力对人的素质发展的重要影响，认为“唯上知与下愚不移”（《论语·阳货》）。四是人的主观能动作用。中国古代的教化思想还强调人的主观努力的重要作用，曾子提出“吾日三省吾身”，继承了孔子的自省思想。孟子说，“爱人不亲反其仁，治人不治反其智，礼人不答反其敬。行有不得者，皆反求诸己”。他认为一个人行为达不到预期的效果，做出不道德的事，要从行为主体自身找原因，要反省自己，这样才能保证行为的正确性。

中华传统智慧中关于思想政治素质生成与发展过程的思想。中国深厚的历史渊源和文化传统中蕴含的思想政治素质生成与发展过程的相关理论，主要强调“由性及品”的内化思想，注重个体内在品德修养，尤其是儒家的“自我克制”“慎独”思想，明确要求思想政治素质规范内化于人，从而给人的行为提供内在的驱动力，强调了在社会化过程中，思想政治素质内化过程的重要性。古代学者对于思想政治素质生成与发展过程的研究，主要体现在关于道德发展阶段的研究上。孔子有言：“吾十有五而志于学，三十而立，四十而不惑，五十而知天命，六十而耳顺，七十而从心所欲，不逾矩。”（《论语·为政》）这既是他对自身思想与人生发展的高度总结概括，也蕴含着孔子对人在不同人生阶段立德修身的规律性认识：先立志，再明礼，然后辨是非，直至内外合一、自由无束的最高境界。在人的道德发展阶段中，我国古代教育家均十分重视幼年时期的发展。例如，古代著名教育家颜之推强调“当及婴稚，识人颜色，知人喜怒，便加教诲，使为则为，使止则止”（《颜氏家训·教子》）。他认为幼年是最佳的教育阶段，因为“人生小幼，精神专利，长成已后，思虑散逸，固须早教”（《颜氏家训·勉学》）。同时颜之推也强调其他发展阶段的重要性，他说：“幼而学者，如日出之光，老而学者，如秉烛夜行，犹贤乎瞑目而无见者也。”（《颜氏家训·勉学》）他认为尽管年长之后再进行学习，效果会不如年幼时期，但也会有一定效果。可以说，我国古代的一些思想家、教育家已经深刻地认识到，人在不同年龄阶段的学习能力有很大差异，特别是人在幼年时期的身心发展非常迅速，具有极强的可塑性。尽管我国古代思想家、教育家没能像西方现代心理学家那样，以科学实证的方法对人的素质发展阶段予以相对清晰的划分，但总体上已经相对科学地揭示出一定的思想政治素质生成与发展的规律，其中对幼年时期的素质养成的高度重视是古人留给我们的宝贵经验。

（三）西方关于思想政治素质生成与发展的主要理论流派

西方学界关于人的思想政治素质生成与发展的研究形成了比较丰富的研究成果，如政治社会化理论、道德认知发展理论与价值澄清理论等。这些理论均关涉思想政治素质生成与发展的重要问题，为进一步深化对人的思想政治素质生成与发展的规律性认识提供了参考。

政治社会化理论。西方政治社会化理论是产生于20世纪50年代末60年代初，着重研究人们怎样获取以社会政治文化为基本特征的政治信念、政治准则和政治价值，以及社会怎样实现其特有政治文化的继承和发展的理论。主要理论流派及观点有以下几种：

一是儿童政治社会化理论。戴维·伊斯顿（David Easton）和杰克·丹尼斯（Jack Dennis）较早关注到这一研究领域，他们认为政治社会化是人们接受其政治取向及行为模式的发展过程[①]，并通过合作调查进一步提出，儿童政治社会化的过程可分为政治化、人格化、理想化、制度化四个阶段。在政治化阶段，儿童开始对政治领域感兴趣；在人格化阶段，儿童通过几种权力形式接触政治制度；在理想化阶段，儿童用理想化的眼光看待人格化的权力形式，并决定对它的爱憎；在制度化阶段，儿童不再是单纯地看待几种孤立的政治权力形式，而是观察已经形成制度的权力整体。

二是政治社会化方式理论。代表人物有理查德·道森（Richard Dawson）和肯尼思·普鲁伊特（Kenneth Prewitt），他们认为："政治社会化是公民学习获得的，是一个对政治世界形成一定认识的过程，是将其政治标准和信仰从一代传给下一代的方式。"[②] 他们较早系统地研究了间接政治社会化，提出在家庭、学校、俱乐部等场合产生的与他人相处的信念是可以传递给政治系统的，这种类型的学习就是间接的政治社会化。同时，他们还提出政治人对政治环境直接学习的几种途径，包括预先社会化、直接政治教育、实际政治经历。

三是政治社会化理论的文化转向。加布里埃尔·A. 阿尔蒙德（Gabriel A. Almond）较早使用了政治文化的概念。阿尔蒙德认为，政治社会化是政治文化得以维持和变迁的过程。经过这个过程，个人纳入政治文化，形成特有的政治目标取向[③]。因此，政治社会化就是把个人引入政治文化的过程。它的最终结果是个人对政治系统、系统内的各种参与角色、角色扮演者有较系统的认识。

四是个体政治社会化理论。威廉·F. 斯通（William F. Stone）从人的个性角

---

① DAVID EASTION，JACK DENNIS. Children in the political system：origins of political legitimacy. New York：McGraw Hill，1969：7.

② R DAWSON，K PREWITT. Political socialization. Boston：Little，Brown and Company，1969：6.

③ G A ALMOND，G B POWELL. Comparative politics：a developmental approach. Boston：Little，Brown and Company，1996：64.

度来研究政治社会化理论，认为政治社会化是对人的个性塑造。他把人个性中的性格结构划分为三个要素——认同因素、认知因素和情感因素。自我认同的高低能够影响政治社会化，决定着一个人对现有政治制度的肯定、赞同或否定、反对的态度。认知的差异会影响政治社会化，这些差异既有智力方面的、遗传方面的，也有生活中个体经验方面的。情感的内倾和外倾也会影响政治社会化，在人的一生中，“在各个不同时期建立起来的情绪定向会影响个体整个一生对情景和问题的互动和反应”[①]。因此，他认为提高人的自我认同、优化人的认知结构、使人的情感外倾是政治社会化的有效方法。

五是群体社会化理论。朱迪斯·R. 哈里斯（Judith R. Harris）通过对行为遗传学的分析，意识到影响儿童个性发展的因素不在家庭内部，而是家庭外部的群体影响到了儿童个性的发展，由此提出了群体社会化理论。他认为随着儿童的成长，他们逐渐将自己归属于某一群体，也渐渐接受这个群体的文化、规则和准则，从而使得群体间的儿童产生同化现象。同时，哈里斯认为文化的传递不是个体对个体的传递，而是通过群体之间来相互传递的。

道德认知发展理论。西方现代心理学对道德认知的发展问题做了大量深入的研究，形成了几个影响较大的理论流派。一是涂尔干（Émile Durkheim）最早提出的道德内化理论。他认为内化就是通过个体的道德社会化，将社会集体意识转化为个体意识，即把社会意识形态的组成要素转化为个体的精神结构。涂尔干在其著作《道德教育》中揭示了道德内化的内在过程规律，认为由他律转化为自律的过程在本质上是道德行为规范逐渐转化为行为习惯的过程，当个体持续以道德准则来规范自己的行为直到形成固定的习惯时，就实现了道德内化的过程。二是皮亚杰（Jean Piaget）的儿童道德发展阶段理论。皮亚杰将儿童道德发展经历归纳为四个阶段：首先是前道德阶段（0～2 岁），这一阶段的孩子在亲子关系、同伴关系、价值判断等方面常以自我为中心；其次是他律道德阶段（3～7 岁），这一阶段的孩子仍表现出以自我为中心的倾向，在评价自己和他人的行为时完全以权威的态度为依据；再次是自律道德阶段（8～11 岁），这一阶段的孩子开始以更合乎逻辑的方式解决问题，以自我为中心的倾向开始消退，已经不把规则看成一成不变的东西，逐渐从他律转入自律；最后是公正阶段（11 岁以后），这一阶段的孩子开始发展抽象思维，并且善于运用逻辑推理，解决问题的技能增多，尤其是开始从利他主义的角度思考问题，因而公正观念或正义感得到发展，道德观念倾向于主持公正、平等。三是科

① 斯通．政治心理学．哈尔滨：黑龙江人民出版社，1987：69.

尔伯格（Lawrence Kohlberg）的道德认知发展模式。科尔伯格通过多年实验研究发现，个体的道德发展可分成六个阶段，又可归纳为三个水平。前习俗水平包括两个阶段，第一阶段是顺从和惩罚取向，属于受外界支配的道德，第二阶段是盲目的利己取向，是个人主义和工具主义的目的和交换。习俗水平包括两个阶段，第三阶段是好孩子取向，主要是做一个大家都认同的好人，第四阶段是维护权威和社会秩序的取向，主要是社会体系和良心对个人道德思维模式的影响。后习俗水平包括两个阶段，第五阶段是尊重契约法律取向，主要是社会契约以及个人的权利，第六阶段是良心或原则取向，这一阶段有普遍的道德原则，作为理性的个人相信普遍道德原则的正确性，以及个人对普遍道德原则的责任。科尔伯格提出了道德认知发展"三水平六阶段模式"以及一系列的道德教育策略，并开启了美国 20 世纪 60 年代以来的"认知发展教育运动"。

价值澄清理论。20 世纪五六十年代，美国社会发生巨变，社会的剧烈动荡使人们的思想意识、价值观念产生混乱，尤其是对青少年产生了极大的影响。为解决和应对人们价值观的多元化和社会出现的问题，价值澄清理论应运而生。路易斯·E. 拉斯（Louis E. Raths）是这一理论的公认创建人。价值澄清理论强调道德观或价值观不是靠灌输获得的，而是经过自由选择、反省和行动澄清逐渐形成的。价值澄清的核心内容集中在"三阶段七步骤"的个人价值观形成过程中。第一阶段是选择（choosing）阶段，包含三个步骤，分别为自由选择、从各种选择可能的途径中选择、考虑各种选择可能途径的后果后再做选择。第二阶段是珍视（prizing）阶段，包含两个步骤，重视与珍惜自己所做的选择，愿意公开并肯定自己的选择。第三阶段是行动（acting）阶段，包含两个步骤，根据自己的选择采取行动，重复施行。个人价值观念必须通过这三个阶段的七个步骤，才能建立起真正的价值体系。

西方关于人的思想政治素质生成与发展的理论研究成果进一步拓宽了人们认识思想政治素质生成与发展的理论视野，一定程度上为我国思想政治教育的研究与实践提供了参考借鉴。与此同时，我们也应看到西方相关理论在其自身发展与实践应用中也面临种种问题。一是理论体系自身存在的问题。西方的这些相关理论，常常是把事物某一方面的特征加以片面夸大，走向绝对化，以致陷入唯心主义和形而上学范畴之中①。例如，科尔伯格的实证化特征、价值澄清理论的相对主义倾向等等。有的片面强调能力发展而忽视了必要的道德知识传授；有的过于强调个人的自我选择，忽视了教育者的价值引导。这些理论缺乏真正科学的指导思想，不能全面整体

---

① 黄济．教育哲学通论．太原：山西教育出版社，1998：283－284.

地认知和宏观地把握客观世界，因而不能揭示思想政治素质问题产生的内在的、本质的矛盾。二是实证研究样本存在的局限。例如，科尔伯格等通过对不同阶段儿童的道德认知进行实验分析，得出实验结果，是道德认知发展实证研究的典范。但是，以科尔伯格为代表的研究小组，其研究样本主要是美国芝加哥地区、以色列集体农庄、英国、加拿大、墨西哥等国家和地区，不具有全面性和代表性，这也导致了其理论的局限性。三是在实践应用中存在的问题。例如，价值澄清理论片面强调"价值中立"、强调个人在道德上的理性、自主，以培养学生道德认知能力为根本目标，忽视了对道德原则本身的关注、对道德情操等其他方面的培养，因而造成了该理论在实际应用中缺乏实践力量和疏离美好生活等问题。四是阶级立场的局限。西方关于人的思想政治素质生成与发展的理论研究往往具有一定的阶级局限性，多是服务于巩固和强化资产阶级意识形态这一需要的，难以彻底揭示思想政治素质的本质规律，也无法真正服务于人的自由全面发展。这就要求我们在了解西方学界相关研究成果时，要始终坚持以马克思主义立场、观点与方法为根本指导，立足当代中国现实，客观认识把握其局限性，对其进行批判性、超越性的反思与扬弃。

二、思想政治素质生成与发展的一般过程

人的思想政治素质生成与发展，是指个体的思想政治素质在演化过程中不断获得新的品质的过程。[①]"一般认为这个过程包括两个转化：一是社会所要求的价值观念、政治观点、道德规范内化为受教育者的思想政治意识；二是受教育者的思想政治意识外化为相应的行为和行为习惯。"[②] 具体地说，人的思想政治素质从社会实践活动中来，并在内在矛盾转化与外部影响作用的辩证统一过程中不断生成与发展，具有实践性、渐进性与反复性的过程特点。

（一）社会实践是人的思想政治素质生成与发展的基础

人的思想政治素质来源于社会实践，其生成与发展是以社会实践为基础的。教育对象思想政治素质的生成与发展，以及教育者对教育对象的引导，都离不开社会实践。

---

① 《思想政治教育学原理》编写组．思想政治教育学原理．2版．北京：人民出版社，2018：142.

② 张耀灿，郑永廷，吴潜涛，等．现代思想政治教育学．2版．北京：人民出版社，2006：334.

人是社会的个体，人的本质就是在认识和改造客观世界的同时改造主观世界。正如马克思所说："全部社会生活在本质上是**实践的**。"① 人的思想、政治、道德、法治等素质的形成离不开社会实践。一方面，教育者是在社会实践中，通过一定的途径和方式，以一定的组织形式对教育对象进行一定内容的教育，引导教育对象在教育活动中获得社会要求的思想、价值观念，进一步形成和完善正确的思想、政治、道德、法治等方面的思想政治素质。另一方面，教育对象通过参与日常政治、经济和各种社会实践活动，对社会规则和要求有了一定的认知和理解，形成一定的思想政治认知、情感、意志和信念，并在社会实践中展现自己的思想政治行为。思想政治行为是一种行为表现和外在活动，在人对各种社会关系的处理过程中体现出来，而人对社会关系的处理过程离不开社会实践。总的来说，人是在社会实践中形成一定的思想政治认知，并在此基础上形成思想政治情感、意志和信念，最终将已经内化的思想观念、政治观点、道德规范、法治要求等，转化为自己的思想政治行为，并表现为行为习惯。

（二）人的思想政治素质生成与发展的内在因素及其矛盾转化过程

人的思想政治素质如何转化为相应的行为，是思想政治素质生成与发展过程中的一个重要问题。辩证唯物主义认为，内因是事物发展变化的根据。从人的思想政治素质内在生成与发展的过程来看，一定的思想政治素质认知形成需要经过情感、信念、意志的催化作用，才能转化为相应的行为，因此思想政治素质的生成与发展过程实际上是人在一定外界环境因素影响下，其内在的知、情、意、信、行诸要素辩证运动、均衡发展的过程。可以说，任何一种思想政治素质的生成与发展，都需要这些内在要素积极参与，共同发挥作用。

第一，思想政治素质中的认知。认知是情感得以形成、意志信念得以坚定、行为得以落实的基础和前提。在思想政治素质生成与发展的过程中，思想政治素质认知是这一过程中的基础性因素。如果没有一定程度的认知和了解，就会缺乏辨别力、判断力，导致价值主体和价值客体之间难以建立稳定的价值联系，妨碍一定社会的思想观念、政治观点、道德规范、法治要求内化为个体的思想政治素质。

第二，思想政治素质中的情感。作为一种巨大的心理能量，情感始终伴随着人的思想政治素质认知而生成与发展，对人的思想政治素质发挥着重要的调节作用。人们一旦形成了比较稳定的情感，就会向内影响认知、向外影响行为。而知、情、

---

① 马克思，恩格斯．马克思恩格斯选集：第1卷．3版．北京：人民出版社，2012：135.

意、信、行这一心理活动过程的反复刺激、不断反馈，又牵引、强化着人们的情感。因此，情感对人的思想政治素质起着重要的调节作用。

第三，思想政治素质中的意志。在思想政治素质生成与发展的过程中，意志主要表现为人们在追求理想、实现目标过程中锲而不舍的信念、毅力。思想政治素质的形成、发展与巩固是一个长期的过程，始终需要坚强的意志作为支撑和保障。因此，意志是思想政治素质形成与发展的关键环节，也是思想政治素质的重要体现。

第四，思想政治素质中的信念。在个体思想政治素质生成与发展的过程中，信念居于主导地位，是驱动和指导个体行为的深层次心理因素。值得注意的是，思想政治素质的信念与知、情、意等因素相比，更具综合性、稳定性和持久性的特点。

第五，思想政治素质中的行为。在认知、情感、意志、信念等因素的持续推动下，人的心理活动和思想政治素质最终将体现为行为。行为是一个人思想政治素质的外在表现和综合反应，是衡量一个人思想政治素质水平的重要标志，思想政治素质的生成与发展需要通过行为来强化和彰显。良好行为的反复出现有利于深化认知、巩固情感、磨炼意志，也是衡量思想政治素质的重要尺度。长期一贯的行为习惯能够较为全面、客观地反映思想政治素质的水平。通常情况下，人的行为和认知、情感、意志是和谐一致的，但在个别情况下也有背离。在评判一个人的思想政治素质时，会着重强调言行一致、知行合一。

在思想政治素质生成与发展的过程中，知、情、意、信、行等内在因素相互依存、相互联系、相互促进、相互渗透、相互转化。人的思想政治素质生成与发展，在人们自身知、情、意、信、行诸内在因素辩证发展的过程中，不断循环往复，实现从简单到复杂、从低级到高级、从旧质到新质的矛盾运动过程。这个过程包括两个转化：一是社会所要求的思想观念、政治观点、道德规范、法治要求转化为人的思想政治意识。社会要求向个体思想政治素质转化，是指在社会实践活动中，人们将社会所要求的思想观念、政治观点、道德规范、法治要求转化为自己的感性认识、理性认识。这种转化是从实践活动到感性认识，再从感性认识到理性认识的过程。人们在社会实践的过程中接触到各方面的有关思想、政治、道德、法治等信息。这些信息经感觉器官的反映，在人的头脑中形成相应的感性认识，进而上升为理性认识。在此基础上，人们进一步理解这些反映到头脑中的思想观念、政治观点、道德规范、法治要求的内涵，形成自己的思想政治认识，并在已经形成的思想政治认识的基础上，将正确的思想观念、政治观点、道德规范、法治要求与自己原有的思想政治素质加以比较，进行充实、丰富、提高。总体来说，符合自己原有思想政治素质结构特性的内容会被同化、吸收，从而形成新的成分；不符合自己原有思想政治素质结构特性的内容，则会在矛盾运动后，或者被吸收，或者被排斥。此外，人对某一具体思想观念、政治观点、道德规范、法治要求的内部转化，并不是一次完成的，而是要经历多次从感性认识到理性认识的过程。二是人的思想政治意识转化为相应的行为和行为习惯。当人参与到具体的实践活动中，处于一种特定的情境时，会自主地运用已经形成的思想观念、政治观点、道德规范、法治要求，按其要求做出行为反映。

（三）人的思想政治素质生成与发展的外部因素及其影响制约过程

人的思想政治素质生成与发展过程，除了个体自身内在因素的影响和转化过程，还受到外部因素的影响和制约。正如马克思所说："观念的东西不外是移入人的头脑并在人的头脑中改造过的物质的东西而已。"① 人的思想政治素质的生成与发展离不开外部因素的作用，人们在一定时期内的思想行为、态度观点等内容，在一定程度上都受到人们所处的客观外界条件的制约。这里所指的外部因素包括学校、家庭、社会、环境，以及其所在的时代背景、社会经济条件等客观外界条件。这些外部因素都参与了思想政治素质生成与发展的过程，对人的思想政治素质生成与发展产生着不同的影响，是人们思想政治素质生成与发展的重要影响因素。一般来说，影响思想政治素质生成与发展的外部因素主要有：社会经济制度及其经济生活条件，政治制度及其社会政治状况，社会文化及其文化活动；社区环境；受教育者出生和成长的家庭；受教育者接受教育的学校；受教育者从事工作的社会组织；各种非正式的交往环境，包括邻居、朋友、熟人等各种各样的非正式群体；现代大众传播媒介，包括报纸、杂志、书籍、广播、电视、电影、录音录像制品、互联网等。

上述各种因素处于不同层次，但是都不是孤立存在的，而是相互联系、相互制约、相互作用的。不同因素之间也存在包含或交叉的现象。但总体而言，影响人的思想政治素质生成与发展的外部因素大体上可分成上述几方面。其中社会经济基础是决定性因素，政治制度制约着其他因素的性质，和社会文化一起渗透到其他因素中，并通过其他因素影响着受教育者。同时外部因素与内在因素之间，并不是孤立存在的，也是相互联系、相互制约的。人的思想政治素质不会仅仅在一个层次因素上、更不会在一个因素上被决定，在人的思想政治素质生成与发展的过程中，各种因素是联系在一起共同发挥作用的。

---

① 马克思，恩格斯．马克思恩格斯选集：第2卷．3版．北京：人民出版社，2012：93.

外部因素对人的思想政治素质生成与发展的影响和制约是通过社会实践活动这一中介实现的。思想观念、政治观点、道德规范、法治要求等，都是在人的主体活动和人际交往等实践形式中渗透到人的主观世界中的。同时，个体在社会实践活动中，对于外界的影响并非被动、消极地全盘吸收，而是有所选择，这体现了个体的主观能动性。因此，人的思想政治素质的生成与发展，是在社会实践活动的基础上，外部因素的影响制约和人的主观能动性交互作用的过程。

总而言之，人的思想政治素质生成与发展的过程，是人与外界相互作用及人的内在矛盾运动的有机统一。由于外部因素和人的主观能动性的交互作用，人的思想政治素质的生成与发展并非一次完成的，而是在内外因素的矛盾运动中，从量变到质变，再到新的量变、新的质变，不断循环往复。人的思想政治素质从而表现出由简单到复杂、由低级到高级、由不完善到逐步完善的螺旋式上升过程。

三、思想政治教育和思想政治素质的生成与发展

思想政治教育说到底是做人的工作，作为思想政治教育的出发点和落脚点，人的思想政治素质的生成与发展与思想政治教育关系最为紧密。因此，开展思想政治教育，必须深化对人的思想政治素质生成与发展的规律性认识，从而提升思想政治教育的科学性、针对性与有效性。

一方面，人的思想政治素质生成与发展是思想政治教育的出发点与落脚点。思想政治教育的主要矛盾，就是人的思想政治素质生成与发展的现实状况与社会对人的思想政治素质的要求存在着一定的差距，这一问题决定了人的思想政治素质的生成与发展既是思想政治教育的出发点，也是落脚点。首先，人的思想政治素质的现实状况是思想政治教育的前提。人在现实生活中所存在的思想认识问题以及对于现实问题的处理态度与处理方式，都是由人的思想政治素质影响甚至决定的。因此，人的思想政治素质的现实样态究竟为何、人的思想政治素质究竟发展到何种程度，关系到思想政治教育的最终效果。因此，思想政治教育工作者能否准确把握受教育者的思想政治素质现状和特征，从而发现和抓住思想政治教育的主要矛盾和关键问题，是提高思想政治教育实效性的基础和前提。其次，人的思想政治素质生成与发展的需要是确定思想政治教育目标的重要依据。思想政治教育是面向人的，必须为人的综合素质提高和全面发展服务，必须有利于促进人的全面自由发展。这就要求思想政治教育目标的确立，要充分考虑人的思想政治素质生成与发展的多层次多角度需求，以及人的思想政治素质的实际水平及可接受性。只有这样，才能确定科学

的思想政治教育目标，才能为受教育者真正接受，内化为其个人目标，从而为思想政治教育的实施创造一个良好前提。最后，人的思想政治素质生成与发展的教育引导效果是检验思想政治教育实效性的根本依据。思想政治教育本身并不是思想政治教育的目的，思想政治教育的目的是要提升受教育者的思想政治素质，教育引导受教育者形成良好的思想政治素质。教育者能否采取有效的方式，帮助受教育者接受思想政治教育的目标、内容，提高自身的思想政治素质，使自身思想政治素质达到社会发展的要求，这是检验思想政治教育实效性的根本依据。

另一方面，思想政治教育应遵循人的思想政治素质生成与发展的规律，并在此基础上进行教育引领。思想政治教育的重要意义就是要引导人的思想政治素质正确地生成与发展，因此必须遵循人的思想政治素质生成与发展的规律。第一，要深刻把握人的思想政治素质生成与发展的过程及其规律。人的思想政治素质由知到行的运动转化过程，是一个从实践活动到感性认识，再从感性认识到理性认识的内化，最后转化为行为的外化过程。思想政治教育必须准确把握思想政治素质生成与发展过程的每个环节及其相互关联，认真分析人的思想政治素质生成与发展的过程规律。探寻支配个人行动的思想动机，再从思想动机分析产生该思想的外部条件，然后根据思想政治教育的要求去创造和改变外界环境，使之具有产生好的思想动机的外界条件，改变人的思想动机，调节人的行为过程，引导人的思想政治素质生成与发展，从而科学把控思想政治教育过程，实现思想政治教育目标，提高思想政治教育实效性。第二，要积极发挥人的主观能动作用。一是发挥人对思想政治教育环境的能动改造作用。社会环境中的舆论、风尚等，虽以环境的方式存在，但它们都是人们内在思想政治素质外化的结果。人不会以环境为模板形成相对应的思想政治素质，而是会对不利于自身需要与发展的环境因素进行改造，为良好的思想政治素质的生成与发展提供有利条件。二是发挥人的内在思想政治素质矛盾转化作用。客观外部条件在影响主体时，能否产生效果，产生什么样的效果，关键不在客观因素本身，而是取决于接受者对客观因素的认识、选择与应用，在于主体因素与客体因素之间的结合与渗透。个体内在思想矛盾运动，是个体思想政治素质生成与发展的根据。第三，要从人的思想政治素质的实际水平出发进行教育引导。这是遵循人的思想政治素质生成与发展规律的前提。人的思想政治素质的实际水平，不仅体现在人的认识水平与能力上，而且表现在人的行为方式与实践能力上。人的思想政治素质的实际水平，是思想政治教育、社会实践活动与社会环境影响共同作用的结果，是思想政治教育的基础。教育者要以此为基础确立教育目标，选择教育内容与方法，结合社会实际、受教育者思想特点以及思想政治素质水平进行教育。如果教育目标低于受教育者思想政治素质的实际水平，教育没有作用与价值；如果教育目标过高，内容不切合受教育者思想政治素质的实际，教育则会“拔苗助长”、欲速则不达，失去其存在的意义与价值。总的来说，思想政治教育要不断增强科学性与实效性，深刻把握思想政治素质的内涵与特征，切实遵循思想政治素质生成与发展规律，引导人的思想政治素质健康发展。

思考题

1. 思想政治素质有哪些特征？
2. 思想政治素质的重要性体现在哪些方面？
3. 简述思想政治素质的主要构成及其相互关系。
4. 简述思想政治素质生成与发展的一般过程。
5. 如何理解思想政治教育和思想政治素质生成与发展的关系？

第五章

思想政治教育的形态

思想政治教育形态是感知、认识和把握思想政治教育的一个重要“窗口”。作为培养人们思想政治素质的实践活动，思想政治教育具有特殊的存在方式和表现样态。积极探索、充分关注思想政治教育形态，能够真切感受思想政治教育丰满的存在、多元的样态、历史的变迁，从而有助于我们更好地运用思想政治教育形态，以及推动思想政治教育形态创新发展。

第一节 思想政治教育形态的内涵与特点

形态是人们日常生活中常见的词汇，同时是多个学科理论研究的重要范畴。思想政治教育的形态，即思想政治教育的存在方式和表现样态，它与思想政治教育活动相伴而生。思想政治教育形态具有承载性、可感性、多样性的特点。

一、形态与思想政治教育形态

人类社会的一切事物都有着各自的形态。山河湖海、花草树木、鸟兽虫鱼、日月星辰……大到宇宙小到粒子，都以各自独特的形态存在着。并且，人们常常通过事物的形态去感知、认识和把握事物本身。作为人类社会特殊的实践活动，思想政治教育同样以其独特的形态存在于人类社会当中，人们同样可以通过思想政治教育的形态来更加深刻地感知、认识和把握思想政治教育。

（一）形态与形态学

在日常生活中，“形态”通常用来描述事物的存在、发展所呈现出的状态或形式。“在汉语中，‘形’就是形状之意，其实，‘态’的意思也是‘形状’，由此不难看出，汉语‘形态’一词是一个并列式合成词，‘形’就是‘态’，‘态’就是‘形’。”[①]《现代汉语词典（第7版）》关于“形”的解释主要有四个：一是指形状，如圆形、方形；二是指形体、实体，如有形、无形；三是指显露、表现，如喜形于色；四是指对照，如相形见绌。关于“态”的解释主要有三个：一是形状、状态，如形态、固态；二是神情、态度，如神态、失态；三是表示一种语法范畴，多表明句子中动词所表示的动作与主语所表示的事物之间的关系，如主动、被动关系。对“形态”的解释主要是：（1）事物的形状或表现；（2）生物体外部的形状；（3）词的内部变化形式，包括构词形式和词形变化的形式[②]。《辞海》中关于“形态”的解

① 王文斌．什么是形态学．上海：上海外语教育出版社，2014：1.

② 现代汉语词典．7版．北京：商务印书馆，2016：1467.

释主要是：(1) 形状姿态；(2) 事物在某一条件范围下所呈现的模式，如思想形态、意识形态；(3) 语词的语法形式。可以说，静动统一是理解"形态"这个范畴的关键点。"形"表明事物的形状，"态"则指事物的状态，"形"与"态"的结合则是显现的具象与变化的状态在特定时空的有机结合。总的来说，形态是关于事物外部面貌、呈现样态、发展动态的一种客观外显的现象。通过对特定事物形态的剖析探究，可以发现事物的丰富样态、变化演进、内在结构，进而更加全面、深入地感知事物真实的存在，认识事物发展的规律。

形态学，其英语术语是"morphology"，源自古希腊语，指"the scientific study of shapes or forms"，意即"对形状或形态进行科学研究"，也就是形态学①。对"形态"进行研究，也就是要将事物的存在面貌、发展状态、样式形状等清楚揭示出来。形态学"原本是作为生物学的一个分支出现的，它是探索生物体形态的生成、发展过程及其相关机理的学问，也是进行形态分析与分类的学问"②。不少学科领域都已有特定的形态学研究，例如研究人体形态、结构和胚胎发生发展规律的人体形态学，研究植物的发育、形态与结构的植物形态学，研究动物体的形态结构以及它们在个体发育和系统发展过程中的变化规律的动物形态学，等等。不止于此，形态学也逐渐被应用到人文社会科学的多个学科领域，例如研究政府及行政部门各自的系统，研究这些系统与它们适用的团体的外在形式之间关系的政治形态学③，研究词及其内在结构学问的语言形态学④，道德形态学，经济形态学，教育形态学，文艺形态学，等等。可见，作为研究事物形态的科学，形态学兴起以后，结合特定学科的形态问题研究已然成为包括自然科学和人文社会科学在内的多个学科的重要研究领域。

(二) 教育形态与思想政治教育形态

教育形态是指教育活动在特定时空中的存在方式和表现样态。自教育活动产生以后，它就逐渐发展出不同形态，共同支撑着人类教育事业，助推着人类文明的扩展与传承。根据教育活动实施主体的不同，人们常将教育形态分为社会教育、家庭教育和学校教育三种基本形态。在不同的社会历史阶段，教育往往呈现出不同的性质和特点，形成原始教育形态、古代教育形态和现代学校教育等多种历史形态。

---

① 王文斌．什么是形态学．上海：上海外语教育出版社，2014：1.

② 吴翔．设计形态学．重庆：重庆大学出版社，2008：2.

③ 哈布瓦赫．社会形态学．上海：上海人民出版社，2005：25.

④ 同①2.

思想政治教育形态则是思想政治教育的存在方式和表现样态。其一，思想政治教育形态依思想政治教育这种特殊政治实践活动的发生而显现。由于思想政治教育本质是“一个社会主流意识形态建构、维护与发展的特殊政治实践活动”[①]，没有这种特殊政治实践活动的展开，就不会有思想政治教育形态的显现；同样，没有这种特殊政治实践活动的多样图景，也难有思想政治教育形态的丰富多彩。其二，思想政治教育形态是认识思想政治教育的重要窗口。随着思想政治教育的要素逐渐明确、过程逐步展开、细节不断丰富，思想政治教育形态俨然是一幅幅“成型画作”，它可以将“无形”的精神领域的思想互动以“有形”的能被观察、感知乃至切身参与的实践过程展现出来。而这些不尽相同甚至“画风迥异”的作品，体现的就是思想政治教育的丰富形态。我们通过丰富的思想政治教育形态，可以从外在表现与具体样态感知、理解、把握思想政治教育的客观存在。

二、思想政治教育形态的特点

分析思想政治教育形态的特点，可以深化对思想政治教育形态的认识，进而更好地彰显思想政治教育形态的功用。一般而言，思想政治教育形态具有承载性、可感性、多样性等特点。

（一）承载性

思想政治教育形态的承载性是指其承载着思想政治教育的功能。多样的思想政治教育形态是思想政治教育的外在表现，教化旨向则是思想政治教育的内在灵魂。无论是资本主义国家开展的思想政治教育，还是社会主义国家开展的思想政治教育，无论是古代社会存在的思想政治教育，还是现代社会存在的思想政治教育，无不力图将一定政治集团的意志、思想和主张通过教化转化为社会的主流意识形态。简言之，古往今来，不同社会制度、不同文化背景的国家开展的形式各样的思想政治教育，都无不体现并自觉承载着思想政治教育的教化旨向。“任何一个社会的主流意识形态，都是统治阶级意志和思想体系的反映。这是一个普遍的社会规律。”[②]可以说，尽管思想政治教育形态可以多样变化、五彩斑斓，但无不承载着思想政治教育的教化功能。正可谓“万变不离其宗”，此处“宗”即思想政治教育的教化旨

① 沈壮海．宏观思想政治教育学初论．思想理论教育导刊，2011（12）．

② 中共中央文献研究室．十六大以来重要文献选编：中．北京：中央文献出版社，2006：49．

向，即无论思想政治教育以何种形态显现，其主旨和意图都是为实现思想政治教育的教化功能。可见，思想政治教育各种各样的形态，都具有承载思想政治教育功能的共同特性。

（二）可感性

思想政治教育形态的可感性是指人们可以通过思想政治教育的存在方式和表现样态来感知思想政治教育活动的具体存在。思想政治教育形态是思想政治教育在现实世界的存在方式和表现样态，是思想政治教育者于特定时空面向教育对象传递思想政治教育信息、引导教育对象思想政治行为而呈现出来的具体活动样式。它标示着思想政治教育不是思想意识的主观演绎，而是将无形的思想互动以有形的实践活动呈现出来，让人们能够观察、感知乃至理解思想政治教育的存在、发展、变化。对于显性思想政治教育而言，设计教育流程、融入教育因素、组织教育活动当然能够为教育者和教育对象所感知。即便是隐性思想政治教育这种特殊的思想政治教育形态，作为一种充分运用思想政治教育资源以实现潜移默化教育引导的自觉实践活动，亦并非无“迹”可寻，隐性思想政治教育同样会因隐性思想政治教育过程的循序展开，特别是通过隐性思想政治教育达致对教育对象思想政治素养的积极影响而被人们感知。

（三）多样性

思想政治教育形态的多样性是指思想政治教育的存在方式和表现样态呈现多样化的特点。思想政治教育的存在方式和表现样态随着人类社会发展的时代性变迁日益丰富。从历史角度来看，相继出现过奴隶社会思想政治教育、封建社会思想政治教育、资本主义社会思想政治教育和社会主义社会思想政治教育。从现实角度来看，思想政治教育活动总是教育者在一定时间、一定场域，面向一定对象展开，这就必然会因实施者不同、实施时空不同、影响对象不同等而呈现丰富多样的存在方式和表现样态，即“实践中的思想政治教育以多种多样的形态存在着。面对学生的、面对教师的、面对工人的、面对农民的、面对军人的、面对社会大众的；现实时空中的、网络空间内的；日常工作中的，突发危机时的……”[①]。总的来看，思想政治教育融入社会生活的各个领域、各个群体，必然会呈现丰富多样的思想政治教育形态，融入治国理政实践的多个方面包括经济建设、政治建设、文化建设、社会

① 沈壮海．思想政治教育学科的新自觉与新未来．马克思主义理论学科研究，2015（1）．

建设、生态文明建设领域，也会呈现相应的同时又是多样的思想政治教育形态。

三、研究和认识思想政治教育形态的意义

研究和认识思想政治教育形态，有利于我们认识思想政治教育的本质，推进思想政治教育的创新，提升思想政治教育的效果。

（一）认识思想政治教育的本质

“我们看事情必须要看它的实质，而把它的现象只看作入门的向导，一进了门就要抓住它的实质，这才是可靠的科学的分析方法。”[①] 作为思想政治教育现象的重要展示，研究和认识丰富的思想政治教育形态，有利于从“外部表现”探究“内在实质”，这是科学认识思想政治教育本质的重要向导。

链接

非本质的东西，外观的东西，表面的东西常常消失，不像“本质”那样“扎实”，那样“稳固”。比如：河水的流动就是泡沫在上面，深流在下面。**然而就连泡沫**也是本质的表现！

——列宁．列宁全集：第55卷．2版增订版．北京：人民出版社，2017：107.

对思想政治教育本质认识从感性层面向理性层面的跃升，其中一个重要前提就是“丰富的感觉材料”，关注、认识和研究丰富多样的思想政治教育形态就可以为准确认识思想政治教育的本质提供“丰富的感觉材料”，进而从丰富多样的思想政治教育形态当中科学分析“扎实”“稳固”的思想政治教育本质。认识思想政治教育的丰富形态包括：既认识各种社会形态下的思想政治教育，又认识各种社会场域中的思想政治教育；既认识不同社会制度下的思想政治教育，又认识不同时代背景下的思想政治教育。从而更好把握“扎实”“稳固”的思想政治教育本质。

（二）推进思想政治教育的创新

研究和认识思想政治教育形态，是对思想政治教育丰富存在形态的自觉理论观照。其一，研究和认识思想政治教育丰富多样的存在方式和表现样态，才能比较全

---

① 毛泽东．毛泽东选集：第1卷．2版．北京：人民出版社，1991：99.

面地把握思想政治教育这种特殊政治实践活动的丰富形态。整体性研究和认识思想政治教育的存在方式和表现样态，有益于推进思想政治教育的创新。其二，基于对丰富多样思想政治教育形态的研究和认识，并对其进行纵横比较，同样有利于推进思想政治教育创新。正是基于对思想政治教育形态的科学研究和正确认识，才能对不同思想政治教育形态的显著特点、适用条件、面向对象等有科学把握，也才能立足思想政治教育的丰富实践推进思想政治教育创新。

作为服务和服从于社会发展的思想政治教育实践活动，时代主题的变换、社会生活的变迁、人们思想的变化、科学技术的变革必然会对思想政治教育形态创新发出新呼唤。因此，研究和认识思想政治教育形态，推进思想政治教育形态的创新，才能回应时代变迁、社会变化、科技变革对思想政治教育形态提出的新课题。总之，研究和认识思想政治教育形态，有利于理性认识多种思想政治教育形态的客观存在，科学掌握已知思想政治教育形态的特点，愈加充分地对不同形态的思想政治教育开展深入的理论研究，不断满足和适应思想政治教育实践新需要，从而有利于推进思想政治教育的创新。

（三）提升思想政治教育的效果

通过对思想政治教育形态的研究和认识，能够深化对思想政治教育形态规律性内容的认识，以便人们能够遵循其中的规律运用思想政治教育形态，从而提升思想政治教育的实际效果。以研究和认识学生思想政治教育形态为例，通过研究和认识学生思想政治教育这种形态，就可以更加深入地总结学生思想政治教育的经验，发现学生思想政治教育的特点，甚至把握学生思想政治教育的规律，从而更加自觉、科学、有效地开展学生思想政治教育活动，以不断提升学生思想政治教育效果。正所谓“致广大而尽精微”，正是因为对不同学段学生通过思想政治理论课开展思想政治教育的细致研究和深入认识，才能正确提出“研究生阶段重在开展探究性学习，本专科阶段重在开展理论性学习，高中阶段重在开展常识性学习，初中阶段重在开展体验性学习，小学阶段重在开展启蒙性学习”[①]。这些都是以深入研究和认识学生思想政治教育为前提，才能促进学生思想政治教育效果的不断提升。总的来说，研究和认识思想政治教育形态，核心任务就在于对丰富多样的思想政治教育形态进行探究，从而对不同思想政治教育形态进行恰当区分，并逐渐深入对各种思想政治教育形态的整体化把握而不是盲人摸象似的感知、精细化把握而不是粗枝大叶

---

① 中办国办印发《意见》　深化新时代学校思想政治理论课改革创新．人民日报，2019－08－15.

地观察，以此为基础自觉提升思想政治教育效果。

第二节 思想政治教育的主要形态

思想政治教育形态丰富多样。我们可以从构成要素、时空条件、社会制度、显隐程度等不同角度出发对其进行考察和分析。

一、基于构成要素的划分

从构成要素的角度认识思想政治教育的多样形态可以有多个维度。从对象角度看，思想政治教育形态可划分为学生思想政治教育、青年思想政治教育、军人思想政治教育、职工思想政治教育等。从目标角度看，思想政治教育形态可划分为专题思想政治教育和综合思想政治教育。

（一）从对象角度看

学生思想政治教育是面向学生开展思想政治教育活动生成的思想政治教育形态。任何一个国家都十分重视学生思想政治教育，都强调通过学生思想政治教育培养符合社会需要的人才。作为中国共产党领导的社会主义国家，我国学生思想政治教育的根本任务是培养社会主义建设者和接班人，是培养一代又一代拥护中国共产党领导和我国社会主义制度、立志为中国特色社会主义事业奋斗终身的有用人才。

青年思想政治教育是面向青年开展思想政治教育活动生成的思想政治教育形态。“青年一代有理想、有本领、有担当，国家就有前途，民族就有希望”①，而“青少年阶段是人生的‘拔节孕穗期’，这一时期心智逐渐健全，思维进入最活跃状态，最需要精心引导和栽培”②。无论是在校青年群体，还是非在校青年群体，他们都处在人生的“拔节孕穗期”，是价值观形成和确立的关键时期，同样是精神营养

---

① 习近平．决胜全面建成小康社会　夺取新时代中国特色社会主义伟大胜利：在中国共产党第十九次全国代表大会上的报告．北京：人民出版社，2017：70.

② 习近平．思政课是落实立德树人根本任务的关键课程．北京：人民出版社，2020：2.

需求的旺盛时期、精神成人的快速时期。这个时期更加需要精神营养及时跟进以免形成精神荒漠，更加需要及时拔除杂草以免形成价值荒地，而通过青年思想政治教育能够引导广大青年走正确道路，真正让广大青年成为堪当民族复兴大任的时代新人。

链接

我们要悉心教育青年、引导青年，做青年群众的引路人。青年要顺利成长成才，就像幼苗需要精心培育，该培土时就要培土，该浇水时就要浇水，该施肥时就要施肥，该打药时就要打药，该整枝时就要整枝。

——习近平．在纪念五四运动100周年大会上的讲话．北京：人民出版社，2019：14.

军人思想政治教育是面向军人开展思想政治教育活动生成的思想政治教育形态。通过对军人进行思想政治教育，不断提高军人的思想政治觉悟和军队的战斗力，以确保军队坚决执行和完成不同历史时期基本任务和各项具体任务。“安而不忘危，存而不忘亡，治而不忘乱。”维护国家安全既是每一个公民应尽的义务，更是每一个军人的基本职责，因此，军人思想政治教育直接关乎着军队建设成败得失，直接关乎着党和国家前途命运。中国古人深刻认识到，“兵之胜败，本在于政”，就是说，战争的胜败根本在于政治。中国共产党领导的革命军队极其强调思想政治教育对于革命军队的“生命线”作用，强调面向军人的思想政治教育是革命军队的“生命线”。

职工思想政治教育是面向职工开展思想政治教育活动生成的思想政治教育形态。当前，中国企业既有公有制企业，又有非公有制企业，还有混合所有制企业，因此，职工思想政治教育又会根据企业性质不同呈现不同形态。无论何种形态的职工思想政治教育，目标都是使职工思想政治教育同企业经济工作有机结合，不断解决职工遇到的思想认识问题，提高企业职工的思想政治觉悟，以充分激发企业职工的潜在力量，力争完成企业不同时期的中心任务。我国以生产资料公有制作为社会主义经济制度的基础，并且在社会主义初级阶段坚持公有制为主体、多种所有制经济共同发展的基本经济制度。习近平总书记在全国国有企业党的建设工作会议上强调：“国有企业是中国特色社会主义的重要物质基础和政治基础，是我们党执政兴国的重要支柱和依靠力量。”① 改革开放以来，我们党十分重视国有企业职工思想政治教育，比如，中共中央批转的《国营企业职工思想政治工作纲要（试行）》，中共

① 习近平．习近平谈治国理政：第2卷．北京：外文出版社，2017：175.

中央办公厅、国务院办公厅转发的《中央宣传部、国务院国资委关于加强和改进新形势下国有及国有控股企业思想政治工作的意见》，其中明确强调，思想政治工作是国有企业的优良传统和政治优势，是国有企业改革发展稳定的有力保证，是中国特色现代国有企业制度的鲜明特征。

（二）从目标角度看

专题思想政治教育是为突出特定教育主旨、聚焦特定教育内容、实现专题教育目标，面对专门教育对象开展的具有时效性强、针对性强等特点的思想政治教育形态。与综合思想政治教育不同，专题思想政治教育主旨突出、内容聚焦、专题特定。这是因为处在不同的历史时期、面对不同的思想问题、针对不同的教育对象，需要开展专题思想政治教育以实现特定的教育主旨。党的十八大以来，在全党开展党的群众路线教育实践活动就是以“为民、务实、清廉”为主题，按照“照镜子、正衣冠、洗洗澡、治治病”总要求开展的专题思想政治教育；针对党员干部开展了“严以修身、严以用权、严以律己；谋事要实、创业要实、做人要实”为主要内容的“三严三实”专题思想政治教育；在全党开展了以“不忘初心、牢记使命”为主题的专题思想政治教育，引导广大党员以彻底的自我革命精神持续推动全党不忘初心、牢记使命。开展围绕特定主题的专题思想政治教育，需要明晰特定时期需要集中解决的教育对象的主要思想认识问题，从而确定思想政治教育专题，并且选择恰当的专题思想政治教育形式，以达到专题思想政治教育的预期效果。

综合思想政治教育是包括多方面教育内容与教育目的的整体育人的思想政治教育形态。专题思想政治教育往往具有相对单一的教育目的，由于思想政治教育目的决定着思想政治教育内容，单一的思想政治教育目的决定着专题思想政治教育的内容同样相对集中。与专题思想政治教育不同，综合思想政治教育的多方面教育目的决定着综合思想政治教育往往包括多方面的教育内容。尽管如此，综合思想政治教育与专题思想政治教育并非截然二分。比如，劳动教育是引导教育对象树立正确劳动观的专题思想政治教育，但同样会包含多种教育目的。2020 年 3 月，中共中央、国务院发布《关于全面加强新时代大中小学劳动教育的意见》明确指出：“劳动教育是国民教育体系的重要内容，是学生成长的必要途径，具有树德、增智、强体、育美的综合育人价值。”其中，树德、增智、强体、育美是劳动教育包含着多种教育目的的集中体现。不止于此，劳动教育还可以包含丰富的教育内容——日常生活劳动、生产劳动和服务性劳动等。总之，综合思想政治教育往往有赖于专题思想政治教育的支撑，有些专题思想政治教育同样会包含多样的教育目的、丰富的教育内容。

二、基于时空条件的划分

思想政治教育形态总是处在一定时空当中，总是需要依赖一定的载体。从载体角度看，思想政治教育形态可以划分为网上思想政治教育和网下思想政治教育。从领域角度看，思想政治教育形态包括学校思想政治教育、社会思想政治教育、家庭思想政治教育。

（一）从载体角度看

基于载体的不同，思想政治教育形态可以划分为网上思想政治教育和网下思想政治教育。网上思想政治教育是思想政治教育者在网络社会场域有目的、有计划、有组织地对教育对象施加思想政治素质的影响，进而促进他们形成符合虚拟社会和现实社会所要求的思想政治素质的社会实践活动。网上思想政治教育具有虚拟互动性、交往平等性、资源无界性等系列特点。当前，互联网正在深刻改变着世界、影响着社会，人们将这种深刻变化称为“互联网革命”、“数字革命”或者“信息革命”，甚至还有人预言移动互联网将引发“千年未有之大变局”。习近平总书记在向首届世界互联网大会致贺词时深刻指出：“当今时代，以信息技术为核心的新一轮科技革命正在孕育兴起，互联网日益成为创新驱动发展的先导力量，深刻改变着人们的生产生活，有力推动着社会发展。互联网真正让世界变成了地球村，让国际社会越来越成为你中有我、我中有你的命运共同体。”① 不管我们承不承认、愿不愿意，互联网已经在事实上创造出不同于现实世界且“一网天下”的虚拟世界。随着信息技术和网络技术的不断发展，网上生活已然成为人们重要的生活样态。随着信息技术的迅猛发展，人们的社会生活样态发生着深刻变化，生活领域同样日益拓展，“无人不网”“无处不网”“无时不网”已然成为描摹人们生活的主题词，这便催化着网上思想政治教育的生发。思想政治教育工作是做人的工作，“人在哪儿，宣传思想工作的重点就在哪儿”②，“网民来自老百姓，老百姓上了网，民意也就上了网”③，因此，做好广大网民的教育引导工作成为迫切需要，网上思想政治教育应运而生。

---

① 习近平向首届世界互联网大会致贺词强调　共同构建和平、安全、开放、合作的网络空间　建立多边、民主、透明的国际互联网治理体系．人民日报，2014-11-20.

② 习近平．习近平谈治国理政：第3卷．北京：外文出版社，2020：318.

③ 习近平．习近平谈治国理政：第2卷．北京：外文出版社，2017：336.

互联网的产生是网上思想政治教育得以发生的前提。随着信息革命的发生，网络时代的到来，人们既在网上生活，又在网下生活。尽管网上生活日益成为人们生活的重要样态，但仍旧不能取代人们的网下生活。因载体不同，网上思想政治教育随着网上场域交往互动的产生而产生，网下思想政治教育随着网下场域交往互动的产生而产生。网下思想政治教育是思想政治教育者在网下社会场域有目的、有计划、有组织地对教育对象施加思想政治素质的影响，进而促进他们形成符合社会所要求的思想政治素质的社会实践活动。从交往特点来看，网下思想政治教育是面向现实社会的网下"面对面"互动。随着网络技术、信息技术、人工智能技术的不断发展，网上思想政治教育则从"键对键"的互动样态演进为"键对键""点对点"甚至"面对面"的多元互动样态。然而，无论网上还是网下，它们都同样作用于教育对象的思想世界，都是为着促进教育对象形成符合现实社会和虚拟社会所要求的思想政治素质的特殊政治实践活动。总之，网上思想政治教育和网下思想政治教育两种形态虽然发生空间不同，但并非相互隔绝、毫不相干，而是交融一体、互补相生的关系。

（二）从领域角度看

从领域角度看，思想政治教育形态包括学校思想政治教育、社会思想政治教育、家庭思想政治教育。其中，学校思想政治教育是各级各类学校面向学校师生员工开展思想政治教育活动形成的思想政治教育形态。学校思想政治教育既包括面向广大学生开展的思想政治教育，又包括面向教职员工开展的思想政治教育。习近平总书记在全国教育大会上发表重要讲话，强调指出："思想政治工作是学校各项工作的生命线，各级党委、各级教育主管部门、学校党组织都必须紧紧抓在手上。要精心培养和组织一支会做思想政治工作的政工队伍，把思想政治工作做在日常、做到个人。"① 党的十九届四中全会通过的《中共中央关于坚持和完善中国特色社会主义制度　推进国家治理体系和治理能力现代化若干重大问题的决定》同样强调指出，要"加强和改进学校思想政治教育，建立全员、全程、全方位育人体制机制"②。学校思想政治教育全面贯彻党的教育方针，培养德智体美劳全面发展的社会主义建设者和接班人，就要扎实落实立德树人的根本任务，融入学校工作的各个方面，贯穿于教育教学的各个环节，努力形成全员育人、全程育人、全方位育人的格局。

---

① 习近平在全国教育大会上强调　坚持中国特色社会主义教育发展道路　培养德智体美劳全面发展的社会主义建设者和接班人．人民日报，2018-09-11.

② 中共中央关于坚持和完善中国特色社会主义制度　推进国家治理体系和治理能力现代化若干重大问题的决定．北京：人民出版社，2019：23.

社会思想政治教育是激发、调动、依靠社会当中所有的积极力量特别是广泛的社会基层力量，面向社会成员开展思想政治教育活动形成的思想政治教育形态。中国共产党人深刻认识到，思想政治工作是一切工作的生命线，这既高度肯定思想政治教育对于一切工作非同寻常的意义，同时还启示我们，包括经济工作、科技工作、教育工作、政法工作、社会工作等方面同样不能离开思想政治教育。可见，思想政治教育面向社会领域的一切工作、一切人群，而不只是特定领域特定人群，因此，面向社会全体成员的社会思想政治教育同样极其重要。作为面向社会全体成员的社会思想政治教育，不能仅仅依靠少数专职的思想政治教育者队伍，而要激发、调动、依靠社会当中所有的积极力量特别是广泛的社会基层力量，开展覆盖最广大社会成员的思想政治教育。与此同时，社会思想政治教育还需要与学校思想政治教育、家庭思想政治教育同向同行、相互强化，以不断提高社会成员整体思想政治素质，从而促进社会主义精神文明建设。

家庭思想政治教育是以家庭为社会基本生活单位，面向家庭成员开展思想政治教育活动形成的思想政治教育形态。作为以情感为纽带构成的在婚姻关系、血缘关系或收养关系基础上产生的基本社会生活单位，家庭是人生的第一个课堂，家长是孩子的第一任思想政治课老师。家庭思想政治教育首先并且主要是长辈对晚辈的思想政治教育，当然也包括同辈之间开展的思想政治教育，还包括晚辈对长辈开展的思想政治教育。习近平总书记讲道："孩子们从牙牙学语起就开始接受家教，有什么样的家教，就有什么样的人。家庭教育涉及很多方面，但最重要的是品德教育，是如何做人的教育。"① 通常而言，家庭是个人接受思想政治教育的起点，家庭思想政治教育具有教育时间上的先入性与便捷性、教育环境的日常性与生活性、教育过程的反复性与渗透性、教育内容的基础性与传承性、教育影响的持续性与潜隐性等特征。

三、基于社会制度的划分

基于社会制度的不同，从历史的角度看，思想政治教育形态有奴隶社会思想政治教育、封建社会思想政治教育、资本主义国家思想政治教育和社会主义国家思想政治教育。当今世界，资本主义制度与社会主义制度并存于世且相互比较竞争，由于实行的根本社会制度不同，资本主义国家的思想政治教育同社会主义国家的思想

① 习近平．习近平谈治国理政：第2卷．北京：外文出版社，2017：354.

政治教育同样有着根本不同，必然会呈现出不同的思想政治教育样态和存在方式。

从社会制度的角度来看，当下，思想政治教育形态主要表现为社会主义国家思想政治教育与资本主义国家思想政治教育。

尽管社会主义国家同资本主义国家的根本制度不同，社会主义国家思想政治教育与资本主义国家思想政治教育的叫法不一、目的不一、服务对象不一、维护政权性质不一，但其本质上都是构建、维护和发展其社会主流意识形态的实践活动。正如美国教育家卡扎米亚斯（Andreas M. Kazamias）和马西亚拉斯（Byron G. Massialas）在《教育的传统与变革》中所说："即使是在具有民主传统和声称西方民主之冠的国家，也必然要进行政治灌输和禁止异说。这是很实际的问题。"① 就资本主义国家的思想政治教育而言，美国依托包括公民教育中心这样的组织培养"合格"的美国公民，被誉为德国政治教育的核心机构——德国联邦政治教育中心同样通过政治教育不断提升德国民众思想政治觉悟，俄罗斯同样通过强调以"俄罗斯新思想"为基础"培养新一代合格的俄罗斯人"，如此等等。值得注意的是，资本主义国家无论是实行两党制还是多党制，无论是联合执政还是轮流执政，都是以生产资料私人占有为基础，并服务于作为统治阶级的剥削阶级少数人的私利。因而，资本主义国家处于统治地位的政党必然会通过思想政治教育以维护其统治阶级的利益、巩固政治统治。

就社会主义国家的思想政治教育而言，社会主义国家的执政党是无产阶级政党，作为"了解无产阶级运动的条件、进程和一般结果"的共产党人是"各国工人政党中最坚决的、始终起推动作用的部分"②。因此，作为社会主义国家思想政治教育的实施主体，社会主义国家执政党应当是代表和维护本国家、本民族、本国人民根本利益的无产阶级先锋队。并且，国情不同的社会主义各国在推进社会主义事业的实践过程中以马克思主义为指导思想，同时注重以马克思主义及其本土化创新成果对人民群众进行思想武装。就社会主义中国而言，自中国共产党诞生以来，在革命、建设、改革以及复兴的任何时期，中国共产党始终坚持人民立场这一无产阶级政党的根本政治立场，以马克思列宁主义、毛泽东思想、邓小平理论、"三个代表"重要思想、科学发展观、习近平新时代中国特色社会主义思想教育人民，不断发挥思想政治教育在社会主义各个运动进程当中的强大作用。总之，共产党"没有任何同整个无产阶级的利益不同的利益"③，并且始终代表整个无产阶级运动的利益，因

---

① 卡扎米亚斯，马西亚拉斯．教育的传统与变革．北京：文化教育出版社，1981：195.

②③ 马克思，恩格斯．马克思恩格斯选集：第1卷．3版．北京：人民出版社，2012：413.

而，社会主义国家思想政治教育为着无产阶级运动服务，为着无产阶级运动代表的最广大人民群众的利益服务。

四、基于显隐程度的划分

基于显隐程度的不同，思想政治教育形态划分为显性思想政治教育和隐性思想政治教育。显性思想政治教育和隐性思想政治教育虽特点不同、形态各异，但相互关联、相互补充。

（一）显性思想政治教育

显性思想政治教育是思想政治教育者组织实施的、直接公开的思想政治教育活动。如果说隐性思想政治教育是一种“形藏而神显”的存在形态，那么，显性思想政治教育则是一种“形显且神显”的存在形态。在现实思想政治教育中，既有面向青少年学生的学校思想政治理论课，又有面向广大党员干部加强党性修养的专题教育，还有面向社会大众并结合重要时间窗口的主题教育等，这些都有专门的思想政治教育实施者组织实施，面向特定的思想政治教育对象，并且都是能够被人们清晰明确感知的直接公开的教育引导活动。

对应于隐性思想政治教育，显性思想政治教育具有过程外显性的突出特点。显性思想政治教育是思想政治教育者旗帜鲜明、公开直接传递教育要求和内容的思想政治教育活动样态。不同于隐性思想政治教育具有隐藏教育目的、隐蔽教育方式、隐化教育效果的内隐性特点，显性思想政治教育通常运用显性教育方式、公开表达思想政治教育目的、主张和要求，以求得对教育对象的思想政治素质产生直接影响。在显性思想政治教育过程中，思想政治教育者以直接公开的方式影响教育对象，传导明确感知的教育内容给思想政治教育对象，以达到期待的思想政治教育效果。显性思想政治教育公开表达思想政治教育主张和要求，价值导向明确，直指人们的精神世界，有助于直接澄清人们的思想困惑，对错误思想政治认识给予否定、批评，对正确思想政治认知和行为给予肯定、激励，进而不断提升人们的思想政治素质。

（二）隐性思想政治教育

不同于环境的自发性影响，隐性思想政治教育是对教育对象实现潜移默化影响的思想政治教育活动。也不同于显性思想政治教育那样直接公开的传导思想政治要求，隐性思想政治教育同样体现社会的思想政治要求，但以潜移默化的教育引导来实现教育目的。现实的思想政治教育活动，既有学校当中“课程思政”的隐性教育，又有家庭当中家长的身教示范，还有社会当中正面的榜样示范引领等，这些都体现了社会思想政治要求，并以潜移默化的教育引导来实现教育意图。

相较于显性思想政治教育，隐性思想政治教育具有过程潜隐性的突出特点。区别于显性思想政治教育作为旗帜鲜明专门组织实施的“有形”教育活动使教育对象接受教育，隐性思想政治教育则是通过“无形”的教育活动使教育对象接受润物无声的教育。过程潜隐性是教育者把隐化的体现社会主流意识形态建设目标的思想政治素质要求渗透在教育对象社会生活的各个方面，使其在社会生活的多个场景、过程当中接受思想政治教育倡导的思想政治要求的影响和塑造。

链接

17 日上午 9 时 30 分，中共中央总书记、国家主席、中央军委主席习近平来到人民大会堂金色大厅，亲切会见参加全国精神文明建设表彰大会的 600 多名代表。

在热烈的掌声中，习近平总书记高兴地同大家热情握手、亲切交谈，代表们纷纷向总书记问好。握手结束后，习近平总书记回到队伍中间，准备同代表们合影。总书记看到 93 岁的黄旭华和 82 岁的黄大发两位道德模范代表年事已高，站在代表们中间，总书记握住他们的手，微笑着问候说：“你们这么大岁数，身体还不错。你们别站着了，到我边上坐下。”

习近平总书记拉着他们的手，请两位老人坐到自己身旁来，两人执意推辞，习近平一再邀请，说：“来！挤挤就行了，就这样。”

相机快门按下，记录下了这一感人瞬间。

会见结束后，习近平语重心长对有关部门的同志说，给老道德模范让座，这是尊老敬老的传统美德，这就叫人伦常情。

——吴晶，黄小希．温暖的力量　感人的瞬间：习近平总书记会见全国道德模范代表侧记．人民日报，2017 - 11 - 18.

相较于显性思想政治教育，隐性思想政治教育是一种润物无声的“浸育”，它能使教育对象的思想政治素质在“润物无声”中得以提升。隐性思想政治教育可以从贴近人们生活的合宜场景寻找切入点、着力处、融入场，相对灵活地借助丰富多样的载体对教育对象进行春风化雨式的引导，采用丰富多样的，人们喜闻乐见、乐于接受的活动方式进行教育熏陶，这使其具有因地制宜、因时制宜、因人而异的灵活条件与广阔空间。这就意味着隐性思想政治教育常运用身教示范、以乐化民、以情化德、以文化人等熏陶化育的巧妙教育方式展开，实则是将“显”的教育内容寓于“隐”的教育过程，让教育对象在潜移默化中受到思想启迪，从而达到润物无声的教育效果。

思想政治教育活动广泛存在、表现各异，思想政治教育形态因而多种多样。从不同角度认识思想政治教育形态，思想政治教育形态便会有不同分法。其中，既有个体思想政治教育，又有群体思想政治教育；既有文艺类思想政治教育，又有体验性思想政治教育，还有讲授式思想政治教育等。从不同角度认识和区分思想政治教育的多样形态，可以让人们感受到思想政治教育的存在，并正确辨识不同思想政治教育形态的特点、适用，从而为更加科学地运用思想政治教育形态、创新思想政治教育提供前提。

第三节　思想政治教育形态的运用与创新

认识和分析思想政治教育形态的内涵与特点，探索思想政治教育的存在形态，是为了更好地运用思想政治教育形态，以及推进思想政治教育形态的创新。其中，综合运用不同思想政治教育形态，特别要注重从具有互补关系、共促关系的思想政治教育形态着眼，包括网上思想政治教育和网下思想政治教育相结合，显性思想政治教育和隐性思想政治教育相补充，家庭思想政治教育、学校思想政治教育、社会思想政治教育同向发力等。而推动思想政治教育形态创新，就是要以中国特色社会主义建设实践为基础，感受推进中国特色社会主义事业的时代呼唤，促进思想政治教育形态朝着符合当代中国社会伟大变革需要的方向创造性发展。

一、注重不同思想政治教育形态的综合运用

思想政治教育形态多种多样，综合运用不同思想政治教育形态就是在思想政治教育实践当中“集众长合而为一”，即集聚、彰显不同思想政治教育形态的优势，以不断增强思想政治教育实效。

以新中国成立 70 周年举行的系列盛大庆典为例（见图 5－1），可以说，新中国

成立 70 周年举行的系列盛大庆典作为一次爱国主义集中教育，是在重要历史节点上对不同思想政治教育形态综合运用的成功范例。习近平主席在会见巴基斯坦总理伊姆兰·汗时强调："今年是新中国成立 70 周年。我们举行了一系列盛大庆典，这也是一次爱国主义的集中教育。近 14 亿中国人民人心空前凝聚，爱国热情空前高涨，更坚定了我们排除一切艰难险阻走中国特色社会主义道路、把自己的事情办好、立足世界民族之林的信心和决心。"[①] 这其中，既有网上思想政治教育和网下思想政治教育的有机结合，又有显性思想政治教育和隐性思想政治教育的相互补充，还有家庭思想政治教育、学校思想政治教育、社会思想政治教育的协同发力。

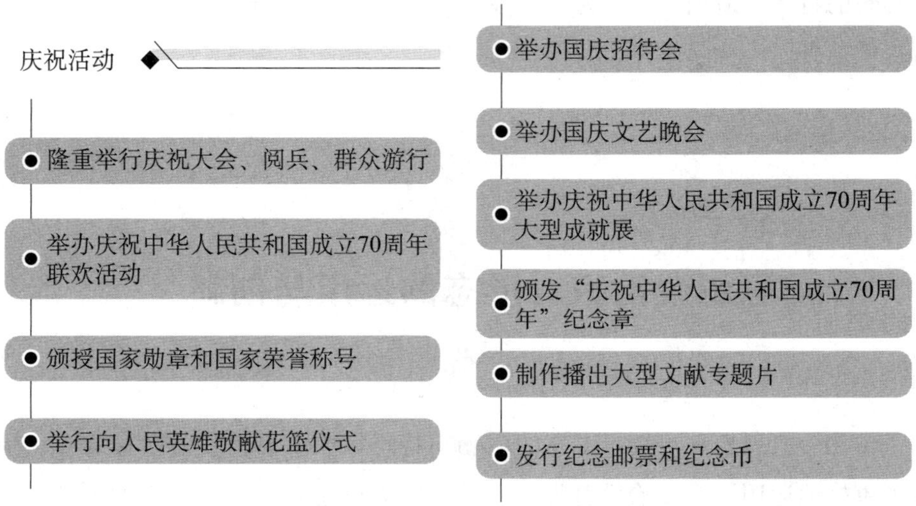

图 5-1　新中国成立 70 周年举行的系列重大庆典

（一）综合运用不同思想政治教育形态的必要性

在现实思想政治教育活动中，思想政治教育的单一形态往往既有优势，又有局限，为弥补思想政治教育单一形态的局限，最优化利用思想政治教育资源，提升思想政治教育实效，必然需要注重综合运用不同的思想政治教育形态。

1. 弥补思想政治教育单一形态的局限

思想政治教育形态的丰富发展为综合运用不同思想政治教育形态提供可能。面对剧变的时空和分化的对象，优势与局限共有的单一思想政治教育形态的运用往往难以奏效。单一的思想政治教育形态不能应对当前这样一个正经历大发展、大变革、大调整时期的剧变时空给思想政治教育带来的诸多挑战。为此，综合运用不同

① 王远．习近平会见巴基斯坦总理伊姆兰·汗．人民日报，2019-10-10.

思想政治教育形态是找到最大公约数、调动各方面积极性、凝聚最广泛社会共识的必然要求。与此同时，在社会整体前行进程中，分化的不同社会成员的生产生活空间日益丰富多彩，既有物质生产生活空间，又有精神生产生活空间；既有网下生产生活空间，又有网上生产生活空间；既有家庭群体生活空间，还有朋辈群体生活空间、广大社会生活空间；等等。因此，单一的思想政治教育形态往往无法适应人们丰富多样的生产生活空间，这同样决定着要综合运用不同思想政治教育形态。

2. 最优化利用思想政治教育资源

综合运用不同思想政治教育形态，必然离不开思想政治教育资源的调动配置。然而，受到一定社会历史条件的制约，以及人们认识能力、开发能力、转化能力的限制，思想政治教育资源的开发利用必然受到主观条件和客观条件的制约，这就决定了思想政治教育资源总是有限性的存在。为避免思想政治教育资源的“搁置”，要发挥有限思想政治教育资源的最大化效用，就要最优化利用思想政治教育资源。综合运用不同思想政治教育形态，更是关系到思想政治教育资源的跨形态调动、整合、配置，更要遵循思想政治教育资源利用最优化原则。综合运用显性思想政治教育和隐性思想政治教育两种形态，就涉及显性思想政治教育资源和隐性思想政治教育资源的调动、整合、配置，不能偏重于显性思想政治教育资源的配置或者偏重于隐性思想政治教育资源的调动、整合、配置，而要实现跨形态的多种思想政治教育资源之间的协调统一，以实现思想政治教育资源利用最优化。

3. 提升思想政治教育实效

人类社会的实践活动以人们的需要为驱动，以满足人们的需求为目的，因此，实际效果成为人们衡量实践活动能否满足以及多大程度满足人们需求的根本尺度。“正是遵循效用的尺度，人类的实践活动才获得了具有主导性意义的发展动力。”① 作为一项塑造“现实的人”的特殊政治实践活动，思想政治教育需要追求、考量思想政治教育实效。而思想政治教育实效，既体现在最大化满足社会发展需求上，又体现在最大化满足个人发展需求上。无论是何种形态的思想政治教育，都要遵循思想政治教育效果的尺度。由于思想政治教育形态各有特点、各有优势，运用单一的思想政治教育形态又难以最大化发挥思想政治教育效果。综合运用不同思想政治教育形态，就是基于对不同思想政治教育形态特点的准确把握，来充分发挥不同思想政治教育形态的优势，以实现不同思想政治教育形态的互补强化、优势叠加，从而不断提升思想政治教育实效。

① 沈壮海．思想政治教育有效性研究．武汉：武汉大学出版社，2016：1.

（二）有效实现不同思想政治教育形态的综合运用

思想政治教育是面向人的灵魂工程，要有效实现不同思想政治教育形态的综合运用，就要准确把握思想政治教育对象的差异性，正确认识不同思想政治教育形态的特点，科学考量思想政治教育活动的现实条件。

1. 要准确把握思想政治教育对象的差异性

有效实现不同思想政治教育形态的综合运用，首先就要准确把握差异化的思想政治教育对象。思想政治教育对象的差异性集中体现为教育对象思想实际和接受特点的差异。正所谓“春兰秋菊不同时”，不同的教育对象有着不同的成长环境、教育背景、个人经历，这就使得教育对象也有着不同的思维特点与心理特征，拥有不同的认知结构与知识经验。恩格斯说，“在社会历史领域内进行活动的，是具有意识的、经过思虑或凭激情行动的、追求某种目的的人”①。教育对象因成长阶段、主体欲求、认知基础、生活实践的不同造成其对思想政治要求的认知、理解、接受同样存在差异。教育对象思想实际、接受特点差异的客观存在，要求思想政治教育者有效实现不同思想政治教育形态的综合运用，思想政治教育者就必然首先要准确把握思想政治教育对象的差异性，力争做到因人而异、因材施教。

2. 要正确认识不同思想政治教育形态的特点

有效实现不同思想政治教育形态的综合运用，其次还要正确认识不同思想政治教育形态的特点。不同的思想政治教育形态具有不同的思想政治教育功用和不同的思想政治教育特点，离开对不同思想政治教育形态特点的正确认识，就不可能有效实现不同思想政治教育形态的综合运用。网下思想政治教育不同于网上思想政治教育，显性思想政治教育不同于隐性思想政治教育，家庭思想政治教育、学校思想政治教育和社会思想政治教育又各有不同，要富有成效地综合运用它们，就必然要正确认识不同思想政治教育形态的特点。总之，思想政治教育因面向对象、存在空间、发生场域等不同，必然会呈现出特点不同的思想政治教育形态。要通过有效实现不同思想政治教育形态的综合运用来追求思想政治教育最优效果，就要以研究和认识差异化的思想政治教育形态为前提，进而充分发挥不同思想政治教育形态的优势。

3. 要科学考量思想政治教育活动的现实条件

有效实现不同思想政治教育形态的综合运用，最后还要科学考量思想政治教育活动的现实条件。思想政治教育活动总是在一定的现实条件当中进行的，要保证综

① 马克思，恩格斯．马克思恩格斯选集：第4卷．3版．北京：人民出版社，2012：253.

合运用不同思想政治教育形态的有效性，就必然离不开对思想政治教育活动的现实条件的科学考量。比如，要综合运用网上思想政治教育和网下思想政治教育，就要考量是否具备或者可否创设开展网上思想政治教育和网下思想政治教育的条件；要综合运用显性思想政治教育和隐性思想政治教育，就要考量是否具备或者可否创设开展显性思想政治教育和隐性思想政治教育的条件；等等。只有基于对思想政治教育活动现实条件的科学考量，最大化发挥开展思想政治教育活动一切现实条件的积极效用，最优化利用思想政治教育资源，才能真正地有效实现不同思想政治教育形态的综合运用。

二、推进思想政治教育形态创新

思想政治教育形态创新是以把握思想政治教育形态演进的历史逻辑和对思想政治教育形态发展规律的认识为基础，立足鲜活的社会实践推动思想政治教育形态发生的创造性变革。思想政治教育形态创新要做到“因事而化、因时而进、因势而新”，就要把准时代主题的转换、社会矛盾的转化、人们思想的转变以及科学技术的革新这些促进思想政治教育形态创新的主要因素。推进思想政治教育形态创新就是为着更好发挥思想政治教育的功效，回应特定时代、特定社会、特定人群对思想政治教育的新呼唤。思想政治教育形态的创造性变革既包括创造性探索思想政治教育的新兴形态，又包括创新性发展思想政治教育的传统形态。

当前，如火如荼推进的“课程思政”就是思想政治教育形态创新的典型案例。“课程思政”为落实立德树人根本任务，引导各类课程教师担当塑造灵魂、塑造生命、塑造新人的时代重任，基于对思想政治工作规律、课程育人规律以及学生成长规律的整体把握和综合运用，使得各类课程都发挥思想政治教育的作用，保证各类课程与思想政治理论课同向同行。“课程思政”的出现及其推进就是思想政治教育形态创造性变革的过程，是学校思想政治教育充分吸纳各类课程思想政治教育功效的思想政治教育形态的创造性成果。

（一）适应时代主题发生的新转换

无论是东方还是西方、传统还是现代，人类社会的思想政治教育总是处在特定的时代条件之下，无不打上时代的烙印，具有鲜明的时代特征，必然受到特定时代条件的约束。与此相应，思想政治教育形态同样会因时代主题的变化而变化。无论是在革命年代，还是在建设、改革时期，中国共产党历来善于通过对时代主题的深刻思考和准确把握来推进思想政治教育形态创新。

链接

哪一个阶级是这个或那个时代的中心，决定着时代的主要内容、时代发展的主要方向、时代的历史背景的主要特点等等。只有在这个基础上，即首先考虑到各个“时代”的不同的基本特征（而不是个别国家的个别历史事件），我们才能够正确地制定自己的策略；只有了解了某一时代的基本特征，才能在这一基础上去考虑这个国家或那个国家的更具体的特点。

——列宁．列宁全集：第26卷．2版增订版．北京：人民出版社，2017：143.

在以革命和战争为时代主题的历史时代，基于对时代主题的科学把握和对中国时局的科学判断，中国共产党人从多个方面总结帝国主义对中国的残暴侵略和严重压迫，并强调帝国主义列强的侵略使得中国逐步沦为半殖民地半封建社会，而后做出“现在的世界，是处在革命和战争的新时代”[①] 的重大判断。那么，“处在革命和战争的新时代”的思想政治教育，重要任务之一就在于团结带领全党全军全国各族人民进行伟大政治斗争以求得中华民族之独立和中国人民之解放，从而建立一个有着新文化的新中国。因此，这一时期的思想政治教育形态是适应“处在革命和战争的新时代”的主题的。

改革开放以后，以邓小平同志为主要代表的中国共产党人基于对时局的长期观察，十分明确而审慎地提出“和平与发展是当今时代的主题”的重大判断。正是基于对和平与发展的国际形势做出科学、明晰的判断，才能够让我们得以争取一个和平稳定的环境，一心一意地推进社会主义现代化建设。处在和平与发展时代的思想政治教育，就是要在这样的时代主题下的不同历史时期凝聚、感召、动员全党全国各族人民一心一意为社会主义现代化建设贡献力量。可见，思想政治教育形态必然受到思想政治教育所处的特定时代特征的影响。因此，推进思想政治教育形态创新，就要“首先考虑到各个‘时代’的不同的基本特征”，使得思想政治教育形态同时代特征、本国实际相符合，通过创新思想政治教育形态以适应时代主题发生的新转换。

（二）适应社会矛盾发生的新转化

思想政治教育总是处在特定历史条件下的社会实践活动，并不会独立于社会主

① 毛泽东．毛泽东选集：第2卷．2版．北京：人民出版社，1991：680.

要矛盾规约之外而独立运行，必然受到特定历史时期社会主要矛盾的影响和制约。历史雄辩地证明，只有准确把握不同历史时期的社会矛盾，才能解决特定历史时期的社会问题，同时，才能引导思想政治教育形态朝着正确、健康的方向创新发展。从新中国成立70多年的历史观照社会主要矛盾变化的若干关键节点可以看到，每次社会主要矛盾的转变都会对思想政治教育提出新课题，这同样促使思想政治教育形态发生新变化。新中国成立之后，随着社会主义改造取得决定性的胜利，意味着“我国的无产阶级同资产阶级之间的矛盾已经基本上解决”①，“我们国内的主要矛盾，已经是人民对于建立先进的工业国的要求同落后的农业国的现实之间的矛盾，已经是人民对于经济文化迅速发展的需要同当前经济文化不能满足人民需要的状况之间的矛盾”②。党的十一届三中全会以后，中国共产党重新确立马克思主义的思想路线、政治路线、组织路线，开启改革开放的历史进程并正确研判中国社会的主要矛盾，使得我们能够大踏步赶上时代。改革开放以后，党的十一届六中全会通过的《关于建国以来党的若干历史问题的决议》指出，在社会主义改造基本完成以后，“我国所要解决的主要矛盾，是人民日益增长的物质文化需要同落后的社会生产之间的矛盾”③。随着党重新确立正确的思想路线，并把工作重点转移到以经济建设为中心的社会主义现代化建设上来，这个重大转变直接决定着思想政治教育要为以经济建设为中心的社会主义现代化建设服务。

链接

我在讲话的第二部分提出的实现四个现代化所必须坚持的四项基本原则，虽然我已经说过都不是什么新问题，但是这些原则在目前的新形势下却都有新的意义，都需要根据新的丰富的事实作出新的有充分说服力的论证。这样才能够教育全国人民，全国青年，全国工人，解放军全体指战员，也才能够说服那些向今天的中国寻求真理的人们。这是一项十分重大的任务，既是重大的政治任务，又是重大的理论任务。

——邓小平．邓小平文选：第2卷．2版．北京：人民出版社，1994：179－180.

思想政治教育要适应新时期社会主要矛盾，切实发挥“生命线”的作用，就要紧紧围绕新时期的总路线和总任务，在多个领域进行符合改革开放新时期特点的思想政治教育。为此，多个关于新时期的权威思想政治教育文件——包括中共中央《关于加强农村思想政治工作的通知》、中共中央批转的《国营企业职工思想政治工

①② 中共中央文献研究室．建国以来重要文献选编：第9册．北京：中央文献出版社，1994：341.

③ 中共中央文献研究室．改革开放三十年重要文献选编：上．北京：中央文献出版社，2008：212.

作纲要（试行）》、中共中央批转中央军委《关于新时期军队政治工作的决定》，成为新时期农村思想政治教育、国企思想政治教育、军队思想政治教育等多个领域思想政治教育形态创新的重要依据。2017年习近平总书记在党的十九大报告中就中国社会矛盾的转化明确做出重大判断："中国特色社会主义进入新时代，我国社会主要矛盾已经转化为人民日益增长的美好生活需要和不平衡不充分的发展之间的矛盾。"[①] 当前，思想政治教育要满足人民日益增长的美好生活需要，势必要做到"因事而化、因时而进、因势而新"，这同样形塑着思想政治教育在新时代的新形态。

（三）适应人们思想发生的新转变

思想政治教育是直接作用于教育对象思想意识层面，且伴随着社会精神交往的社会实践活动。这就决定着，关注人们的精神世界，促进思想政治教育形态发生适应人们思想转变的创新，是推进思想政治教育形态创新的着力点。中国共产党历来善于做好群众思想政治教育工作，其中一个重要原因就在于中国共产党是在尊重人们思想接受规律、适应人们思想实际的基础上，来创新思想政治教育形态。

适应人们思想发生的转变就意味着思想政治教育形态创设既不能"作群众的尾巴"落后于人们的思想实际，又不能"用棍棒把人赶进天堂"[②]。以中国共产党实施改革开放这项重大抉择的思想政治教育来看，"让改革的实际进展去说服他们"就是推动改革起步发展的思想政治教育新形态。随着改革开放的启动，无论是农村当中的改革还是城市当中的改革，作为新鲜事物并没有立即获得广大人民群众的普遍接受和广泛认可，甚至还有人不理解、怀疑、担心。面对改革开放这样的重大抉择和人民群众当中的思想认识新情况、新问题，就必须做好群众思想政治教育以获得广大人民群众的理解、支持，从而汇聚推动改革开放的磅礴之力。

面对人们对改革存在的疑虑、担心，中国共产党人以"政策允许看""允许不同观点存在""不搞争论""用事实来说话"为标识的"让改革的实际进展去说服他们"的思想政治教育新形态开展思想政治教育，逐渐赢得广大人民群众对改革开放这场伟大社会革命的理解、支持和拥护。当前，中国改革开放已有40多个年头，改革开放已然给中国的面貌、中华民族的面貌、中国人民的面貌、中国共产党的面貌带来了极大变化。改革开放在给人们思想带来极大变化的同时，给思想政治教育

---

① 习近平．决胜全面建成小康社会　夺取新时代中国特色社会主义伟大胜利：在中国共产党第十九次全国代表大会上的报告．北京：人民出版社，2017：11.

② 列宁．列宁全集：第24卷．2版增订版．北京：人民出版社，2017：314.

理论基础和重要内容增添了更为丰富、生动的时代性因子，与此相应，思想政治教育形态同样也发生着适应人们思想转变的创新创造。“知常明变者赢，守正创新者进。”推进思想政治教育形态创新就是要把准人们思想脉搏的跳动，适应人们思想发生的转变，以实现思想政治教育在不同历史时期团结人民完成各项任务的重要作用。

（四）适应科学技术发生的新革命

思想政治教育作为普遍存在于人类社会发展历史进程中的特殊社会实践活动，同样会受到科学技术革命不断变迁的深刻影响，每一次科学技术革命都标志着人类认识世界和改造客观世界的能力发生重大变化，由此引发社会经济、政治、文化等领域发生巨大变化。马克思深刻指出：“手推磨产生的是封建主的社会，蒸汽磨产生的是工业资本家的社会。”[①] 作为影响社会发展的重要因素，科学技术甚至会改变社会形态，当然也会促进思想政治教育形态的改变。习近平总书记深刻指出：“纵观世界文明史，人类先后经历了农业革命、工业革命、信息革命。每一次产业技术革命，都给人类生产生活带来巨大而深刻的影响。现在，以互联网为代表的信息技术日新月异，引领了社会生产新变革，创造了人类生活新空间，拓展了国家治理新领域，极大提高了人类认识世界、改造世界的能力。”[②] 推进思想政治教育形态创新，就要适应科学技术发生的新革命。宏观来看，不能简单套用农耕文明时代的思想政治教育形态运用于工业文明时代，同样不能简单套用工业文明时代的思想政治教育形态运用于信息文明时代。

尽管以互联网为代表的信息技术革命创造的网上生活不能完全取代网下生活，但网上生活已然成为人们的重要生活状态，并影响着人们的精神世界。习近平总书记深刻指出：“互联网是一个社会信息大平台，亿万网民在上面获得信息、交流信息，这会对他们的求知途径、思维方式、价值观念产生重要影响，特别是会对他们对国家、对社会、对工作、对人生的看法产生重要影响。”[③] 人们在网上生活当中同样无时无刻不呼吸着“精神的空气”，推进思想政治教育形态创新就要适应信息技术革命带来的新变化、新场域、新常态。以互联网为代表的信息技术不只是创造出一种人际交往的特殊场域，不只是为思想政治教育形态在网络场域的新展现提供承载，更是作为工具性存在创造出思想政治教育新形态。习近平总书记就做好思想政

① 马克思，恩格斯．马克思恩格斯选集：第1卷．3版．北京：人民出版社，2012：222.

② 中共中央文献研究室．习近平关于科技创新论述摘编．北京：中央文献出版社，2016：86.

③ 习近平．习近平谈治国理政：第2卷．北京：外文出版社，2017：335.

治工作提出“因事而化、因时而进、因势而新”的要求时，强调指出：“要运用新媒体新技术使工作活起来，推动思想政治工作传统优势同信息技术高度融合，增强时代感和吸引力。”① 即要增强互联网思维，积极运用新媒体新技术，创造能够融合思想政治教育传统优势和信息技术的思想政治教育新形态。因此，只有不断适应人类科学技术发生的新革命，思想政治教育才能进入人类生产生活新空间、融入人们生产生活新形态，进而推进思想政治教育形态发生适应科学技术革命的创新。

当前，中国特色社会主义进入新时代是中国发展新的历史方位，同样是思想政治教育所处的新的历史发展方位。涵养具有时代特质的精气神是新时代思想政治教育题中应有之义。而推动新时代思想政治教育形态的创新，是更加自觉地提振人们精气神、构筑共有精神家园的重要助力。新时代推动思想政治教育形态的创新，就要立足新时代中国特色社会主义的伟大实践，感受推动思想政治教育形态创新的时代脉动，呼应社会主要矛盾转化对思想政治教育形态创新提出的新要求，并基于对人们思想发生新转变的准确把握，抓住科学技术革命给思想政治教育带来的重大变革，以准确识变、科学应变、主动求变的姿态作答中国特色社会主义进入新时代给思想政治教育形态创新提出的新课题。

思考题

1. 思想政治教育形态是什么？
2. 思想政治教育形态的特点有哪些？
3. 从不同角度谈谈思想政治教育的主要形态。
4. 为何要注重不同思想政治教育形态的综合运用？
5. 推进思想政治教育形态创新的基本遵循包括哪些方面？

① 习近平．习近平谈治国理政：第2卷．北京：外文出版社，2017：378.

第六章 思想政治教育的具体开展

从宏观层面讲，思想政治教育总是服从和服务于一定社会的主流意识形态建设。从微观层面讲，任何思想政治教育都是一项具体的社会实践活动，都是一定的思想政治教育要素在彼此关联中遵循一定原则的过程展开，具有特定的规律性。本章即着眼于后一视角，分析探讨思想政治教育具体开展的实践逻辑。

第一节 思想政治教育的要素

思想政治教育要素是思想政治教育实践得以展开的基本要件和构成单元。思想政治教育的具体开展，是思想政治教育要素之间有机联结、相互作用的过程。

一、思想政治教育者与教育对象

在思想政治教育活动中，思想政治教育者是施教方，思想政治教育对象是受教方，两者是思想政治教育实践开展中具有能动性的两个关键要素。

（一）思想政治教育者

思想政治教育者，可以是一定社会的个体，也可以是社会群体，但归根到底落实为具体的社会个体。理解思想政治教育者，重要的是把握其角色定位、基本特点、素质要求等，明确思想政治教育者担负着什么样的职责使命，具有什么样的身份特点等。本书第十一章将专门就思想政治教育者的素质要求做深入分析，这里重点分析其角色定位和主要特点。

思想政治教育者，作为一种工作角色，是思想政治教育活动的组织者、实施者和调控者。依据一定阶级、政党、社会的要求对教育对象进行思想政治教育，提高教育对象的思想政治素质，是思想政治教育者最根本的角色要求。具体来讲，思想政治教育者的角色定位表现为：第一，是思想政治教育实践活动的组织者。思想政治教育是有目的、有组织、有计划的活动，离不开教育者的组织和实施。任何思想政治教育的开展，首先必须明确教育目标、内容，选择教育方法，创设教育条件，这都需要教育者主观能动地去组织。离开教育者的能动组织，思想政治教育无从展开。第二，是思想政治教育实践活动的实施者。思想政治教育作为实践活动，仅有实践要素的准备、实践条件的创设是不够的，还需教育者付诸实际行动，把思想政治教育由构想状态、可能状态向实践状态转化，这就需要思想政治教育者基于一定的条件准备，拟订、选择并落实实施方案。第三，是思想政治教育实践活动的调控者。思想政治教育要取得实效，实现教育目的，必须关注教育实践中各种各样的反馈信息，不断调整教育方案、改进教育行为。这都需要教育者担负好实践活动调控者的角色。

思想政治教育者，因其在思想政治教育实践活动中担负着特殊使命，扮演着特定的工作角色，从而呈现出鲜明的特点，归结起来主要有：第一，主导性。作为思想政治教育实践活动的具体组织者、实施者和调控者，思想政治教育者主导着整个教育活动的开展，确保教育实践活动沿着一定的方向发展，也决定着一定的教育目标能否实现。第二，示范性。思想政治教育与一般的教育相区别，对教育者要求更高，要求教育者要传道，自己必须先明道、信道，具有示范性。中国古人特别重视身教，强调身教重于言教。教育者在思想政治教育中的率先垂范、模范带头，至关重要。马克思曾指出："如果你想感化别人，那你就必须是一个实际上能鼓舞和推动别人前进的人。"① 苏联政治家和教育家加里宁也指出："教育者的世界观，他的品行，他的生活，他对于每一现象的态度都这样或那样地影响着全体受教育者。"② 第三，能动性。思想政治教育具体如何开展，从宏观层面讲，受一定的时代条件、现实基础、社会要求的制约；从微观层面讲，则更多受制于教育者的能动实践。教育者的主观能动性发挥得怎么样，是开拓创新、与时俱进地开展教育，还是因循守旧、墨守成规地开展教育，直接影响着思想政治教育的质量和水平。

（二）思想政治教育对象

思想政治教育对象的存在，是具体开展思想政治教育实践活动的前提。没有教育对象，思想政治教育实践活动就无从开展，也毫无意义，就会成为没有观众的演出。思想政治教育对象，即思想政治教育活动中教育者实践作用的对象。从这个意义上讲，思想政治教育对象具有对象性、被动性。但同时还要看到的是，思想政治教育对象既是教育者实践作用的对象，也是思想政治教育接受的主体，具有主体性、能动性，它在思想政治教育实践中可积极作为，也应发挥主观能动性。此外，思想政治教育实践活动开展得怎么样，效果如何，归根结底取决于教育对象的受教育状况及其成效。任何思想政治教育，都必须立足教育对象的实际，从对象的实际情况出发，着眼于对象的可塑性特点，有针对性地开展教育，坚持具体问题具体分析。离开对对象的重视和把握，思想政治教育就会无的放矢，其实效也会大打折扣。

---

① 马克思，恩格斯．马克思恩格斯全集：第42卷．北京：人民出版社，1979：155.

② 凯洛夫．教育学：上．北京：人民教育出版社，1952：116.

在思想政治教育实践中，教育对象参与教育活动、反馈教育过程、体现教育效果。参与教育活动，一方面是接受教育者的施教，另一方面是发挥主观能动性，与教育者的施教行为相互作用，推动教育活动的开展、教育目标的达致和教育效果的优化。反馈教育过程，是指教育对象作为能动性的教育要素，在教育过程中通过与教育者的交互作用，对思想政治教育的实践开展做出能动反映，反馈思想政治教育的实践进展状况，推动教育者调整教育活动的开展。体现教育效果，是指教育对象直接反映和体现教育活动的成效，表现为是否内化有关内容和要求，能否把这些要求和内容转化为个体的行为，提升思想政治素质。

从普遍的意义上讲，社会中的任何人都可以成为思想政治教育对象，都应该也必然会接受相应的思想政治教育。在广泛的思想政治教育对象中，青少年和领导干部是重点对象。青少年之所以是思想政治教育的重点对象，在于青少年是国家的未来、民族的希望，他们朝气蓬勃、可塑性强，处于生理、心理和思想从不成熟向成熟过渡的发展阶段，是党和国家事业发展未来的生力军与根本的推动力量。抓好了对青少年的思想政治教育，党和国家、民族就有了前途和希望。毛泽东曾把青年比喻为早晨八九点钟的太阳，邓小平曾反复告诫要抓好对青年的思想政治教育，习近平总书记也号召“全党要关注青年、关心青年、关爱青年，倾听青年心声，做青年朋友的知心人、青年工作的热心人、青年群众的引路人”[①]。开展好青少年思想政治教育，对于党、国家和社会来讲，是夯实执政基础、筑牢社会根基、培育希望花朵；对于青少年来讲，则是扣好人生的“第一粒扣子”，务必要引起高度重视，作为重中之重来考虑。领导干部之所以是思想政治教育的重点对象，这是由领导干部在社会生活中的地位和作用决定的。领导干部是党和国家路线方针政策制定的决策者、落实的组织者和领导者，他们的能力与素质直接关系党和国家的大政方针、路线政策能否贯彻到位、落到实处；此外，领导干部还是人民群众生活中的榜样，对于人民群众具有示范性和引领性，领导干部思想政治素质不过硬，就会“上梁不正下梁歪”，起到相反的作用。所以，中国共产党历来重视抓好领导干部的思想政治教育，在革命、建设和改革的各个时期通过多种手段抓好领导干部的思想政治教育。在当代中国，推进党和国家的事业发展，同样“必须抓住领导干部这个‘关键少数’，首先解决好思想观念问题”[②]，抓好对领导干部的思想政治教育。

---

① 习近平．在庆祝中国共产党成立95周年大会上的讲话．人民日报，2016－07－02.

② 习近平．加快建设社会主义法治国家．求是，2015（1）.

链接

学生在高校生活，少则三到四年，多则九到十年，正处在人生成长的关键时期，知识体系搭建尚未完成，价值观塑造尚未成型，情感心理尚未成熟，需要加以正确引导。这好比小麦的灌浆期，这个时候阳光水分跟不上，就会耽误一季的庄稼。高校毕业生走入社会，他们的思想和言行往往影响他们这一代年轻人。高校思想政治工作，面上看做的是学生思想政治工作，实际上将影响一代青年的思想观念、价值取向、精神风貌。所以，高校必须引导学生铸就理想信念、掌握丰富知识、锤炼高尚品格，打下成长成才的基础。

——中共中央文献研究室．习近平关于青少年和共青团工作论述摘编．北京：人民出版社，2017：37-38.

思想政治教育者和教育对象之间既有区别又有联系，在思想政治教育实践中是对立统一的关系。教育者在思想政治教育活动中扮演的是组织者、实施者和调控者的角色，起着主导作用。教育对象是教育者所面对的工作对象，是思想政治教育影响的接受者，但亦具有选择、接受、展现教育影响的主体性。思想政治教育活动是教育者和教育对象在交流互动中共同建构起来、共同推动发展的。

二、思想政治教育的目标与内容

作为思想政治教育要素，思想政治教育的目标与内容是联结教育者与教育对象的重要纽带，是架构教育者与教育对象之间互动的桥梁，对于思想政治教育实践活动的开展必不可少。

（一）思想政治教育目标

人类的实践活动是有目的的活动，贯穿和体现着作为实践主体的人的意图和目的，思想政治教育也不例外。但在思想政治教育的具体开展中，仅有教育目的还不够，还需要具体转化为教育目标，教育目标比教育目的更具体，更具实践操作性。

思想政治教育目的是思想政治教育活动所要达到的结果在主观上的反映，是人们对思想政治教育结果的预设，体现着国家、社会和教育者的期望，规定着思想政治教育者的工作方向与教育对象的成长方向。思想政治教育目的在整个思想政治教育过程中起着导向、指引、激励、调控的作用，具有阶级性、时代性和整体性的特点。任何思想政治教育都是应一定社会发展需求而生，服务于社会发展的现实要求，同时受制于时代发展，打上时代发展的鲜明印记。尽管不同阶级、不同时代的思想政治教育，其教育目的的具体规定和要求是不一样的，但从根本上讲，思想政治教育是做人的工作，是育人的实践，任何思想政治教育都要以培养特定规格的人，塑造教育对象的思想政治素质为整体目的。

思想政治教育目标是思想政治教育目的的具体化。思想政治教育目标具有鲜明的多样性。如依据教育对象不同，可以分为社会目标、群体目标和个体目标，社会目标指向全体社会成员，群体目标指向特定的社会群体，个体目标指向特定的社会个体，三者之间相互影响，社会目标主导和支配着群体目标和个体目标，同时其实现依赖于群体目标和个体目标的达成。依据具体内容的不同，可以分为政治目标、道德目标、职业目标、生活目标等，每一个方面的目标具体内容不同，所规范的社会生活领域也不一样，但这些目标在一定意义上是一个有机整体，彼此制约、相互影响。依据适用时间的不同，可以分为长期目标、中期目标和近期目标，长期目标具有战略性、宏观性，中期目标、近期目标具有现实性、具体性和可操作性。依据隶属关系划分，可以分为总目标和分目标，总目标具有整体性，分目标支撑总目标，具有具体性。这些目标相互联系、相互影响，共同构成思想政治教育的目标体系。在思想政治教育的实际运行中，思想政治教育目标的拟订一定要立足实际，基于思想政治教育目的做整体设计和系统谋划，既做到周全谋划、兼顾各方、符合规律，具有科学性、合理性，又做到立足实际、具体明确、指向清晰，能落实到位，具有可操作性。

（二）思想政治教育内容

思想政治教育内容，是教育者向教育对象传递的思想理论、价值观念、政治要求、道德规范等。在具体的思想政治教育活动中，教育内容应具有以下特点：第一，针对性。在现实生活中，思想政治教育总是针对特定的教育对象来开展，即使是同一类别的教育对象其个体特征也会有差异，这就要求教育者根据实际情况，设计针对不同对象的教育内容，避免内容设计的公式化和模式化，使教育内容既能有效地契合教育目标，又能更好地贴近教育对象。第二，精准性。开展思想政治教育，总是要对症下药，解决好教育对象的思想问题和困惑，这就要求教育者精心设计确切而精准的教育内容。第三，系统性。由于人的思想具有复杂多变性，具体的思想政治教育实践活动，即便面对特定的教育对象，也不能“只及一点，不及其余”，而是需要对教育内容进行系统化设计，注重教育内容的合力效应，以服务于教育对象思想政治素质的提升。

在具体的思想政治教育实践中，思想政治教育内容不可能在既定的“篮子”中随用随取，而必须根据特定的教育目标、教育对象精心设计，同时还需要随着实践活动的开展不断对教育内容进行整合和优化。在思想政治教育内容的整合和优化中，要关注主导性内容与多样性内容、理想性内容与现实性内容、科学性内容与人文性内容的协调、渗透和融合。第一，主导性内容与多样性内容的整合和优化。具体的思想政治教育，都具有相应的教育目标，往往会以某一内容为主，而以其他内容为辅，要协调处理好不同内容之间的关系，使多样性内容更好地配合主导性内容。第二，理想性内容与现实性内容的整合和优化。思想政治教育内容，应该既具有目标的合理性，又具有现实的可行性，既能超前引导教育对象，又能现实地激励教育对象，是理想性与现实性的统一。第三，科学性内容与人文性内容的整合和优化。思想政治教育中的科学性内容反映的是真理、本质、规律，人文性内容体现的是思想、情感、精神。在思想政治教育内容的设计中，要注意二者的相互补充、相互支撑。

思想政治教育目标与内容之间存在紧密的联系。一方面，思想政治教育目标规定着思想政治教育内容，思想政治教育内容必须依据一定的思想政治教育目标去设计，体现思想政治教育目标的内在要求。另一方面，思想政治教育内容要服从和服务于思想政治教育目标，要依据实现目标的需要与时俱进、动态调整，重视设计且不断完善和优化。

三、思想政治教育的载体与方法

开展任何思想政治教育，必然要解决和回答如何开展的问题，这就涉及思想政治教育载体与方法的问题。思想政治教育载体与方法是体现思想政治教育目的、传导思想政治教育内容的具体途径、形式和做法，是思想政治教育开展必不可少的要素。

（一）思想政治教育的载体

思想政治教育载体，就是在思想政治教育活动中，教育者为实现一定的教育目标，选择和运用的能够承载和传导教育信息，并实现与教育对象互动的中介、桥梁和纽带。思想政治教育总要借助一定的载体才能进行，教育目标的实现、教育任务的完成、教育内容的实施、教育者与教育对象之间的互动等，都离不开一定的载体。教育载体是思想政治教育具体开展的重要依托。

并非所有的事物都能成为思想政治教育载体，一事物要成为思想政治教育载体必须同时具备以下两个基本条件：一是能够承载和传导思想政治教育信息。思想政治教育信息包括教育目标、教育内容等，本身都是主观性的存在，必须通过客观的形式如教材、实践活动等表现出来。只有当这些客观的形式既能承载又能传导教育信息，并能为教育者操作和运用，为教育对象认识和接受，这时它们才构成真正的思想政治教育载体。二是能够联结教育者和教育对象。思想政治教育实践活动不是教育者单方面的“独角戏”，而是教育者与教育对象共同参与、相互作用的双向交流互动过程，二者之间要通过思想政治教育载体的中介与桥梁作用联结起来。换言之，只有当一事物在承载传导教育信息的基础上，将教育者和教育对象有效联结起来，才能称其为教育载体。这两个方面是一事物能成为思想政治教育载体的必备条件，缺一不可。

思想政治教育载体类型多样。在思想政治教育实践中运用比较多的主要是以下几种载体：第一，语言载体。语言是人与人之间沟通的最直接最普遍的方式，因而语言载体也就成为思想政治教育最基本的载体。正如毛泽东所说：“一个人只要他对别人讲话，他就是在做宣传工作。”① 语言载体主要包括口头语言载体和文字语言载体两大类，需要注意的是，表情、手势、姿态、动作，还有表格、图像等，都能传递一定的思想信息，也都可纳入广义的语言载体范围，可以并且应该在思想政治教育实践活动中根据实际情况加以有效运用。第二，活动载体，即思想政治教育者为实现教育目标所设计、开展的有计划有组织的活动，具有明确的组织性、参与性、针对性等特征。第三，管理载体。思想政治教育管理载体即运用于思想政治教育或者说承载着思想政治教育功能的管理制度、方法、途径等。管理载体作为思想政治教育的基本载体之一，并不要求改变管理的固有性质和功能，而是强调利用现有管理渠道，更加贴近实际地开展教育以取得实效。第四，文化载体，即思想政治教育活动中运用的各种文化形式。文化载体往往能以其强烈的吸引力、感染力、渗透性、价值导向性增强思想政治教育的吸引力、感染力、渗透力和影响力。第五，传媒载体，即承载、传播思想政治教育信息的大众传播媒介，包括报纸、书籍等传统传媒载体和以互联网为支撑的新兴传媒载体。传媒载体以其信息量大、传播广、受众多等特点成为思想政治教育的重要载体。

思想政治教育载体的选择、运用与开发，是关系思想政治教育实践活动能否有效开展的重要因素。为了增强思想政治教育活动的实效，在选择、运用适合的教育载体的过程中，应坚持以下原则：第一，匹配性原则。教育载体的选择和运用不是主观随意、随心所欲的，而是要根据思想政治教育活动中涉及的具体教育内容、教

① 毛泽东．毛泽东选集：第 3 卷．2 版．北京：人民出版社，1991：838.

育对象、教育环境、教育条件等来确定，确保教育载体与其他教育要素之间的相互匹配和吻合，避免彼此之间的不相适应或冲突抵牾。第二，综合性原则。在具体开展思想政治教育中，为了达到最佳的教育效果，往往不能仅仅借助于一种教育载体，而是要选择和运用多种教育载体。第三，发展性原则。时代是不断发展进步的，这要求思想政治教育载体的选择和运用也要与时俱进，富有时代气息，只有这样才能增强思想政治教育的时代性、鲜活感，进而增进吸引力，提升实效性。第四，创新性原则，即要注重载体运用的创新发展，注重载体运用的开发性创新。在思想政治教育载体的具体选择运用中，既要沿用好办法，也要改进老做法、探索新方法；既要充分发挥传统载体的最佳教育效果，实现传统载体教育效果长盛不衰，也要尽可能开发有价值的新载体，创新教育载体，或者是对既有载体予以创新性开发利用，不断推陈出新。

（二）思想政治教育的方法

任何一项实践活动的开展都离不开一定的方法，方法是人们过河的“船”或“桥”，是联结活动主体与客体的中介。思想政治教育方法，即思想政治教育活动中教育者为实现教育目标所运用的手段、工具、程序、途径等。思想政治教育方法类型很多，从性质上可划分为思想方法和工作方法；从层次上则有多种划分，如从宏观到微观来看，有哲学方法、原则方法、具体方法、操作方式、运用艺术和技巧等；从思想政治教育的一般过程来看，有认识方法、实施方法、调节评估方法等。

把握思想政治教育方法，需要把握其以下鲜明特点：第一，中介性。思想政治教育方法，介于教育者和教育对象之间，是联结教育者、教育对象以及其他要素的中介和桥梁。第二，客观性。在思想政治教育实践活动中，思想政治教育方法尽管可以为教育者和教育对象所主观选择，但方法的选择并非随心所欲，而是要观照思想政治教育其他要素状况，遵照思想政治教育规律予以选择和使用，具有客观性。第三，发展性。思想政治教育方法不是一成不变的，伴随着时代和社会的进步、条件和环境的改变、技术和手段的革新，思想政治教育方法也会发展变化。不同时代条件下有不一样的思想政治教育方法，即便是同样一种方法在不同时代条件下也有不一样的呈现形态。

思想政治教育方法的选择和运用受多方面因素的影响和规定，总的来说，在思想政治教育实践活动中，要根据教育目标的不同要求、教育内容的不同特点、教育者和教育对象的实际情况，正确选择和综合运用思想政治教育方法，以达成预期目标。具体情况不同，选择和运用的思想政治教育方法会有很大差异性。具体来讲，在选择和运用思想政治教育方法的过程中，需遵照以下原则要求：第一，讲求针对性。不同教育方法对解决不同问题有不同功效，因此，思想政治教育方法的选择和运用必须从实际出发，要针对不同的教育目标和任务、教育对象、教育内容等进行综合考虑、合理选择，本质上就是要使教育方法的选择和运用既合乎思想政治教育的实践规律，又合乎思想政治教育的要素特性。第二，把握综合性。任何一种思想政治教育方法都不是万能的，加之人的思想具有高度复杂性，外在环境具有多变性，仅靠单一的教育方法很难有效解决思想政治教育中的问题。所以，要在把握不同教育方法特点和作用的基础上，综合选择和运用多种教育方法，并且要使之形成协调、有序、配合的相互关系，以实现教育方法的整体优势和综合效果。尤其是在现代社会，影响人们思想问题的因素复杂多样，对人们开展思想政治教育也需要克服单一线性思维，注重方法选择和运用的综合性、多样性。第三，注重实效性。思想政治教育方法的选择和运用最终都是为实现教育目标服务，要尽可能实现思想政治教育效果的最大化。所以，任何思想政治教育方法的选择和运用必须落到实效上来，要注重现实可行性和可操作性，要避免搞花架子，做表面文章，切忌形式主义。第四，富有创造性。随着时代和社会发展，思想政治教育方法也应该与时俱进，实现不断创新发展，这对思想政治教育方法的选择和运用提出了更高的要求，一方面要结合实际情况创造性地改进和运用传统教育方法，另一方面要积极借鉴、探索、研究新时期新的教育方法，不断推进教育手段现代化的实现。

思想政治教育载体与方法紧密联系、互相规定。选择什么样的思想政治教育载体，与运用什么样的思想政治教育方法是密切相关的，彼此要相互支持、配合，而不能相互矛盾、抵牾，载体应适应方法的要求，方法应适应载体的需要。此外，彼此的发展还会相互促进和推动，比如思想政治教育载体的创新，无疑会对思想政治教育方法的选择产生积极影响，方法的创新也会推动载体的发展。

第二节 思想政治教育的过程

思想政治教育过程是指教育者对教育对象施加有目的、有计划、有组织的教育影响，引导教育对象形成和提高其思想政治素质的过程。科学认识思想政治教育过程的构成及其环节、矛盾和规律，是做好思想政治教育工作的必然要求。

一、思想政治教育过程的环节

思想政治教育过程，对于教育者来讲，即具体开展教育实践活动的过程；对于教育对象来讲，即接受施教、认知行为发生转化的受教过程。这两个过程又是不可分割、紧密联系的一个整体，是辩证统一的两个方面。

（一）思想政治教育中的施教过程

思想政治教育中的施教过程是教育者主导的思想政治教育实施过程，教育者在其中承担着组织、推进、调控的任务。具体来说，教育者的施教过程包括搜集思想信息、分析思想信息、制定教育方案、实施教育方案、开展施教评估等几个环节。

第一，搜集思想信息。搜集、分析思想信息是思想政治教育的基础和前提，没有充足的思想信息，教育者便无法客观、准确掌握教育对象的思想政治状况，也就无法确定教育目标、制定教育方案乃至实施教育活动。但是，思想信息的获取并非易事，会受到多方面因素的制约。就教育对象来讲，不同年龄阶段、文化背景、性格特点的教育对象，其思想政治状况各不相同。就教育环境来讲，随着时代的发展变迁，尤其是伴随着大数据时代的到来，海量、多元、高速更迭的信息不断产生，既为获取思想信息提供了便利，也对思想信息获取提出了更高要求和更大挑战。就教育者来讲，因不同教育者在素质能力水平等方面的不尽相同，其获取教育信息的能力也自然各不相同。教育者要提高所获取信息的有效性，在搜集思想信息时就一定要做到准确、全面、及时。准确就是要求信息的获取要客观真实，避免主观性的干扰和影响；全面就是要求多方面、全方位获取信息，要力避片面性；及时就是要力争在第一时间获取现场信息，避免信息获取的滞后性。

第二，分析思想信息。在系统搜集思想政治教育信息并全面掌握教育对象的思想政治状况之后，教育者就要对所收集的思想信息进行整理和分析，为制定教育方案做好准备工作。对收集到的思想信息如果不加以分析，即便获取的信息再丰富，也不能很好地在思想政治教育中予以充分运用。因为分析思想信息，本质上就是对思想信息进行一番“去粗取精、去伪存真、由此及彼、由表及里的改造制作工夫”①。只有借助分析思想信息，才能透过现象看本质，科学把握人们思想活动的状

① 毛泽东．毛泽东选集：第1卷．2版．北京：人民出版社，1991：291.

况、趋势及教育要求。开展思想信息分析必须透过人们的言行把握其实质，注意分清真相、表象和假象；要着眼于思想信息的发展变化过程开展动态分析，以把握人们思想状况的变化轨迹及发展趋势；要置于开放的环境中考察思想信息，把握人们思想状况与外在环境、客观存在的辩证关系；要运用辩证思维开展思想信息分析，注重在复杂思想矛盾中抓住主要矛盾及其主要方面，分清主次，明确工作方向。

第三，制定教育方案。教育方案是指教育者在实施教育活动之前所制订的计划。制定教育方案首要的是要明确教育目标，因为教育目标是确定教育内容、选用教育方法、选择教育载体的根本依据，不明确教育目标，就不能明确开展教育究竟要“做什么”，更谈不上“怎么做”。明确教育目标，最重要的是要坚持一切从实际出发，具体问题具体分析，有的放矢，突出目标确定的针对性、适切性和可行性，既不脱离实际好高骛远地制定教育目标，也不脱离实践空中楼阁式地描摹教育目标。明确了目标，则可立足对所获取思想信息的深入分析，具体制定教育方案。制定教育方案贵在全面系统、切实可行和具有前瞻性。所谓全面系统，是强调教育者在制定教育方案时必须全面、综合考虑思想政治教育的要素和环节，包括教育内容的确定、教育方法的选择、教育载体的优化、教育情境的设置等。缺少任何一个方面，思想政治教育的具体实施都会受到掣肘。所谓切实可行，是强调教育者制定教育方案必须考虑方案内容的可行性，是否有保障方案实施的必要条件等。所谓具有前瞻性，是强调教育者在制定方案时，必须对方案实施过程中可能会出现的各种问题进行提前预判和风险评估，并提出相应的工作预案与应对策略。

第四，实施教育方案。教育方案犹如一张建筑“施工图”，实施教育方案的过程就是依据“施工图”开展具体施工的过程，但思想政治教育的施教与建筑施工有所不同。在建筑施工中，设计师所有的建筑理念、灵感、创新都体现在“施工图”中，建筑施工是对“施工图”的具体实现，一般不允许建筑者的二次发挥和再设计。在思想政治教育活动中，教育方案对教育实施具有指导作用，教育者必须按照教育方案组织和实施教育，不能随心所欲地背离教育方案。但是，教育对象的思想政治状况乃至教育情境等都是不断发生变化的，教育者要根据实际及时、灵活地调整教育内容和方法，不能故步自封、墨守成规。

第五，开展施教评估。思想政治教育施教完成之后，还应对思想政治教育的施教情况及其实效开展评估。施教评估总体上包括对施教工作的要素评估、过程评估和实效评估三个方面。要素评估主要关注各思想政治教育要素在思想政治教育过程中发挥作用的状况，如教育目标的制定是否合适、教育内容的设定是否科学、教育方法的选择是否恰当、教育者和教育对象发挥主观能动性是否到位等等。过程评估主要关注思想政治教育过程各个环节和阶段的具体实施状况，如各个环节、阶段的衔接是否流畅，彼此之间是否形成教育合力等。实效评估主要关注思想政治教育的最终结果是否符合预期，是否实现了教育目标。要开展施教评估，首先需要对施教过程进行信息反馈，全面把握思想政治教育施教过程的开展情况及其成效状况；其次需要联系教育目标、教育方案等，对所收集到的反馈信息进行客观分析，把握施教工作得失、存在的主要问题及其原因；最后需要对施教工作的后续开展提出优化建议，以提高施教工作的质量和水平。开展施教评估，既是对业已开展的思想政治教育施教工作的总结，也是为将要开展的思想政治教育提供准备和基础。

（二）思想政治教育中的受教过程

教育者施加教育的过程和教育对象接受教育的过程相结合，共同构成了完整的思想政治教育过程。思想政治教育的受教过程是指教育对象对教育者传授的教育内容予以整合内化、外化践行，以使自己的思想政治素质不断与社会要求相符合的过程。具体来说，受教过程包括内化接受和外化践行两个阶段。

第一，内化接受阶段。所谓内化，是指教育对象在教育者的影响下将一定社会的思想政治要求由外在向个体内在进行转化，以成为个体相关知、情、信、意思想系统的有机组成部分。内化具有复杂性和条件性。复杂性指个体内化的过程是一个十分复杂的过程，涉及知、情、信、意等多个方面，任何一个方面都会对教育对象的内化产生影响。绝不能把教育对象的个体内化，视为一个在教育者影响下的简单对应或线性运动的过程。条件性则意味着推动教育对象实现个体内化，需要教育者从教育对象知、情、信、意等多方面做好工作，为教育对象个体内化的实现创造条件。比如，在“知”的方面，教育对象要实现内化，无疑需要教育者把理论讲透彻，把道理说充分，以理论的彻底性征服人，同时还要以贴近教育对象实际的方式开展教育，使教育接地气，为教育内容入脑入心创造条件。很显然，理论讲授不彻底、说理不充分或者说理教育方式不恰当等，教育对象便难以认可教育者的施教，更不可能形成高度认同和接纳，相反还会产生逆反、排斥和抵触，如此这般，内化便无从谈起。再如，在“情”的方面，如果教育者不能晓之以理、动之以情，不能以情感人、以情动人，缺乏情感力量，教育对象自然不会主动、积极接纳教育者的施教，个体内化便会缺乏情感的催化作用，其效果自然会大打折扣。

第二，外化践行阶段。外化指的是教育对象把内化阶段业已形成的知、情、信、意转化为“行”的过程。外化并不是自发发生的，需要借助一定的条件才能实现。首先，内化是外化的基础和前提。内化的水平如何，即教育对象在多大程度上接受了教育者的施教，教育者的施教在多大程度上走进了教育对象的思想世界，将直接决定着教育对象外化践行是否会发生，以及教育对象外化践行的水平层次。其次，动机是外化的动力和保障。动机是指推动个体从事某项活动的念头或愿望。激发教育对象的外化动机，并适当保持其动机水平，是推进教育对象外化践行的重要条件。最后，实践活动是外化的必需载体。实践是主观见之于客观的活动，个体要将内化于头脑的思想观念外化为行为，只有通过实践才能实现。并且，要将一定的思想观念转化为较为稳定的行为习惯，并不是一两次实践就可以达成的，必须借助反复的实践进行强化和巩固。推进教育对象的外化实践，有必要创造条件推动教育对象反复参加社会实践活动。思想政治教育所应追求的外化践行，绝不是教育对象一次性或临时性、短时性的外化践行，而是要成为教育对象的行为常态，使之养成习惯，成为品德。实现这样的外化践行，需要不断的巩固提高。

需要特别指出的是，教育对象思想政治素质的提升并不是一蹴而就的，而是具有长期性、艰巨性、复杂性的动态过程，这一过程并不是一次或两次思想政治教育活动就能够实现的，是一个长期的过程。

二、思想政治教育过程的矛盾

“矛盾是普遍的、绝对的，存在于事物发展的一切过程中，又贯串于一切过程的始终。”① 矛盾普遍存在于事物的发展过程中，思想政治教育过程是思想政治教育各要素相互作用、复杂运动的过程，其中也存在各种矛盾。矛盾也是推动事物发展的根本动力。准确把握思想政治教育过程中存在的矛盾，并积极创造条件促进矛盾转化，是推动思想政治教育的发展、提高教育实效性的内在要求。

（一）思想政治教育过程的主要矛盾

“任何过程如果有多数矛盾存在的话，其中必定有一种是主要的，起着领导的、决定的作用，其他则处于次要和服从的地位。因此，研究任何过程，如果是存在着两个以上矛盾的复杂过程的话，就要用全力找出它的主要矛盾。”② 思想政治教育过程也不例外，也存在发挥支配、决定作用的主要矛盾。思想政治教育过程的主要矛盾是一定社会条件下人们思想政治素质的应然要求与实际状况之间的矛盾。

---

① 毛泽东．毛泽东选集：第1卷．2版．北京：人民出版社，1991：307.

② 同①322.

之所以说这一矛盾是思想政治教育过程的主要矛盾，依据有四。一是这一矛盾决定着思想政治教育的具体发生。思想政治教育之所以发生，在于任何时候人们符合社会发展要求的思想政治素质并不会自发形成，人们并不会天然地具备符合一定社会需要的思想政治素质。社会对人们思想政治素质的要求与人们思想政治素质实际状况之间的矛盾，是特定思想政治教育发生的根本原因。二是这一矛盾推动着思想政治教育的发展。思想政治教育之所以不断发展，在于社会的发展变迁不断对人们的思想政治素质提出新的要求，这与人们思想政治素质实际状况之间始终构成一定的矛盾张力，这种矛盾张力产生了要不断加强和改进思想政治教育，推进思想政治教育创新发展的现实需要，这便成为思想政治教育不断发展的内生动力。也就是说，是社会对人们思想政治素质的要求与人们实际思想政治素质之间的矛盾，贯穿于思想政治教育的始终，推动着思想政治教育不断发展。既有的要求和需要在一定意义上达到和满足后，又会产生新的需要，提出新的要求，如此周而复始地推动思想政治教育不断向前发展。三是这一矛盾还决定着思想政治教育的性质和发展趋势。在不同的社会条件下，社会对人们思想政治素质的要求与人们思想政治素质实际状况之间的矛盾存在着根本性质的不同。不同社会条件下的思想政治教育之所以具有不同性质，根本的原因就在于不同社会对人们思想政治素质的要求与人们思想政治素质实际状况之间的矛盾存在质的差异性。四是这一矛盾主导和制约着思想政治教育其他具体矛盾。在思想政治教育过程中，还存在着教育者与教育对象之间的矛盾、思想政治教育与社会环境之间的矛盾、社会发展要求与个体发展需要之间的矛盾等具体矛盾。无论这些矛盾是什么样的矛盾，以什么样的矛盾状况存在，归根结底都源于社会对人们思想政治素质的要求与人们思想政治素质实际状况之间的矛盾。

概而言之，思想政治教育过程的主要矛盾决定了思想政治教育的发生发展，也决定了思想政治教育的根本性质，还主导着思想政治教育其他矛盾的发展，贯穿于思想政治教育过程始终。

（二）思想政治教育过程的具体矛盾

如前所述，在思想政治教育开展过程中，还存在着多种具体矛盾。这些具体矛盾是思想政治教育主要矛盾的具体体现，也在一定意义上反映了思想政治教育在不同阶段不同环节矛盾关系的不同。

以教育者为分析起点来看，思想政治教育过程中存在着如下具体矛盾：

一是教育者施教角色要求与其自身素质之间的矛盾。在思想政治教育过程中，教育者施教的角色要求与其素质之间构成一对矛盾关系，教育者要有效施教必须处理好这对矛盾关系，处理不好就会影响思想政治教育的实践开展。现实中，一些思想政治教育实效不佳，一个重要原因往往就在于教育者的素质状况不堪胜任其工作角色要求。

二是教育者与其他教育要素之间的矛盾。教育者和教育对象是思想政治教育过程中最重要的要素，二者相互依存、相互影响，缺少了任何一方，思想政治教育本身就失去了存在意义。但教育者和教育对象之间在知识储备、人生阅历、性格特点、思维方式、现实处境等方面客观上存在差异性，这些差异直接导致了教育者和教育对象之间矛盾的产生。在思想政治教育实践活动中，教育者要面向教育对象，运用教育内容、教育方法、教育载体等开展具体的教育活动，教育者对教育目标、教育内容、教育方法、教育载体等能否全面有效认知，能否科学合理选择，能否正确恰当运用等，都会直接影响教育实践的开展。这就是说，教育者与教育目标、教育内容、教育方法、教育载体等其他要素之间也存在矛盾关系。实践中，思想政治教育在某些情况下之所以实效不佳，一个重要的原因就在于教育者没有能够准确把握其与教育目标、教育内容、教育方法、教育载体之间的矛盾，存在目标认识不准确、内容设计不科学、方法载体选择不恰当等情况。

以教育对象为分析起点来看，思想政治教育过程中存在如下具体矛盾：

一是教育对象接受教育者施教影响与受其他因素影响之间的矛盾。教育对象生活在开放的社会环境中，不仅接受教育者的教育影响，还会受到社会生活中的大众传媒、舆论思潮、社会组织、同辈群体、家庭环境等多方面因素的影响。社会生活对教育对象的影响，可能与教育者的施教影响是一致的，也可能是不一致的，甚至是背道而驰的。如果其他因素对思想政治教育产生积极影响，便会形成协同效应，产生教育合力。如果其他要素与思想政治教育不能同向发挥作用，便会导致二者之间的矛盾，从而弱化、抵消教育效果。教育对象思想政治素质的形成和发展，往往是多方面影响因素合力作用的结果。

二是教育对象个体发展需要与社会发展要求之间的矛盾。社会的发展要求与教育对象个体发展需要之间会存在矛盾张力，因为社会的发展要求不仅包含着现实要求，而且内含着未来的发展趋势，超越于现存状态之上，教育对象不一定能充分地把握社会发展要求。当教育对象对社会发展要求理解不到位或把握不深刻时，教育对象就会感受到社会发展要求与其个体发展需要之间存在矛盾张力。

三是教育对象曾经受教与当下受教之间的矛盾。教育对象思想政治素质的形成与发展是一个过程，受其成长历程中不同时期、不同阶段所接受思想政治教育的综合影响。教育对象在其成长历程的不同时期、不同阶段所接受的思想政治教育，理应形成一个相承相继、前后衔接、互为补充的连续统一体，但现实中因多方面的原因往往可能会存在一定的冲突和矛盾。一旦发生这样的情况，不同时期、不同阶段的思想政治教育就非但难以形成合力，反而会消解育人实践，弱化教育效果。解决教育对象在不同时期、不同阶段所接受思想政治教育的冲突，要注重顶层设计和整体规划，尤其要加强大中小学德育的整体化设计和职前职后、校内校外思想政治教育的一体化构建。

四是教育对象与其他教育要素之间的矛盾。在思想政治教育实践中，教育对象与教育者、教育内容、教育方法、教育载体等其他要素之间应该构成匹配与适应关系，不应存在矛盾和冲突关系。教育对象是思想政治教育实践发生的前提性存在，其他一切要素的安排与选择都应以教育对象为着眼点和落脚点，做到与教育对象相适应。这就要求教育者在思想政治教育的具体开展中走近、了解、把握教育对象，努力做到基于教育对象的客观实际有的放矢、科学有效地开展教育实践，精心设计、科学组织教育实践活动，切忌离开教育对象的客观实际，主观化、简单化、教条化地开展施教活动。

三、思想政治教育过程的规律

任何事物的规律都是其矛盾运动的规律。思想政治教育过程的矛盾和规律也是如此，矛盾蕴含着规律，规律体现在矛盾之中，支配着矛盾的发展。思想政治教育过程的规律，便是指思想政治教育过程中矛盾运动形成的必然的、本质的、稳定的联系。对于思想政治教育过程规律的认识和把握，是教育者正确认识、科学组织和实施思想政治教育活动的必然要求。

（一）适应引领律

在思想政治教育具体实践中，教育者所传导、表达的一定社会的思想政治要求与教育对象思想政治现状之间的矛盾，构成思想政治教育的主要矛盾，这一矛盾转化和解决的过程，就是教育对象的思想政治素质从实然向应然、从现实向理想转化的过程。这一矛盾的运动发展，意味着思想政治教育要引领人们适应社会发展需要，为人们适应社会发展需要提供思想、政治、道德、法纪等层面的引导，也要引领社会的未来发展方向，激发人们开创未来的精神动力。思想政治教育适应、引领社会和个体发展的规律，可以概括为“适应引领律”。其内涵表现为两个方面：首先，思想政治教育受到社会经济、政治、文化等发展状况的制约，又对社会发展具有能动的反作用，因此其既要从社会实际出发，适应社会发展的需要，又要适度超越社会发展的现实状况，通过凝聚思想共识、激发精神动力、提供思想保障、奠定道德基础等推动社会进步，引领社会的未来发展。其次，思想政治教育过程要从教育对象思想和行为的实际出发，既要以教育对象现有的思想政治素质为根据组织和实施教育活动，又要适度超越其现有基础，引领其未来发展，唯有如此才能切实提高教育对象的思想政治素质。适应引领律要求教育者在制定思想政治教育目标、实施思想政治教育活动时必须将“适应”与“引领”结合起来，如果只有“适应”没有“引领”，教育对象的思想政治素质就无法不断提高；如果只有“引领”没有“适应”，忽略教育对象的实际状况，教育目标就会变得高不可攀、遥不可及，同样不利于教育活动的开展。

（二）要素匹配律

思想政治教育的实践开展过程，在一定意义上就是思想政治教育各要素彼此关联、相互作用、互相激活的工作过程，各要素如果不彼此关联、相互作用，要素终究是要素，思想政治教育实践则并未真正发生。在思想政治教育要素的彼此关联、相互作用中，各要素的彼此匹配、契合至关重要，蕴含着思想政治教育实践开展的要素匹配规律。所谓思想政治教育过程的要素匹配律，即在思想政治教育具体实践中，各要素之间必须保持相互匹配、彼此协同。思想政治教育的要素匹配，是强调在同一个思想政治教育活动过程中，教育者、教育对象、教育目标、教育内容、教育载体、教育方法等要素要相互适应、彼此匹配。其中，尤其是教育者要适应其他要素的要求，能够有效驾驭其他教育要素，能够与教育对象之间形成民主平等、相互尊重、和谐友好的关系；教育对象能适应教育要求，能够接受教育者的施教，能够认同教育者对其他教育要素的选择与运用；其他教育要素之间相互匹配，如教育内容与教育载体、教育方法相适应，教育目标与教育内容相吻合等。在思想政治教育具体实践中，只有思想政治教育各要素相互匹配、彼此协同，思想政治教育才能有效运行，才能取得预期实效。如果要素之间存在不匹配或不协同的状况，如教育者不能有效驾驭教育内容，或者是对教育载体、教育方法选择不当等，都会影响教育实效的取得。

（三）过程充足律

思想政治教育过程，从纵向时间轴上可以做阶段、环节的划分，从取得教育效果的意义上，则必须是一个教育者充分施教、教育对象充分受教的过程，蕴含着思想政治教育过程充足的实践规律。所谓思想政治教育过程充足律，是强调思想政治教育的每一个阶段每一个环节的施教、受教工作必须充分开展，以施教、受教工作足够量的积累，推动思想政治教育质的飞跃，取得预期教育实效。施教工作开展不够、受教过程不足，都会对思想政治教育预期目标的实现产生重要影响。比如，开展理论教育，如果理论讲授不充分，或者不彻底，教育对象无疑会难以准确理解，难以实现认识转化或思想升华。在思想政治教育的具体开展过程中，只有把涉及教育对象知、情、信、意、行的每一个施教和受教环节都做好、做足、做充分，思想政治教育的目标才能如期圆满实现，任何一个环节的实践不充分都会影响教育效果的理想达致。

（四）反复渐进律

人们的认识遵循着“实践、认识、再实践、再认识，这种形式，循环往复以至无穷，而实践和认识之每一循环的内容，都比较地进到了高一级的程度”[①] 的规律，总体上呈螺旋上升的趋势。人的思想政治素质的进步也是如此，并非直线上升、线性运动，而是在无数的反复中螺旋上升的。思想政治教育的反复渐进律，即指适应人的思想认识发展循序渐进，具有反复性的特点，思想政治教育提升人的思想品德也应循序渐进，不能急于求成，不能追求“毕其功于一役”。理解反复渐进律，要把握两个方面：一是人的思想政治素质的发展变化往往具有反复性，思想政治教育要反复开展教育，久久为功、持之以恒。一定情况下人们的思想政治素质发展呈现反复性，并不意味着过去的教育都无效或失效了，只意味着教育效果的实现还需要一定的教育强化或继续，既不能因为这种反复性而放弃教育或怀疑教育，也不能因思想政治教育需要反复强化而放松或放低任何一次教育的要求与重视程度。二是人的思想政治素质的进步不可能一蹴而就，而是渐进地慢慢提升，呈一定的阶梯状和渐进态。开展思想政治教育，提升人们的思想政治素质不能急于求成，而要水滴石穿，要遵循质量互变的规律，长期持续地开展，把思想政治教育作为伴随人生成长发展的大工程来谋划，同时把每一个阶段的每一项教育实践都具体地落实好。

（五）整体育人律

人的思想政治素质的发展受多种因素的影响，是一个复杂的系统工程，既受思

---

① 毛泽东．毛泽东选集：第 1 卷．2 版．北京：人民出版社，1991：296－297.

想政治教育的影响，也受思想政治教育以外其他因素的影响。思想政治教育不是一项封闭孤立的实践活动，而是处于社会大环境之中，受到各种外部因素的影响，这就决定了人的思想政治素质的培养和教育是整体化的育人实践，遵循着整体育人的规律。教育者在组织和开展思想政治教育的过程中，尤其要协调和控制各种外部因素，使其与社会要求的方向相一致，成为思想政治教育的协同力和推动力，而不是消解力和阻滞力。要认识到，思想政治教育的实践形态多种多样，学校、单位有专门的思想政治教育，社会、家庭也有思想政治教育。提升人们的思想政治素质，不能单靠某一种形态的、某一阶段的或某一具体的思想政治教育，而有赖于社会各种形态的思想政治教育的共同作用。思想政治教育效果的生成，是合力的结果，而不是单一力量的呈现。开展思想政治教育，要遵照整体育人的规律性，努力实现学校教育、家庭教育、社会教育的有机整合和协同一致。即便是学校教育，也要努力形成全员、全程、全方位的教育格局。总之，开展思想政治教育，必须着眼整体和全局进行综合考量，要倡导合力思维，协调和控制各种内部和外部因素，使之同向同行，发挥作用，处理好教育合力与单方面施教之间的关系，实现各方面因素的整体育人和教育合力的最大化生成。

链接

要遵循思想政治工作规律，遵循教书育人规律，遵循学生成长规律，不断提高工作能力和水平。要用好课堂教学这个主渠道，思想政治理论课要坚持在改进中加强，提升思想政治教育亲和力和针对性，满足学生成长发展需求和期待，其他各门课都要守好一段渠、种好责任田，使各类课程与思想政治理论课同向同行，形成协同效应。

——习近平在全国高校思想政治工作会议上强调　把思想政治工作贯穿教育教学全过程　开创我国高等教育事业发展新局面．人民日报，2016-12-09.

第三节 思想政治教育的原则

思想政治教育原则是思想政治教育实践开展的重要遵循，它从根本上受制于思想政治教育规律，是思想政治教育规律的具体体现。深刻把握思想政治教育的原则遵循，是科学高效地开展思想政治教育的必然要求。

一、以人为本

思想政治教育，归根结底是做人的工作，做群众的工作，涉及人们的思想、观念、意识、信仰等领域，目的是要提升人的思想政治素质，实现人的自由而全面的发展。开展思想政治教育，不能“目中无人”，视野中没有人的存在，不能不关注人这个最根本的工作对象，必须以人为出发点和落脚点，坚持以人为本，让思想政治教育一切为了人，体现人文关怀。

以人为本与以物为本相对应，在思想政治教育中坚持以人为本，就是要克服和避免出现以物为本，就是要在思想政治教育中以人为中心开展工作，而不能见物不见人，用对人以外的东西的关注替代、遮蔽了对人本身的关注。思想政治教育是做人的工作，开展思想政治教育应以育人为根本目的，首先要求不能把育人以外的任何目的作为目的。尽管思想政治教育也要通过传递一定社会的思想观念、政治要求、道德规范，维护社会的规范秩序，促进社会的稳定团结，增进社会的和谐统一，提升社会的文明水平，但这些有赖于通过育人来实现，育人是思想政治教育最根本的追求。这就是说，开展思想政治教育要把人作为最高的出发点和最后的落脚点，任何时候都要从人本身出发，以人为出发点，始终为了人、满足人，最后落脚于人；反对思想政治教育中对人的无视与忽视，反对思想政治教育中的物本主义和以事务为本的倾向。其次要求思想政治教育必须立足“人”，并且是立足现实社会中、活生生的处于社会关系中的人，而不是立足对人的抽象把握和理解。在思想政治教育中，人是具体的人，而不是抽象的人，这就意味着作为教育对象的人，一个重要方面的差异就在于每个人的需要是不一样的，思想实际有所不同。开展思想政治教育，不能离开作为教育对象的人，更不能离开人的需要。这就是说，在思想政治教育中坚持以人为本，要现实地把握人，要把握人的整体性，尤其是要把握人的多方面的需要，特别是精神世界的需要。唯有如此，思想政治教育才能目中有人、以人为本，才能有的放矢，一把钥匙开一把锁，而不是无视教育对象的具体实际千篇一律、千人一面地开展教育。否则，思想政治教育就容易成为没有针对性和指向性的公式化的教育，这样的教育没有灵魂，也没有生机。

在思想政治教育实践中贯彻以人为本的原则，最重要的在于做到以下几点：一是尊重人。思想政治教育在一定意义上是教育者与教育对象之间思想的沟通、心灵的对话、精神的互动、智慧的碰撞。在思想政治教育中，教育者与教育对象是平等的民主关系，坚持以人为本，首要的是教育者与教育对象要相互尊重，尊重彼此的独立人格和角色身份。二是理解人。在思想政治教育中，教育者与教育对象要相互理解、彼此体谅，尤其是教育者务必要充分地理解教育对象，要走近教育对象，感受教育对象的生活疾苦，感知教育对象的思想困惑，感受教育对象的心理感受，真正走进教育对象的心灵世界，拉近与教育对象的距离，这样开展教育才有针对性和亲和力，才能把教育工作做到教育对象的心坎上，才能赢得教育对象的信赖和支持。三是关心人。革命、建设和改革的实践经验表明，对群众做工作，要关心群众生活，注意工作方法。但凡比较好地解决了广大群众的切身利益问题、现实需求问题，党的群众工作就会比较成功，群众就会衷心拥护党的工作。究其根本，在于党的工作很好地贯彻了群众路线，做到了以人为本。开展思想政治教育，也需要关心人，尤其要关心教育对象的冷暖安危、思想疾苦、现实需求等。四是服务人。在一定意义上，关心人和服务人是不能截然分开的，没有对人的关心，根本谈不上对人的服务，不关心人就无所谓服务人。但从严格的意义上讲，关心人和服务人并不简单等同，关心人可以是口头上的、心理层面的，但服务人则必须是付诸实际行动，体现在想别人之所想、急别人之所急、做别人之所需等多个方面，就是要多做雪中送炭的工作，一切为教育对象着想，服务于教育对象的需要。

二、因事而化

所谓因事而化，是强调思想政治教育要坚持具体问题具体分析，既因事而异，也借事而为。开展思想政治教育之所以要因事而化，在于任何时候思想政治教育都是具体的、历史的实践，任何一个具体的思想政治教育，所面临的形势与环境、所要实现的目标与任务、所面对的对象与情况、所面临的挑战与困难、所借助的手段和方式等都是不一样的，这就意味着思想政治教育决不能千篇一律、千人一面地开展，而是要“因事而化、因时而进、因势而新”，坚持一切从实际出发，具体问题具体分析。

把握因事而化丰富而深刻的内涵，要理解“因”、“事”与“化”这三个关键词。“化”既指教化，也指变化，既强调思想政治教育要去教化人，也强调思想政治教育要依据具体情况的变化而变化；“事”既指思想政治教育本身这个“事”，也指思想政治教育实践中的“事”，还指日常生活中的“事”。“因”可以做“因为、根据、因由”和“借助、凭借”两个层面的理解。由此，因事而化可以从以下层面予以理解：一是立足思想政治教育本身这个“事”来讲，因事而化强调的是要尊重规律。开展思想政治教育不能忽视、无视思想政治教育规律本身，更不能背离思想政治教育规律。毛泽东曾在《中国革命战争的战略问题》中指出：“不论做什么事，不懂得那件事的情形，它的性质，它和它以外的事情的关联，就不知道那件事的规律，就不知道如何去做，就不能做好那件事。”[①] 强调指挥战争必须研究一般战争的规律，还要研究革命战争的规律，也要具体研究中国革命战争的规律。开展思想政治教育也一样，必须研究思想政治教育的一般规律和具体规律。唯有尊重规律，才能开展好思想政治教育实践，思想政治教育才能取得预期成效。二是立足思想政治教育实践中具体的“事”来讲，因事而化是强调思想政治教育不能简单化、一刀切，而是“要注意因地制宜，因人制宜，因事制宜，因时制宜”[②]，坚持具体问题具体分析。所要解决的思想问题不一样，或者是所面对的教育对象不一样，或者是所开展教育的难度不一样，思想政治教育的具体实践开展就应该不一样。思想政治教育必须有的放矢，不能盲人摸象。三是立足日常生活中的“事”来讲，因事而化是强调思想政治教育要善于运用生活中的大事小情开展教育，让思想政治教育贴近生活接地气，富有生活化色彩。当把“因”理解为借助、凭借，因事而化就是强调要善于借助别的事情开展思想政治教育，要构建思想政治教育的育人体系。生活中有什么样的事，就要善于借助这些事开展不同形态的思想政治教育，形成思想政治教育的体系格局。以高校思想政治教育为例，高校思想政治教育要因事而化，一个重要的方面就是要把思想政治教育与高校的事结合起来。高校里教学、科研、管理、服务、实践、文化等领域都有不同的事发生，高校思想政治教育因事而化，必然意味着要构建教书育人、科研育人、管理育人、服务育人、文化育人、实践育人、组织育人的育人体系，把思想政治教育与高校各方面的工作有机结合起来、辩证统一起来。

因事而化地开展思想政治教育，根本在于要在思想政治教育中做到贴近实际、贴近生活、贴近对象，因为思想政治教育的“事”总是立足实践，通过实际生活来体现的，总是和对象相关。所谓贴近实际，是强调思想政治教育要立足实践，坚持一切从实际出发，坚持理论联系实际，不唯书、不唯上，只唯实，反对和避免教条主义、经验主义两种错误倾向。在革命战争年代，毛泽东曾专门撰文批评教条主义、本本主义、经验主义的错误倾向，强调“洋八股必须废止，空洞抽象的调头必须少唱，教条主义必须休息，而代之以新鲜活泼的、为中国老百姓所喜闻乐见的中国作风和中国气派”[③]。开展革命斗争是这样，开展思想政治教育也是如此。所谓贴近生活，是强调思想政治教育要植根生活，要接地气，要能够融通现实。习近平总书记 2016 年 12 月 7 日在全国高校思想政治工作会议上联系思想政治理论课教学，讲到“要让马克

① 毛泽东．毛泽东选集：第 1 卷．2 版．北京：人民出版社，1991：171.

② 江泽民．江泽民文选：第 3 卷．北京：人民出版社，2006：90.

③ 毛泽东．毛泽东选集：第 3 卷．2 版．北京：人民出版社，1991：844.

思讲中国话，让大专家讲家常话，让基本原理变成生动道理，让根本方法变成管用办法”①，道出了思想政治教育贴近生活的真谛。所谓贴近对象，是强调思想政治教育要走近教育对象，把握教育对象的实际和需求，确保教育有的放矢。教育者只有贴近对象，关心教育对象的思想困惑、现实需求，知道教育对象的心理变化、兴趣爱好，了解教育对象的个体差异、群体差异，才可能在思想政治教育实践开展中具体问题具体分析，有针对性、差异性地开展教育，变普遍性无差异的“漫灌”为具体有针对性的“滴灌”，这样所开展的教育才会润物无声、教化无痕，受教育对象的欢迎。

链接

共产党员如果真想做宣传，就要看对象，就要想一想自己的文章、演说、谈话、写字是给什么人看、给什么人听的，否则就等于下决心不要人看，不要人听。许多人常常以为自己写的讲的人家都看得很懂，听得很懂，其实完全不是那么一回事，因为他写的和讲的是党八股，人家哪里会懂呢？“对牛弹琴”这句话，含有讥笑对象的意思。如果我们除去这个意思，放进尊重对象的意思去，那就只剩下讥笑弹琴者这个意思了。为什么不看对象乱弹一顿呢？何况这是党八股，简直是老鸦声调，却偏要向人民群众哇哇地叫。射箭要看靶子，弹琴要看听众，写文章做演说倒可以不看读者不看听众吗？我们和无论什么人做朋友，如果不懂得彼此的心，不知道彼此心里面想些什么东西，能够做成知心朋友吗？做宣传工作的人，对于自己的宣传对象没有调查，没有研究，没有分析，乱讲一顿，是万万不行的。

——毛泽东．毛泽东选集：第3卷．2版．北京：人民出版社，1991：836-837.

三、同向同行

开展思想政治教育，提升人们的思想政治素质，必须尊重思想政治教育整体育人的规律，坚持多管齐下，充分发挥各种教育因素的育人效应，协同构建育人的整体合力，践行同向同行的实践原则。

思想政治教育的同向同行，既是指在思想政治教育具体实践中各要素的相互匹配、彼此契合、互不冲突，也是指各条战线、各个方面、各个阶段的思想政治教育相互协调、合力育人，还是指思想政治教育与外在环境的相融相生、相互支持、彼此协同。从思想政治教育各要素同向同行来讲，开展思想政治教育，各要素只有相互匹配，才能生发教育实践，形成教育合力。尤其是对于教育者和教育对象，彼此

① 中共中央文献研究室．习近平关于社会主义文化建设论述摘编．北京：中央文献出版社，2017：100.

必须心往一处想、劲往一处使，不能心思各异、貌合神离。从各种思想政治教育的同向同行来讲，既要求社会各个方面、各条战线、各个领域开展的思想政治教育不能彼此矛盾、相互冲突，而必须互相一致、彼此呼应、相互印证、互相支持；也要求在一个人成长历程每一个阶段所开展的思想政治教育前后要相承相继、前后贯通、循序渐进、步步深入，而不能彼此错位、相互抵牾或互不相干。从思想政治教育与社会环境的同向同行来讲，意味着要为思想政治教育营造良好的社会环境，要从社会思潮、舆论导向、社会风气、民情民意等多方面为思想政治教育提供社会支持，不能出现教育对象在社会所见所闻、所观所感、所思所想与其所接受的思想政治教育迥然不同，更不能出现彼此冲突、相互消解。

在思想政治教育中践行同向同行的实践原则，关键是要做好全员育人、全程育人、全方位育人、全要素育人，使各方面的教育力量协同一致。全员育人，是强调在思想政治教育实践中，对于教育对象具有教育性的全体人员都应该参与育人实践，发挥育人作用。思想政治教育，任何时候绝不仅仅是思想政治教育者单方面的事情。就全社会来讲，社会各个方面、各条战线的人们都要担负思想政治教育责任。就学校思想政治教育来讲，每一位教师、每一位职工都应该对学校的思想政治工作负责，都应该立足自己的本职工作去教化影响学生，发挥思想政治教育职责。全程育人，是强调思想政治教育要贯穿教育对象接受教育的全过程，从全社会的意义上是要努力实现家庭教育、学校教育和社会教育的有机统一和彼此衔接，从具体微观的意义上就是要把思想政治教育贯穿教育全过程，不能成为一阵风。这里要特别强调的是，长期以来人们对于家庭教育、社会教育的思想政治教育使命担当认识并不到位，往往把教育对象接受思想政治教育仅仅看作学校的使命担当。实际上，一个人接受的思想政治教育，绝不仅仅来源于学校教育，而是从家庭教育就开始了，在社会教育中也接受着广泛而多样的思想政治教育影响，这客观上就特别需要家庭教育、学校教育、社会教育能成为有机整体，同向同行。全方位育人，是强调思想政治教育要体现、渗透和融入教育对象生活的每一个方面。对于社会生活来讲，思想政治教育不应仅仅体现在政治生活中，还应贯穿在经济生活、文化生活等之中。对于学校生活来讲，学生接受思想政治教育应该形成诸育并进的育人格局，教书育人、科研育人、管理育人、服务育人、实践育人、文化育人等，每一个方面都十分重要，都应该发挥应有的作用。全要素育人，是强调在一个思想政治教育系统中，每一个方面的要素都应该发挥育人功能。比如在学校的教书育人中，思想政治教育不仅仅是思想政治理论课的事情，也是包括哲学社会科学、人文社会科学、自然科学在内的所有课程教育的事情，它们都应该发挥思想政治教育功能。

链接

学校思想政治工作不是单纯一条线的工作，而应该是全方位的。要完善课程体系，解决好各类课程和思政课相互配合的问题，鼓励教学名师到思政课堂上讲课，解决好推动其他教职员工和思政课教师相辅相成的问题，推动思想政治工作贯通人才培养体系，发挥融入式、嵌入式、渗入式的立德树人协同效应。

——习近平．思政课是落实立德树人根本任务的关键课程．求是，2020（17）.

四、精细精致

提出开展思想政治教育要坚持精细精致的原则，是强调思想政治教育要着眼于细微、着手于细节、着力于细致，凸显细微品性，注重落细、落小、落实，注重工作开展的深入性和艺术性，追求教育境界和育人效果，不做表面文章，切忌搞花架子和形式主义。

思想政治教育之所以要提倡精细精致，一方面在于注重细节，重视做深入的工作，是中国共产党开展思想政治教育的一个优良传统。在新民主主义革命时期，毛泽东多次强调党的思想政治工作要注意工作方法，要反对用官僚主义、命令主义的方式做工作，要深入细致、耐心说服地开展工作。他强调，“如果仅仅提出任务而不注意实行时候的工作方法，不反对官僚主义的工作方法而采取实际的具体的工作方法，不抛弃命令主义的工作方法而采取耐心说服的工作方法，那末，什么任务也是不能实现的”①。邓小平也特别提倡深入细致的工作作风，他讲落实群众路线，既要有热闹的形式，更要有细致的工作，“我们的群众路线，不是满足于那个热热闹闹，主要的是要做经常的、细致的工作，做人的工作。这是一点一滴的工作，这样的工作积累起来，才有我们伟大的成绩。所以，我们要搞得深入一些。我们党的历史，我们党的传统，有热闹的形式，但是归根到底，我们是实事求是地做深入的工作。为什么我们过去在农村做的工作那样好？就是因为做得很深入”②。邓小平特别强调：“做人的工作也好，做各行各业、各方面的工作也好，种庄稼也好，搞工业生产也好，办学校也好，都要做细致的工作。我们要把大量的工作放到群众中去，同他们一块生活，一块活动，一块说笑话，一块下棋，然后去做工作。”③ 另一方

① 毛泽东．毛泽东选集：第1卷．2版．北京：人民出版社，1991：140.

② 邓小平．邓小平文选：第1卷．2版．北京：人民出版社，1994：288.

③ 同②288-289.

面，只有注重细节，工作精细精致，思想政治教育才富有实效。对于这一点，可以从人对营养物质的吸收中受到深刻启发。众所周知，人体摄入食物以后，经过消化系统的消化吸收，营养物质进入循环系统，依靠动脉、静脉运送到各个器官，最终依靠遍布全身的毛细血管、微循环系统送达每一个细胞，真正被吸收利用。在物质营养的吸收中，毛细血管、微循环和动脉、静脉同等重要，动脉堵塞、静脉硬化、循环不畅自然会影响营养物质的送达吸收，但毛细血管病变、微循环不畅同样也不能有效吸收营养。并且，所有的营养物质归根结底依靠毛细血管、微循环系统来予以吸收。从一定意义上讲，一个人的成长发展离不开物质营养和精神营养两个方面，前者依靠人们摄入食物获取，后者依靠人们接受教育习得，思想政治教育所提供的无疑是后一种营养。两种营养本身具有不同的性质，摄取获得的途径方法也不一样，但就其摄取获得的规律性来讲是相通的。在思想政治教育中，精神营养的吸收也有着与之类似的情况。能否做得细致，能否融入细节，能否做得精彩，能否于深处小处触动人、打动人，对于思想政治教育实效的取得也十分关键。思想政治教育如果不能落于细、行于小、做于实，往往就会流于形式，徒有场面、形式和热闹，缺乏有效、实效和长效。

精细精致地开展思想政治教育，重要的是要做到“落细”“落小”“落实”三个方面。所谓“落细”，就是思想政治教育要从认识观念层面注重细节，牢固确立细节决定成败的认识和观念；在工作的实践开展上从细微做起，把思想政治教育的每一个环节、每一个方面都做得细致、精细。简言之，就是要求思想政治教育的具体开展从细节细微之处着手，从细致精细之处着力，把每一项细微的教育工作做到精细精致，富有艺术性。所谓“落小”，一方面，就是要求开展思想政治教育要注重小事件、小事情、小人物，深刻懂得大道理与小事件的辩证逻辑，要善于从小事件、小事情、小细节中说明大道理，善于运用小材料、小事情、小故事来开展大道理的教育，努力做到“以小见大”“见微知著”。要善于用身边事教育身边人，用小故事阐发大道理，做到深入浅出、情理交融，让思想政治教育接地气、贴民情、顺民意、入民心。另一方面，从思想政治教育过程来讲，还要注重“小时候”“初级阶段”，要把思想政治教育工作“从娃娃抓起”“从源头抓起”，从小致力于养成人们的良好品行、高尚德性和崇高修养，抓好家庭教育，发挥好家庭这个第一个课堂、家长这个首任教师的重要作用。所谓“落实”，就是要求思想政治教育立足实际、注重实效、追求实绩，不做表面文章，不浮于面上，工作要深入，要落实落实再落实，深入深入再深入，把实效如何作为检验工作成效的一个根本标准。

五、知行统一

认知与行为是个体在思想政治素质形成发展过程中不可回避的一对关系，二者互为表里，不可分离。开展思想政治教育，必须坚持知行统一的原则。所谓知行统一的原则，既是指在思想政治教育中教育者自身所教所传授的，也是其自身所做所践行的，知与行相统一，不能言行不一；也是指教育者教给教育对象的，同要求教育对象所要践行的是一致的，彼此不能分离；还是指教育对象接受施教以后不仅要明白道理、接受道理，还要践行道理，既要明道，也要行道。总体来讲，知行统一就是要言行一致、表里如一、一以贯之。

在思想政治教育中之所以要坚持知行统一的原则，一方面在于认知指导行为，有什么样的思想便会有什么样的行为，认知必然要表现为行为。另一方面，行为对认知具有能动的反作用，能够巩固和强化认知。“知”与“行”之间既相互依存，也彼此促进。对于这一点，毛泽东在《实践论》中做了深刻阐明，他指出：“无论何人要认识什么事物，除了同那个事物接触，即生活于（实践于）那个事物的环境中，是没有法子解决的。”[①]“如果要直接地认识某种或某些事物，便只有亲身参加于变革现实、变革某种或某些事物的实践的斗争中，才能触到那种或那些事物的现象，也只有在亲身参加变革现实的实践的斗争中，才能暴露那种或那些事物的本质而理解它们。”[②]在思想政治教育中，教育对象思想政治素质的提升过程，既离不开通过接受教育者的施教解决认识层面“知”的问题，同时也离不开把认识付诸实践，解决“行”的问题。只有认识层面的“知”与实践层面的“行”高度统一、相互一致，教育目标才能得以实现。

在思想政治教育中践行知行统一的原则，关键是要做到以下几个方面：一是教育者自身要知行统一、言行一致，率先垂范，不能口是心非，说一套做一套，要坚持言教与身教相统一。古人讲，作为统治者“其身正，不令而行；其身不正，虽令不从”。习近平总书记也强调“传道者自己首先要明道、信道”[③]，要求广大思想政治教育者以德立身、以德立学、以德施教。如果教育者自身言行不一，说一套做一套，这样的思想政治教育不仅没有说服力，也没有感染力和影响力。二是教育要坚

---

① 毛泽东．毛泽东选集：第1卷．2版．北京：人民出版社，1991：286－287.

② 同①287.

③ 习近平在全国高校思想政治工作会议上强调　把思想政治工作贯穿教育教学全过程　开创我国高等教育事业发展新局面．人民日报，2016－12－09.

持认知和践行并重，既要对教育对象开展教育，也要支持鼓励教育对象进行实践，创造条件引导教育对象将知与行统一起来。要知道，“纸上得来终觉浅，绝知此事要躬行”，教育者的施教要真正影响、教化教育对象，还需要教育对象借助实践去感知、体悟教育者施教的正确性和价值性。因此，开展思想政治教育，不能只培养品德修养的“知道分子”，要引导教育对象践行品德要求；不能满足于一般的理论说教，要重视通过社会体验、实践考察、参观访问等多种方式开展教育，引导教育对象借助实践深化认识。三是努力做到真知真懂真信真行。开展思想政治教育，要引导教育对象对所施之教达到真知真懂真信真行，不能蜻蜓点水、浮光掠影地接受教育，停留于一知半解、似是而非地掌握教育内容，要帮助教育对象深刻地理解、透彻地把握，同时形成坚定的情感、意志和信念，促进认知向行为的转变，防止知而不行、知而错行。四是要注重及时引导教育对象对行为的总结和反思，并以此来指导认知，进一步促进思想的进步，实现“知”与“行”的循环往复、交替进步。人的认识进步具有反复性，需要在认识与实践的多次反复中不断走向深化。人的思想品德的进步也一样，既需要认识的不断提升，也需要实践的不断强化，所以必须践行知行统一的原则。

链接

理想信念不是拿来说的、拿来唱的，更不是用来装点门面的，只有见诸行动才有说服力。要知行合一、言行一致，保持对理想信念的激情和执着，牢固树立正确的世界观、权力观、事业观，用自己的实际行动为坚持和发展中国特色社会主义、为实现共产主义远大理想不懈奋斗。

——习近平．坚定理想信念　补足精神之钙．求是，2021（21）．

思考题

1．思想政治教育实践活动的展开离不开哪些实践要素？这些要素构成了什么样的实践关系？

2．思想政治教育施教过程与受教过程构成什么样的逻辑关联？

3．思想政治教育活动过程中存在哪些矛盾关系？

4．从微观层面讲，思想政治教育的实践开展蕴含着什么样的规律？

5．推进思想政治教育的创新发展应遵循什么样的实践原则？

第七章

学校与思想政治教育

学校是思想政治教育实践活动开展的重要场域。学校有着悠久的历史，并随着历史长河的流淌而不断变迁演化，但其“化民成俗”的功能始终没有失去，而是不断得以强化。古今中外，各个国家都认识到学校作为一种能有效实现教化社会成员的社会建制的重要性，无不重视学校的作用。在新时代，开展好思想政治教育，必须充分发挥好学校的独特作用。

第一节 学校及其思想政治教育职能

教育有自身的历史演变过程。在学校产生之前，教育与生产生活浑然一体，人们在生产生活中接受风俗和伦理道德等教育。伴随着社会的进步与发展，学校作为专门开展教育活动的机构应运而生，并担负起思想政治教育的重要职能。

一、学校的产生与发展

学校是有计划、有组织、有系统地进行教育教学活动的重要场所。西方“学校”一词的英语为“school”，德语为“Schule”。“Schule”源于拉丁语“schola”，这个词又源于希腊语“Skhole”，意思是“闲暇”“休息”。也就是说，蕴含“闲暇”与“休息”意义的公共机构被称为“学校”。中国古代不同历史时期的学校名称各异，有庠、序、校、学、塾、成均、明堂、辟雍、泮宫、灵台、书院、家塾等。尽管作为公共教育机构的名称指代不同，但学校的产生却是人类社会发展的普遍需要。自人类社会进入奴隶社会后，社会生产力较之原始社会有了极大的进步，物质生活条件也得到了很大的改善。一方面，随着社会生产力的发展，社会分工逐渐显现，教育从社会生产劳动中分化出来，成为一种专门的社会活动，使作为专门的教育机构——学校的出现成为可能。另一方面，社会政治生活日益复杂，统治者为了维护统治、巩固政权，也需要把相应的知识、规范和经验等系统地传授给他们的后继者。这就有赖于专职的教育人员——教师通过专门的教育机构——学校对学生进行专门的教授。同时，文字的发明和使用也为学校的产生和发展提供了保障。有了学校这一机构，教育才有了规范化的形式，人类创造的文明才得以更好地保存和发展。

在西方，古希腊在公元前 8 世纪前后形成若干各异的奴隶制城邦国家，其中，最有影响的城邦是雅典和斯巴达。雅典采取的是民主的政体，公民如果要积极参与市政就必须具备一定的教养。为适应城邦政治管理的要求，雅典涌现了“私塾”性质的学校，以训练培养雅典的青少年公民。比如柏拉图的“阿加德米学园”、亚里士多德的“吕克昂”，就是当时有名的学校。而斯巴达以军事和征战见长，所以由国家实施严苛的“斯巴达式”的学校教育。进入中世纪后，欧洲教会盛行并逐渐成为民众精神的主宰。教会在各地的大教堂开设了很多寺院学校，作为培养僧侣的教育机构。西方的许多大学，比如巴黎大学就是在这类寺院学校的基础上发展起来的。到16世纪以后，随着宗教的改革，商品经济的发展，城市的兴起，在新教普及的瑞士、荷兰、普鲁士等国家，涌现了由政府创办的一批免费公立学校，为一般民众办学的学校开始兴起。到18世纪，许多国家纷纷采取教育启蒙政策，举国家之力创办公立学校。如普鲁士在1763年颁布《地方学校通则》，奥地利在1774年颁布《普通教育法》，其目的都是推进学校的普及。随着近代教育的发展，学校的普及度越来越高，对社会和个体发挥的作用也越来越明显。

学校在中国也出现甚早。《礼记·学记》指出：“古之王者，建国君民，教学为先。”古代文献中所记载的“五帝”时代的“成均”以及“虞舜”时代的“庠”，即我国古代学校的萌芽。《周礼·春官宗伯》记载，大司乐“掌成均之法”。《礼记·王制》记载：“有虞氏养国老于上庠，养庶老于下庠。”“成均”与“庠”都是上古先民开展文明教化等社会活动的公共场所，但没有呈现制度化、专门化的特征，可以视为学校的雏形。

夏朝建立后，古代中国步入奴隶制社会。《孟子·滕文公上》记载：“设为庠序学校以教之：庠者养也，校者教也，序者射也。夏曰校，殷曰序，周曰庠，学则三代共之，皆所以明人伦也。”夏代不仅设有“校”，还设有“序”，《古今图书集成·学校部》记载：“夏后氏设东序为大学，西序为小学”。“序”和“校”既是奴隶主贵族议政、祭祀、养老的公共地方，也是奴隶主贵族教育子弟的场所。

随着社会的发展，商代的学校在因袭前代的基础上又有新的发展。商代设立的“学”与“瞽宗”，就是当时贵族子弟学习礼乐、接受道德教化的学校。《礼记·王制》指出：“殷人养国老于右学，养庶老于左学。”有“右学”和“左学”之分，即大学小学之分，表明商代已根据不同的身份、年龄，有相应的教育要求并划分了教育阶段。古籍文献记载表明夏代的学校已成立，而商代的学校除了有文献记载，还有大量出土的殷墟甲骨文可以印证我国学校的正式形成。西周进入了中国奴隶制的全盛时期，学校教育的要素日趋完备，教育的内容越来越丰富，包括了礼、乐、射、御、书、数等“六艺”的教育，其中，对德行教育尤为强调。《周礼·地官司徒》提道：“以三德教国子：一曰至德，以为道本，二曰敏德，以为行本，三曰孝德，以知逆恶。”学校进行礼乐道德教化、维护统治秩序的教育目的越来越明确。此时的学校教育仍是“学在官府”。春秋战国时期涌现出了大量的私学。私学的出现使得“学”不仅仅在“官府”，还下移到“民间”，教师逐渐成为专门的职业，学校教育得到了进一步发展。

到汉代，随着“罢黜百家，独尊儒术”文教政策的实施，儒学开始影响官府的政治决策。汉代开始在京师设立太学，并命令郡国设立学官，实行设科射策的考试制度。从此，学校教育的地位得以确立。隋唐以后，随着科举制度的实施，学校教育的重要性进一步凸现。学校不仅成为朝廷传播思想、教化民众的基本场所，也是培养与选拔人才的重要机构。唐代不仅在中央层面设立了国子监领导六学一馆，即统辖国子学、太学、四门学、书学、算学、律学和广文馆，在中央各专职行政机构附设医学、卜筮、天文、历数、弘文馆、崇文馆等其他专科学校，还在地方上设立了经学、医学、崇玄学等州县学校[①]，较为完备的学校体系得以确立。宋代之后，统治者推行“兴文教、抑武事”的国策，兴建学校培育人才。平民子弟获得更多接受教育的机会，也增加了介入国家政治的机会。到明清时期，学校的发展进入了一个新的阶段，表现在：官府建立的以儒学教育为核心的学校教育系统进入了稳定的发展时期；以民间子弟为教育对象的社学、义学等更为基层的学校教育形式在地方上广泛设立，不仅扩大了教育的受众范围，也进一步形成了地方到中央相衔接的学校教育体系；以相对灵活的办学方式呈现的书院，一定程度上弥补了官方教育的不足。

总体来说，封建社会的学校教育是服务于地主阶级统治的儒家经学教育，学校注重伦理纲常教育，通过儒家经典贯彻道德、政治、历史与文化知识教育，忽视科技知识方面的教育。学校教育的目的是实现朝廷的教化意图，教育同治国平天下直接联系起来，同时也是为专制集权国家“养士”、培养官僚队伍的。

新中国成立以后，党和政府致力于创办人民满意的教育，社会主义性质的学校教育体系逐步建立和完善。经过 70 多年的发展，我国学校教育形成了学段完备、结构合理的现代化国民教育体系，提升了全民族的思想道德素质和科学文化素质，培养了大批德智体美劳全面发展的社会主义事业建设者和接班人，为我国经济社会发展、综合国力提高提供了强大的智力支持和人才支撑。在 2018 年 9 月 10 日召开的全国教育大会上，习近平总书记强调：“在党的坚强领导下，全面贯彻党的教育方针，坚持马克思主义指导地位，坚持中国特色社会主义教育发展道路，坚持社会主义办学方向，立足基本国情，遵循教育规律，坚持改革创新，以凝聚人心、完善人格、开发人力、培育人才、造福人民为工作目标，培养德智体美劳全面发展的社会主义建设者和接班人，加快推进教育现代化、建设教育强国、办好人民满意的教

---

① 孙培青．中国教育史．修订版．上海：华东师范大学出版社，2000：154－156.

育。”把“立德树人”作为教育的根本任务，“教育必须为社会主义现代化建设服务、为人民服务”都充分表明了我国学校教育的社会主义属性。“培养德智体美劳全面发展的社会主义建设者和接班人”的教育目的，体现了社会主义办学方向的学校教育的基本职能和目标。

二、学校的思想政治教育职能

古往今来，学校教育都备受重视。学校不仅是对年轻一代进行智力训练的主要场所，也是对年轻一代开展思想政治教育的主要场所。比如古埃及的学校，重要的教育目标就是使青年人做到敬畏日神、效忠国君、尊敬长官、孝顺双亲。在古希腊城邦雅典，学校以培养城邦的合格公民为目的。培养人们的公民意识，让他们主动参与政治，维护城邦的统治，是雅典学校教育的主要任务。古希腊政治家伯里克利（Pericles）说：“一个雅典公民是不会因为照顾自己的家务而忽视国家的；我们之中即使是那些忙于业务的人也都具有极其鲜明的政治观念。只有我们才把那些不关心公共事务的人不仅看作无害的人，而且看作无用的人。”① 在中世纪，教会掌控一切，学校也为教会所把持，并按照宗教的信条教导青少年，培育“上帝的永恒天国的公民”②。资产阶级革命后的法国学校，主要是对青少年学生传授自由资本主义的政治道德观念，向他们灌输“共和主义精神”。在美国独立与建国的历程中，学校教育在凝聚众多民族形成美利坚民族中发挥了不可替代的作用。当代美国的学校则强调，要教授学生作为一名美国公民需要掌握的关于政府、历史、法律和宪制民主等方面的基本公民知识，掌握包括美国宪法、美国历史、政府的结构和选举的流程、法律体系等知识，尤其要了解公民的权利、州政府及地方政府的结构与职能等。这些都体现着对学校思想政治教育职能的高度重视和自觉运用。

我国自古以来重视学校的思想政治教育职能。古代创办的官学、社学和书院等学校形式就是社会实施道德教化的主要机构。汉儒董仲舒认为，通过学校实施教化，王朝的统治才能得以巩固；而实施教化则必须“兴学”：“是故教化立而奸邪皆止者，其堤防完也；教化废而奸邪并出，刑罚不能胜者，其堤防坏也。古之王者明于此。是故南面而治天下，莫不以教化为大务。立大学以教于国，设庠序

---

① 萨拜因．政治学说史：上．北京：商务印书馆，1986：34.

② 鲍尔生．德国教育史．北京：人民教育出版社，1986：1.

以化于邑，渐民以仁，摩民以谊，节民以礼，故其刑罚甚轻而禁不犯者，教化行而习俗美也。”[①] 宋代欧阳修在《吉州学记》中也高度评价学校对治国安邦的根本性作用，他写道：“学校，王政之本也。古者致治之盛衰，视其学之兴废。”明太祖朱元璋深知“治国以教化为先，教化以学校为本。京师虽有太学，而天下学校未兴”，立朝之际，发布《命郡县立学校诏》，下令郡县广泛设立学校，以“育人才、正风俗”，使百姓接纳儒家“道理”的教化。清康熙三十九年（1700 年）向直省学宫颁布《圣谕十六条》，“敦孝弟以重人伦；笃宗族以昭雍睦；和乡党以息争讼；重农桑以足衣食；尚节俭以惜财用；隆学校以端士习；黜异端以崇正学；讲法律以儆愚顽；明礼让以厚风俗；务本业以定民志；训子弟以禁非为；息诬告以全善良；诫匿逃以免株连；完钱粮以省催科；联保甲以弭盗贼；解仇忿以重身命”，以儒家道德为标准，对学校和学生的行为、思想做出具体的规范要求。

从根本上来说，学校教育是要“培养社会发展所需要的人，说具体了，就是培养社会发展、知识积累、文化传承、国家存续、制度运行所要求的人”[②]。这是学校区别于其他社会组织的本质特征。一个国家教育的重要功能在于对其社会成员进行社会化。有史以来，学校一直是家庭以外最为重要的青少年社会化的主体机构。现当代世界各国对其个体成员的政治社会化也主要依赖于学校思想政治教育的职能。“学校向青少年传授关于政治世界以及他们在这个世界中的作用的知识，向儿童提供各种政治制度和关系的具体观念，并灌输社会的各种价值和态度。”[③] 从入学起，思想政治教育往往就贯穿于青少年成长的每一个教育阶段。通过学校教育，青少年被教之以这个社会和文化传统中他们所需要的知识、技能、态度和价值观。

三、学校思想政治教育的特点

学校思想政治教育是为本国的政治、经济、社会和文化发展服务的，其目的是培养合乎本国需要的合格公民。因此，各个国家都是根据其国家社会发展的需要和人才培养的要求，制定学校思想政治教育的相关政策，有目的、有计划、系统地对青少年一代进行思想、政治、道德等方面的教育。学校思想政治教育既有一般思想政治教育的特点，又有自己的独特性。

---

① 班固．汉书：卷五十六．北京：中华书局，1976：2503－2504.

② 习近平．在北京大学师生座谈会上的讲话．北京：人民出版社，2018：5.

③ 阿尔蒙德，小鲍威尔．比较政治学：体系、过程和政策．上海：上海译文出版社，1987：46.

（一）强制性

一方面，学校组织形式本身蕴含着强制性的设置。现代学校体制是现代社会发展的结果。班级授课制的采用及国家课程的实施使学校被纳入整个现代社会的科层体制中，进而在学校内部也形成一套便于教育运行和管理的科层制体制。学校中教育的时段安排、场所选择、课程设置以及教材内容等都不是由学生个人所决定的，对于个体来说必然具有约束力和强制性。学校的思想政治教育显然具有这种天然的强制性。

另一方面，学校思想政治教育贯彻和落实国家意志，必然具有强制性。对于绝大多数的社会成员而言，要形成与国家一致的思想意识，必须依靠学校等组织机构进行教授灌输，具有外在的强制性。学校开展的思想政治教育活动、设置的课程不仅必须反映国家主流意识形态要求，并传播和贯彻国家意志和社会主流思想，同时还要规定一定的学时数，学生必须完成相应课程的学时学习，才能达到升学或毕业的要求。因此，学校思想政治教育的开展必然带有某种强制性。

（二）阶序性

学校思想政治教育与其他形式思想政治教育的重要区别在于其是分学段有序推进的。学生个体思想政治素质的形成发展不是一蹴而就的，而是要遵守思想政治素质形成发展的规律，不断进行提升与完善。在学校教育系统，任何学科都需要遵循教育教学的规律，对教育内容进行分解和排列，并形成一个相互联系、前后相续的教育内容序列，有组织、有计划地编制课程体系，并分学段实施。学校的思想政治教育也必然体现教育的这一普遍特性，在大中小学循序渐进、螺旋上升地开设思想政治教育课程，要依据教育教学的规律进行教育内容的编制和有计划的分学段实施，使之既呈现教育的整体性特点，又体现各个学段的阶序性特点。各学段思想政治教育目标的高低、内容的深浅和侧重点、教育模式和方法的选择以及评价方式的运用，都要依据不同年龄阶段学生的身心特点和理解接受能力，由浅入深、由感性到理性、由具体到抽象，逐步地提高。

（三）系统性

学校思想政治教育是一个有机的教育系统，是由小学、中学、大学直至研究生等各个学段的教育及其相互关系构成的系统结构。从纵向上看，学校思想政治教育体系要包含大中小学的思想政治教育子系统，各个子系统的思想政治教育既要相对稳定，同时又要相互交融、循序渐进、前后衔接、形成合力；各学段的思想政治教育既要分层设置，又要体现系统的延展性。从横向上看，学校思想政治教育体系要包含思想教育、政治教育、道德教育、法治教育、国情教育等内容模块，这些内容模块相辅相成，构成了一个有机的整体。可见，学校思想政治教育体系既要体现横向贯通性，又要体现纵向衔接性，需要运用系统思维和全局意识认识和把握学校思想政治教育。要在系统性的视角下，抓住学校思想政治教育的关键领域，用普遍联系的观点设计教育内容，用形式多样的方法统筹推进教育目标的达成，进一步增强思想政治教育的系统性、整体性和协同性。

学校思想政治教育的系统性不仅体现在协调好系统内部横向内容贯通性和纵向学段连续性上，还体现在要协调和外部系统的相互关系。学校教育系统不可能与外界环境完全隔绝。从大的系统看，思想政治教育涉及家庭教育、学校教育和社会教育的相互联系、相互制约和相互配合的问题。家庭、学校、社会在思想政治教育的整体运作体系中，发挥自己独特的作用。学校思想政治教育系统是更大的复杂系统的一个组成部分，因此，学校思想政治教育必须在整体、开放的观念下予以认识和推进，放在社会大系统、教育大系统发展的全局下进行统筹规划。

链接

大学阶段重在增强使命担当，引导学生矢志不渝听党话跟党走，争做社会主义合格建设者和可靠接班人。高中阶段重在提升政治素养，引导学生衷心拥护党的领导和我国社会主义制度，形成做社会主义建设者和接班人的政治认同。初中阶段重在打牢思想基础，引导学生把党、祖国、人民装在心中，强化做社会主义建设者和接班人的思想意识。小学阶段重在启蒙道德情感，引导学生形成爱党、爱国、爱社会主义、爱人民、爱集体的情感，具有做社会主义建设者和接班人的美好愿望。

——关于深化新时代学校思想政治理论课改革创新的若干意见．北京：人民出版社，2019：5.

第二节 学校思想政治教育的主渠道

课程及其课堂教学是学校教育的主要承载形式。思想政治教育课程不是一般的学科课程，而是具有育德性质和功能的课程，能够对学生思想政治素质的塑造起到重要的影响作用，是学校思想政治教育的主渠道。大多数国家也都开展了与其社会性质和意识形态相匹配的思想政治教育，并设置了与之相适应的思想政治教育类课程，同时也十分重视将教书育人融入学校所有的课程教学中。

一、课堂教学及其思想政治教育主渠道作用

在学校系统中，各个学科的教育主要是依托相关课程的课堂教学来落实的。课堂教学承载知识传授、能力培养和思想政治素质塑造三大基本功能。任何教育的过程都会涉及知识、能力、情感、态度和价值观等方面的问题，涉及要“教什么”的问题，但人类在历史发展过程中积累起来的文化知识浩如烟海，不可能把所有的文化知识都纳入学校教育领域进行课堂教授。因此，课程的设置就是从中选择那些对学生发展真正需要的基础文化知识、技能等，并据此构成课堂教学的主要内容。课程作为学校教育的基本构成要件，也反映着社会的发展需要。“课程实质上是国家重要意识形态和主流价值观的‘观念载体’，是体现国家教育目的和培养目标的重要途径。”[①] 有强烈意识形态属性的思想政治教育课程，主要是通过课堂教学对学生进行系统的理论知识传授、学科能力培养和思想政治素质塑造，带有鲜明的价值导向。

课堂教学是学校教育的基本形式，学校教育系统最终所要实现的育人功能从根本上取决于课堂教学的实效性。以我国基础教育阶段为例，课堂教学量按中小学 12 个年级，每学年 2 个学期，每学期 20 周，每周 5 天，日均 6 节课计算。基础教育阶段共有 14 400 课时用于课堂教学，占学生在校时间的 3/4 以上。在高等教育阶段，各个高校对学分和学时的规定不尽相同，一般来说，全日制本科生大学四年大约要修满 150 学分，扣除专业实习等必要的实践学时数，按照 1 个学分 18 学时计算，学生在课堂学习的时间大约有 130～140 学分、2 340～2 520 学时。其中，中小学的思想政治教育课程“思想政治”“道德与法治”均为必修课，每周都有相应的课堂教学的学时设置。本科教育阶段的思想政治理论课共设置了 16 个学分必修课程，还开设了选择性必修课程，占据了本科教育阶段课堂教学时数的 1/10 强。

对于课堂教学在学校思想政治教育中的地位，不同的国家、不同的时期、不同的理论流派有不同的看法。主张设立专门思想政治教育课程的流派大都认为：应该有效发挥课堂教学在思想政治教育中的作用，才能提高思想政治教育的质量。从中西方的教育发展史看，自班级授课制度产生以后，较早进行思想政治教育课堂教学

---

① 马和民．新编教育社会学．上海：华东师范大学出版社，2002：198.

的当属宗教课。一些道德教育学家也十分重视课堂教学对于学生品德形成的价值。德国教育家赫尔巴特（Herbart）认为："教学如果没有进行道德教育，那只是一种没有目的的手段，道德教育（或者品格教育）如果没有教学，就是一种失去手段的目的。"[①] 在当代，大多数发达国家的公立学校开设公民教育、道德教育方面的课程。日本文部科学省召开充实道德教育的恳谈会，发布了《关于今后改善充实道德教育的方针政策》的报告（2013 年 12 月 26 日），指出，学校要通过教学的每个阶段与每个主题来推动道德教育、对国际化的回应、对信息社会的回应、对老龄化社会的回应等方面的发展，认为只有这些方面的教学都获得了进展，日本的公民道德教育才能获得最终的促进和发展。

在我国，相关的教育文件早就明确把课堂教学作为思想政治教育的主渠道。在全国高校思想政治工作会议上，习近平总书记再次强调"要用好课堂教学这个主渠道，思想政治理论课要坚持在改进中加强，提升思想政治教育亲和力和针对性，满足学生成长发展需求和期待"[②]。在课堂教学中，教师与学生共同投入的时间最多，能够通过面对面的交流实现心灵的对话。教学制度、教学过程以及课堂教学所生成的课堂文化与集体舆论等，为学生提供了合乎社会生活秩序的一定范型，并通过教师的作用促使学生认同与内化。因此，课堂教学对于学生思想政治素质的生成与发展具有极为重要的作用，是学校思想政治教育的主渠道。

二、思想政治教育课程的设置

各个国家设置思想政治教育课程的指导思想和方式不尽相同。有的采用德目主义的做法，直接设置专门的思想政治教育课程，如政治教育课、公民课或者德育课等，通过课堂教学系统讲授，让学生掌握社会主流思想和主流价值观，以达到思想政治教育的目的；有的采用渗透主义的做法，没有设置专门的思想政治教育课程，而是通过把思想政治教育的内容分散在学校的所有学科课程中，以及借用社会实践等学校的有关教育活动来达到思想政治教育的目的。同时，不同国家、不同历史时期对此类课程的称呼也不尽相同，有社会科、公民课、德育课、公民教育、品格教育、道德教育或政治教育等多种多样的表述。

在英国，1998 年《克里克报告》发布。该报告强烈建议把公民教育作为法定的国

① 赫尔巴特．普通教育学．北京：人民教育出版社，1989：221.

② 习近平在全国高校思想政治工作会议上强调　把思想政治工作贯穿教育教学全过程　开创我国高等教育事业发展新局面．人民日报，2016－12－09.

家课程，认为通过公民教育可以使学生了解英国的民主制、议会、司法系统等政治知识，以提升学生的政治素养。在此报告的推动下，英国资格和课程委员会（Qualifications and Curriculum Authority）提出在中小学设立公民教育的国家课程，以“发展学生的品德和自主性，使他们成为一个公正社会中有责任感、有爱心的公民”。自2002年起，在小学阶段（关键阶段一和关键阶段二），公民教育课程是非法定的，学校并不一定要按照国家课程实施，而是可以自行安排这一部分的内容。在中学阶段（关键阶段三和关键阶段四），公民教育课程则是法定课程，国家制订了相应的教学计划（见表7-1）。2014年，英国开始实施新版的国家课程。其中，公民教育课程的目标在于：首先，确保所有学生了解大不列颠及北爱尔兰联合王国的统治，它的政治体制以及公民如何积极地参与到政府的民主体制中来；其次，使学生了解法律的作用以及社会的正义体系，法律是如何产生和实施的；再次，发展学生对志愿参与以及其他负责任形式的活动的兴趣，并会在成人之后继续参与；最后，培养学生具备批判思维的能力，能够就政治问题开展辩论，能够管理每天的财务，并有针对未来财务需求的计划。

表7-1　英国中学阶段公民教育课程的教学内容

	关键阶段三	关键阶段四
教学内容概述	公民教育课程教学应当拓展学生对民主制度、政府、公民权利与责任的理解。学生应当运用他们的知识和理解力发展公民技能，研究和考察证据，辩论以及评估观点，陈述合理的观点并采取有效行动	公民教育课程教学应当基于关键阶段三的学习计划，深化学生对民主、政府和公民权利的理解。发展学生的公民技能，使他们能够运用一系列的研究策略评估证据，进行有说服力的说明，并证实自己的结论。学生应当体验并评估公民集体行动解决问题的方式，并对社会做出应有的贡献
具体教学内容	（1）英国民主政府政治体制的发展过程，包括公民的角色、议会以及君主的演变 （2）议会、选举和投票、政党的角色 （3）英国公民享有的宝贵的自由 （4）规则、法律以及司法体系的本质，包括警察的角色和法庭的运行 （5）社会中的志愿团体及公共机构扮演的角色，以及公民如何团结起来改善社区，提供机会让学生参与各项活动 （6）金钱的作用和使用，预算的重要性和实践，危机管理	（1）议会民主制以及英国宪法的关键因素，包括政府的权力、公民和议会的角色，以及政府部门、立法机关、司法制度以及新闻自由的不同作用 （2）国内外不同的选举制度，公民在民主选举过程中可以采取的能够影响当地、国家内外决策的措施 （3）国外其他政府的体制及形式，包括民主的与非民主的 （4）本地、区域及国际治理，以及英国与欧洲其他国家，与英联邦各国、联合国及世界其他国家的关系 （5）人权以及国际法 （6）英国的法律体系，法律的不同来源，以及法律如何帮助社会处理复杂问题 （7）英国多样的区域、宗教及民族认同，以及互相尊重与理解的需要 （8）公民为其社区做出贡献的不同方式，包括积极地参与社区志愿活动，以及其他负责任的活动 （9）收入和支出、信贷和债务、保险、存款与退休金、财政产品与服务、如何筹集与支出公共款项

资料来源：http：//www. teachingcitizenship. org. uk/about-citizenship/citizenship-curriculum.

实行联邦制的美国，国家并没有统一的教育目标、课程、考试或评价方法。但总体来说，美国“学校公民教育的任务是培养合格的公民，这种合格的公民需要具备负责任地和有效地参与民主社会中政治和公民生活的知识、技能和态度”[①]。但美国各个州基本上都有开设“社会科”，有些学校还设立了“公民学与政府”课程，对美国青少年一代进行思想政治教育、培养美国公民。在美国全国社会科学理事会颁布的《社会科学课程标准》（*Curriculum Standards for Social Studies*）确定了10个主题，也就是中小学“社会科”教学十大内容：（1）文化；（2）时间、连续性及变化；（3）人们、地点及环境；（4）个人发展和身份；（5）个人、群体及机构；（6）权力、权威及管理；（7）生产、分配及消费；（8）科学、技术及社会；（9）全球联系与相互依存；（10）公民理想与实践[②]。美国公民教育中心（Center for Civic Education）针对“公民学与政府”课程提出了公民教育知识教学的国家标准，即公民所需要掌握的基本内容的知识框架包括：（1）什么是公民生活、政治和政府？（2）美国政治体制的基础是什么？（3）建立在宪法基础上的政府是如何体现美国民主制度的目标、价值和原则的？（4）美国和其他国家的关系如何？美国与世界事务的关系如何？（5）公民在美国的民主体制中发挥什么样的作用？并强调第1～2条适用于5～12年级，在幼儿园到4年级之间应该使用简明版的第1～2条[③]。在基础教育阶段，从幼儿园到小学低年级阶段（K－3），公民教育的内容较为简单，侧重于公民知识点的教授，大多是培养对国家标志物如国旗、国歌的认识，了解选举是什么，熏陶爱国主义情感。从小学高年级到初中阶段（4～6年级、7～9年级），公民教育的内容有了一定深度，重点放在陈述历史事件、人物等方面。高中（10～12年级）的公民教育内容则较为复杂，要深入了解和理解美国的政府政治、民主制度的运行机制、经济制度、国际地位等，带有分析的性质。在高等教育阶段，各个高校则主要把公民教育的内容蕴含在通识教育课程中，让大学生进一步加强“我是一个美国公民”的国家认同意识。当然，由于美国教育不是联邦政府进行统一规划，各个州都制定了与自己相关的公民教育政策，但都是围绕着“如何做一位美国公民”来实施相关教育。

在我国基础教育阶段，思想政治教育课程（现统称“思想政治理论课”，简称

---

① PATRICK J. The civic mission of schools：key ideas in a research-based report on civic education in the United States. Teacher Librarian，2004，32（2）：26－28.

② 帕克．美国小学社会与公民教育：第12版．南京：江苏教育出版社，2006：5.

③ TORNEY-PURTA，JUDITH，LOPEZ，SUSAN V. Developing citizenship competencies from kindergarten through grade 12：a background paper from policymakers and educators. Education Commission of The States，2006（4）：12.

“思政课”）集学科教育、社会认识和公民培育于一体，具有综合性。早在1994年颁布的《中共中央关于进一步加强和改进学校德育工作的若干意见》就明确提出政治课是“系统进行公民品德教育和马克思主义常识教育的必修课程”。课程目标和内容包括思想素质、政治素质、道德素质、法治素质等要素。课程涉及的学科背景十分广泛，包括政治学、经济学、哲学、伦理学、法学、心理学、社会学等学科的原理与概念。目前，小学与初中阶段开设“道德与法治”必修课程；高中阶段开设“思想政治”必修课程和选择性必修课程，中等职业学校开设“思想政治”必修课程和选修课程。在高等教育阶段，思想政治理论课是“巩固马克思主义在高校意识形态领域指导地位，坚持社会主义办学方向的重要阵地，是全面贯彻落实党的教育方针，培养中国特色社会主义事业合格建设者和可靠接班人，落实立德树人根本任务的主干渠道，是进行社会主义核心价值观教育、帮助大学生树立正确世界观人生观价值观的核心课程”[①]。经过课程的发展、调整与整合，当前大学阶段开设思想政治理论课必修课程和选择性必修课程，逐步形成为本科阶段开设“马克思主义基本原理”“毛泽东思想和中国特色社会主义理论体系概论”“习近平新时代中国特色社会主义思想概论”“中国近现代史纲要”“思想道德与法治”“形势与政策”六门必修课程；高等职业学校专科阶段开设“毛泽东思想和中国特色社会主义理论体系概论”“习近平新时代中国特色社会主义思想概论”“思想道德与法治”“形势与政策”四门必修课程；硕士研究生阶段开设“新时代中国特色社会主义理论与实践”，博士研究生阶段开设“中国马克思主义与当代”各一门必修课程。同时要求各高校结合本校实际，为本专科学生、研究生充分开设思想政治理论课选择性必修课程，其中，本专科学生至少选修一门“四史”选择性必修课程，硕士研究生至少选择一学分课程。

这些课程依托着相关学科知识与内容进行学理建构与整合，在马克思主义理论的指导下，其课程内容的选择既遵循思想政治教育课程建构的内在逻辑，又随着国家和社会的发展变化以及学生思想状况的新特点，不断进行修改与完善，坚持把马克思主义中国化的最新理论成果融入课程建设，坚持社会主义核心价值观的引导，形成历史和逻辑、学理和现实、理论和实践相统一的具有中国特色的学校思想政治教育课程体系。

三、思想政治教育课程的课堂教学

思想政治教育课程的课堂教学具有一般学科课程课堂教学的基本特性，是一种

---

① 中央宣传部 教育部关于印发《普通高校思想政治理论课建设体系创新计划》的通知．（2015-08-11）．http：//www.moe.gov.cn/srcsite/A13/moe_772/201508/t20150811_199379.html.

为了达到一定的教学目标，由教师“教”和学生“学”共同组成的双边活动。其课堂教学也是以理论知识传授为核心，强调对知识要点的掌握，并有序地推进。但与其他学科的课堂教学相比，思想政治教育课程的课堂教学有其学科的独特性要求，即在课堂教学中应实现理论知识教育与德育功能相结合。追求教学的有效性是思想政治教育课程课堂教学改革的核心追求。对于思想政治教育课程的课堂教学而言，有效教学要解决的是对学生的主流意识形态教育、社会主义核心价值观教育如何实现从知识层面认知，到深化情感体验，最后实现内心价值认同进而落实到行为的问题。

首先，彰显思想政治教育课教师在课堂教学中“教”的价值引领作用，提升课堂教学的吸引力。课程和教材本身是物化的载体，唯有教师个体才能把理论生动化，并拉近求知者——学生与理论之间的距离，产生吸引力。教师要认识到在思想政治教育课程的教学过程中，不仅仅有理论知识的讲解与传授，还要有理论的演绎和知识体系推演的体验，更要体现对思想的引领和价值的塑造。思想政治教育课教师应该遵循思想政治教育规律，遵循教书育人规律，遵循学生成长规律，所选择的教育内容、采用的教育方法必须符合学生的身心发展特点，合理安排教学，充分调动学生的积极性和主动性，才能达到良好的教育教学效果。思想政治教育课教师不仅要有对马克思主义理论教育的坚守与情怀，更要具备良好的马克思主义理论学养，能够广泛地掌握、深刻地理解并切实地信仰马克思主义理论，进而在教学中能娴熟地运用马克思主义理论体系的内容与方法，在教授中充分体现马克思主义的真理性和道义性，如此开展的理论教学也才能具备穿透力和说服力。作为传道者的思想政治教育课教师既要明“道”、信“道”，又要行“道”，才能作为先行者和领路人，恰如其分地运用各种教育教学方法引导教育对象前行。

链接

办好思政课关键在教师。调动思政课教师的积极性、主动性、创造性，必须增强教师的职业认同感、荣誉感、责任感。必须旗帜鲜明讲清楚：办好思政课不仅有“术”，也有“学”，更有“道”。

——习近平．思政课是落实立德树人根本任务的关键课程．求是，2020（17）.

其次，发挥学生在课堂教学中“学”的主体作用，提升课堂教学的亲和力。思想政治教育要求作为教育对象的学生不仅要知道和理解相关的理论知识，同时还要“相信”并进而能够落实到自己的行为中。如果说“教”是由教师主导的话，那么学生则是"学"的主体。无论是对思想政治教育系统理论知识的掌握，还是分析问题、解决问题能力的发展，抑或是思想政治素质的形成，都需要学生通过自身的矛盾运动，才能予以接受和转化。在进行课堂教学之前，教师要对学生的现实境遇、已有知识与经验、思维特点及精神世界等学情有充分的了解。只有在充分了解学生的真实学情，熟悉他们的话语特点，契合他们的思维方式，设身处地站在学生立场，掌握他们的思想动态的基础上，教师才能在教学中与学生达到语境同构、思维同构与情感同构。在语境同构中，思想政治教育课教师能够运用学生熟悉的话语体系拉近与学生的沟通距离，提升思想政治教育课程教学的亲和力；在思维同构中，思想政治教育课教师能够按照学生的接受水平，采用相应的教育教学方式，从而在教学中完成理论教授与价值传导；在情感同构中，思想政治教育课教师能够基于学生情感接受的共同点，进行情感疏导与价值辨析，通过共情最终达到思想共鸣与价值共识。教师要认识到让学生掌握知识不是最终目的，而是要在有效的讲授与良好的互动中帮助学生形成系统思维，在理解把握规律的同时，观察世界的视角与方法得以形成，相应的思想政治素质也得以确立和发展。

再次，编制优质的思想政治教育课程教材，整合利用各种教学资源，提升教材的可教性。教材建设是国家事权，尤其是思想政治教育课程教材，更具有鲜明的意识形态性。各个国家对教材的建设都十分重视，通过教材建设来强化国家意志。党的十八大以来，党中央加强了对教材建设的全面领导，逐步健全国家教材工作体系，并对教材建设的领导体制进行了新的顶层设计，2017 年 7 月正式成立了国家教材委员会，负责指导和统筹管理全国教材工作。这些举措进一步明确了教材建设是国家事权，使思想政治教育课程教材的编写更具权威性。思想政治教育课程教材要有鲜明的意识形态性，要把坚持政治正确性放在首位，这是思想政治教育课程的本质要求，也是思想政治教育课程教材区别于其他教材与著作的根本特性。

思想政治教育课程教材要强调学理性。教材是体现一定思想理论的载体，同时又是师生教学活动的主要工具和基本依据。科学的理论具有与时俱进的理论品质，只有发展的理论才能适应时代的发展需要。马克思主义理论具有与时俱进的理论品格，随着中国特色社会主义建设事业实践的推进，马克思主义也始终不停地展开其中国化、时代化的进程，思想政治教育课程教材必须吸纳马克思主义中国化的最新理论成果，并对学生进行及时的教授。教材的发展是一个反复使用、不断修改和不断完善的过程。随着知识信息的激增、社会的进化、教育的发展，教材需要不断更新换代，才能适应社会的需要。马克思主义是一个发展的、开放的理论体系，并引导着人类以新的文明形态去破解自身发展的难题。阐释和传播马克思主义理论的思想政治教育课程教材必然也要以开放发展的姿态与时俱进地更新，充分体现时代的特征和创新的品质。

此外，教材是思想政治教育课程实施的重要依托和教学活动的指南，教材也是课堂教学不可或缺的知识载体。为提高教学质量，思想政治教育课教师要充分地研究和分析、理解和掌握教材的编写意图，合理地确定教学内容的广度和深度，根据教材的内容体系，明确教学的重点与难点。教材是用于教授学生的，必须体现教材的可教性。各学段思想政治教育课程教材内容的编写要符合青少年学生的认知发展规律，深入浅出，循序渐进。教师也要深入开发和挖掘教材中隐含的丰富鲜活的教育资源，尤其是注重捕捉那些对培养学生的态度、情感和价值观有明显作用的素材，使其在教学中真正发挥应有的作用。

最后，灵活运用各种得当的教学方法和教学手段，实现有效教学。“比课程更为重要的问题是关于教学方法和教学精神”①，教学不仅是技术，更是一门艺术。现代化的教学应该是基于教育技术的一种教学优化与统整，教师在教学中应该探究的是如何依据学生的成长和发展需求的不同，既发挥好传统的理论讲授的优势，同时基于教育技术的运用与革新，混合使用好慕课、微课程、翻转课堂等多种课堂教学策略。但不管采用传统教学方法，还是采用慕课等在线教学的方法，抑或是混合式教学法，思想政治教育课程的教学成功与否，取决于每个学生经过学习活动是否新获得了或改善了认知方式和行为方式，最终也体现在学生相应思想政治素质是否形成和提高。

四、将教书育人融入所有课程教学之中

所有课程都具有育人功能。在开展专门的思想政治教育课程课堂教学的同时，要将教书育人融入所有课程教学之中，也就是说要把思想政治教育融入其他课程的建设与教学中，让其他课程在传递专业学科知识的同时，承载思想政治教育的功能，在专业知识的传授中实现对学生的价值引领。德国教育家赫尔巴特早就指出：“德育问题是不能同整个教育分离开来的，而是同其他教育问题必然地、广泛深远地联系在一起的。”② 人文、社会、自然各学科都潜藏着丰富的思想政治教育资源。各门学科课程的教学不仅仅具备知识的传授、技能的获得的功能，还都具有教育

① 罗素．罗素论教育．北京：人民教育出版社，2009：185.

② 李其龙．赫尔巴特文集：3：教育学卷一．杭州：浙江教育出版社，2002：36.

性，应当注重各学科的载道作用。许多国家也都强调各门学科课程在培养学生思想政治素质方面的作用，注重思想政治教育的整体性、渗透性。

所谓将教书育人融入所有课程教学之中，就是指教师在进行课程教学中，在进行科学文化知识传授的同时，要将思想政治教育融入学生课业学习的各个环节，要深入挖掘各学科知识中所蕴含的思想政治教育资源，并通过与课程教学内容的自然交织引起学生内心的体验，使学生在科学文化知识的习得过程中，自觉加强思想道德修养，提高政治觉悟。各个学科的课程教学是教师实施教书育人的重要途径，对提高学生的思想政治素质具有重要的作用。“其他各门课都要守好一段渠、种好责任田，使各类课程与思想政治理论课同向同行，形成协同效应。”[①] 在中小学运用“学科德育”、在高校运用“课程思政”模块，把马克思主义及其中国化的最新成果，把社会主义核心价值观的要求，把实现民族复兴的理想和责任融入各类课程教学之中。

以高校的课程为例，不同专业的课程有不同特点，但每一门课程内容自身都蕴含着丰富的育人因素。教师可以基于课程的特性，从教学内容的实际出发，有意识地对学生进行思想教育和与学科相关联的伦理道德教育，也可以发掘课程本身隐含的理性价值、科学精神、务实态度、创新思维、协作意识等方面的内容。通过教与学的交融，使教学过程不仅成为传递学科知识的过程，而且成为塑造学生思想道德意识的过程，学生在学科知识增长的同时，进一步发展和健全人格，促进个体的全面发展。作为教师，要善于挖掘课程教学中的育人因素，要在专业课教学中渗入人文知识，在工具理性的张扬中融入人文精神，要引导学生在学习理论知识、发展智力的同时，提升思想觉悟、确立高尚的品德、形成良好的行为习惯。

链接

要紧紧抓住教师队伍“主力军”、课程建设“主战场”、课堂教学“主渠道”，让所有高校、所有教师、所有课程都承担好育人责任，守好一段渠、种好责任田，使各类课程与思政课程同向同行，将显性教育和隐性教育相统一，形成协同效应，构建全员全程全方位育人大格局。

——教育部关于印发《高等学校课程思政建设指导纲要》的通知．(2020－06－06). http：//www.gov.cn/zhengce/zhengceku/2020－06/06/content_5517606.htm.

---

① 习近平在全国高校思想政治工作会议上强调　把思想政治工作贯穿教育教学全过程　开创我国高等教育事业发展新局面．人民日报，2016－12－09.

第三节 学校日常思想政治教育

学校思想政治教育不仅要借助课堂进行系统的教育教学，也要运用日常教育实现主流价值的传递和育人的功能。所谓的日常思想政治教育是相关的教育主体根据国家的教育方针和学校思想政治工作的要求，结合学生的日常学习、生活和实践，以校园文化、社会实践、党团组织、社团活动、日常管理等为载体开展的，对学生的思想政治素质产生影响的各种思想政治教育活动。与有系统、有计划的思想政治教育的课堂教学不同，日常思想政治教育更注重学生的思想疏导和良好行为的养成，将思想政治教育全方位地渗透到学生日常生活与学习中，融入学校人才培养的各个环节。本节着重阐述其中的文化育人、实践育人、管理育人、组织育人等问题。

一、文化育人

文化育人是个历久弥新的话题。我国古典文献《易经》里就提道，“观乎天文，以察时变；观乎人文，以化成天下”，即文化就是用人文去化成天下，实现文化育人。在一般意义上，文化育人是指引导人们在文化的传承与发展中进行正确的文化选择，并在文化的熏陶、浸透与教化中实现思想品性的完善与超越的育人过程。在学校思想政治教育的语境中，文化育人指的是学校通过文化教育和文化建设，营造优良的文化环境和氛围，使学生在文化的浸润与教化中形成正确的世界观、人生观和价值观，提升思想政治素质，努力实现全面发展。

文化育人对学生能发挥性情陶冶、价值引导与人格塑造的作用。学校经过长期办学营造的文化环境和形成的文化氛围，使得学生置身其中，感受文化的熏陶，浸润心灵，启蒙心智，并在求真求善求美的道路上形成个人价值，塑造品格。习近平总书记在全国高校思想政治工作会议上强调，要“以文化人以文育人”，指出要把社会主义核心价值观贯穿于高校办学育人全过程。加强高校思想政治工作，要注重文化浸润、感染、熏陶，既要重视显性教育，也要重视潜移默化的隐性教育，实现“入芝兰之室，久而不闻其香，即与之化矣”的效果。做好文化育人工作，要注意以下几个方面：

首先，要丰富文化育人中“文化”的时代意涵。明确以什么样的文化来育人，才有利于青少年学生的成长成才。新时代的文化育人着重强调对中华优秀传统文化、革命文化以及社会主义先进文化的传承与发展，尤其强调培育和践行社会主义核心价值观是新时代文化育人的核心内容和第一要义。文化育人要充分体现以人为本、以文化人的原则，立足社会对学校教育使命的现实要求，发挥文化的育人功能，把文化育人、培养社会主义事业合格的建设者和接班人紧密结合起来，使学生逐渐形成符合现实需要和社会发展的价值观念与理想信念。

其次，要重视学校文化建设，创建文明优雅的校园。学校文化建设和文明校园的创建要以社会主义核心价值观为价值引领。要重视学校精神文化、制度文化、物质文化与行为文化的建设，保持学校文化的各种形态之间的平衡协调，充分发挥文化各种形态独特的育人功能，使文化的各种形态在学校文化育人中交相辉映，形成文化互补效应。既要从宏观上确立总体的育人目的，又要从微观上落实育人任务，立足在环境建设、建章立制等各个层级、各个条块确定具体的育人目标。如要精心设计校园环境、完善教学设施等物质基础，于细微处嵌入育人理念，赋予校园各种环境物件文化内涵，寓情于景、寓教于物，使校园的环境物件既能充分地展示其使用功能，又能充分地发挥其审美功能与教育功能，用优雅的校园环境来陶冶学生的品性与情操。制度是保障，要建立和完善蕴含学校独特价值理念的制度体系，使学校各项育人机制贯穿在校园文化建设的各方面。总之，文化育人应落实在文明优雅校园创建的一切活动中。

最后，要开展形式多样的文化育人活动。各种形式的校园文化活动的开展是进行文化育人的有效途径。习近平总书记指出，“要更加注重以文化人以文育人，广泛开展文明校园创建，开展形式多样、健康向上、格调高雅的校园文化活动”[①]。要结合时代特征和青少年学生实际，有组织、有计划地开展行之有效的校园文化活动。在既有的学生社团文化活动的基础上，可以设计各种校园主题活动日。如某高校以“时代极客，师大创造”为主题，设立首个校园主题活动日，帮助学生进一步认识、感悟和践行向善向上、求真求实、勇往直前的科学精神，增强创新意识，参与创新实践，探究共同关心关注的热点问题。在新时代，也可以以学生喜闻乐见的文化育人形式，如“我心目中的思想政治理论课”微电影、微视频、微课的设计、制作与比赛等活动方式，让学生在参与活动中受到教育。

---

① 习近平．习近平谈治国理政：第2卷．北京：外文出版社，2017：378.

链接

教育艺术在于，不仅要使人的关系、成人的榜样和语言以及集体里精心保持的种种传统能教育人，而且也要使器物——物质和精神财富——能起到教育作用。依我们看，用环境、用学生创造的周围情景、用丰富的集体精神生活的一切东西进行教育，这是教育过程中最微妙的领域之一。

孩子在他周围——在学校走廊的墙壁上、在教室里、在活动室里——经常看到的一切，对于他精神面貌的形成具有重大的意义。这里的任何东西不应当是随便安排的。孩子周围的环境应当对他有所诱导，有所启示。

——苏霍姆林斯基．帕夫雷什中学．北京：教育科学出版社，1983：105，135.

二、实践育人

教育与生产劳动相结合，教育与社会实践相结合，是教育的基本原则，也是思想政治教育的有效途径。马克思指出："生产劳动同智育和体育相结合，它不仅是提高社会生产的一种方法，而且是造就全面发展的人的唯一方法。"① 所谓实践育人是指学校通过有目的的各种实践活动建立起学生与客观世界的联系，在实践过程中提高学生的知识水平，提升他们的思想政治素质，让学生在改造客观世界的同时，改造主观世界，最终实现自由全面发展的教育活动过程。

实践育人有助于克服学校思想政治教育中存在的"重理论说理，轻践行体验"的倾向，实现"育智"与"育德"相结合。学校开展的思想政治教育课程更侧重于课堂理论知识的讲授，有时难免与社会发展的实际存在一定的脱节，或者没有将社会生活和实践中丰富多彩的内容及时纳入思想政治教育课程的教授中。而实践育人通过把社会实践与专业学习相结合，与服务社会相结合，与勤工助学相结合，与创新创业相结合，有效地弥补了理论与实践之间的断裂，同时也把人才培养的目标与促进个人发展有机结合起来。

实践育人有助于在学生中弘扬劳动精神，认识劳动的价值，实现德育与劳育相结合。劳动作为人类的一种基本活动方式，与教育和人的发展都具有密切联系。教育与生产劳动相结合是我党历来坚持的教育方针。马克思精辟地指出："体力劳动是防止一切社会病毒的伟大的消毒剂。"② 体力劳动可以促进青少年增强劳动观念，

① 马克思，恩格斯．马克思恩格斯选集：第2卷．3版．北京：人民出版社，2012：230.

② 马克思，恩格斯．马克思恩格斯全集：第31卷．北京：人民出版社，1972：538.

提高劳动能力，尊重体力劳动者，珍惜劳动成果，改变他们轻视或鄙视劳动，抵制好逸恶劳、不劳而获、贪图享受以及浪费劳动成果等不良品质。在2018年全国教育大会上，习近平总书记提出“要在学生中弘扬劳动精神，教育引导学生崇尚劳动、尊重劳动，懂得劳动最光荣、劳动最崇高、劳动最伟大、劳动最美丽的道理”[①]，再次强调了劳动在教育中的重要性。劳动中的实践育人可以实现劳动观念的培养和劳动技能的训练，让学生在能够充分发挥其主观能动性、体现其创造性的劳动体验中，全方位地享用到劳动所带来的尊严感、幸福感和价值感。

实践育人有助于提升青少年学生的社会责任感，培养时代新人。一方面，实践是架构理论和现实的桥梁。通过社会实践，学生与社会接触多了，丰富了社会经验、锻炼了能力、磨炼了意志，更加明确未来的发展方向。另一方面，实践促进了学生对社会发展现状的感受与认知。马克思曾指出：“在再生产的行为本身中，不但客观条件改变着，……而且生产者也改变着，他炼出新的品质，通过生产而发展和改造着自身，造成新的力量和新的观念，造成新的交往方式，新的需要和新的语言。”[②] 恩格斯也指出：“由整个社会共同经营生产和由此而引起的生产的新发展，也需要完全不同的人，并将创造出这种人来。”[③] 学生走向社会，了解国情、民情，直接感受和体验纷繁复杂的社会生活，能够真正体会和理解中国特色社会主义道路自信、理论自信、制度自信和文化自信，加强他们服务人民、社会和国家的意识，形成强烈的社会责任感，自觉成为中国特色社会主义事业的合格建设者和可靠接班人。

早在1958年，中共中央、国务院就颁布了《关于教育工作的指示》，指出：“党的教育工作方针，是教育为无产阶级政治服务，教育与生产劳动相结合。”[④] 2012年1月，教育部等部门下发的《关于进一步加强高校实践育人工作的若干意见》，再次强调了实践育人的重要性，明确指出“坚持教育与生产劳动和社会实践相结合，是党的教育方针的重要内容”[⑤]。在中小学主要是设置综合实践活动作为必修课程，内容包含信息技术教育、社区服务与社会实践以及劳动与技术教育，强调中学生通过学军、学农、学工等社会实践活动，增强探究和创新意识，学习科学研究的方法，发展综合运用知识的能力，密切学校与社会的联系，培养社会

① 习近平在全国教育大会上强调 坚持中国特色社会主义教育发展道路 培养德智体美劳全面发展的社会主义建设者和接班人．人民日报，2018－09－11.

② 马克思，恩格斯．马克思恩格斯文集：第8卷．北京：人民出版社，2009：145.

③ 马克思，恩格斯．马克思恩格斯选集：第1卷．3版．北京：人民出版社，2012：307.

④ 何东昌．中华人民共和国重要教育文献（1949—1975）．海口：海南出版社，1998：858.

⑤ 教育部等部门关于进一步加强高校实践育人工作的若干意见．（2012－01－10）．http：//old. moe. gov. cn/publicfiles/business/htmlfiles/moe/s6870/201209/142870. html.

的责任感。在大学，大学生参与的社会实践活动形式主要有社会调查、基层挂职锻炼、参观访问、公益劳动、勤工助学、科技服务、社区服务、信息服务和志愿者活动。这些社会实践活动使理论与实践、教育与生产相结合，填补了知识与能力之间的鸿沟，学生可以通过亲自运用正确的理论指导和推动社会实践，来认识和把握正确理论的真理性，可以通过参与艰苦的社会实践，锻炼和磨砺意志，形成良好的思想政治素质。

链接

实践育人是我国学校人才培养的重要环节，不少国家也将其视为重要的育人方式。在西方，研究者认为社区服务、服务学习具有显著的公民教育价值，认为社区服务、服务学习能够将公民教育与所在社区的真实现状相联系，为学生创造一个履行公民责任与义务的环境，使学生有机会主动、积极地服务社区、社会和国家，体验到自己作为国家一员所具有的不可推卸的责任。很多国家十分重视运用社区服务、服务学习这种实践育人的模式。比如，在美国许多州的学校里，就把社区服务或服务学习纳入学校课程计划，学生要拿到高中毕业文凭，必须完成一定学时的社区服务。由于参加社区服务的情况，能反映一个学生的基本素质和品质，往往也是美国高校录取高中毕业生一个重要的参考指标。在德国，倡导公民教育的社会化，学校注意将学生的课程学习与实践紧密结合起来。学生必须参加相应的户外劳动，比如打扫校园，参加工厂、农场的实习活动等。假期中，学生还要到医院、养老院、残疾人福利院等机构服务1～2周。学生也在积极参与社会的实践活动中养成作为德国公民的基本素养。韩国的学校也十分重视青少年学生的养成教育，引导学生积极参与社会实践活动，在实践中对学生进行行为规范的训练等。

随着时代的发展变化，要发挥好实践育人的有效性，还需要结合当下的现实条件进行创新发展。

其一，要搭建实践育人的协作机制。实践育人有效性的发挥离不开社会各界的支持与配合，因此要深化学校与政府部门、社会组织、行业企业之间的合作，建立实践育人的协作共同体，创建共建单位、实践基地等形式，拉近实践岗位供给侧和实践需求侧之间的距离。教育主管部门要加大对实践育人的工作指导和支持力度，形成完善的协作机制，推进各类实践教育活动开展，使实践育人活动稳定、持久，形成协同育人效应。

其二，要完善实践育人的运行机制。学校教务部门和学生工作部门应该积极将实践育人体系化，从制定实践育人的大纲计划、安排学时、推进实践以及实践育人质量的评价和考核，到对实践育人进行监督、管理和指导，都要有整套的运行程序。要优化实践育人的指导教师队伍，积极组织实践育人的指导教师参加相关培训，使其认识到实践育人的优势，并提高教师开展实践育人的自觉性和主动性，以便其更好地发挥指导作用。

其三，要形成实践育人的评价机制。对实践育人效果的客观评价是提升实践育人实效性的重要环节。只有形成合理的评价机制，才能了解到学生在实践育人项目中得到何种锻炼和教益，也才能衡量相关实践育人项目的优劣。要科学设计实践育人评价的基本原则，构建科学评价的方式和模型，探索实践育人评价的影响因子，确立实践育人评价的多元主体，包括实践项目的学校主管部门、项目指导教师、项目实践的所在单位、参与实践项目的学生同伴及学生自己，明确各自的评价责任，最后要运用评价的结果来完善和改进实践育人的相关环节，推动实践育人的创新发展。

链接

高校要普遍建立党委统一领导，马克思主义学院积极协调，教务处、宣传部、学工部、团委等职能部门密切配合的思政课实践教学工作体系，在马克思主义学院指定专人负责，建立健全安全保障机制，积极整合思政课教师和辅导员队伍，共同参与组织指导思政课实践教学。

——教育部等十部门关于印发《全面推进“大思政课”建设的工作方案》的通知．(2022-07-02)．http://www.gov.cn/zhengce/zhengceku/2022-08/24/content_5706623.htm.

三、管理育人

育人是学校一切工作的出发点和最终归宿，学校管理就是育人的管理。广义上的管理育人，是指学校围绕着育人目标和根本任务，通过行政管理、教学管理、日常事务管理等管理活动，以学生和教职工为管理对象，实现促进青少年学生成长的最终目标。而思想政治教育语境下的管理育人，相对于学校管理，更多地集中于学生事务的相关管理活动，重视对学生成长成才的服务，即狭义的管理育人是指学校的管理者通过开展围绕学生事务的管理活动，对学生进行思想政治教育，帮助学生确立正确的行为规范、形成良好的思想政治素质的过程。管理是手段，管理是围绕学校育人的预期目标而展开的；育人是目的，借助科学的管理来提高育人的有效性；管理育人是学校培养教育学生的重要工作和环节，是学校思想政治教育的重要途径。

加强管理育人有利于充分发挥管理的积极作用，为合力育人提供有力保障。一方面，管理育人对学生成长成才具有保障和支撑作用。与系统的课程教学育人所不同的是，管理育人侧重于为学生的成长和成才创设良好的氛围条件。学校管理者通过完善教学管理制度，科学地组织教学工作的全过程，如合理安排课程体系、开展各项教育活动、制定相关的规章制度、创建良好的学校环境等，在教与学之间搭建桥梁，从而直接服务于学校立德树人的使命。另一方面，管理育人是规范学生行为、提升学生思想认识的有效力量。学生不良行为与思想问题的产生，往往伴随着实际问题的出现，不能简单地用行政命令式的方法直接消除。教师可以在日常事务的管理中，了解、解决学生实际问题，并对学生的思想、心理进行沟通与疏导，达到育人的目的。管理将日常思想政治教育对学生的种种要求加以条文化、规范化、制度化，可以对学生行为和品质的发展起到更好的规范和约束作用。此外，管理者在管理实践中，不仅通过规章制度规范学生的行为，而且通过自己的言传身教去引导与影响管理对象，用自己的言行举止有意识地、潜移默化地去影响学生，从而帮助学生树立正确的世界观、人生观、价值观，促进他们成长成才，实现育人目的。

提升管理育人的实效性，必须积极改革管理方法与管理机制，探索管理育人的有效路径。

其一，管理育人要确立“以生为本”的管理理念。学校管理不同于其他机构的管理，学校管理的目的在于育人，必须坚持“以生为本”，在管理的过程中突出学生的主体性。要遵循青少年学生的身心成长规律，对于不同学段、年龄的学生的发展状况，制定不同的管理制度，采用不同的管理方式。要面向学生的成长需要，以学生的需求为导向，关心学生、尊重学生和爱护学生，有针对性地帮助学生处理好学习、生活、交友、择业等各方面的具体问题，及时为学生解决问题，维护学生的权益，在管理中促进学生成长成才。

其二，管理育人要发挥规章制度的规范作用。管理制度本身具有鲜明的导向作用与规范作用，要使管理育人取得较好的效果，规章制度的建立和健全是最基本的条件。规章制度是学校管理育人的依据。学校要根据相关的教育政策与法规、学校的实际情况和人才培养要求，制定和完善各种规章制度作为学生和教职员工遵守的行为准则。只有得到学生的理解和支持，学校的学生管理制度才能真正起到对学生的育人作用。

其三，要建立一支政治素质高、业务能力强的管理人员队伍。学校管理育人工作要有效开展，必须坚持党委领导下的校长负责制，构建起管理育人的有机体系，并建立一支政治素质过硬、管理与育人能力强的管理人员队伍。学校的教职员工，不管是处在教学岗位、管理岗位还是保障岗位，都要提高管理育人的意识，要从思想上认识到管理育人的重要性，懂得管理也是育人。要了解与熟悉被管理对象——学生的基本情况，要能够主动地利用各种管理时机，恰如其分地对学生的思想观念与品德养成施加积极正面的影响和教育。同时，作为管理者也要以身作则，带头遵纪守法，自觉地遵守和执行学校的规章制度，起到以身示范的作用。

四、组织育人

组织育人是学校思想政治教育的重要方式，是学校整体育人大格局的重要组成部分。《高校思想政治工作质量提升工程实施纲要》对高校组织育人理念和实践提出了明确的指导意见，即要“把组织建设与教育引领结合起来，强化高校各类组织的育人职责”①。

“组织”一词有“按照一定的宗旨和系统建立起来的集体”② 之意。学校的各类组织既包括教工组织，也包括学生组织。学生组织包括正式组织和非正式组织。正式组织往往被纳入学校管理体制，得到一定的经费支持，学生加入需要经过严格的选拔程序，如党支部、团支部、少先队、班级、学生会、研究生会等。非正式组织往往是指根据学生的爱好、兴趣自愿组成，按照章程自主开展活动的各类学生社团。虽然学生社团由学校团委负责指导，社团数量较多的学校一般会设立社团联合会进行统一的管理，但是与正式组织相比较为松散。在学生组织中起着统领作用的是党组织，以及与党组织有着天然密切联系的团、队组织。组织育人是指通过学校的各种组织的建设，尤其是学生党团队的组织建设，强化思想的引领，并依托组织所开展的各项实践教育活动，让学生在集体活动中接受思想政治教育的育人过程。

学校的党团队组织在组织育人上具有天然的优势。利用党团队组织对青少年学生开展思想政治教育既有政治优势，也有组织优势，能积极发挥先锋引领作用，培养学生中的先进分子，使其发挥带头作用。学校系统从小学、中学到大学依次递进设置中国少年先锋队、中国共产主义青年团到中国共产党基层组织的建制，并以此为依托开展相应的日常育人工作。党团队组织广泛开展组织活动，将社会主导的思想观念贯彻于组织活动过程之中，使学生思想政治教育接地气，贴近实际、贴近生活，扩大育人工作覆盖面，引发学生情感共鸣与思想共振。学生的思想成长往往始于小学加入少先队、成为一名光荣的少先队员那刻起，进入中学之后，学生积极向

① 中共教育部党组关于印发《高校思想政治工作质量提升工程实施纲要》的通知．(2017-12-06).http://www.moe.gov.cn/srcsite/A12/s7060/201712/t20171206_320698.html.

② 现代汉语词典．7版．北京：商务印书馆，2016：1750.

共青团、向党组织靠拢的过程，本身就是一个学生的思想认识逐步升华，政治认知与道德素质逐步提升的教育过程，能够督促青少年学生在思想上不断追求进步。此外，学校的党团队工作长久以来形成了广泛的覆盖面和深厚的群众基础，其工作内容和举措颇具规范性和权威性，这也决定了其在学校组织育人中的龙头地位。

链接

青年团的任务就是要这样来安排自己的实际活动：使团员青年在学习、组织、团结和斗争的过程中把他们自己和那些以他们为带头人的人都培养成共产主义者。应该使培养、教育和训练现代青年的全部事业，成为培养青年的共产主义道德的事业。

——列宁．列宁全集：第 39 卷．2 版增订版．北京：人民出版社，2017：337－338.

除了党团队组织，学生的社团组织也发挥着积极的育人效用。学生社团是由学生根据自己的兴趣爱好自觉自愿组建的团体组织，具有自主性和自愿性。学生作为社团组织中的成员，参与社团组织的活动，其个人的品质和行为会在不自觉的情况下受到社团的影响。其一，社团组织有助于培养学生的责任意识。学生通过参加社团组织，能自觉地承担起自身在组织内的职位和责任，有助于培养学生勇于担当的责任意识。其二，社团组织能帮助学生形成正确的自我评价。学生在团队活动中能够从与他人的交往中获得客观的自我认知与自我评价。社团组织往往会确立较为健全的活动程序，建立合理的评价机制。学生通过参与活动，能客观地对自身在活动中所担任的角色、所付出的努力和所肩负的责任进行评价，了解自身的优缺点，养成良好、客观并且正确的自我评价意识。其三，社团组织能发挥积极的榜样教育作用。社团组织通过对社团活动中表现突出和优异的学生进行表扬和认可，会在很大程度上激励其他社团成员对榜样行为的效仿。其四，社团组织能够培养学生正确的竞争观念和合作精神。社团组织所举办的各种活动往往既存在竞争也需要合作，学生通过参加团体活动能够意识到竞争和合作是相互制约、相互促进的，在共同的工作学习生活中，既要各司其职、相互竞争，又要在分工中相互合作，才能顺利达成社团组织的发展目标。

不管是党团队组织还是社团组织，学校的各类组织都是育人主体，都有育人功能，在学校全方位育人的环节中发挥着各自的组织优势。要发挥组织育人的合力，必须构建和完善组织育人工作的路径。

首先，确保党组织对学校其他组织育人工作的引领和指导。党的领导是扎根中国大地办学校、办好中国特色社会主义教育的最根本保证和最大政治优势。加强学校组织育人，提升组织育人的质量，必须坚持党对学校思想政治工作的领导。党的基层组织是确保党的路线方针政策和决策部署贯彻落实的基础。加强组织育人要完善党的基层组织建设，强化党的基层组织在各组织育人中的统领、引领和带领作用，落实立德树人的根本任务。

其次，要构建学校组织育人协同体系。学校各类组织都有育人功能，都要履行育人职责，并坚持同向同行，形成以党团队组织为中心、学生会组织为抓手、学生社团组织为基础的组织育人协同体系。各类组织要紧紧围绕学校办学方向、办学定位、人才培养目标找准自己的功能定位，齐抓共管、上下联动，充分整合好组织资源，发挥组织活力，确保育人组织协同体系的良性运行。

最后，要形成学校组织育人规范的运行机制。组织育人在政治思想和主流价值的引领上具有显著作用。以党组织为核心的学校各类组织，要明确规划自己的组织愿景、育人重点、活动方式和平台建设，将立德树人作为组织建设的使命。学校可以着力培养学生中的先进分子、积极分子，并以这些优秀学生的培养来影响和辐射其他学生的发展。引导学生参加团校、青年马克思主义学习小组、“青马工程”、大学生党校等的学习培训，对学生开展马克思主义信仰教育、共产主义远大理想和中国特色社会主义共同理想的教育，组织学生进行爱国主义的国情系列考察活动，让青少年学生在党团组织活动的参与中明确自身的政治使命，提升思想政治素质，凝聚思想共识。建立和完善党团组织及学生社团组织的评价机制、奖惩机制及保障机制，在开展组织活动中既“以德导之”又“以规约之”，达到育人的效应。

学校思想政治教育要“把思想价值引领贯穿教育教学全过程和各环节，形成教书育人、科研育人、实践育人、管理育人、服务育人、文化育人、组织育人长效机制”①。学校各个育人环节都不是割裂的关系，而是多维立体的融合关系。学校思想政治教育要落实落地落细，必须将育人工作贯穿在学校教育教学的全过程，实现全员、全方位育人。

思考题

1. 简述学校思想政治教育的重要性。
2. 学校思想政治教育的特殊性体现在哪些方面？
3. 如何理解思想政治教育课程的课堂教学发挥着“主渠道”的作用？
4. 在新时代，学校实现文化育人的途径有哪些？

---

① 中共中央国务院印发《关于加强和改进新形势下高校思想政治工作的意见》. 人民日报，2017-02-28.

第八章

传播媒介与思想政治教育

思想政治教育对主流意识形态的建构和塑造，离不开传播媒介。传播媒介发挥着承载和传递、联结和凝聚、疏通和导向等思想政治教育功能。在人类社会的历史进程中，尽管媒介形态随着社会技术水平的提升不断创新演变，然而传播媒介在塑造主流意识形态的思想政治教育实践中始终扮演着重要角色。在信息网络时代，传播媒介在意识形态领域的地位和作用更加显著。思想政治教育要因势利导、顺势而为，充分把握网络媒介环境的特点和规律，主动运用各类新媒体新技术新手段，从而在这个创新变革的时代始终赢得先机、掌握主动，有效提升思想政治教育的吸引力、感染力和实效性。

第一节 传播媒介及其思想政治教育影响

传播媒介是人类传递信息的重要载体和手段，在人类社会文明的形成和发展过程中发挥着重要的作用。在阶级国家诞生之后，国家机器始终掌控着传播媒介，传递主流意识形态，对广大社会成员开展思想政治教育。传播媒介处在不断发展演变过程之中，对思想政治教育产生了重要的影响。

一、传播媒介的内涵与特征

传播媒介是承载和传播信息的物质实体，具有承载性、中介性、技术性和可控性等显著特征。

（一）传播媒介的内涵

“媒介”一词在我国古已有之。“媒”在先秦时期是指媒人，后来引申为事物发生的诱因。如《诗经·卫风·氓》中有“匪我愆期，子无良媒”，《文中子·魏相》有“见誉而喜者，佞之媒也”。而“介”则是“介入”“居中”之意，指的是居于两者之间的介体或工具。“媒介”在汉语里最早见于《旧唐书》“观古今用人，必因媒介”。《辞海》对媒介的解释为“使双方发生关系的人或事物”[①]。媒介的英文对应词是“medium”，指事物之间发生关系的介质或工具。加拿大传播学者马歇尔·麦克卢汉（Marshall McLuhan）在其著作《理解媒介：人的延伸》中提出媒介是人的感觉能力的延伸，书籍、报刊、广播、电视、服装、住宅、车辆等任何具有延伸人体性质、可以传递信息的人造事物都可以成为媒介。可以说，在广义上，媒介指的是在人与人、人与事物或事物与事物之间发生关系的中介。狭义上的媒介指的是传播媒介。在《辞海》中，传播媒介亦称“传媒”“媒体”，指承载、传递信息的载体[②]。本书所说的传播媒介是在狭义上而言的，特指承载和传递信息的物质实体。

---

① 夏征农，陈至立．辞海．6版．上海：上海辞书出版社，2010：1543.

② 同①320.

链接

我们所谓大众媒介通常是指一种传播渠道里有中介的媒介，这样的中介可能是复制和发送信息符号的机器，也可能是报社或电台之类的传播机构。

——施拉姆，波特．传播学概论．北京：中国人民大学出版社，2010：114－115.

传播媒介与传播符号、传播方法、传播载体是有区别的。把传播媒介与传播符号、传播方法以及传播载体进行比较，有助于更加清晰地认识传播媒介的内涵。首先，传播媒介有别于传播符号。传播符号是一种指称或代表某种事物的象征物，是一定信息或意义的表达，是传播内容的构成物，如语言、文字等。而传播媒介是传播符号的载体，介于传播者与受传者之间，是负载和传递符号信息的物质实体如报纸、电视等。其次，传播媒介不同于传播方法。传播方法是指信息传播活动过程中所采用的作用于对象的具体方法，如议程设置、典型宣传等。一种传播方法可以采取不同的媒介，一种传播媒介也可以不同的方法运用。最后，传播媒介不等同于传播载体。传播载体非常广泛，既包括语言载体、活动载体，也有文化载体、管理载体等。传播媒介则特指承载和传递信息的物质媒介，包括报纸、广播、电视、网络等。

（二）传播媒介的特征

承载性。信息只有附着在一定的载体上才能得以显现、传递和使用。传播媒介作为信息的载体而产生，承载性是其存在的前提和固有的属性。思想政治教育所传递的内容，只有通过一定的载体才能成为可被感知、可作用于人的教育资源。思想政治教育的传播媒介，承载着思想、政治、道德、法律等思想政治教育内容，传递着国家的主流意识形态。

中介性。中介是联结主体与客体的桥梁和纽带。传播媒介居于传播者与受传者之间，是信息传播主客体相互作用的中介物。在思想政治教育过程中，传播媒介发挥着联系思想政治教育者与教育对象的功能。教育者与教育对象之间的相互联系和作用都离不开一定的中介。没有中介，思想政治教育的过程就不能成为现实的运动过程。可以说，中介性是思想政治教育传播媒介最重要的特征。

技术性。作为承载、显现、传导信息的物质实体，传播媒介有其制作材料、结构形态、作用机理等，所产生和发展的最直接动力在于媒介技术的发展，而技术程度的高低决定着媒介体系的整体水平。随着科学技术水平的提升，传播媒介承载的信息量、传播效率都在不断扩大和提高，信息传播方式也不断丰富和创新，推动着人们思维方式的变化和社会文明的发展进步。在信息网络时代，传播媒介的技术特征显得更加突出，对教育者的知识和能力素质提出了更高的要求，也为思想政治教育的科学化发展提供了有力的技术支撑。

可控性。传播媒介是人扩大和延伸信息交流能力的工具和手段，由人所创造，也由人所控制。在思想政治教育实践中，只有教育者能够驾驭和支配的传播媒介，才能有效发挥其思想政治教育功能。从宏观上看，人类社会自国家产生以来，对传播媒介的调控便已经开始，对政治信息传播的调节、对大众新闻媒体的管控普遍存在。传播媒介的可控性，对国家意识形态安全而言十分重要。国家对各类传播媒体的有效管理，是掌握意识形态主导权、维护国家安全与社会稳定的重要保证。

二、传播媒介的历史发展

传播媒介的演变贯穿在人类社会文明的发展史之中。自国家产生以来，传播媒介即成为政治系统的组成部分，担负起国家主流意识形态传播的使命。传播媒介的演进呈现出加速发展的趋势，印刷媒介的发展演变经历了上千年的时间，电子传播媒介的发明和普及只有一百多年的时间，当前网络新媒体的发展日新月异，并且呈现出融合叠加的发展方式。

（一）人类社会早期的传播媒介

人类的传播活动与人类的文明发展是紧密联系在一起的。传播作为社会得以形成的要素，伴随着人类交往的基本过程。在没有文字记载的史前时期，人类便已经开始借助各种手段来进行交流和合作。在语言产生之前，原始人的传播形式是以自身为媒介的亲身传播，所使用的传播手段主要是喊叫、手势、面部表情、身体动作等。同时，人类也在不断学习运用多种手段来进行简单的传播活动，石头、木片和树叶等成为最原始的媒介形态。语言产生之后，人类的文明进程获得了巨大的发展进步。在原始社会，人们在口语传播的同时，还创造出特定的物体来记录活动和交流思想信息。在现有发现的人类遗迹中，各种雕塑、饰品、刻有图画的遗迹等充当着信息传播的媒介，见证着古老的人类传播活动。考古学家发现，在一些原始遗址中，氏族首领们基于对普通民众的宗教的或者超自然的信仰的控制，行使着意识形态权力。例如，在墨西哥湾拉文塔的奥尔梅克遗址中，象征物和艺术品集中反映了至少一些拉文塔居民控制了各种象征物，这些象征物是作为一种政治符号的形式存在的，给氏族部落提供了可能的意识形态权力基础[①]。在这一人类社会发展的初级阶段，人们在劳动中相互协作和关心，服从习惯，遵守礼法。一些富有经验、阅历和见识，在群体中具有权威地位的长者通过言传身教进行风俗习惯和传统信仰的教育，培养新的氏族成员。这些长者实质上就是人类早期的思想政治教育者，他们以自身为媒介，一方面把生产生活经验传授给下一代，同时也传授着社会风尚、宗教礼仪、道德规范等。

（二）阶级国家形成时期的传播媒介

随着社会生产力的发展和阶级的形成，国家由于阶级统治的需要而随之产生。统治阶级在运用国家机器进行政治统治时，始终伴随着思想统治。从中国古代的甲骨、青铜器、简帛，到古埃及的纸莎草纸卷、古巴比伦的楔形文字泥板，到古罗马的羊皮纸，这些原始的传播媒介承载和传递着国家的权力意志，发挥出维护社会等级与秩序的政治功能。以青铜器为例，中国的青铜时代从公元前2000年一直持续到公元前500年前后。在横跨夏商周三代1 000多年的历史长河中，“在当时社会生活中占有中心地位的青铜器，既是当时生产力水平的代表、神圣王权政治权威的象征，也是当时礼制即社会思想和意识形态的主要载体，其影响力渗透到社会生活的方方面面”[②]。青铜器的铭文清楚地表明青铜器在政治宣教中的重要作用。《礼记·祭统》有载：“夫鼎有铭，铭者，自名也。自名以称扬其先祖之美，而明著之后世者也。”铭文最初的本意在于颂扬祖先，统治者则用来作为政治宣传和教化的重要工具。在周代的青铜铭文中，诸侯和朝廷中的公牍、委任、褒扬、廷告等数量很多，许多长篇铭文也记载了周王宗庙中举行的受命仪式，作为一种政治嘉奖，用以显示和确认政治权威。[③]

纸莎草纸是目前已知的世界上最古老的纸质书写材料，记录了包括古埃及、古希腊、古罗马和阿拉伯帝国弥足珍贵的历史信息。纸莎草纸起源于古埃及，其生产处于国家垄断的状态，最初的纸莎草纸卷多为宗教或半宗教文献，抄写工作具有神秘色彩，是神职人员的专利。[④] 由于原料相对充足、书写比较简易、携带非常方便，纸莎草纸卷在社会生产生活中逐渐得到了广泛应用，为思想的传播和文化的交流提供了有利的条件。迄今考古学家已发现了用埃及象形文字、科普特文、希腊文、拉

---

① 哈斯．史前国家的演进．北京：求实出版社，1988：144.

② 李心峰．中华艺术通史·夏商周卷．北京：北京师范大学出版社，2006：4.

③ 潘祥辉．传播史上的青铜时代．新闻与传播研究，2015（2）.

④ 孙宝国，郭丹彤．论纸莎草纸的兴衰及其历史影响．史学集刊，2005（3）.

丁文、希伯来文和阿拉伯文等六种文字书写的纸莎草纸卷，内容涉及宗教典籍、法典律令、公文信件等。这些发现也充分证明了早期的传播媒介在国家意识形态领域发挥着重要作用。

（三）印刷传播时代的传播媒介

我国东汉时期，蔡伦改进了造纸术，传播媒介由简牍等向手写纸本发生转变，到唐代手写纸质文献达到极盛时期。在我国敦煌石窟曾发现大量的古代纸抄本书籍，内容包括佛经、儒家经典等。我国最早发明印刷术，隋唐时期就出现了雕版印刷。宋代以后从中央到地方都设立了专门的印刷机构，民间作坊更是遍及全国。这既促进了思想文化的繁荣发展，也强化了统治阶级的意识形态传播。14 世纪下半叶雕版印刷和木活字印刷技术传入欧洲，德国人古登堡创造出金属活字排版印刷技术，由此引发出版业的革命，开启了大众传播时代。

报纸是印刷传播时代的重要大众媒介。我国宋代的“邸报”是最早的官方正式报纸，其传播对象包括中央和地方的各级官员以及士大夫。明朝中叶后，政府允许民间开办报房，传抄部分“邸报”内容进行公开发售，这就是明清两代具有重要影响的“京报”。“京报”是我国古代报纸发展的最高形式，是在“邸报”基础上向近代报纸的发展进步。欧洲的近代报纸是在封建社会向近代社会过渡的背景下产生的。1660 年德国的《莱比锡新闻》被认为是世界上最早的印刷日报，18 世纪初的英国、美国也相继出现了印刷日报。在资产阶级革命时期，报纸获得了空前的发展，成为各种政治力量宣传政治理念的有力工具，在政治势力的角逐中发挥重要作用。例如，英国资产阶级革命高潮期间的新闻出版物达到 300 多种。19 世纪三四十年代，法国、英国、德国先后兴起的三大工人运动，标志着工人阶级开始登上政治舞台。著名的工人报纸有《贫民导报》《北极星报》等，它们在组织群众、唤醒工人阶级觉悟上发挥了重要的作用。1848 年，马克思、恩格斯创办《新莱茵报》，这是世界第一份马克思主义报纸，被称为“革命无产阶级最好的机关报”①。

近代以来，印刷媒介成为国家政治领域的重要角色。主流报刊作为政府“喉舌”，担负着面向广大社会成员传播主流思想文化、引导社会舆论的政治功能。政治教科书则是政府对广大社会成员开展系统化的意识形态教育的国家文本。时至今日，以报刊、书籍为代表的印刷媒介在意识形态领域始终发挥着重要的作用。

---

① 郑超然，程曼丽，王泰玄．外国新闻传播史．北京：中国人民大学出版社，2000：17.

（四）电子传播时代的传播媒介

广播与电视的出现，标志着人类的传播活动由印刷媒介为主进入印刷传播和电子传播并驾齐驱的现代传播时代。世界上第一次语言广播在1906年出现，并在1916年应用于政治新闻传播领域。在第一次世界大战期间，政治和军事的需要推动了无线电广播的发展应用，并催生了现代政治传播与舆论学的研究。在随后到来的广播时代，政治传播的典型案例要数美国总统罗斯福（Franklin Delano Roosevelt）的“炉边谈话”。

链接

20世纪30年代，美国经济出现大萧条。为了推行“罗斯福新政”来缓解萧条，罗斯福通过“炉边谈话”的广播形式向美国人民进行思想动员。罗斯福在其12年总统任期内，共做了30次“炉边谈话”，每当美国面临重大事件之时，他都通过这种方式与美国民众沟通。“炉边谈话”有效宣传了政府改革的基本主张，赢得了社会广泛的理解和支持。

20世纪40年代末，电视第一次介入美国总统选举，之后逐渐成为美国政治中不可或缺的传播媒介。美国总统竞选编年史专家怀特（Theodore Harold White）曾指出：“电视是政治进程，电视是政治的比赛场地。今天，行动是在演播室里，而不是在密室里。”[①] 我国的电视媒体作为执政党的宣传机关，从诞生起就肩负着“宣传政治”、“传播知识”和“充实群众文化生活”三大任务[②]。中央电视台作为我国的国家级电视媒体，是党、政府和人民的“喉舌”，是重要的思想文化阵地。例如，中央一台的《新闻联播》担负着新闻舆论引导和思想理论宣传的重要职责，该节目于1978年1月1日正式开播，与我国的改革开放同龄，记录了改革开放的进程。

与印刷传播媒介相比，广播电视以声音、图像为主的信息形态对社会大众更具吸引力、感染力和影响力。更重要的是，这种以视听为主的大众传播突破了教育程度的限制，使广大社会成员普遍获得了接受知识和信息的机会。这对于主流意识形态的传播发挥着重要的促进作用。

（五）信息网络时代的传播媒介

1969年，互联网在美国诞生，人类信息传播进入一个崭新的时代。1994年世

① 皮茨．从炉边谈话到荧屏表演．参考消息，2000-07-28.

② 郭镇之．中国电视史．北京：中国人民大学出版社，1991：27.

界上出现了第一家网上报纸，之后数年间就超过了 1 500 家，网络媒体迅速进入政治领域。1994 年美国建立了第一个政党竞选网站，2000 年开通了政府门户网站——第一政府，实现了全美 50 个州以及各地区的政府网站的链接。在政治竞选过程中，候选人利用网络新媒体拉近与选民的距离，在自媒体上塑造自身的政治形象，通过网络互动有效传播其竞选纲领和执政理念，“互联网总统”的称号在多个国家相继出现。

我国自 1994 年正式加入国际互联网，1997 年 1 月 1 日，人民日报社正式推出了《人民日报》网络版，标志着国家主流媒体开始进入互联网。2006 年 1 月 1 日，中国政府网正式开通，这是中国在国际互联网上发布政府信息和提供在线服务的综合平台。而 2006 年全国“两会”期间，“两会博客”的首次开通更进一步促进了我国网络政务建设的新发展。2011 年，国家互联网信息办公室设立，进一步加强互联网建设、发展与管理。2014 年 2 月，中央网络安全与信息化领导小组成立，强调要大力繁荣发展网络文化，创新改进网上宣传，运用网络传播规律，弘扬主旋律，激发正能量。在移动新媒体突飞猛进的发展形势下，我国积极推动传统媒体和新兴媒体融合发展，着力打造一批形态多样、手段先进、具有竞争力的新型主流媒体，建立立体多样、融合发展的现代传播体系。2015 年，人民日报社新媒体中心正式成立，形成了微博、微信、客户端三位一体的新媒体矩阵。而全国 2 000 多家报纸和近万家期刊基本都建立了网站或网页，传统媒体“两微一端”的融合布局初步完成。2019 年，我国媒体融合发展进入攻坚阶段，建设起资源集约、结构合理、差异发展、协同高效的全媒体传播体系。2022 年，党的二十大报告强调，加强全媒体传播体系建设，塑造主流舆论新格局。

在当今时代，以信息技术为核心的新一轮科技革命方兴未艾，互联网日益成为驱动社会创新发展的先导力量。网络时代的崛起对社会意识形态领域带来深刻影响，催生出网络思想政治教育的崭新形态，推动着思想政治教育的不断创新与发展。

三、传播媒介变迁对思想政治教育的影响

传播媒介的历史变迁，反映了人类社会信息传播方式的巨大变化。对于思想政治教育的影响，主要体现在思想政治教育的形成和发展、思想政治教育的规律、思想政治教育的方法、思想政治教育管理四个方面。

传播媒介的发展对于思想政治教育的形成和发展具有重要影响。在人类社会早

期，古老的传播媒介记载着原始社会的图腾崇拜、祖先崇拜、宗教活动等象征仪式。在一定程度上，这是社会政治意识的自发形成和传播阶段，也可以说是思想政治教育的萌芽形态。阶级和国家出现后，传播媒介为统治阶级的思想统治提供了物质条件，成为思想政治教育的技术手段；反过来，国家对主流意识形态生产和传播的不断强化，也推动着传播媒介的发展。例如，纸莎草纸、羊皮纸和贝多罗叶曾经是古埃及、古罗马、古印度等国家的文字书写材料，我国的早期媒介包括了龟甲、兽骨、金石、竹简、木牍、缣帛等。随着造纸术的发明，印刷媒介逐渐成为世界上最普遍的传播媒介，思想文化的生产和传播产生了革命性的变化。思想政治教育的发展由此获得了巨大的推动力，其效率、水平都得到极大提升。信息时代的到来促进了传播媒介形式和功能的变化，思想政治教育的形态和模式也出现了相应的发展。例如，互联网革命催生出网络思想政治教育这一新的实践形态，社交新媒体进而改变了教育者与教育对象的地位和关系。

传播媒介的变迁影响着思想政治教育规律的发展变化。传播媒介作为人们获取信息、学习文化知识、塑造价值观的重要手段，它的发展变化影响着人的思想政治素质发展状况。例如，在中世纪的欧洲，人们的思想禁锢在宗教意识形态之中。昂贵的羊皮纸主要用于制作宗教书籍，当时的《圣经》需用 300 多张羊皮，普通的一部书也要用数十张羊皮。进步思想的传播不但遭到宗教权威的政治压制，也受到媒介技术的条件限制。廉价纸媒的出现改变了文化生产的条件，印刷技术提高了思想传播的效率，从而深刻影响了社会精神领域的状况。原先为封建主、贵族或是教会上层所垄断的文化知识扩散开来，新的思想不断出现，形成推动社会变革的重要力量。正如恩格斯所描述的那样，原先“禁锢在独卷手抄书内的思想，无法传扬到四面八方”，而印刷术流传以后，“欧罗巴吵吵嚷嚷，多么激动，多么震惊；熊熊的火焰，宛若狂飚，喷射而出……”① 在新的思想文化传播环境下，人们的思想政治素质形成和发展规律发生着深刻的变化，与此相应，思想政治教育的运行规律也产生了新的发展。例如，在微观领域，随着新媒体的蓬勃发展，形成了丰富多样的信息传播生态。思想政治教育者要深刻认识网络传播规律，掌握各类信息媒介特性及其用户主体、传播内容的特点，深入研究和把握传播媒介与思想政治教育内容及对象之间的结合方式和作用规律，主动建构基于各类新型媒体的思想政治教育模式，提高教育活动的针对性和实效性。在宏观领域，网络已经发展成为一个具有虚实交融性、要素多样性和开放动态性的复杂系统，深刻改变了思想政治教育的环境。思想

① 马克思，恩格斯．马克思恩格斯全集：第 41 卷．北京：人民出版社，1982：43－44.

政治教育者要以系统观念认识思想政治教育的网络环境，全面分析思想政治教育活动中人与网络环境之间的关系，以生态理论、方法研究和把握网络环境的发展特点、内在机制，深化对网络思想政治教育的规律性认识，推进思想政治教育的理念和方式创新。

传播媒介的变迁推动着思想政治教育方法的发展创新。传播媒介在思想政治教育实践中发挥着实现教育目标、传递教育内容、联结教育者与教育对象的重要功能，其发展变化对思想政治教育方法有着直接的影响。在古代的教化活动中，口耳相传、身教示范、礼乐结合、自我修养等是主要的方法和途径，这是与传播媒介的早期发展状况相适应的。近现代以来，现代大众传播媒介推动着思想政治教育方法的发展创新，出现了新闻舆论引导、影视作品熏陶、社会楷模宣传等思想政治教育方法，加强了主流意识形态的大众传播。随着互联网传播时代的到来，网络媒体的开放性和交互性特征改变了传统大众媒体的“把关人”作用，使得思想政治信息的传播主体、载体形态、接受对象都变得多元、多样和分散。政府、社会组织以及个人都可以成为传播的主体，网站、电子邮件、论坛、微博、微信、直播媒体等多样化的新媒体手段相继产生；以往被动的听众、观众变成了主动的网众，形成了空前活跃的自媒体传播空间。可以说，网络时代的媒介变迁带来了一场革命性的变化，意识形态的话语权从政治主体的单一垄断转变为多元社会主体之间的相互竞争。在新的形势下，思想政治教育须努力实现其原则方法和具体方式的根本性变革。

链接

我们必须科学认识网络传播规律，提高用网治网水平，使互联网这个最大变量变成事业发展的最大增量。

——习近平．论党的宣传思想工作．北京：中央文献出版社，2020：339.

传播媒介的变迁影响着思想政治教育管理的发展变革。在思想政治教育管理活动中，无论是思想信息的调查分析、思想政治教育的组织领导，还是思想政治教育的预测、决策、实施和评估，都与信息有着密切的关系。显而易见，传播媒介是思想政治教育管理的重要手段，体现着思想政治教育管理的科学化水平。公元前 1 世纪，罗马执政官建立《每日纪闻》官报制度，以手抄布告的方式把公民投票、官吏任命、政府命令、条约、战争和宗教新闻等内容公布于罗马和各省公共场所，对于罗马帝国的政治统治发挥了重要的作用。在大众媒体传播时代，报纸、广播、电视成为开展社会调查和反映社情民意的有效手段，媒体数据在政治选举、政府决策、政策实施等方面发挥了重要的信息支持、趋势预测以及效果反馈功能。互联网拓展了思想政治教育管理的空间和领域，也提供了新的管理手段。尤其是大数据和人工智能技术在思想政治教育领域的应用，提高了思想信息的采集、分析、评估和预测能力，提升了思想政治教育组织管理的科学化水平。总体而言，传播媒介技术的发展促进了思想政治教育管理手段的现代化发展，也推动着整个思想政治教育的现代化进程。

第二节　传播媒介的思想政治教育功能

对于“功能”，《辞海》的解释为：“功能与结构相对，指有特定结构的事物或系统在内部和外部的联系和关系中表现出来的特性和能力。”① 传播媒介的思想政治教育功能，可以从其作为信息载体、作为社会纽带、作为政治工具三个层面来认识，主要表现在承载和传递功能、联结和凝聚功能、疏通和导向功能等方面。

一、承载和传递功能

一方面，传播媒介是作为主观存在的“思想”得以具体呈现的载体。思想作为一种主观存在，是客观存在反映在人的意识中经过思维活动而产生的结果。“无数客观外界的现象通过人的眼、耳、鼻、舌、身这五个官能反映到自己的头脑中来，开始是感性认识。这种感性认识的材料积累多了，就会产生一个飞跃，变成了理性认识，这就是思想。”② 思想作为人类头脑中思维活动的产物，需要通过一定的物质实体来承载和显现其性质、内容和状态。人们需要通过一定的手段来发现和记录思想信息，并借助一定的载体来承载思想信息，从而达到对思想信息内容的长久记忆、深入加工以及广泛的传递。在人类文明的产生和演变过程中，人们通过传播媒介实现对信息的采集、记录、加工和传承，具有极为重要的社会价值。传播媒介的思想政治教

① 夏征农，陈至立．辞海．6 版．上海：上海辞书出版社，2010：724.

② 毛泽东．毛泽东文集：第 8 卷．北京：人民出版社，1999：320.

育功能首先在于其对思想信息的承载和显现。如前所述的传播媒介发展过程也清晰地显示，正是因为人类进行信息传递和思想交流的需要，赋予了传播媒介产生和创新演变的发展动力。而传播媒介在人类政治文明史上的重要地位，也恰恰证明了自诞生之日起，传播媒介在国家主流意识形态建构中所发挥出的不可替代的作用。

另一方面，传播媒介在主流意识形态的内化过程中发挥重要作用。内化与外化是人的思想政治素质形成过程中同等重要的两个环节，也是思想政治教育的重要范畴。内化就是个人真正接受社会主流的思想、理论、规范，并将其纳入自己的价值体系，成为支配自身思想和行为的内在力量的过程。内化的机理比较复杂，从总体上看可以分为接触、感受、分析和选择等主要环节。对思想信息的有效接触是内化过程的首要环节。人们在生产生活实践中会接触到大量的思想信息内容，这些思想信息形成相互竞争的态势，只有那些真正进入接触、感受、分析和选择各个环节的内化过程的内容，才能最终被人们所接受。随着社会信息化的发展，信息内容及其传播方式更加多元多样多变，思想文化的交流交锋交融更加激烈。国家主流意识形态只有真正进入人们所接触和获取信息的渠道之中，才能有效进入人的感觉和认知系统，变成思维的内容，通过分析和选择最终转化为人的思想政治素质。传播媒介在这个过程中发挥着重要的介体作用。它不但影响着甚至在一定程度上决定着人们能否接触到信息，而且媒介信息内容的呈现和传导方式也对人的认知产生复杂的影响作用。例如，电子媒介一方面促进了信息传播的大众化程度，另一方面也建构了信息内容呈现的多媒体方式，有力地增强了思想理论传播的接受效果。而网络媒介使得社会信息量和新媒体数量都出现爆发式增长，媒体竞争日趋激烈进而产生分众化传播的格局，由此带来了对国家主流意识形态传播的新挑战。因此，传播媒介在思想政治教育过程中的角色和地位日趋重要，只有有效利用传播媒介的特点和机制，把握人们在思想政治教育接受过程中的规律，才能促进国家主流意识形态的有效传播，使其得到广泛接受，内化为广大社会成员的思想政治素质。

再者，媒介的技术特性影响思想信息承载和传导的方式。传播媒介具有自身的技术特性，这种技术特性影响着传播媒介对信息的承载和传导方式。从微观上看，不同性质的媒介与信息形态之间有着相应的结合方式，进而影响人的认知和思维方式。例如，印刷媒介适用于传递文字信息，文字阅读活动有助于促进人的逻辑思维和理性认知，因此系统的思想理论教育更依赖于报刊书籍。而广播电视媒体的优势在于视听类信息的传播，对人的情绪和感性认知产生有效调动，因此大规模的宣传动员活动多采用此类媒体。从宏观上而言，人类社会对不同传播媒介的采纳和应用甚至影响文明的发展状况。比如，加拿大媒介学者哈罗德·伊尼斯（Harold Innis）

通过研究提出，人类文明的兴起与衰落同占支配地位的传播媒介息息相关。因为一切文明都有赖于对空间领域和时间跨度的控制，而传播媒介恰恰是一种具有时、空偏向性的介质。例如，泥板和石刻等重型传播媒介易于长时间保存，但不易于远距离传递，是"偏向时间的媒介"，而纸莎草纸和现代纸张等轻型的传播媒介恰恰相反，是"偏向空间的媒介"。伊尼斯的研究显示，一个社会的主导媒介的偏向特质对文化和制度产生重要影响。倚重"偏向时间的媒介"的文明固守传统，强调连续性，突出社会的黏合力，紧守神圣的信仰和道德传统。相反，倚重"偏向空间的媒介"的文明强调地域扩张和中心对边缘的控制，世俗制度发达，宗教体制薄弱，科学技术突飞猛进，社区生活逐渐瓦解甚至衰亡，个人主义盛行①。伊尼斯的媒介理论对思想政治教育的启示在于，传播媒介的技术特性与社会文化和心理结构有着密切的互动关系。也可以说，媒介可以为整个社会的思想文化演进提供一个具有内在价值偏向的技术架构。因此，思想政治教育者要高度重视传播媒介的作用和影响，积极研究和把握信息技术的特点规律和创新变革的趋势，善于运用现代传媒新手段新方法提高思想政治教育工作的引领力。

二、联结和凝聚功能

一方面，传播媒介是联结教育者与教育对象的桥梁和纽带。在思想政治教育活动中，教育者与教育对象之间的互联和互动关系是思想政治教育中的主要关系，思想政治教育的价值产生于这二者的互动之中。教育者与教育对象的联结中介具有多样性，通过教育活动建立的主体交往关系、在文化传承中形成的精神纽带、管理制度下的行为约束等，都能发挥联结教育者与教育对象的桥梁作用，而传播媒介的联结作用最为显著。在人类社会共同体出现的早期，承载语言符号的传播媒介作为人际交往的主要手段，在促进人与人之间的联系沟通、劳动协作过程中发挥了极为重要的作用。在社会文明的发展进步过程中，传播媒介增进了生产活动中的经济联系，促进了社会的广泛交往，推动了文化的交流互融，"地球村"正是电子传播媒介所实现的全球大联结图景的形象比喻。作为思想政治教育的重要介体，传播媒介是联结思想政治教育者与教育对象的桥梁和纽带，思想政治教育者通过传播媒介的联结关系作用于教育对象，传递思想政治教育内容。教育对象也可以运用传播媒介的联结关系把自身的需要、感受和思想观念等反馈给教育者，从而加强思想政治教

① 伊尼斯．传播的偏向．北京：中国传媒大学出版社，2013：21.

育的针对性和实效性。网络传播媒介的出现引发了教育者和教育对象关系的深刻变化，两者之间从以往的主客体的单向作用关系，转变为主体与主体之间的相互联系和作用的交互关系。自媒体的诞生则更进一步促进了教育者和教育对象之间互动关系的变化，自媒体交往的多样性与丰富性推动着思想政治教育的发展。

另一方面，传播媒介强化了个人与社会之间的相互联系与作用。现实的人总是生活在一定的社会关系之中，个人不能离开社会而生存和发展，同时，社会也总是人与人相互联结而形成的社会，是人们之间交互作用的产物。在个人与社会之间相互依存的关系中，传播媒介作为一种重要的社会介质发挥着不容忽视的作用。首先，传播媒介的形式与人们之间的社会交往方式有着密切的关系。历史上每一种新的传播媒介的出现，都伴随着社会交往实践的新变化。从口语到文字，从印刷媒介到电子媒介，每一次传播媒介的革命都引发了交往方式和社会结构的深刻变化。当前，网络媒介把人的交往活动推向了一个新的水平，表现出各种交往社群竞争发展的多样性、各类交往结构平等共存的共生性、虚拟与现实相互渗透的整体性以及媒介与主体互为依赖的依存性等特征。因此，思想政治教育无论是要研究和引导人的思想和行为，还是要建设和营造和谐的社会环境，深度嵌入社会结构之中的传播媒介无疑具有重要的价值。其次，传播媒介在个人的思想行为与社会的要求之间发挥着重要的联系和沟通作用。思想政治教育的过程总是个体思想政治素质社会化和社会思想政治要求个体化的过程。一定社会发展所提出的思想政治要求同社会成员个人的思想政治水平之间的矛盾，构成了思想政治教育的基本矛盾。这一矛盾的解决是思想政治教育的目标和任务。传播媒介在解决这一矛盾的过程中起着重要的联结和沟通作用。教育者把社会发展所需要的思想政治要求通过传播媒介广泛传递给社会成员，促进国家主流意识形态的大众化；广大社会成员思想政治方面的实际状况也可以通过传播媒介反馈给教育者，促使教育者不断加强与改进思想政治教育的内容和方法，提高教育的针对性。当前，网络社交媒体进一步促进了个人与社会的紧密联系，提高了反馈和互动的便捷性，增强了思想政治教育的针对性和实效性。

再者，传播媒介具有保障政治关系、促进政治凝聚的功能。传播媒介在思想政治教育中的功能，不仅仅在于其在一般意义上加强了个人与社会的依存关系，更重要的是其在政治关系的再生产过程中所发挥出的显著作用。思想政治教育基于国家的需要而产生，其政治功能在诸种功能中居于首要地位，起到主导作用。思想政治教育历来被视为国家对政治关系进行再生产的工具。政治关系是基于经济关系之上的诸种社会关系的集中、综合的表现，是从事一定政治活动的人们之间内在、本质的关系。这种政治关系的再生产的价值主要是通过促进教育对象，尤其是青少年的政治社会化，实现广大社会成员对国家的政治认同和政治忠诚。在传播媒介产生后的很长一段时间内，传播媒介垄断在统治阶级手中，传递统治阶级的思想和意志，培养统治阶级的人才，实现着既定政治关系的再生产。现代传播媒介的广泛普及促进了社会文明的进步和社会大众的政治参与，但是国家政治主体对传播媒介的主导和制约仍然是毋庸置疑的事实。这是因为传播媒介能够增强政治主体和社会大众之间的沟通与互动，对政治关系的保障和政治凝聚力的增强具有重要的作用。在社会信息化深入发展的趋势下，传播媒介在凝聚政治共识、促进社会团结方面的作用更加突出。推动新媒体新技术与思想政治教育传统优势的高度融合，是思想政治教育创新发展的必然要求。

三、疏通和导向功能

一方面，传播媒介具有联系群众的政治疏通作用。人类社会是一个有机的整体，由相互依存的各个部分共同组成，各部分之间的沟通和协调是维持整个社会平衡和稳定的重要机制。其中，传播媒介作为社会有机体中的信息管道，把社会运转所需要的信息资源输送到各个组成部分，对整个社会结构的协调稳定起着必不可少的作用。在思想政治教育领域，传播媒介加强了信息交流和社会互动，促进了民意表达和民主沟通，发挥出重要的政治疏通功能。1942 年延安《解放日报》改版社论中这样写道："反映群众的情绪、生活需求和要求，记载他们可歌可泣的英勇奋斗的事迹，反映他们深受的苦难和惨痛，宣达他们的意见和呼声。报纸的任务，不仅要充实群众的知识，扩大他们的眼界，启发他们的觉悟，教导他们，组织他们，而且要成为他们的反映者、喉舌，与他们共患难的朋友。"[①] 在世界历史上，大众传播媒介曾发挥出普及知识、开启民智的社会进步功能，美国社会学家、传播学研究的先行者库利（Charles Horton Cooley）曾提出"印刷意味着民主"的重要观点。在现代信息社会条件下，传播媒介在表达民意诉求、促进民主沟通，通过公共讨论形成社会共识上的作用更加显著。思想政治教育要因势利导，主动发挥传播媒介在联系群众、疏通民意方面的政治沟通功能，让传播媒介成为党和政府同群众交流沟通的新平台，成为了解群众、贴近群众、为群众排忧解难的新途径，成为发扬人民民主、接受人民监督的新渠道。

① 童兵．马克思主义新闻观读本．上海：复旦大学出版社，2016：48.

链接

报刊只是而且只应该是“人民（确实按人民的方式思想的人民）日常思想和感情的”公开的“表达者……”……它生活在人民当中，它真诚地同情人民的一切希望与忧患、热爱与憎恨、欢乐与痛苦。

——马克思，恩格斯．马克思恩格斯全集：第1卷．2版．北京：人民出版社，1995：352.

另一方面，传播媒介具有灌输主流意识形态的政治导向功能。在人类政治社会发展的每一个历史阶段，统治阶级都通过各种形式和途径的思想政治教育，对其社会成员进行意识形态灌输，传播媒介在此过程中承担着重要的角色。首先，统治阶级通过对传播媒介的有力掌控来树立主流意识形态的权威地位。通过对社会各种意识形态的甄别和选择，统治阶级把体现自身根本利益的意识形态确立为国家指导思想，通过国家所垄断和掌控的媒介进行主流意识形态的传播。例如，在我国封建社会阶段，经过汉武帝“罢黜百家，独尊儒术”，以《论语》为代表的“四书五经”等儒家经典成为统治阶级的意识形态经典，而《千字文》《三字经》《弟子规》《幼学琼林》等书籍则是对青少年进行意识形态教化的经典读物。在当代社会主义中国，国家以马克思主义为主流意识形态，坚持党对新闻舆论工作的领导，要求党和政府主办的媒体是党和政府的宣传阵地，必须姓党。在当前新媒体时代，思想政治教育工作要牢牢掌握各类媒体阵地的主导权，这是我国思想政治教育本质要求的体现，是有效发挥传播媒介的思想舆论导向作用的根本保证。其次，一定的社会意识形态要成为国家主流意识形态，在其形成和发展过程中离不开传播媒介的助力。在欧洲资产阶级革命发动和进行过程中，资产阶级报纸和刊物等媒介发挥了传播民主自由观念、发动群众运动的作用，积极推进了革命进程，而革命的发展又为资产阶级报刊的发展开辟了道路。在无产阶级革命运动中，传播媒介发挥着组织群众、动员群众的巨大作用。马克思和恩格斯都是杰出的“报刊活动家”，他们一生都没有离开过报刊工作。恩格斯在马克思的葬礼上说：“斗争是他的生命要素。很少有人像他那样满腔热情、坚韧不拔和卓有成效地进行斗争。最早的《莱茵报》（1842年），巴黎的《前进报》（1844年），《德意志-布鲁塞尔报》（1847年），《新莱茵报》（1848—1849年），《纽约每日论坛报》（1852—1861年）……”[①] 当前，我国马克思主义意识形态建设面临新媒体传播环境下的挑战与机遇，需要加强思想政治教育的

① 马克思，恩格斯．马克思恩格斯选集：第3卷．3版．北京：人民出版社，2012：1003.

理念创新、手段创新、基层工作创新，以互联网思维推动传统媒体与新兴媒体的融合发展，占领信息传播制高点。思想政治教育工作者要努力成为运用现代传媒新手段新方法的行家里手，把握网络意识形态工作的主动权，坚持以科学的理论武装人，以正确的舆论引导人，以高尚的精神塑造人，以优秀的作品鼓舞人。

此外，还要看到的是，在思想政治教育实践中，传播媒介的疏通和导向功能是辩证统一的关系。疏通是引导的前提，实现正确方向的引导是疏通的目的。毛泽东在《关于正确处理人民内部矛盾的问题》一文中指出，“凡属于思想性质的问题，凡属于人民内部的争论问题，只能用民主的方法去解决，只能用讨论的方法、批评的方法、说服教育的方法去解决，而不能用强制的、压服的方法去解决”，“企图用行政命令的方法，用强制的方法解决思想问题，是非问题，不但没有效力，而且是有害的”①。这里提出的各种方法，反映了思想政治教育疏与导的要求。疏导并重，反映了合规律性和合目的性的统一，是有效发挥传播媒介的思想政治教育功能的重要原则。当前网络媒介建构出一个全新的思想政治教育环境，与传统的教育环境相比，有大量未知的规律性问题需要深入研究和把握。不真正掌握这些规律，思想政治教育的实效性就很难实现。与此同时，思想政治教育的本质要求坚持主流意识形态的灌输。因此，网络思想政治教育既要充分肯定思想政治教育强烈目的性的要求，也要深入分析和遵循网络新媒体环境及信息传播所特有的规律性问题，只有把合目的性和合规律性有机统一起来，做到主导和疏引相结合，才能真正取得教育实效。

第三节 网络背景下的思想政治教育

随着互联网的诞生和普及，思想政治教育迈入崭新的时代。网络思想政治教育蓬勃兴起，并伴随互联网的持续创新演变而不断呈现出新的形态。在思想政治教育理论研究领域，存在着对互联网的不同认识和理解。一种有代表性的观点是“工具论”，即基于对互联网技术特征和工具属性的理解，把互联网视为开展思想政治教

① 毛泽东．毛泽东文集：第7卷．北京：人民出版社，1999：209.

育的一种新技术和新手段。另一种代表性观点是“环境论”或“社会论”，即从网络环境、网络社会的视角来认识互联网，将互联网视为思想政治教育新的环境和社会空间。这两种观点恰恰说明了互联网所具有的二重性及其在思想政治教育领域的影响效应，前者讨论的是思想政治教育对互联网的工具性应用，后者研究的是整个互联网环境下思想政治教育的创新与发展问题。这两个方面彼此不同而又相互联系，建构了网络背景下思想政治教育创新发展的重要向度。

一、网络的二重性

这里所讲的网络的二重性，指网络既是思想政治教育的新技术、新手段、新工具，同时，网络也构成了思想政治教育的新环境。

（一）网络作为思想政治教育的新技术

技术是人们改造世界的工具和手段。从构词来看，“技”为“技艺、本领”，“术”为方法、手段。在现代意义上，技术包括了生产工具、设备器具、工艺程序等丰富内涵。因此，技术是一个复杂的概念，可以被视为人类实践活动的工具和技能要素构成的系统，其中既有物质工具，又包括操作工具的方法。互联网作为广泛应用的现代技术，成为社会生产生活中不可或缺的工具和手段。对网络技术的把握和应用成为推进思想政治教育活动的必然要求。

作为一种新的信息技术，互联网改变了思想政治教育信息的生产方式。电子计算机是网络的信息生产设备，不同于文字书写和机器印刷，计算机是数字化的信息生产方式，具有高效率、多媒体化、大规模同时兼具个性化的特点。伴随着网络智能终端的日趋多样和丰富，信息内容的大量生产引发了大数据时代的到来。对于思想政治教育而言，网络信息是人的思想行为信息的重要显现，对其进行采集、分析和运用成为思想政治教育过程中的重要环节。例如，将大数据分析方法应用于思想政治教育实践。一方面，通过信息技术采集和分析教育对象所产生的大数据，了解其总体的思想行为状况和变化规律，从而为思想政治教育工作的宏观推进和系统设计提供重要基础；另一方面，通过对教育对象个体行为的数字化采集和信息积累，清晰展现其思想行为特点，从而为开展个性化、精准化的思想政治教育工作提供有力支撑。

作为一种新的传播手段，互联网改变着思想政治教育信息的承载和传播方式。网络技术在诞生之时就蕴含着开放、创新等技术理念。正如互联网的创建者所言，互联网的关键理念在于，它不是为某一种需求设计的，而是一种可以接受任何新的需求的总的基础结构[①]。网络架构的开放性和主体需求的无限性，激发着人们不断创造出新的网络技术应用。从 E-mail、BBS、WWW 网站到 Blog、QQ、WeChat、VR，每一种新的网络技术都带来崭新的信息交互方式和思想文化载体。不同网络技术在设计理念、技术功能、使用目的等方面的差异，造成不同类型的使用群体以及信息传播的内容和形态的特殊性与差异性，这种变化不但促进思想政治教育技术手段的丰富和拓展，而且影响着思想政治教育的目标、内容、对象和方法之间的联系与结合，推动着思想政治教育模式的发展创新。

作为一种新的实践工具，互联网也对思想政治教育者的能力素质提出了新要求。技术从其本义上就包括主体在实践中的技能、技巧、技艺、方法等。网络技术也体现在教育者在网络教育实践中自身所具有的能力和方法上，例如，对新媒体应用的技能、网络表达和沟通的技巧、网络舆论引导的艺术、信息挖掘和舆情分析的方法等。思想政治教育者如果不掌握网络技术手段，在互联网上不但难以对教育对象产生影响，甚至连找到教育对象都会成问题。互联网是人类能力的延伸，它要求思想政治教育者必须与时俱进、“善假于物”，不断提升在网络教育实践中的认识能力和实践能力，善于运用各类新媒体新技术新手段，提高思想政治教育工作的技术含量和科学水平。

（二）网络作为思想政治教育的新环境

网络在产生之初是作为人的工具而存在的。思想政治教育对网络的运用也是从其作为信息传播的新技术新手段开始的。然而随着网络应用日益普遍化、日常化的发展，逐渐产生了“去工具化”的效应，网络与人的界限日趋模糊，与主体逐渐融为一体。例如，在自媒体社交网络中，人与网络媒介形成了紧密的“绑定”，每个人都成为一个信息网络中的“节点”，人与人的互动即网络自媒体之间的交互。从技术哲学的视角而言，这种现象是技术被主体所同化而融入主体。网络与人的融合，产生了“网络主体”或“虚拟主体”，网络主体的普遍联系也就实现了人与人之间的广泛联结。此时，网络不只是单纯的技术或工具，它成为一个有机的社会联结体，成为人们生存和发展的崭新社会环境。在思想政治教育实践中，网络成为教育者与教育对象实现联结与互动的社会空间，也成为思想政治教育新的环境。

网络不仅建构起主体之间普遍联结的社会空间，它也日趋发展形成万物互联的

① 熊澄宇．新媒介与创新思维．北京：清华大学出版社，2001：355.

物联世界。信息技术不但融入主体，而且也全面融入了人的对象世界。目前正在实现的物联网，是互联网功能和领域上的又一大发展，实现物与物、人与物之间的大联结。物联网可以被“看作信息空间与物理空间的融合，将一切事物数字化、网络化，物品之间、物品与人之间、人与现实环境之间实现高效信息交互方式，并通过新的服务模式，使各种信息技术融入社会行为，使信息化在人类社会综合应用达到更高境界”[①]。物联网的发展正在建构一个万物相连、信息互通的崭新环境。伴随大数据、云计算、人工智能等新兴技术的广泛应用，这一网络环境逐步呈现出智能化的发展趋势。“人创造环境，同样，环境也创造人。”[②] 网络环境带来的是一种新的生存方式和发展空间，建构起人与人、人与物的联系和沟通的新时空新形态，深刻影响着人的思想和行为发展。由此，网络作为思想政治教育环境，展现出的是一个既有自然性也有社会性、既有物质层面也有精神层面的复杂环境系统，包括多维的环境层次、丰富的环境要素、普遍的主体交往、变化的技术形态等特征。

在思想政治教育工作中，网络从最初被视作信息工具和手段，逐渐成为一个虚拟交往环境，当前则随着人工智能的发展，一个日益智能化的网络社会成为思想政治教育面临的新境域。这一从“网络工具论”到“网络社会观”的认识过程的演变，反映了互联网不断发展扩散，逐渐进入社会的各个方面，最终引起整个社会形态发生变化的过程。“作为一种历史趋势，信息时代支配性功能与过程日益以网络组织起来。网络建构了我们社会的新社会形态，而网络化逻辑的扩散实质地改变了生产、经验、权力与文化过程中的操作与结果”[③]。网络在社会各个领域的广泛渗透和普及，建构了人的新的生存状态、交往空间和发展条件，从而深刻改变了思想政治教育的育人环境，催生出网络思想政治教育这一新的实践形态。因此，思想政治教育者要充分认识到，互联网既是一种作为信息技术的工具性存在，也是一种作为整体环境的社会性存在，在把握互联网二重性的基础上推进理论与实践创新。

二、以网络为工具的思想政治教育

根据媒介技术形式，网络媒介可以分为传统的网站和以微博、微信、手机客户端、短视频平台等为代表的新媒体；根据媒介功能形态，网络媒介可以分为网络电

---

① 孙其博，等．物联网：概念、架构与关键技术研究综述．北京邮电大学学报（社会科学版），2010（3）.

② 马克思，恩格斯．马克思恩格斯选集：第 1 卷．3 版．北京：人民出版社，2012：172－173.

③ 卡斯特．网络社会的崛起．北京：社会科学文献出版社，2001：569.

视、网络广播、网络报纸、网络期刊、网络图书等。对于网络媒介的选择和运用，既要考虑网络媒介本身的形式特点和传播功能，又受到思想政治教育内容和教育对象的影响。综合而言，以网络为工具的思想政治教育，可以分为以教育内容为中心的模式、以网络媒介为中心的模式和以教育对象为中心的模式。

（一）以教育内容为中心的模式

在以教育内容为中心的模式中，思想政治教育内容处于中心地位，教育内容是选择网络媒介、设计和制定教育方法的出发点。思想政治教育的内容确定之后，网络媒介的形式和传播对象的范围、类型都由内容的特点和要求来决定。以教育内容为中心的模式常体现在新闻宣传教育工作和网络思想理论教育工作等方面。

新闻宣传教育工作是思想政治教育者通过新闻事件的报道和评论来影响教育对象思想和行为的教育方式。主流大众传媒是新闻宣传教育工作最为重要的途径，是新闻舆论引导的主阵地。坚持正面宣传为主，增强时度效，以权威性和公信力来赢得广大公众的认同，是实现主流新闻媒体的舆论主导作用的关键。同时应充分重视和发挥社交网络的作用，建立和完善基于社交媒体的舆论反馈和回应机制，扩大覆盖面，增强实效性。以高校新闻宣传教育工作为例，一方面加强学校综合信息网、新闻网以及官微、官博、短视频平台等网络新媒体建设，通过主动发挥网络主阵地的综合服务功能和舆论引导功能，增强正面宣传教育的效果。另一方面，注重研究和把握校园社交网络，加强校园网络舆论引导。通过校园网络论坛、学生自媒体等社交网络渠道，了解学生思想热点，分析校园舆情状况，不断改进内容和方法，有效回应学生诉求，牢牢掌握高校网络舆论的主导权。

网络思想理论教育是思想政治教育者通过建立网络阵地来开展马克思主义理论教育工作，提高教育对象思想政治素质的教育方式。针对网络空间社会思想文化多样的传播特点，网络思想理论教育必须坚持灌输原则，主动作为，旗帜鲜明地以马克思主义主导网络意识形态建设，通过各类网络阵地扩大马克思主义理论教育的覆盖面，并根据不同网络媒介形式的特点和功能，采取相应的策略和方法，增强思想理论教育的辐射力和实效性。以高校为例，伴随着互联网技术的演进不断创新发展，网络思想理论教育工作从创建思想政治教育“红色网站”，到培育马克思主义理论学习研究的网络社区；从引导思想理论教育工作者创建博客、微博和微信公众号、短视频平台等新媒体阵地，到支持思想政治理论课程走上慕课平台，借助新技术新手段推进理论教育教学方式方法创新，马克思主义理论教育的网络阵地得到了有力构建和持续发展。

（二）以网络媒介为中心的模式

在以媒介为中心的网络思想政治教育模式中，网络媒介处于中心地位，它的特点、类型和功能决定了相应的思想政治教育内容和对象。网络媒介包括大众媒介、社区媒介和自媒体等。思想政治教育通过发挥不同类型媒介的传播特点和功能，有利于形成立体化传播的合力，建构网络思想政治教育工作的全方位格局。

网络思想政治教育的大众媒介，一般指以网络报刊、网络广播、网络电视和网站为代表的正式媒体。大众媒介以传播者为中心，以接受者为终端，采取一对多、少对多的传播方式，传播过程遵循先过滤后发布的程序。思想政治教育通过运用大众媒介可以有目的、有计划地进行内容生产和信息发布，实现信息把关和有效管理；可以组织协调报纸、广播、电视以及网站等各类网络媒体平台，针对不同类型的社会群体，传递新闻信息和思想理论，主动增强正面宣传教育的覆盖面和主流舆论的影响力。在网络信息时代，传播的时效性非常关键，这是掌握宣传教育主动权的前提。同时，要把握客观性原则，在宣传教育中注重用事实说话，真实地反映客观存在，给广大受众提供持续、有深度的宣传报道，引导大众正确认识主流和支流、整体和局部，形成全面客观的认识，从而增强大众媒体的公信度，增强传播影响力，有效引导网络舆论的发展。

网络思想政治教育的社区媒介，指社区报刊、广播、电视以及社区网络论坛等在一定地域范围内传播和沟通信息的网络媒体，如高校的各类校园网络媒体以及校园 BBS 等。和大众媒介相比，社区媒介的传播对象主要针对某一特定的区域，内容焦点着重在该特定区域内所发生的事情。对于学校、企事业组织、大型生活社区而言，社区媒介有助于增强归属感，维护社群利益，培育社区文化，凝聚群体共识。网络思想政治教育对社区的建设和运用，有利于开展网上和网下相结合的教育工作。社区作为人在学习、工作和生活中相互联系的社会共同体，是思想政治教育重要的微观环境。互联网把现实社区延伸到了网络空间，这就需要思想政治教育主动走上网络，促进“网上”社群和“网下”社群的同构，通过虚实互动，优化思想政治教育的微观环境，增强教育工作的感染力和时代性。

网络思想政治教育的“自媒体”，主要包括博客、微博、微信、抖音等新型媒介形式。自媒体具有个人化、自主性、多样化、快速性等传播特征。思想政治教育自媒体是信息“发布者”、“把关人”、网络舆论引导主体，应发挥出思想政治教育主体性、目的性和导向性的重要价值。通过运用自媒体开展思想政治教育，教育者与教育对象之间可以形成“双向关注”的沟通模式，实现“平等对话”的思想交流，建构起具有“主体间性”特征的交往式思想政治教育。思想政治教育者要积极创建自媒体阵地，主动运用各类新型媒介来联系、吸引和凝聚起教育对象，从而开展基于日常生活的思想交流、心理沟通、行为指导，并在突发事件过程中做好思想疏导和舆论引导工作。

链接

宣传思想工作要把握大势，做到因势而谋、应势而动、顺势而为。我们要加快推动媒体融合发展，使主流媒体具有强大传播力、引导力、影响力、公信力，形成网上网下同心圆，使全体人民在理想信念、价值理念、道德观念上紧紧团结在一起，让正能量更强劲、主旋律更高昂。

——习近平．习近平谈治国理政：第3卷．北京：外文出版社，2020：317.

（三）以教育对象为中心的模式

教育对象思想和行为的实际状况是思想政治教育的出发点。在网络思想政治教育过程中，不同类型的教育对象在媒介使用、信息获取、网络行为等方面表现出一定的特殊性，这需要教育者科学把握教育对象的特点，根据实际状况提出不同的要求、运用不同的方法，有的放矢地解决相应的问题，增强教育的针对性和实效性。

青少年群体是网络思想政治教育的重点对象。不同年龄阶段的青少年群体对网络的使用以及受到网络影响的特点和状况不同，要抓住他们在网络观念和行为上的主要问题，开展有针对性的思想政治教育工作。少年儿童的感性认知较强，受网络信息吸引和影响的程度较大，风清气正的网络空间是他们健康成长的保障。思想政治教育者既要通过加强内容建设和网络治理，培育积极健康、向上向善的网络文化，也要通过教育、管理等多种手段帮助少年儿童养成良好的网络行为习惯，避免受到网络不良信息的侵害。大学生的理性认知程度较高，新媒体应用能力较强，思想政治教育的重点在于引导他们提高网络素养，加强自我教育，学会在思潮激荡的网络信息环境中明辨是非，正确抉择，弘扬和践行社会主义核心价值观。对于正式步入社会的青年而言，随着社会经验逐渐增加、思想心理不断成熟，其网络公共参与的意识和行为大大增强。思想政治教育要加强网上舆论工作，引导青年网民树立社会主义民主和法治观念，强化社会责任意识，自觉在网络空间传播正能量、弘扬主旋律。

领导干部是网络思想政治教育对象中的重点人群。领导干部对广大群众具有巨大的示范和影响作用，而网络是一面镜子，能折射出领导干部的一言一行。少数领导干部思想政治素质方面出现的问题很快就会成为网络舆论焦点，产生极其恶劣的社会影响。因此，领导干部的思想政治教育工作在网络环境中显得更加紧迫，要充分重视和发挥好互联网监督的作用，加强领导干部的思想政治素质建设。领导干部既是教育对象，又是教育者，发挥着“上梁正下梁直”的重要作用。因此，领导干部要做到“打铁必须自身硬”，不断加强自身建设，学会通过网络走群众路线，善于运用网络了解民意、开展工作，练好新形势下做好工作的基本功。在新的形势下，领导干部需不断加强学习，努力成为运用新媒体新手段的行家里手，在网络舆论斗争中敢于发声亮剑，善于解疑释惑，走在网络意识形态主战场的前列。

网络活跃者群体是网络思想政治教育的重要对象。网络活跃者群体指的是在网上发布信息、表达观点、参与讨论的活跃群体，他们表现出较强的信息意识，具有较好的网络信息获取、分析和传播能力，在网上议题讨论中扮演重要角色，对网络信息传播、网络舆论发展以及网络社群行为产生重要影响。在高校网络社区中，从校园 BBS、网络论坛到微博、微信、短视频平台，伴随着校园社交网络不断发展创新，网络活跃者作为大学生中的一类新兴群体，逐渐成为大学生群体中的活跃力量，成为网络思想政治教育的重要对象。互联网是亿万网民的社会信息大平台，随着新媒体快速发展，包括新媒体从业人员和网络“意见领袖”在内的网络人士大量涌现，他们往往能左右互联网的议题，能量不可小觑。思想政治教育工作者要关注这一新兴群体，建立经常性联系渠道，加强线上互动、线下沟通，引导其政治观点，增进其政治认同，让他们在净化网络空间、弘扬主旋律、维护意识形态安全等方面展现正能量。

三、以网络为环境的思想政治教育

以网络为环境的思想政治教育，指的是立足整个网络社会环境来认识、思考和开展网络思想政治教育工作。互联网给社会生产和生活方式带来了全方位的影响，人的社会关系和精神世界都发生着巨大的变化。立足网络环境开展思想政治教育，要主动增强网络思维，积极深入网络实践，建构网上网下的工作合力。

（一）主动增强网络思维

思维方式是一定时代人们的理性认识方式，是按一定结构、方法和程序把思维诸要素结合起来的相对稳定的思维运行样式[①]。网络思维是人们“网络化生存”状态的意识反映，是互联网时代的崭新思维方式。主动增强网络思维，表现在增强开

① 李秀林．辩证唯物主义和历史唯物主义原理．4 版．北京：中国人民大学出版社，1995：398.

放性思维、创新性思维、交互性思维等方面。

一是增强开放性思维。开放性是互联网的一个基本设计理念。开放的网络促进了世界的普遍联系和互联互通，推动了人的活动在时间与空间维度上无限展开。恩格斯曾经指出：“人在怎样的程度上学会改变自然界，人的智力就在怎样的程度上发展起来。”[①] 在信息时代，人的网络实践活动极大地促进了开放性思维方式的发展。对于思想政治教育而言，开放性思维带来了认识方式的变化、实践领域的拓展、工作理念的创新。开放性思维方式尊重社会思想文化的多样性和差异性，提倡在一元主导下的包容多样，在差异中求和谐，在多样中求统一，使思想政治教育更加丰富多彩、富有活力。开放性思维方式重视人的思想意识的复杂性和影响因素的多重性，强调思想政治教育的系统化和整体性，注重联系政治、经济、文化等社会多领域的综合思考，注重整合学校、家庭、社区、网络等领域的工作协同，积极吸纳“跨界思维”“融合思维”“生态思维”“大数据思维”等，推进思想政治教育的理念和实践创新。

二是增强创新性思维。网络时代是一个不断创造与超越的时代，创新从科技和经济领域向社会各个领域延伸，成为驱动社会发展的主要动力，深刻改变着人类的生产方式、生活方式和思维方式。随着网络智能化的发展，提升人的创新性思维品质，加强人的创新素质和能力培养，愈加成为思想政治教育的突出课题。人工智能是人的意识能动性的一种特殊表现，迄今为止人工智能的进步和升级，都是人类有目的、有意识的创新创造活动的结果。人工智能使人不断从体力和脑力劳动中获得解放，从而拥有更多的自由时间和更深广的实践空间，得到更好发挥创新品质和才能的条件和机会。人的创新性思维发展不仅体现在解决问题能力的增长，而且包括在道德、审美、价值观等领域的认识水平和境界的提升。面对人工智能的发展，思想政治教育的重要目标就在于不断提升人的创新性思维品质，持续地发掘人的创造潜能，完善人的道德修养，提升人的思想境界。习近平总书记指出：“纵观人类发展历史，创新始终是一个国家、一个民族发展的重要力量，也始终是推动人类社会进步的重要力量。”[②] 网络时代是人类社会快速变革的重要时期，也是我国实现跨越式发展的关键时期。思想政治教育需要树立起强烈的创新意识，把握网络时代的发展脉搏，走在网络创新的潮头，在工作实践中不断超越既有的思维模式和理念，做到“因事而化、因时而进、因势而新”，努力推进理念创新、手段创新、工作创新。

---

① 马克思，恩格斯．马克思恩格斯选集：第 3 卷．3 版．北京：人民出版社，2012：922.

② 习近平．习近平谈治国理政：第 2 卷．北京：外文出版社，2017：267.

三是增强交互性思维。“社会不是由个人构成，而是表示这些个人彼此发生的那些联系和关系的总和。”①社会作为一切社会关系的总和，是一种关系性存在。网络社会亦不例外，它是人类社会已有的关系网络与信息技术网络相互作用和融合的产物。交互性思维是人们在网络社会关系基础上发展普及的重要思维方式，当前网络经济领域中注重的用户思维、共享思维，电子政务中所强调的网络回应能力建设、党建工作中的网络群众路线思想等，都与此相关。对思想政治教育而言，交互性思维强调的是基于平等关系开展互动交流的主体性，教育者和教育对象之间的互动关系不再是主动与被动的主客体关系，而是教育者的主导和教育对象的主动相结合的双主体交互关系。随着物联网、元宇宙、人工智能的发展，虚实交融、人机共生的网络世界将进一步拓展人的生存空间，丰富人的实践维度，人与机器的交互、人与技术的融合必然推动交互性思维进一步发展，也必将有力地促进信息网络与思想政治教育的深度融合。

思维方式总是同一定的历史时代、社会发展和科学文化背景联系在一起的，也是社会各种思想文化要素的综合反映和综合体。当前社会快速发展变革，人们的思维方式也在不断发展演化，网络思维方式也处在不断丰富和发展的过程中。

链接

每一个时代的理论思维，包括我们这个时代的理论思维，都是一种历史的产物，它在不同的时代具有完全不同的形式，同时具有完全不同的内容。

——马克思，恩格斯．马克思恩格斯选集：第3卷．3版．北京：人民出版社，2012：873.

（二）积极深入网络实践

深入网络实践活动是增强网络思维的必由途径。对于思想政治教育而言，首先，要主动开展信息技术的应用实践，让各类新媒体新技术成为思想政治教育的积极力量。互联网已经广泛渗透到社会各个领域，思想政治教育与信息技术的融合是大势所趋。习近平总书记在全国高校思想政治工作会议上强调：“要运用新媒体新技术使工作活起来，推动思想政治工作传统优势同信息技术高度融合，增强时代感和吸引力”②。面对互联网迅猛发展、新媒体持续创新的形势，思想政治教育者要不

① 马克思，恩格斯．马克思恩格斯全集：第30卷．2版．北京：人民出版社，1995：221.

② 习近平在全国高校思想政治工作会议上强调 把思想政治工作贯穿教育教学全过程 开创我国高等教育事业发展新局面．人民日报，2016－12－09.

断学习，与时俱进，掌握各类信息技术的特点、规律和使用技巧，增强网络工作能力，提升信息媒介素养，主动运用各类新媒体新手段开展思想政治教育活动。

其次，深入网络社会生活，开展网络交往实践。人类社会历史上每一次科学技术的变革，都对社会交往的结构和形态带来新的改变。互联网的出现和网络交往实践塑造出新的社会组织模式、生发出新的话语体系，改变着人的思维方式和价值观念。思想政治教育者要深入网络社会生活，共建共享网络社区，在网络交往实践中强化网络思维，把握工作规律，提高教育效果。当前互联网发展进入社交网络的新阶段，科层交往场域、熟人交往场域、陌生人交往场域是三种较为典型的网络交往场域，它们既有共同的网络交往特点，也有不同的互动机制和社会功能。思想政治教育者既要利用各类红色网站、在线课程平台以及官微、官博等加强正面阵地建设，发挥教育主导作用；也要善于创设自教自律的“朋辈交往社区”，增强教育的亲和力和感染力；还要主动参与自媒体舆论空间的舆论引导和网络治理，学会在开放多元、复杂多变的网络交往环境中开展思想政治教育工作。

最后，加强网络文明建设，促进人的全面发展。网络文明作为人类社会文明发展的新形态和新领域，反映了人类社会进入信息网络社会之后的进步状态及其积极成果。网络文明为人的需要、潜能、兴趣、爱好的充分发展，进而为人在实践中的主体性、能动性和创造性的提升提供了开放的环境和良好的条件。网络文明的建设过程也是每个人不断丰富和提升自己的精神世界的过程。人们把互联网从最初“电子蛮荒”地带逐渐建设成为今天丰富多彩、日新月异的崭新世界，在此过程中建设主体的自主、自强、创新、进取的思想意识得以培养和发展，开放、民主、平等、共享的思维理念得以塑造和提升。网络文明是人类对自我和现实的一种超越，思想政治教育要成为网络文明建设的主导力量，弘扬主旋律，激发正能量，让网络实践更好地促进人的自我完善和社会发展进步。

（三）建构网上网下的工作合力

网络环境包括网上的虚拟社会环境和网下的现实社会环境，虚拟与现实的关系是网络思想政治教育的重要范畴，虚拟与现实的和谐是网络思想政治教育工作的重要价值目标。思想政治教育者要站在网络环境的宏观视角，认识和把握虚拟与现实的关系，构建网上与网下密切结合的思想政治教育工作合力。

首先，增强阵地意识，主动把思想政治教育工作延伸至网络空间。教育者要主动走进网络，打造网络阵地，引导网络舆论，引领网络文化，把握网络意识形态主导权。新媒体带来了传播格局的深刻变化，要主动推进传统媒体和新兴媒体的融合发展来强化思想理论宣传教育阵地建设，增强马克思主义科学理论对社会思潮的引导，增强社会主义核心价值观对思想舆论的引导。互联网促进着社会组织模式的深刻变化，应通过“互联网＋”各类网络阵地建设，主动引导各类网络社群的健康发展，把党建和思想政治工作传统优势转化为网络空间的吸引力、凝聚力和影响力。信息技术推动传统意识形态工作的变革，要强化网络意识形态建设的重要性和导向性，以正确的政治方向、舆论导向和价值取向来培育理想信念、凝聚社会共识、汇聚广大网民，主动把各类社会群体的思想政治工作延伸到互联网上，在网上网下互动协作、教育和自我教育紧密结合的过程中提升工作实效。

其次，创新工作理念，加强和改进传统思想政治教育工作。习近平总书记指出：“现在人类已经进入互联网这样一个历史阶段，这是一个世界潮流。”思想政治教育者要树立互联网思维，深刻认识和把握信息网络化的发展大势，立足我国建设网络强国的战略目标提升思想政治教育的宏观视野，拓展思想政治教育的理念和方法。强化问题意识，坚持问题导向是思想政治教育的创新发展路径，要直面来自现实生活实际的“真问题”，聚焦社会广泛关注的“热问题”，扣准社会思潮脉搏的“大问题”，在不断破解新问题的过程中提升思想政治工作效果。“内容为王”的精品意识是提高思想政治教育实效性的重要理念，应大力提高优质思想文化产品的供给能力，在提升教育内容质量上下功夫，在创新教育教学方法上下功夫，牢牢占领舆论引导、思想引领、文化传承、服务人民的传播制高点。以教育对象为中心是加强和改进思想政治教育工作的重要原则，应遵循信息时代人的发展和成长规律，围绕教育对象、关照教育对象、服务教育对象，提升思想政治教育亲和力和针对性，始终贴近大众，注重平等交流，做到润物无声。

最后，统筹网上网下，形成思想政治教育工作合力。虚拟是现实的延伸，现实是虚拟的基础。思想政治教育要把握虚拟与现实的关系，统筹网上和网下，形成思想政治教育的立体格局和工作合力。网络环境包括网上和网下的诸多要素，它们彼此联系又相互作用，这要求思想政治教育工作必须强化顶层设计和宏观规划，加强对网络思想政治教育的体制机制、平台融合、内容生产、人才队伍等重要方面的系统规划和建设。5G、大数据、云计算、物联网、人工智能等信息技术不断创新发展，既丰富了思想政治教育的技术手段，也改变着思想政治教育的环境，应从整体环境的视角来认识和推进传统思想政治教育与信息技术的高度融合，用先进的技术传播先进的文化，以有力的组织建设支撑网上的舆论导向，让思想政治教育在继承与发展中迸发出时代感和创造力。面对新时代的发展要求和形势需要，思想政治教育要努力把握信息网络社会发展趋势和变化规律，深入研究人的思想政治素质发展规律和思想政治教育规律，在人类网络发展进程中始终牢牢把握思想政治教育的主动权。

思考题

1. 传播媒介的特征有哪些？
2. 如何认识传播媒介的变迁对思想政治教育的影响？
3. 传播媒介的思想政治教育功能包括哪些方面？
4. 如何认识网络的二重性及其对思想政治教育的影响？
5. 网络背景下思想政治教育创新发展的理念、模式和方法有哪些？

第九章

制度与思想政治教育

打开人类文明发展的历史卷轴，我们可以看到制度始终伴随其中。制度文明的发展史是人类文明史的重要组成部分。制度深刻影响着人们的思想观念、精神世界、行为遵循，深刻影响着社会风气、社会风尚、社会发展，从某种意义上说，“制度问题更带有根本性、全局性、稳定性、长期性”①，“制度优势是一个国家的最大优势，制度竞争是国家间最根本的竞争”②。与其他社会实践活动一样，思想政治教育与制度关系密切。一方面，制度之中凝结着人类的思想和智慧，是塑造社会主流意识形态的关键力量，影响规范着人们的政治行为，思想政治教育需要发挥好制度的功用；另一方面，思想政治教育需要结合实践实际，推动制度建设与制度创新，以促进和保障思想政治教育更加规范、有序、科学发展。

① 习近平．习近平谈治国理政：第1卷．2版．北京：外文出版社，2018：391.
② 习近平．习近平谈治国理政：第3卷．北京：外文出版社，2020：119.

第一节 制度概说

在人类纷繁而多样的社会交往活动之中，我们总是需要有一种或若干种已被普遍认可的规范规则，在此基础上，才能够协调、维系、稳固不同个体或不同群体之间的关系，以使社会交往具有确定性、可预知性。这些规范规则即制度。从本质上说，人类社会离不开制度，人的群体性、社会性直接决定了制度存在的必然性。英国历史学家汤因比（Arnold Joseph Toynbee）对此指出："人类的社会关系超越了个人所能直接接触的最大范围之后，就变成了非个人的关系，而这种关系是通过社会机构的所谓'制度'来维持的。没有制度，社会便不能存在。事实上，社会本身就是最高形式的制度。"[①] 制度，意味着确定与有序，它确立并稳固人们之间广泛而长久的社会联系；制度，意味着规范与约束，它是解决人与人之间、人与社会之间诸多矛盾或冲突的基本依据。系统完备、科学规范、运行有效的制度体系对于社会的发展意义重大。

那么，究竟什么是制度？制度的类型及其特性又有哪些呢？

一、什么是制度

制度可谓与我们息息相关。除了宏观的经济制度、政治制度、法律制度、教育制度、文化制度等，我们每天都要面对众多制度，例如，在日常作息中有"作息制度"，在交通出行中有"交通规定"；在运动比赛中有"赛制规则"；在经济活动中有"货币制度""税收制度"；在社会生活中有"医疗保险制度""住房保障制度""社会救助制度"等。可以说，既然大家共同生活在一个社会之中，为了正确处理人与人之间、人与社会之间的复杂关系，必然要有大家共同遵循的行为规则，这也就决定了我们无时无刻不生活于制度之中。正因如此，"制度"一词的使用频率非常高。据统计，古往今来，人们对于制度的定义就已达200多种。在这么多关于制度的定义中，认为制度是一种规则的看法得到了大家的认可，即制度是要求大家共

① 汤因比．历史研究．上海：上海人民出版社，1997：58.

同遵守的办事规程或行动准则[1]。

要深刻理解制度的含义，我们需要着重把握好以下几个方面：

（一）制度是人们社会交往的产物

社会是由众多个体所组成的，社会的运动由个体的选择和行为聚合而成。正如马克思所强调的，人的本质“不是单个人所固有的抽象物，在其现实性上，它是一切社会关系的总和”[2]。显然，人是天生的社会性动物，社会性是人的本质属性。作为人的社会性发展的重要载体和中介，社会交往的进行直接孕育了制度的产生。一方面，随着社会交往的发展，人们愈加需要消除身边的不确定性、未知性。不确定性、未知性的存在往往带给人畏惧感。换言之，在社会交往中（特别是在与陌生人的交往中），人们需要依靠确定的信息、确定的规范来契合心理预期。制度的存在恰好能够解决这一问题。另一方面，随着社会交往的扩大，人们面临着更多的利益分配及平衡问题，包括个体与个体间的利益、个体与群体间的利益、群体与群体间的利益等，这在客观上也需要通过公认的制度来加以协调平衡，以减少矛盾、冲突，并维系更广阔交往的秩序、信任。人类社会实践充分表明，制度是社会交往的产物，制度是人们社会交往的“稳定器”和“秩序阀”。

（二）制度规范并保障着社会有序发展

“天地节而四时成，节以制度，不伤财，不害民”，“君子以制数度，议德行”（《周易・节》）。在这里，制度的本意是指特定的礼数法度，也即古代所称的“规矩”。“欲知平直，则必准绳；欲知方圆，则必规矩。”（《吕氏春秋・自知》）制度犹如“知平直”的“准绳”，“知方圆”的“规矩”，而有了制度之“准绳”与“规矩”，人们的思想行为就有了相应的规范与限制，从而，人性的弱点便被关进了“制度的笼子”。相应地，对比、检验和校正人们的思想行为便有了一定依据。正是从这个意义上说，制度规范并保障着社会有序发展。历史地看，尽管在不同时代，社会制度的形式和内容不尽相同，甚至在大变革时代，社会制度也会发生根本性变革，但总的而言，因要求成员共同遵守、按一定程序办事的制度在社会运行中的作用始终在加强，也正是广泛存在于人类社会各个实践活动领域的制度，架构起社会控制的“防火墙”，看守并保障着社会发展，避免社会出现混乱甚至灾难。同时，

---

① 现代汉语词典．7版．北京：商务印书馆，2016：1689.

② 马克思，恩格斯．马克思恩格斯文集：第1卷．北京：人民出版社，2009：505.

社会制度的“防火墙”一旦形成，就会影响同时代的社会风气、风尚与风俗。

（三）制度文明是人类文明的重要组成部分

制度文明既基于人类物质文明的发展，又是人类精神文明的重要成果；制度文明既作为人类文明的重要组成部分，又对人类其他文明发挥着重要影响。一方面，制度与人的文明素质密切相关。通过制度，在人性弱点的对面，便出现了限制与规训、鼓励与激发等无形之力量，这一力量在潜移默化地影响着人们思想行为与生活的同时，也在促进着人类知性、理性的发展。另一方面，制度关系着社会文明程度的提升。制度是文化观念的凝结，它集中体现着人类价值追寻，生活于制度之中的人们，在社会交往中逐渐对是非曲直形成价值判断、价值选择。当人们普遍把这一价值判断、价值选择作为自己的理想并为之奋斗的时候，社会风气、社会风尚、社会风俗也为之向好。从这一意义上说，一部人类社会的发展史相应的也是制度文明的变迁史。

链接

小智治事，中智治人，大智立法。治理一个国家、一个社会，关键是要立规矩、讲规矩、守规矩。法律是治国理政最大最重要的规矩。推进国家治理体系和治理能力现代化，必须坚持依法治国，为党和国家事业发展提供根本性、全局性、长期性的制度保障。

——中共中央纪律检查委员会，中共中央文献研究室．习近平关于严明党的纪律和规矩论述摘编．北京：中央文献出版社，2016：6.

另外，制度与道德、法律关系紧密。当一个人越过道德的边界，就会成为制度管束的对象，而当一个人跨过法律前设的阶梯，也即违背了制度时，他离触犯法律的距离也就不远了。制度所处的这一特殊位置也表明，制度既是一种约束性保护，也是一种保护性约束，制度兼有约束与保护的双重属性。

二、制度的类型

制度存在于多样的社会生活情境之中，制度也以多样的形式满足现实的需要。从根本上说，制度的产生、发展根源于人类的社会实践活动，而丰富的人类社会实践活动直接决定了制度的多样、多类型。依据不同的标准，我们可以从不同视角对制度类型加以区分和把握。

（一）依据制度正式与否划分

依据制度的正式与否，我们可以将制度分为正式制度与非正式制度。

正式制度是指人们有意识、有组织地创造的一系列条理化规则。正式制度通常包括各种成文的规章、协议、国家的法律、政策、条例等。正式制度往往以某种明确的形式被确定下来，其实施具有强制的特点。非正式制度是指人们在社会生活过程中形成的约定俗成的行为准则，它虽是不成文的限制，但因人们的共同恪守而具有持久生命力，有些非正式制度还成为代代相传的文化的一部分。非正式制度主要包括不成文的价值信念、伦理规范、道德观念、风俗习惯、意识形态等。非正式制度具有经验性、自发性和广泛渗透性、长期持续性的特点。

正式制度与非正式制度既相互依存，又相互制约。一方面，正式制度作用的发挥离不开非正式制度的支持；另一方面，非正式制度需要与正式制度相适应，倘若非正式制度滞后于正式制度甚或与正式制度不相容，这种“紧张”关系将稀释、消解正式制度的效率。这也提示我们，正式制度尽管可以在一夜之间建立起来甚或从他处迅速移植，但显然，制度环境的形成、制度功用的发挥是不可能速成的，也无法速成。正因如此，制度建设必须立足实际，必须与社会习俗、社会风气、社会文化融通契合。

（二）依据制度的层次和作用范围划分

依据制度的层次和作用范围，我们可以将制度分为宏观制度与微观制度。

一般说来，宏观制度事关社会关系总体，如社会经济制度、政治制度、文化制度等。无疑，宏观制度具有宏观系统性、宏观规范性的特征。相比宏观制度，微观制度则是对具体的社会组织及其较为具体的生产、运行和管理过程的反映，如一个企业单位的领导制度、生产制度、培训制度、职工代表大会制度等，微观制度具有较强的针对性和可操作性。从两者关系看，宏观制度与微观制度相互补充、相互配合，在宏观制度层面所要解决的问题，离不开在微观制度层面试点创新；宏观制度对微观制度构成指导、导向，并且为微观制度创设制度环境；微观制度的施行有助于为宏观制度设计提供基础性依据，从而有助于宏观制度目标的实现。从另外一个视角看，微观制度层面的改革创新相对宏观制度层面更容易。

在人类创造的诸多宏观制度中，有一种制度对人类历史发展影响深远，这就是共产主义制度。共产主义制度是人类最理想的社会制度，也是人类社会发展的最高形态。马克思、恩格斯认为，共产主义制度才是真正自由、民主、平等的社会制度，“真正的自由和真正的平等只有在共产主义制度下才可能实现”①。由于资本主义制度自身所固有的无法克服、不可抗拒的基本矛盾，这一社会制度必然要被比它更加先进的社会主义和共产主义制度所代替。社会主义和共产主义制度是人类社会制度演进变迁的必然结果，也是实现人的解放和人的自由而全面发展的必然制度选择。但也要看到，社会制度的更替具有艰巨性、复杂性、长期性，共产主义制度的最终实现注定是一个漫长的历史过程。正如习近平总书记所强调的那样，“共产主义决不是‘土豆烧牛肉’那么简单，不可能唾手可得、一蹴而就”②，与此同时，“我们不能因为实现共产主义理想是一个漫长的过程，就认为那是虚无缥缈的海市蜃楼”③。实现共产主义美好社会制度需要一代又一代人不懈努力、接力奋斗。

（三）依据制度发展的历史形态划分

依据制度发展的历史形态，我们可以将制度分为传统制度与现代制度。

不同的时代总有着不同的制度需求，而不同的制度需求又决定着不同的制度选择、制度供给。与此同时，不同的文化土壤影响并孕育出不同的制度文明。这是制度发展的历史逻辑。在此逻辑下，制度在人类历史的舞台上不断生成着、发展着、变迁着、更替着，共同演绎出人类制度创造的壮丽史诗。从两者关系上看，传统制度是现代制度的摇篮，现代制度包含对传统制度的超越。

我国传统制度内容丰富，体现在经济、政治、文化等诸方面。例如，殷周时期便不仅在经济上创设了“井田制”，而且在社会管理上实行“五家为邻，五邻为里”（《周礼·地官司徒·遂人》）；汉代在政治上创设了“三互法”；隋代进行了大规模修律活动并修撰《五礼》；唐代在边防上设立了“西北边常以重兵守备”（《旧唐书·陆贽传》）边防制度；清代在官员使用上出现了“候选”制度；等等。在古代种类繁多的传统制度类型中，还包括宗法制度、婚姻制度、礼仪制度、宗庙制度、贡赋制度、世禄制度、刑罚制度等。尽管这些传统制度后来很多因时代的发展被废止了，但它们在当时无疑是起了重要作用的。特别值得一提的是，传统制度中以制度形式概括的“法”“令”“礼”“俗”等，为传统社会的发展织就一张规范而有序的制度之网，深刻影响了我国经济社会文化的历史发展。

制度有一个从传统到现代的演变过程。现代制度的诸多类型多首先出现在西

① 马克思，恩格斯．马克思恩格斯全集：第1卷．北京：人民出版社，1956：582.

②③ 习近平．习近平谈治国理政：第2卷．北京：外文出版社，2017：142.

方。例如，“现代大学制度”起源于德国，“公务员制度”起源于英国，“独立董事制度”起源于美国，“院士制度”起源于欧洲，“购物退税制度”起源于欧盟，“能效领跑者制度”起源于日本等。其他诸如“出版版权制度”“财务报表制度”“法庭出庭制度”“劳动保险制度”“人事管理制度”“信用制度”等，都是现代西方制度类型的代表，也都是现代制度思想的产物。

但同样应看到的是，我国对现代制度的发展也做出了独特而重大的贡献，特别是成功建立了社会主义制度并形成中国特色社会主义制度。作为人类制度文明发展的重要成果，中国特色社会主义制度是党和人民在长期实践探索中形成的科学制度体系，我国国家治理一切工作和活动都依照中国特色社会主义制度展开，我国国家治理体系和治理能力是中国特色社会主义制度及其执行能力的集中体现。改革开放40多年来，我国经济社会发展取得历史性成就，中国特色社会主义制度优势得以进一步彰显。习近平总书记对此强调，“中国特色社会主义制度是当代中国发展进步的根本制度保障”①。具体而言，我们在政治领域中有“人民代表大会制度”这一根本政治制度，还有“中国共产党领导的多党合作和政治协商制度”、“民族区域自治制度”以及“基层群众自治制度”等，在经济领域中则有“公有制为主体、多种所有制经济共同发展，按劳分配为主体、多种分配方式并存，社会主义市场经济体制”等社会主义基本经济制度。这些制度扎根中国大地，服务中国人民，既是对中国几千年优秀传统文化的传承和提炼，又以海纳百川的气度吸收借鉴其他制度文明成果，具有强大生命力，是当下中国智慧贡献世界文明发展的重要元素。事实证明，相比资本主义制度，我国的社会主义制度具有显著的优越性。

链接

中国特色社会主义制度和国家治理体系是以马克思主义为指导、植根中国大地、具有深厚中华文化根基、深得人民拥护的制度和治理体系，是具有强大生命力和巨大优越性的制度和治理体系，是能够持续推动拥有近十四亿人口大国进步和发展、确保拥有五千多年文明史的中华民族实现“两个一百年”奋斗目标进而实现伟大复兴的制度和治理体系。

——中共中央关于坚持和完善中国特色社会主义制度　推进国家治理体系和治理能力现代化若干重大问题的决定．北京：人民出版社，2019：2-3.

除以上几种视角外，我们还可以依据不同的标准，将制度划分为内在制度与外在制度、核心制度与外围制度、奖励制度与惩戒制度等不同类型。

---

①　习近平．习近平谈治国理政：第3卷．北京：外文出版社，2020：13.

三、制度的特性

制度的特性主要包括系统性、规范性、周期性等。这些特性同时也是决定制度运行效率和制度生命力、影响力的关键要素。

（一）系统性

在生产、生活、交往实践中，人们逐渐对“能够、应该、必须做什么”以及“不能、不应该做什么”有了一定的感性认知、感性经验，人们对这些感性认知、感性经验进一步在实践中加以检验，在此基础上进行系统整理、概括，从而产生了一种基于理性判断的心理预期，即需要大家共同遵守的一些办事规程或行动准则得以界定。制度形成过程本身就表明制度的系统性，即制度是人们从感性认识到理性认识的系统升华，是人们价值判断的系统概括，是人们思想观念的系统整合。

制度的系统性集中体现在两个方面。一方面，从制度内部来看，制度自身内蕴一定的道德原则和价值判断，在这些精神理念的主导下，制度要素（包括目的、动机、手段、保障等）间相互作用、相互影响，其合力的结果促成了制度的系统性功能力量的发挥。例如，就经济制度而言，其自身的制度内容、制度安排、制度表达上仅有经济的因素显然是不够的，而是需要政治的、文化的等诸多因素参与其中、共同建构。而一旦在经济制度中引入政治、文化等因素时，则相应的制度精神就有了更易为人们所接受的社会基础，相应更易产生良好的制度系统传播效果。另一方面，从制度整体来看，每一项制度的存在都不是孤立的，而是与诸多相关制度一起构成一个更为完整、自洽的系统制度体系。在一个科学的制度体系中，往往不仅包含有具体制度，而且不同具体制度之间、具体制度与核心制度之间、具体制度与特殊制度之间、具体制度与非正式制度之间等相互匹配、相互影响，共同构成复杂而完整的制度结构系统与规范体系。显然，在这一制度系统中，任何一个领域的局部制度都会受到整体制度系统的影响制约，而任何一个具体制度的变化调整也会影响到其他相关制度的发展。

制度的系统性意味着有序、高效。制度的系统性越高，其所展现、所产生的规范约束力量也就越持久、越高效。而只有生活在系统性制度环境下的人们，才能激发出更多更持久的积极性与创造性，进而创造出更多的社会财富。同时，制度的系统性也是其赢得社会公认的基础，这是形成制度合法性、权威性的重要基础。正因如此，非系统性的制度，也即零乱、涣散的制度是不可能得到人们的普遍认同的，对这类制度也更无从谈起遵循且接受其约束。

（二）规范性

制度之所以能够影响、制约、塑造人们的行为，从本质上说，是由于制度具有规范性。规范是制度的核心，规范性是制度区别于其他事物的鲜明特征。通过规范性的创设，制度集合了正当行为的边界性规则，这就相当于为人们的行为划出可行的却是具有约束性、限制性的区域空间。基于此，“越界”行为得以提醒和管控，个体及其群体、组织的行为偏好得以形塑。以自由为例，我们依制度的规范性可以得出如下结论：规范性制度是自由的尺度、是自由的边界。没有尺度、没有边界的自由注定是不可取的，是危险的，在现实生活中也是找不到的。

对于个体而言，制度的规范性直接影响着其“能做什么”“不能做什么”，或者“做什么会有奖赏”“做什么会有惩罚”。长期生活于规范性的制度环境下，人们便渐渐养成一种约束性习惯，个体的思想观念与行为偏好渐渐形成轨迹曲线。对于群体或组织而言，持久的规范性制度为其提供着共同“可丁可卯”“按制度办事”的潜意识，这一潜意识对群体或组织发展有深刻影响。与此同时，制度所具有的规范性约束会日积月累为一定的隐形力量，这种隐形力量的存在，能够在一定程度上造成个体对基于一定制度的群体或组织的依赖，从而难以轻易做出选择而退出该群体或组织。这是制度的规范性所产生出的向心力，这对制度而言是一种具有正反馈性质的力量。

当然，制度的规范性总是具体的而非抽象的、历史的而非永恒的、相对的而非绝对的。这也就是说，制度的规范性直接决定制度效率的持续性、长久性。事实上，即便是再规范的制度，也都有它的适用范围、所属领域，越出其适用范围、所属领域，制度就难以发挥其作用。换言之，制度所具有的规范性是有一定限度的，也即制度所具有的规范性只在一定的时空范围内成立。我们从俗语所言的“山高皇帝远”中可见一斑。尽管有规范性的制度存在，但当某个地方距离统治中心太远时，制度执行环境相对“宽松”，此时规范性的制度难以达到约束性的效果，换言之，虽然有规范性的制度存在，在“山高皇帝远”的地方也难免产生“潜规则”滋生并蔓延的现象。

（三）周期性

尽管在现实生活中也存在着“朝令夕改”的现象，但总体而言，制度具有相对稳定性。制度一经创设或建立起来，便会在相当长时期内，在一定的条件下或范围内保持不变，成为“稳定态”的存在。制度的稳定性还表现在，即使在制度存在的基础丧失之后，制度还会在一定时期、一定范围内发挥一定的作用。而制度之所以具有这样的稳定性，从深层的原因看，多半是由于在其存在过程中，形成了一种制度影响之下“诸力量”的均衡，这种均衡的力量对人们的思想行为能够产生惯性作用。

事物总是处于一定的发展变化之中。事实上，任何一项具体的制度本身都不具有超越时空的特性，都只能在历史的特定阶段上才有其存在的合理性或相对的进步性，换言之，制度总是时代的产物，时代的变化决定了制度的兴衰。任何一项具体的制度都必须服务于当下，服务于现时代及现时代的人们、现时代的社会发展。显然，制度的周期性是必然的。对于具体的制度而言，每一制度都是一种历史生命周期的存在。制度的生命周期大致可以概括为三个时期，分别是：制度形成期、制度效能期、制度滞后期。一般说来，在制度形成期和制度效能期，作为新生命的制度有着旺盛的生命力，此时，各类社会关系通过互补的制度结构得以协调，各种社会需要通过制度功能的发挥得以满足。与此同时，人们因看到制度的优越性而对制度加以认可和接受，制度的社会价值由此得以逐步显现。但是，随着时间的演进和历史的发展，既有制度的弊病日益显露，制度运行逐渐进入滞后期，在这一阶段，当初设立制度的目的渐变模糊、渐失清晰，制度的履行愈加机械、愈加僵化，制度进而逐渐丧失了原有的效率和功能，也相应逐渐失去了大多数成员（主要是既有遵守者）的信任。相对于即将到来的新制度，已沦为旧制度的它，犹如“昨日黄花”，其优势不再、落后凸显，我们也习惯将这一状态下的制度称为“陈规”，而显然，“陈规”往往又与“陋习”是纠缠在一起的，形成所谓的“陈规陋习”，有待打破。接下来，制度的命运要么止于废除、归于消亡，要么被改造革新，成为新制度的一分子并重新开始参与新制度的新周期。

理解并把握制度的周期性规律，就要求我们主动推进制度的完善、主动促进制度的进步。新中国成立 70 多年来，“中华民族之所以能迎来从站起来、富起来到强起来的伟大飞跃，最根本的是因为党领导人民建立和完善了中国特色社会主义制度，形成和发展了党的领导和经济、政治、文化、社会、生态文明、军事、外事等各方面制度，不断加强和完善国家治理”①。而回顾中国共产党百年奋斗历程，制度的革新始终贯穿其中。当然，制度革新不是对既有制度的“完全否定”和“推倒重来”，而是在坚定的制度自信的基础上进行的。制度革新需要坚定的制度自信，没有坚定的制度自信，就不可能有推动制度革新的勇气。当然，制度自信也离不开制

① 习近平．习近平谈治国理政：第 3 卷．北京：外文出版社，2020：119.

度革新，离开制度革新，制度自信就无法深厚和久远。制度革新旨在冲破教条主义的束缚，旨在保持制度发展的欣欣向荣、朝气蓬勃。对于立志于中华民族千秋伟业的共产党而言，制度革新意义重大。习近平总书记对此多次强调，强大的政党是在自我革命中锻造出来的；要发挥彻底的自我革命精神；要坚持以伟大自我革命引领伟大社会革命；要提高党的自我完善、自我革新、自我提高能力；要把党的伟大自我革命进行到底等。显而易见，只有主动通过制度革新，我们才能避免陷入制度发展的“周期率”。与此同时，社会中各方面的制度，也只有在不断革新中，才能始终保持其生命力和活力。

链接

我们说坚定制度自信，不是要固步自封，而是要不断革除体制机制弊端，让我们的制度成熟而持久。

——习近平．习近平谈治国理政：第1卷．2版．北京：外文出版社，2018：106.

第二节
制度的思想政治教育功用

在自然界，有一种名叫“纤维素”的物质，正是由于它的存在，植物才具有一定的刚性和强度。如果没有“纤维素”，植物就会失去刚性和强度而变得极为柔软甚至无法成形。在人类社会，制度的功用犹如“纤维素”，缺少它，社会环境、思想观念、风俗道德以及“一般的世界情况”就无法有序凝结，“个体就不会成为它现在所是的这个样子”①。从一般意义上而言，制度具有规范、约束、激励等重要功用。制度的功用还可从具体的领域角度来分析。制度的思想政治教育功用即制度对思想政治教育所起的作用和影响。

那么，制度何以具有思想政治教育功用？具体而言，制度又有哪些思想政治教育功用？在推动思想政治教育发展中，如何发挥好制度的思想政治教育功用呢？

① 黑格尔．精神现象学．北京：商务印书馆，2011：229.

一、制度何以具有思想政治教育功用

“夫悬衡而知平，设规而知圆，万全之道也。”（《韩非子·饰邪》）人类摆脱蒙昧和野蛮状态，进入文明时代，其中一个很重要的标志，就是人类在长期的生产实践、社会实践的过程中，创设了制度，形成了规范，保障了秩序。可以说，人类的发展史、进步史无不包含着制度史。制度，具有行为规制、关系协调、秩序稳定和价值引领等诸多作用。制度由于其自身所具有的这些作用而对人的思想认知、道德素养、行为追求等产生了重要而深刻的影响，从而发挥着重要的思想政治教育功用。

（一）制度之中凝结着历史的经验

制度是人类在长期生产生活和社会实践中不断建立和发展起来的，制度之中总是凝结有丰富的历史经验，不少历史经验逐渐形成传统。“传统不仅裸露为表面的物，还凝聚成种种制度与风俗，更深藏在人们的心理结构中。”[①] 制度是历史经验、历史传统传承下来的重要载体和手段。在长期的社会实践与历史发展进程中，在过往的数个时代中，人类进行了无数的发明与创造，产生了丰富的思想与信仰，形成了多样的风俗与习惯，等等。那么，这些历史经验如何保存？这些历史传统如何传承？显然，制度是其中很重要的载体和手段，正是制度凝结了个体的经验，并且把个体经验渐变为群体的遵循，进而反过来影响诸多的个体。正如本尼迪克特（Ruth Benedict）所言：“个体生活的历史中，首要的就是对他所属的那个社群传统上手把手传下来的那些模式和准则的适应。落地伊始，社群的习俗便开始塑造他的经验和行为。到咿呀学语时，他已是所属文化的造物，而到他长大成人并能参加该文化的活动时，社群的习惯便已是他的习惯，社群的信仰便已是他的信仰，社群的戒律亦已是他的戒律。”[②] 基于制度，人类的发明与创造、思想与信仰、风俗与习惯等才得以保存与传递；基于制度，人类思想的、政治的、道德的历史经验得以传承而为人们所熟悉、所习惯、所尊崇。从而，包含着人类在认识世界、改造世界的实践中所获得的那些宝贵经验，依靠制度的存在而实现了自身超越时间、跨越空间的存在。正因为制度之中凝结有历史的经验，后人才能在前人认识的基础上进行新的实践。

---

① 庞朴．蓟门散思．上海：上海文艺出版社，1996：250.

② 本尼迪克特．文化模式．北京：生活·读书·新知三联书店，1988：5.

而在新的实践中，有助于解决实际问题的新主张、新理念等新的经验进一步凝练并稳固为一定的制度，后人以及后人的后人依此继续前行。

（二）制度之中蕴藏着文化的基因

制度不是从来就有的，其产生之后也不是一成不变的，在制度的发展过程中，总是会吸收一个民族、一个国家的历史传承、民族精神、道德追求、价值判断等文化的精华。正因如此，透过曾有的制度，我们总能感受到其中所蕴藏的文化基因。制度之中都留有文化的印痕，制度之中无不包含文化的积淀。制度是历史的、时代的产物。每一个时代都有每一个时代的制度需要，每一个时代都有每一个时代的制度规范，同时，每一个时代之下的制度都曾经沐浴不同的文化雨露。与此相应，我们能够通过制度了解过去的文化历史、曾经的文化追求。数千年来，我们关于"衣冠服饰""饮食用度""生活方式""风俗习惯""礼仪规范"等制度虽与时俯仰、代有更张，但制度之中所体现出的"辛勤劳作""仁义风骨""为政之道"等却持续浸润、激荡着后来时代的人们；制度之中所蕴含的诸如"重民本""讲仁爱""守诚信""崇正义"等思想观念、人文精神、道德规范早已沉淀并淬炼出中华民族文化文明的基因。一些优秀传统文化正是通过制度并在制度中得以延续，进而成为一种恒定有常的社会关系，以"润物无声"的方式强化着后代人们思想、政治、道德等观念，影响着人们的思想行为。

（三）制度之中包含着规范的力量

规范是社会发展的需要，而规范的力量离不开制度的存在。"制度是人们之间非个人关系的载体，它们存在于一切社会，哪怕是最小的原始社会也建筑在较为宽阔的基础之上，超过了由直接的个人纽带联结的狭小范围。制度是整个'社会'这一属性的特征。"[①] 正是通过制度，分散的个体行为才被纳入整体的统一之中，无序的冲突才被转换为整体的有序之中，这是制度所具有的规范的力量。无论是传统社会中的宗族制度、家庭制度、亲属制度、婚姻制度、继承制度，还是现代社会中的政治制度、文化制度、经济制度、军事制度、社会制度、生态制度等，制度的存在时刻体现着规范的力量，而在这种规范的力量之中，人们奉"共同之理"，遵"共同之纪"，守"共同之法"。一个社会便有了稳定的根基。与此同时，在当今时代背景下，人们活动、交往的广度、深度和频度远远超过了人类历史上的任何一个时

---

① 汤因比．历史研究：上卷．上海：上海人民出版社，2016：53.

期，制度规范力量的发挥尤其重要。制度的规范性附带其权威性、强制性，对人们的思想行为起着重要的引导、约束和控制作用。

由此可见，由于制度之中包含“思想”“价值”“思维”“世界观”等文化要素，并且制度具有规范性、约束性的力量，从而对人思想的、道德的、政治的内在认知、思维、偏好和外在行为、习惯等都发挥着积极而重要的作用。换言之，制度影响人类的思想判断和行为选择，制度影响人、引导人、塑造人，制度起着重要的思想政治教育功用。

二、制度的思想政治教育功用举要

从某种意义上说，制度不仅协调着复杂的社会关系，而且促进着社会理性的发展，同时，制度还体现着人们对公平正义的追求。而这些，无不构成人的思想政治素质提升的基础。制度发挥着重要而多样的思想政治教育功用。择其要者而言，作为承载着某种确定和已知信息的制度，能够为人们的思想活动和行为选择提供稳定的预期；作为文化的重要组成部分，制度自身蕴含丰富的思想政治教育资源，培育与塑造着社会成员的文明素养；同时，制度能够对社会成员产生广泛而深刻的影响，是塑造社会主流意识形态的关键力量。

（一）制度为人们的思想活动和行为选择提供稳定预期

追求稳定的预期是一种具有普遍性的社会心理现象。在人类社会的发展进程中，总是伴随有政治、经济、文化、军事等领域的不断革新、不断发展甚或矛盾冲突。当今时代，加之各种社会信息不断涌流、相互激荡，社会在变化中充满着不确定性，人们由此对未来的确定性充满着渴望和追求。这使得稳定预期成为必然需求。从某种意义上说，制度是稳定预期的设置，是确定行为的框架。通过提供一整套的规范，制度能够将人们的思想活动和行为选择纳入一定的秩序轨道，同时，由于制度的稳定性，使得人们在思想活动和行为选择之前便可知晓其思想活动和行为选择意味着什么，其结果如何，等等，这就是制度预期。

制度为人们的思想活动提供稳定预期。思想家帕斯卡尔曾言：人只不过是一根苇草，是自然界最脆弱的东西；但他是一根能思想的苇草。用不着整个宇宙都拿起武器来才能毁灭他，一口气、一滴水就足以致他死命了。然而，纵使宇宙毁灭了他，人却仍然要比致他死命的东西高贵得多；因为他知道自己要死亡，以及宇宙对他所具有的优势，而宇宙对此却是一无所知。因而，我们全部的尊严就在于思想①。显然，人是有思想的，既是思想的创造者，又是思想的存在物，人总是在思想的支配下进行活动。思想活动是人具有本质属性的活动。从一定意义上说，思想活动是在个人那里发生的，因此思想活动是主观的、内在的。但这并不意味着思想活动是不受任何约束、随心所欲的。

与此同时，人脑中的思想认识活动不是一次完成的，总是在不断反复的螺旋式进程中推进的。恩格斯曾经指出："人脑是彼此并列和前后相继地从事这种无限的认识的，会在实践上和理论上出差错，从歪曲的、片面的、错误的前提出发，循着错误的、弯曲的、不可靠的道路行进，往往当正确的东西碰到鼻子尖的时候还是没有得到它……因此，对无限的东西的认识受到双重困难的困扰，并且按其本性来说，只能通过一个无限的渐近的前进过程而实现。"② 思想认识具有反复性，这是思想认识活动的规律。制度的出现，使得那些相对正确的"以往的思想认识"得以固定下来，相应减少了人们思想认识上的观望和怀疑，成为增进共识的推动力。例如，中国古代在道德问题上对"仁义者礼"的思想认识具有很强的生命力，持续数千年之久。之所以如此，与古代宗法制度的牢固是密不可分的。如果没有制度的存在，则很难将一定的思想认识统一起来、固定下来。同理，要把人的思想认识从落后认知中解放出来，要在普遍范围内提升人的思想认识，也自然离不开相应制度的引导和规制。

制度为人们的行为选择提供稳定预期。个体接受某种行动建议、做出某种行为选择，往往都基于某种程度的信任的产生。无论是在行为选择之前认知层面的相信，还是在行为选择之后评价层面的信任，都从不同的方面影响着个体的行为选择，乃至于影响着个体后续的行为选择。我们需要思考的问题是，信任何以产生？信任的产生在很大程度上依赖于确定的制度为人们提供的预期的稳定。试想，如果没有诸如货币制度、交易制度等一系列市场规范的存在，人们的交易行为以何标准进行？如何有序推动？没有制度所提供的确定信息，人们规范的经济行为、政治行为、文化行为、社会行为等都是不可想象的。由制度而确定下来的各种规范信息，可以持续为人们的行为选择提供稳定预期。

与此同时，制度还是决定个体的行为选择从独立行为转向集体行为的关键因素。个体的行为选择具有复杂性和多样性。在具体的行为选择下，由于缺少沟通和协商，个体与个体之间、个体与群体之间的行为差异、行为冲突是现实存在的。制

---

① 帕斯卡尔．思想录．北京：商务印书馆，1995：157－158.

② 马克思，恩格斯．马克思恩格斯选集：第3卷．3版．北京：人民出版社，2012：938.

度在此所发挥的重要功用，即在共有预期之下减少行为摩擦、保障行为一致。包括行为准则、互惠规则、公共守则等制度的安排，能够防范和化解个人之间、个人与群体之间的行为矛盾，在人们的交往、合作具有可预见性的前提下，个体独立的行为选择才能融入群体、集体的行为，才能形成更加稳固的群体、集体的行为。而基于制度，建立在他人行动稳定预期上的普遍的社会行为才能得以更好维系。

（二）制度自身蕴含丰富的思想政治教育资源

两千多年前，孔子曰，“入其国，其教可知也。其为人也，温柔敦厚，《诗》教也；疏通知远，《书》教也；广博易良，《乐》教也；洁静精微，《易》教也；恭俭庄敬，《礼》教也；属辞比事，《春秋》教也”（《礼记·经解》）。唐代思想家李翱言，“凡古贤圣，得位于时，道行天下，皆不著书，以其事业存于制度”（《答皇甫湜书》）。无论是“立章成制”还是“化民成俗”，其中都特别强调和重视制度的教化作用。正式制度与非正式制度之中都包含丰富的思想政治教育资源。

制度蕴含一定的价值观资源。制度与价值观关联紧密。一方面，价值观是制度的内在灵魂，不存在不受价值观影响的制度，任何制度的设计、安排、运行都是在一定的价值观指导下进行的，不同的价值观主导下形成不同的制度；另一方面，在制度的背后都有价值观的影响，不同的制度体现着不同的价值追求，不同的制度总是蕴含差异化的价值观在其中。整体来看，制度之中所包含的人类优秀文明成果、民族精神、道德情操、科学追求等内容都体现为一定的价值观。从某种意义上说，制度是价值观的重要载体。正是由于制度的存在和推行，某种规范或伦理要求得以昭示；正是由于制度的存在和推行，某种价值准则得以默示并给人以潜移默化之影响。因此，制度一旦形成、确立，就会对人们的价值观培育和践行起到一定的约束和规范作用，而在不断学习、认同和遵循制度的基础上，人们的思想认识与行为也在悄然发生着变化。在更深的层次，一定社会的制度总是影响着社会风气的形成。

制度自身蕴含丰富的思想政治教育资源，还包括制度构成思想政治教育环境资源。制度既是思想政治教育环境的构成要素，又影响思想政治教育整体环境。基于制度的存在和由于制度的作用，思想政治教育环境便具有了一定程度的系统性和可控性，在此情形下，思想政治教育环境对人发生教育作用时，就既可以充分发挥其环境自身的优势，又可以防止普通环境所存在的自发性、盲目性等不足，从而在一定程度上控制和克服环境中不利于思想政治教育的因素。随着经济发展全球化、社会交往信息化、文化发展多样化，意识形态领域的斗争日益复杂化，思想政治教育的外部环境正发生深刻而复杂的变化，面对前进道路上各种各样的“拦路虎”“绊脚石”，担负培养社会主义合格建设者和接班人之职责使命的思想政治教育，尤其需要从优化制度环境中发掘、提升育人功能。

（三）制度是塑造社会主流意识形态的关键力量

党的二十大报告强调指出，要“建设具有强大凝聚力和引领力的社会主义意识形态”[①]。这里所强调的，即主流意识形态建设问题。主流意识形态是在一个社会之中占主导地位且为绝大多数社会成员普遍认同的意识形态。一定社会之中的主流意识形态，总是对人们思想、观念、态度、信仰等的形成产生着深刻影响，而制度始终是塑造社会主流意识形态的关键力量。

制度体现主流意识形态的要求。制度是要求大家共同遵守的办事规程或行动准则，但这种办事规则或行动准则不是随意安排的，而是体现着一个国家主流意识形态的要求。例如，宪法是我国的根本大法，在我国法律体系中居于核心和基础性地位，具有最鲜明权威的引领、规范、教育、保障作用。2018 年我国进行宪法修改，其中，将“国家倡导社会主义核心价值观”写入宪法。同时，中共中央印发《社会主义核心价值观融入法治建设立法修法规划》，强调要着力把社会主义核心价值观融入法律法规的“立”“改”“废”“释”全过程。这些制度安排都表明，不存在脱离、背离统治阶级所倡导的意识形态，而统治阶级所倡导的意识形态又无不反映在其制度安排上。制度体现着主流意识形态的要求，用制度来塑造社会主义主流意识形态，从而为全国各族人民不断前进前行提供坚强的思想保证、强大的精神力量、丰润的道德滋养，进而筑牢中华民族伟大复兴的价值基石。

制度保障主流意识形态的稳定性。主流意识形态一旦形成并为人们所接受、所认同，就具有一定的相对稳定性。但显而易见的是，这种相对稳定性并不是自然产生的，其稳定性的持续也不是自然而然的结果，制度始终贯穿于其中。意识形态自身有其特殊的力量结构和运行规律，制度是保障主流意识形态稳定性的重要基础。如果没有一定的制度安排，如果缺少了制度的塑造力量，即使业已形成一定的社会主流意识形态，也难以保持其吸引力、凝聚力的持续性、长久性，从而其稳定性便难以维系。发挥好制度在塑造主流意识形态中的积极作用，才能更好地依靠制度保障主流意识形态的稳定性，才能更好地依靠制度推行和传播社会主义主流意识形态。

---

① 习近平．高举中国特色社会主义伟大旗帜　为全面建设社会主义现代化国家而团结奋斗：在中国共产党第二十次全国代表大会上的报告．北京：人民出版社，2022：43.

三、制度的思想政治教育功用的实现

制度具有思想政治教育功用，但制度的思想政治教育功用不会自动实现。把握好应然与实然之间的关系，才能更好地促进制度的思想政治教育功用的实现。毛泽东曾经指出："社会主义制度的建立给我们开辟了一条到达理想境界的道路，而理想境界的实现还要靠我们的辛勤劳动。"①制度的价值目标仅仅停留在理论设想中是远远不够的，制度的功能实现具有鲜明的实践特征和现实意义。制度自身包含着丰富的理性认知、价值取向、道德标准等，具有重要的思想政治教育功用。在思想政治教育实践中，要切实发挥好制度的思想政治教育功用，既要从理念上增强制度自觉、涵养制度自信，又要在实践中优化制度环境。

（一）增强制度自觉

制度自觉是制度意识的集中体现，亦是制度思维的重要前提。制度自觉，意味着对制度价值的深层认可；制度自觉，意味着对制度功用的主动认知；制度自觉，意味着对制度规律的主动把握；制度自觉，意味着对制度建设的主动担当。没有一定的制度自觉，再好的制度都难免成为"凌空蹈虚"，难免成为"无根的抽象"，更不用说发挥其功用。只有基于一定的制度自觉，深藏于人们意识之中的制度权威才能形成，制度在现实中才能真正发挥思想政治教育功用和力量。增强制度自觉，需要深刻理解和把握内含于制度之中的价值观念。制度内含的价值观念虽存在于制度之中，但不会"自明"，而始终离不开现实中的人对其进行自觉的理解和把握；增强制度自觉，需要重视制度执行和落实。制度执行的过程也是制度功能得以发挥、产生效果的过程。制度的持久生命力就在于执行和落实，任何好的制度如果执行不好、落实不好，都会成为"稻草人""纸老虎"。如此不仅不能产生应有的作用，反而会损害制度的公信力、影响力。只有相关的制度在实践中得到切实有效执行，制度的思想政治教育功用才能更好发挥。增强制度自觉，需要结合思想政治教育实践实际，融入政治信仰和忠诚情怀。制度自觉与政治信仰和理想情怀之间存在着正相关关系。对于思想政治教育工作者而言，模范遵守相关制度、主动维护制度权威，必然离不开对中国特色社会主义、对共产主义的政治信仰，离不开对党的思想政治教育事业抱有的忠诚情感。

---

① 毛泽东．毛泽东文集：第7卷．北京：人民出版社，1999：226.

链接

有了好的制度如果不抓落实，只是写在纸上、贴在墙上、锁在抽屉里，制度就会成为稻草人、纸老虎。要强化制度执行，加强监督检查，确保出台一个就执行落实好一个。要坚持执行制度没有例外，对违反制度规定踩“红线”、闯“雷区”的，要零容忍，发现一起就坚决查处一起。

——中共中央纪律检查委员会，中共中央文献研究室．习近平关于严明党的纪律和规矩论述摘编．北京：中央文献出版社，2016：82.

（二）涵养制度自信

制度自信是对制度的创制、选择、发展完善所拥有的信心、信念和信守，制度自信是捍卫制度优越性和生命力的坚定立场，制度自信是一种心理状态、情感意识和精神状态。对于整个社会的发展而言，制度保障并提升社会动员能力、组织能力、国家建设能力；对于中国特色社会主义的发展而言，制度在发扬民主、激发人民创造活力、保障社会稳定、凝聚社会共识等方面有着不可替代的作用。只有坚持制度自信，才能既对我们自身发展的成就充满自豪感和认同感，又不陷入对西方制度的盲目崇拜和无谓的自我怀疑。制度自信是发挥好制度的思想政治教育功用的重要保证，但涵养制度自信并不是在“书斋”中完成的。在《反杜林论》中，恩格斯就曾经强调指出，“现代社会主义必获胜利的信心，正是基于这个以或多或少清晰的形象和不可抗拒的必然性印入被剥削的无产者的头脑中的、可以感触到的物质事实，而不是基于某一个蛰居书斋的学者的关于正义和非正义的观念”[①]。在思想政治教育过程中，发挥制度的思想政治教育功用与涵养制度自信，需要更多地到社会之中去触摸“可以感触到的物质事实”。如果不是基于“可以感触到的物质事实”，无论“某一个蛰居书斋的学者”将制度之功用之好处阐述得多么准确、多么合理，也难以具有现实的、牢固可靠的说服力、感召力、影响力。

（三）优化制度环境

制度环境是每个人很重要的社会生活环境。没有制度环境的形成，空有一堆制度，是很难发挥制度的思想政治教育功用的。从一般意义上说，环境是人类周围的存在境况，是人类赖以生存和发展的物质条件和物质基础，环境总是或直接或间接

① 马克思，恩格斯．马克思恩格斯文集：第9卷．北京：人民出版社，2009：165.

地影响着人类生活和发展。制度参与营建环境，制度构成人的生存发展环境。在为社会提供一个稳定性的框架的同时，制度也深刻影响着在此框架中的人们。人们依制度去思想、去行动、去工作、去生活，经过无数次重复后，这些制度影响下的诸要素已然构成人们习以为常的环境。正因如此，我们需要优化制度环境。优化制度环境，从深层次说，就是建构制度文化，培育一种认同制度、敬畏制度、遵守制度的整体环境。当制度环境得以优化后，制度便能在不同范围、程度和层次更好发挥其思想政治教育功用。随着经济社会发展的复杂化，思想政治教育面临更加复杂的国内外情势，尤其需要重视制度环境的营建和优化。通过优化制度环境，更好发挥制度的思想政治教育功用，以克服环境变化所带来的冲击与困难，创造良好的思想政治教育环境，更好地促进教育对象精神世界、知识世界、生活世界的丰富和提升。

当然，我们重视发挥好制度的思想政治教育功用并以制度涵养、规范思想政治教育，也始终离不开思想政治教育自身的制度建设。

第三节 思想政治教育制度及其建设

2019年10月，党的十九届四中全会通过了《中共中央关于坚持和完善中国特色社会主义制度　推进国家治理体系和治理能力现代化若干重大问题的决定》，这是完善和发展我国国家制度和治理体系的纲领性文件。其中强调，要“坚持马克思主义在意识形态领域指导地位的根本制度”，要“建立不忘初心、牢记使命的制度”等，强调“根本制度”并以制度固定初心和使命，用长效机制和约束机制塑造品格、锤炼意志、规范行为，这对于加强新时代思想政治教育制度建设具有重大指导意义。思想政治教育制度建设关系思想政治教育理念、教育体系、教育内容、教育方法、教育治理现代化。同时，作为承载国家政治和意识形态建设使命的教育形式，思想政治教育担负特殊而重要的职责使命，面对新形势、新任务，面对党和人民的新期待、新要求，要推进思想政治教育有序、健康、更好发展，就要遵循制度发展规律，切实加强思想政治教育制度建设，更好地推进思想政治教育发展的规范化、有序化、科学化。

一、思想政治教育制度概述

“治理得最好的国家必然具有最优良的国家教育制度。”① 作为国家教育制度的重要组成，思想政治教育制度是在一定历史条件下形成的思想政治教育中的社会关系和教育活动的规范体系。思想政治教育制度发挥着调控思想政治教育主体行为、整合思想政治教育力量、确保思想政治教育活动有序开展的重要作用。思想政治教育制度由观念系统、规则系统、组织系统等要素构成，这些要素是为保障思想政治教育教学运行的质量而存在的。由这些要素整体构成的思想政治教育制度具有强制力，需要思想政治教育者与教育对象共同遵循。同时，思想政治教育制度中蕴含、宣示思想政治教育行为主体的政治追求、价值选择，即思想政治教育制度体现党和国家的意志，这也是思想政治教育制度与其他教育制度的一个显著区别。依照一定的划分标准，我们可以将思想政治教育制度分为多种类型，包括马克思主义理论学习制度、思想政治教育教学制度、思想政治教育教师制度、思想政治教育课程制度、思想政治教育督查制度、思想政治教育实践制度、思想政治教育管理制度、思想政治教育评价制度等。根据领域的不同，思想政治教育制度还可以区分为学校思想政治教育制度、企业思想政治教育制度、军队思想政治教育制度等。

链接

在认识世界和改造世界的过程中，旧的问题解决了，新的问题又会产生，制度总是需要不断完善，因而改革既不可能一蹴而就、也不可能一劳永逸。

——习近平．习近平谈治国理政：第1卷．2版．北京：外文出版社，2018：74.

当然，同其他制度一样，思想政治教育制度是在一定历史条件下形成的，也随着时代的发展而不断完善。这也就决定了思想政治教育制度建设不是一蹴而就的，而是一项持久的、系统的工程，需要持续推进、久久为功。

二、加强思想政治教育制度建设

制度建设，既是一个不断破除既有滞后体制机制的过程，也是一个基于新的发

① 欧文．欧文选集：第1卷．北京：商务印书馆，2011：82.

展要求不断创新体制机制的过程。对于思想政治教育而言，基于新的实践实际、基于新的发展需求，不断健全、完善、创新相应的具体制度，并架构起科学、合理、高效的制度体系尤为重要。加强思想政治教育制度建设，就是要主动适应新时代新变化，既改革不适应思想政治教育实践发展要求的体制机制、法律法规，又不断推进新的思想政治教育制度体系的构建。当前，加强思想政治教育制度建设，需要坚持马克思主义在意识形态领域指导地位的根本制度、不断完善思想政治教育制度安排、大力推进思想政治教育制度创新、着力培育思想政治教育制度文化等。

（一）坚持马克思主义在意识形态领域指导地位的根本制度

马克思主义是我们立党立国、兴党兴国的根本指导思想。党的十九届四中全会通过的《中共中央关于坚持和完善中国特色社会主义制度　推进国家治理体系和治理能力现代化若干重大问题的决定》，明确指出：坚持马克思主义在意识形态领域指导地位的根本制度。这是事关党和国家事业长远发展、事关我国社会主义文化前进方向和发展道路的重大制度安排，这对于新时代坚持和发展中国特色社会主义制度、实现中华民族伟大复兴的中国梦具有重大意义。对于思想政治教育制度建设而言，首要的是牢牢坚持马克思主义在意识形态领域指导地位的根本制度。

坚持马克思主义在意识形态领域指导地位的根本制度，是由我们的发展现实和发展需要所决定的。每一种制度都是客观必然性和主观创造性的辩证统一。我们其实没有办法找到一种永恒不变的、放之四海而皆准的制度，这样的制度也并不曾存在过。事实上，制度观念、制度范畴等都是作为历史性的存在而存在的，制度存在本身即是社会历史的反映。马克思在《哲学的贫困》中指出，“人们按照自己的物质生产率建立相应的社会关系，正是这些人又按照自己的社会关系创造了相应的原理、观念和范畴”[①]。这也就是说，一个社会中出现的思想观念，总是特定社会关系的主观映现。坚持马克思主义在意识形态领域指导地位的根本制度，不是“空谈高论”，不是“空穴来风”，而是由我们现实的生产方式、现实的社会关系等客观实在所决定的。同时，坚持马克思主义在意识形态领域指导地位的根本制度，是筑牢我们全体人民共同思想基础、确保我们中国特色社会主义文化发展方向的客观要求，是我们在认识制度发展规律的基础上做出的合乎制度发展规律的正确选择。

坚持马克思主义在意识形态领域指导地位的根本制度，才能更好地坚持对马克思主义的信仰，对中国特色社会主义的信念，对实现中华民族伟大复兴中国梦的信

---

① 马克思，恩格斯．马克思恩格斯文集：第1卷．北京：人民出版社，2009：603.

心。习近平总书记强调指出，“信仰、信念、信心，任何时候都至关重要。小到一个人、一个集体，大到一个政党、一个民族、一个国家，只要有信仰、信念、信心，就会愈挫愈奋、愈战愈勇，否则就会不战自败、不打自垮。无论过去、现在还是将来，对马克思主义的信仰，对中国特色社会主义的信念，对实现中华民族伟大复兴中国梦的信心，都是指引和支撑中国人民站起来、富起来、强起来的强大精神力量”①。从根本上说，作为意识形态教育的重要形式，思想政治教育的主旨始终围绕着“为谁培养人”和“培养什么人”的问题而展开，这是思想政治教育中事关大是大非的“底线”问题。通过思想政治教育，要实现意识形态教育的目标，而这一目标的实现，始终离不开坚持马克思主义在意识形态领域指导地位的根本制度。只有始终在这一根本制度的指引下，并依靠马克思主义科学的、彻底的理论征服人们的思想，才能使教育对象从政治信仰、党性原则、道德标准和法律精神等方面构筑起人生发展的“总开关”。

（二）不断完善思想政治教育制度安排

邓小平曾指出，“制度好可以使坏人无法任意横行，制度不好可以使好人无法充分做好事，甚至会走向反面”②；18世纪法国启蒙思想家爱尔维修（Claude Adrien Helvétius）也曾指出，“当人们置身于从恶也能得到好处的制度中时，劝告人们从善并尊重美德的做法实是徒劳无益的”③。制度“好”与“坏”的问题多是由制度安排所决定的。制度安排的“好”与“坏”直接关系着人和事“遵循什么”以及“怎样遵循”。对于思想政治教育而言，良好的制度安排起着非常重要的作用。一方面，思想政治教育已有的教学理念、教学程序、教学方式、教学成果等可以通过制度安排确定下来，从而把思想政治教育中好的教学理念、教学程序、教学方式、教学成果等加以稳固进而推广、传播；另一方面，良好而稳定的思想政治教育制度安排，有助于增强思想政治教育工作的确定性，有助于在稳定思想政治教育发展良好预期的同时，实现思想政治教育资源优化配置，保障思想政治教育运行秩序，提升思想政治教育应对复杂环境的适应力。

党的十八大以来，着眼于与思想政治教育发展相衔接、与思想政治教育实际需求相适应，党和国家相关部门制定并出台了系列制度，进一步完善了思想政治教育制度安排。这些制度包括：《关于培育和践行社会主义核心价值观的意见》《高等学

① 习近平．在庆祝改革开放40周年大会上的讲话．北京：人民出版社，2018：42-43.
② 邓小平．邓小平文选：第2卷．2版．北京：人民出版社，1994：333.
③ 萨拜因．政治学说史：下．上海：上海人民出版社，2009：251.

校辅导员职业能力标准（暂行）》《普通高等学校思想政治理论课教师队伍培养规划（2019—2023）》《关于深化新时代学校思想政治理论课改革创新的若干意见》《新时代公民道德建设实施纲要》《高等学校课程思政建设指导纲要》《新时代学校思想政治理论课改革创新实施方案》《关于新时代加强和改进思想政治工作的意见》《高等学校思想政治理论课建设标准（2021 年本）》等。这些制度安排优化了思想政治教育制度环境，保障了思想政治教育活动有序、有效运行。

不断完善思想政治教育制度安排，需要从思想政治教育实践实际出发。“一方面，为了建立正确的教育制度，需要改变社会条件，另一方面，为了改变社会条件，又需要相应的教育制度；因此我们应该从现实情况出发”①。一项思想政治教育制度的出台，应“从现实情况出发”，事先做好充分的调查研究，不但要符合“上情”，也即要符合国家方针政策、法律法规以及决策层意志，而且不能背离“下情”，也即要考虑现实条件是否成熟，包括决策是否符合遵守者愿望、遵守者是否有能力承受等情况。思想政治教育制度安排应始终符合实践、贴合实际，正如古人所概括强调的，“虽有嘉肴，弗食，不知其旨也；虽有至道，弗学，不知其善也”（《礼记·学记》）。徒有形式而不结合实践实际的制度安排犹如“一纸空文”，是毫无用途和价值可言的，这一点在完善思想政治教育制度安排上必须引起高度重视。

不断完善思想政治教育制度安排，也需要充分考虑制度之间的关联性。思想政治教育制度不是孤立的存在，而是由不同层面、不同方面的具体制度构成的制度体系。完善思想政治教育制度安排需要考虑制度之间的关联性。一方面，要解决好思想政治教育制度间交叉重复、“冲突打架”的问题。对此，可考虑建立思想政治教育制度清理机制，即对已有制度进行“摸家底”式的梳理，在此基础上，该废止的废止、该修改的修改、该重建的重建，以使思想政治教育制度在整体上保持其科学性、系统性。另一方面，积极借鉴其他社会法律制度、教育制度等。例如，思想政治教育制度可借鉴“保护公民权益类法律制度”“公共服务体系类法律制度”“社会管理类法律制度”“制约公共权力类法律制度”“化解社会纠纷类法律制度”等社会法律制度；可借鉴“德育管理制度”“安全教育制度”“健康管理制度”“校园环境管理制度”“后勤保障管理制度”“教学设施管理制度”“学生考勤制度”“教师工作纪律制度”等教育制度。

不断完善思想政治教育制度安排，还需要高度重视制度安排的公平性。古人有言，“不役耳目，百度惟贞”（《尚书·旅獒》）。意思是说，只有不被人的耳朵和眼

① 马克思，恩格斯．马克思恩格斯全集：第 16 卷．北京：人民出版社，1964：654.

睛等感官欲望所役使，对百事的处理才会适当、恰当、妥当。完善思想政治教育制度安排也需要注重公平性。“制度是按照它们如何有效地保障那些对所有人平等地接近他们的目的所必需的条件，或者是如何有效地推进那些将同样有益于每个人的共同目的来排出高下的。”[①] 只有在制度安排上保障其公平性，才能使制度得到大多数人的认可。注重思想政治教育制度安排的公平性，应充分尊重教育者与教育对象的意见，绝不能搞“闭门造车”式的制度安排，这样的制度安排因脱离实际而造成粗糙、疏阔，其可操作性大大降低。

（三）大力推进思想政治教育制度创新

古人云，“通其变，天下无弊法”（《中说·周公》）。马克思、恩格斯则强调指出，“每一代都立足于前一代所奠定的基础上，继续发展前一代的工业和交往，并随着需要的改变而改变他们的社会制度”[②]。显然，任何社会制度都是特定历史条件下的产物，也都必将随着时代的发展而发生变化。换言之，实践没有止境，制度创新也没有止境。制度创新是一种必然。制度创新是制度调适和制度变迁的主要方式。通过制度创新，才能实现制度对事物发展变迁的回应；通过制度创新，才能更好地坚定制度自信。对于思想政治教育而言，也需要不断推进制度创新工作。

推进思想政治教育制度创新意义重大。唯有推进思想政治教育制度创新，才能为思想政治教育科学发展奠定持续、有序且坚实、稳固的根基。“革故鼎新”既是制度自身得以存在的必然，也是制度自身发展的规律使然。如同其他制度创新一样，思想政治教育制度注定要随着思想政治教育实践的变化而发生变革。思想政治教育制度变革并非“数典忘祖”，而是在应对教育新环境、适应教育新形势、实现教育新发展中实现守正创新，以形成更高水平的制度系统，以保障思想政治教育工作更有效运行。同时，通过思想政治教育制度创新，能够主动引领思想政治教育发展方向，能够有效打破思想政治教育发展壁垒，从而进一步解决社会发展对思想政治教育需求的多样性、变动性与思想政治教育自身不适应性、惰性之间的矛盾。

大力推进思想政治教育制度创新，需要将思想观念的改变与实践实际相结合。思想政治教育制度创新，既要在思想上摆脱“因袭陈规”，摆脱“萧规曹随”，也要在实践中结合实际打破具体的“坛坛罐罐”“条条框框”。一方面，思想观念的改变是制度创新的前提，制度创新是思想观念变革的结果；另一方面，推进制度创新仅

---

① 罗尔斯．正义论．北京：中国社会科学出版社，1988：97.

② 马克思，恩格斯．马克思恩格斯文集：第1卷．北京：人民出版社，2009：528.

有思想观念的改变是不够的，思想观念的改变也需要有实践实际作为根基。事实表明，任何一种制度创新要取得成功都离不开思想变革与实践实际相结合、相统一。实践实际总是发展变化的，这也相应决定了解放思想并在实践中推进思想政治教育制度创新并不是一蹴而就、一步到位的。同其他领域的制度创新一样，思想政治教育制度创新并不存在一个设计完满而周全的“蓝图”，即使存在这样的一个“蓝图”，其在实际实施中也会面临诸多现实问题。

大力推进思想政治教育制度创新，需要稳步前行。制度创新是对新制度的思考和追求，但始终离不开对原有制度的辩证认识。由于思想政治教育的特殊性和复杂性，思想政治教育的制度创新不能完全否定一切既有制度规范，而是要在坚持既有制度的连续性和稳定性的基础上推进制度创新，做到“博古”“师古”“学古”但“不泥古”。同时，要在结合思想政治教育新实践、研究思想政治教育新情况、尝试思想政治教育新思路、解决思想政治教育新问题中，有针对性地稳步推动思想政治教育理论创新、知识创新、技术创新等的融通，以制度创新渐次构筑起包括思想政治教育课程规范、教材规范、教学规范、实践规范等。另外，在思想政治教育制度创新工作中，应极力避免新制度“止于样式”“流于形式”，避免新制度发生“制度虚置”“制度空转”等情形，努力发挥好思想政治教育新制度的积极功用。

（四）着力培育思想政治教育制度文化

在规范人们行为的同时，制度也在潜移默化地影响人们的价值判断、认知标准、思想观念、行为选择等，而基于制度所构成的规范与意义的整体便形成制度文化。制度文化具有规范性、稳定性、群体性和历史性等特点。思想政治教育制度文化是在思想政治教育制度实践中形成的，是思想政治教育制度方面经验的汇聚、理性的升华，也是思想政治教育整体思想、理念、体制、模式的凝结。思想政治教育制度文化包括由制度、规章、程序、工作要求等构成的思想政治教育制度体系，也包括这些制度体系背后所蕴含、张扬、引导的思想政治教育价值观念、伦理思想、行为习惯等。思想政治教育制度文化集中体现着思想政治教育的本质和价值，张扬着思想政治教育的理念和精神，规范着思想政治教育的行为和实践。思想政治教育制度文化建设非常重要，它对于促进思想政治教育稳定、规范、有序发展，对于促进思想政治教育制度深入人心都发挥着积极而深刻的作用。

加强思想政治教育制度文化建设，除了要建立系统、完善、有效的思想政治教育制度外，还需要关注好以下几个方面：

其一，把握“统一关系”。制度与文化关系密切，两者相互影响、相互渗透，思想政治教育制度文化建设中应把握好两者的“统一关系”。一方面，思想政治教育制度反映特定的文化追求。思想政治教育制度反映着思想政治教育特有的价值观念、伦理思想、行为习惯等的文化追求，而正是通过一系列思想政治教育规章制度、策略措施、体制机制、组织架构、运行规则等构筑及其实施，先进的思想政治教育理念、规范的思想政治教育行为才得以有序有效推行；另一方面，一定的文化影响并塑造思想政治教育制度。任何制度的制定都需要满足社会的现实需求和民众的期望，而这些需求和期望往往基于文化传统和价值观念。不论是思想政治教育制度的制定、修改，还是思想政治教育制度的执行，都是在一定的文化环境中完成的，都受到诸多文化因素的影响。同时，思想政治教育制度也必须借助一定的文化载体、文化表达，才能实现有效传播、深刻影响。

其二，体现“严格规约”。制度是一种规范性、约束性的手段，相应地，强制性与约束性是制度文化的本质属性。思想政治教育制度文化体现了“严格规约”。思想政治教育制度文化设定了一系列制度、规范、规则、要求，这对整个思想政治教育活动都起着约束和规范作用，如果这些内容得不到相应遵守遵循，相关责任人就要相应承担一定的责任后果甚至受到处罚惩罚。通过培育形成思想政治教育制度文化“严格规约”的环境氛围，可以更好地对思想政治教育参与者的思想行为进行或显在或潜在地指向、引导、规范、约束、限定、激励、整合等。当然，“严格规约”也要把握好“度”的问题。过度的“严格规约”会带来一定的心理恐惧或行为抵制，甚或导致一定的不良后果，这是在思想政治教育制度文化建设中尤为需要引起重视的一个问题。

其三，扩大“民主参与”。培育制度文化，“形成尊崇制度、遵守制度、捍卫制度的良好氛围”①，既需要扩大“参与者”，包括制度设计者、执行者、监督者等多方参与并形成合力；也需要扩大“参与度”，包括在制度设计、制度执行、制度监督等领域都开启更加广泛的民主参与途径，以凝聚起更多智慧和力量。在思想政治教育制度文化建设中扩大“民主参与”，要提供更多、更好的参与条件和保障，充分体现民主精神，充分凝聚多方力量，以实现思想政治教育制度文化建设不断深入和深化。相反，若一味强调“刚性观”“强制观”“约束观”，而忽略了“民主观”“参与观”，则是不利于培育好思想政治教育制度文化的。

当然，培育思想政治教育制度文化是一个长期的过程。废除一种旧制度或创设

① 中共中央纪律检查委员会，中共中央文献研究室．习近平关于严明党的纪律和规矩论述摘编．北京：中央文献出版社，2016：89.

一种新制度是可以在短期内完成的，但要想改变既有制度影响下人们的思想观念与行为习惯，则不是一朝一夕能够实现的。创新是文化的生命力，培育制度文化关键也在创新，但将创新的制度文化真正在思想政治教育中推广开来、扎根下来，需要长期的过程，离不开实践中的日积月累。

总之，在新时代，推进思想政治教育创新发展、提升实效，我们既要充分挖掘制度中的思想政治教育资源，充分发挥好制度的思想政治教育功用，也要切实加强思想政治教育制度建设，以保障思想政治教育活动更加规范、更为有序。

思考题

1. 如何理解制度在人类社会文明发展进程中所具有的重要作用？
2. 制度为何具有思想政治教育功用？
3. 为什么要坚持马克思主义在意识形态领域指导地位的根本制度？
4. 思想政治教育制度建设中要把握好哪些关键问题？

第十章

思想政治教育的时、度、效

把握好时、度、效，是做好思想政治教育工作的重要条件，也是检验思想政治教育状况和水平的重要标尺。无论是一般意义上思想政治教育目标的设立、过程的控制、成果的导向，还是应对特定事件和热点问题的教育实施，都需要在时、度、效等多个维度上着力，体现时、度、效的要求。

第一节
思想政治教育的“时”

时，是时机、火候。恰当选择时机、精准把握火候，是增强思想政治教育主动性与针对性的内在要求，并直接关系思想政治教育的效果。思想政治教育对“时”的要求，表现为对时代和时势的准确把握，及在教育实践中捕捉和创设最佳环境和条件，把握教育对象需求和心理准备最充分的节点，择机而发，使教育活动在恰到好处中收到最佳成效。

一、思想政治教育的时机

时机，是指特定时间范围内产生的机遇、机缘、机会等，具有客观性与主观性并存、短暂性与交互性共在等特点。以是否能够推动事物发展为依据，通常将时机分为有利时机和不利时机。人们总是希望抓住有利时机，促成事物获得更好发展。

链接

我们正在进行具有许多新的历史特点的伟大斗争，面临的挑战和困难前所未有，必须坚持巩固壮大主流思想舆论，弘扬主旋律，传播正能量，激发全社会团结奋进的强大力量。关键是要提高质量和水平，把握好时、度、效，增强吸引力和感染力，让群众爱听爱看、产生共鸣，充分发挥正面宣传鼓舞人、激励人的作用。在事关大是大非和政治原则问题上，必须增强主动性、掌握主动权、打好主动仗，帮助干部群众划清是非界限、澄清模糊认识。

——习近平．习近平谈治国理政：第 1 卷．2 版．北京：外文出版社，2018：155.

思想政治教育的时机，发生于教育者与教育对象的交互关系之中。作为思想政治教育开展的重要条件，思想政治教育的时机是指在思想政治教育过程中，教育对象自身内部已有的条件和准备，在与特定外部环境和条件的碰撞下，出现有利于促成教育对象的思想、观念、行为受到相应影响、发生相应改变的可能情形和关键时刻，这一时刻也是开展教育活动的最佳时机。教育者若能敏锐把握并合理运用教育时机，则可事半功倍，同时，教育者也必须具备准确把握时机、果断做出行动抉择的良好能力，避免错失良机给教育带来的损失与缺憾。

在思想政治教育活动中，经常蕴含各种教育时机，但不同的时机又具有不同的性质和特点，科学地认识不同类型的时机是准确把握时机的必要前提。通常而言，我们可以对思想政治教育的时机进行以下三大类的划分：一是根据时机是否已经来临，划分为正在出现的时机、必将到来的时机、未来可能的时机等；二是根据教育者在时机问题上的主动性程度，划分为客观产生的时机、积极创造的时机、消极等待的时机等；三是根据促成和推动时机所依托的主体条件和环境条件，划分为主体内生性时机和环境外生性时机等。同时，这三类时机之间还存在相互交叉的多种情形。

教育者需要充分认识时机的重要性。**“最主要的就是不要错过时机！”**[①] 对于思想政治教育过程而言，教育者能够及时把握事物发展的态势，充分认识外部环境和条件的变化，充分掌握教育对象的内在储备、接受条件和心理变化，审时度势地运用好环境、条件，从而创造教育时机，是教育活动顺利开展和取得教育实效的重要保障。教育的时机既是客观存在的，也可以是主动创造的，教育者的职责是既要善于选择和运用已有的时机实现教育对象思想和行为的有效转变，又要适时地创造时机，在时间和环境等各种要素中寻找开展思想政治教育的最优外部条件。

思想政治教育的开展有自身明确的目标和内容，在这些目标和内容的实现过程中，往往存在不少有利的教育时机。例如，当出现危及国家主权、国家利益的重大事件时，往往是开展爱国主义教育、凝聚民族精神的有利时机；当出现特定领域的社会热点事件时，往往是引导人们澄清认识形成正确价值观的时机；每逢重大节庆日之时，往往是培养集体使命感、荣誉感、社会责任感的时机；当发生重大灾难性事件之时，则往往是开展危机教育、挫折教育并提升承受压力的心理能力的时机，也是开展人道主义教育、培育学生同情心、担当力的时机；等等。抓住施教的有利时机，往往可以事半功倍。

从一个完整的时间流来看，时机就是这个时间流中的某个特定节点或片段，但其所具有的功能和作用却在整个时间流中占据特殊性，比其他的时间段或时间点对教育的实施更具有积极意义。当思想政治教育的时机出现时，通常表示教育的主体内生性条件和环境外生性条件的综合状况较为理想，抓住时机就能收到良好的教育效果。当然，思想政治教育的时机并非随心所欲或随时随地会出现，这就需要教育者能够善于观察、探究，善于及时把握住稍纵即逝的教育良机。

思想政治教育时机所具有的这些特点，要求思想政治教育者不断增强敏锐的时机意识，增强把握时机的能力。首先，以培养良好的时间意识为起点，明确认识科学把

---

① 马克思，恩格斯．马克思恩格斯全集：第 31 卷．北京：人民出版社，1972：563.

握时间对思想政治教育所具有的意义，认识到思想政治教育具有及时性、适时性等特点，需要在特定的时间轴上为思想政治教育总目标的实现制定分阶段的任务。其次，教育者要能够根据实现教育目标的需要，在充分认识教育对象思想和行为特点的基础上，结合教育的外部环境和条件，积极创设思想政治教育时机，以便形成教育的最佳时间效应。再次，增强敏锐的时机意识和把握时机的能力，需要教育者具备高度的责任感和敬业精神，并以此作为基础性支撑。对时机的洞察力和把握力来源于教育者对教育过程的全身心投入，只有身临其境的深刻体验才能生发出对时间和时机的准确把握能力，高度的责任感和敬业精神也是推动教育者开展耐心细致工作的内在动力与保障。最后，敏锐的时机意识和把握时机的能力还来源于教育者深厚的知识功底和学养积淀，这通常也是良好的判断力、选择力的重要源泉。良好的知识和学养所孕育的是科学的思维方式，也是教育者对事物形成准确判断的土壤。建立在科学的思维方式基础上，教育者才能更好地形成即时判断能力，更精准地把握教育时机。

二、思想政治教育的火候

火候，是思想政治教育过程中，根据不同的教育内容和教育要求，针对不同的教育对象所运用的教育方式和教育时间。思想政治教育成效的取得总是需要经历一个发生、发展、收获的过程，火候就是教育过程中的最佳“沸点”，思想政治教育的实施，就是需要从教育对象对教育内容和要求的反应中，鉴别教育应当运用的方式方法和时间长短。

火候得当，教育产品才能达到标准、完美出炉；未到火候，过生或过熟，教育产品就会存在缺陷，就会达不到教育所设定的初始目标和要求。任何形态的思想政治教育都是在特定情境下发生的，无论是常规化、日常性的思想政治教育，还是专项化、时段性的思想政治教育，都有起点和终点，也都有发生发展的高潮期和低落期，不同的时间节点上教育所面临的使命必然有所不同，把握好火候，在最佳时间点开展最适宜内容的教育，是提升思想政治教育成效精准性的内在要求。

链接

不愤不启，不悱不发。举一隅不以三隅反，则不复也。（《论语·述而》）

愤者，心求通而未得之状也；悱者，口欲言而未能之貌也。启，谓开其意；发，谓达其辞。（《四书章句集注》）

大学之法，禁于未发之谓豫，当其可之谓时，不陵节而施之谓孙，相观而善之谓摩。此四者，教之所由兴也。（《礼记·学记》）

认识和把握思想政治教育的火候，需要我们明确教育的目标和要求，即教育所要追求的结果和成效是什么。教育的目标和要求，决定着教育内容的安排，以及采用怎样的方式、怎样的时长来加工和传播教育内容。把握思想政治教育的火候，就需要在教育的目标和要求、教育的内容和方式、教育对象的特点和接受力等多重因素的相互关系和相互作用之间寻求规律、保持平衡，每一项因素和条件的变化，都要求用好火候，并对教育的方式和时间安排做出相应的调整。

认识和把握思想政治教育的火候，需要我们分清教育的阶段和层次。教育目标和要求的实现往往不可能一蹴而就，而是需要分解为具有阶段性、层次性的分目标，在一个个具体目标的实现中达成总体目标。思想政治教育火候的把握，就是要根据各个不同阶段中教育内容以特定方式作用于教育对象后所产生的反应，相应地安排教育内容的密集程度、难易程度以及教育时间的长短，注意分阶段、分层次地实现教育目标和要求。通常情况下，不同难度的教育内容应在时间安排上遵循由简到繁的原则，重点内容的教育则应增加频次和密度，以便促进教育对象增强认识和理解。同时思想政治教育的内容需要按重要程度、教育对象认知和接受规律做好渐进排序，在教育的对象、目标、内容、方法等方面体现层次性。

认识和把握思想政治教育的火候，需要我们准确了解教育对象的生理、心理和思想观念发展变化的特征，包括认识教育对象情绪变化的特征，掌握其易于接收教育信息的有利时间节点。思想政治教育的工作对象是人，人的心理、情绪活动和思想观念在特定的思想政治教育内容作用下，会相应地发生变化。把握火候，既要关注蕴藏于日常性、常规化工作中的人的心理活动，也要关注那些容易引发个体心理变化的不同寻常的时间段，从而体现出把握火候的即时性与动态性：只要存在需要，教育就要随时进行；只要条件具备，教育就可以在任何场合开始；只要潜藏着危机，教育就要做好防微杜渐的工作；只要问题明显，教育就应该形成明确的指向。

认识和把握思想政治教育的火候，需要不断在实践中总结经验、发现规律。从人的思想观念的形成过程来看，在教育活动发生的初期，通常心理和情绪的发展较为平稳，并相对可控，此时，日常性的思想政治教育所传达的信息较能为教育对象所接受。但是，随着教育实施的深入，也包括伴随各种外部性情境的发生，主体的心理和情绪就会在受到外界激发的情况下产生波动。教育者在教育对象情绪波动时尤其需要抓住火候，促成其转变，特别是在其错误思想尚未形成或尚未成型之时，必须适时开展教育，减小其心理和情绪阻力，使教育内容能够继续得到传播和落实。从一定意义上讲，把握思想政治教育的火候，其实质就是把握人的情绪、心理、思想观念发生转变的关键节点。

概言之，在思想政治教育过程中，火候的把握就是建立在深入理解教育目标要求、教育对象主观条件以及教育环境客观条件等因素基础上，掌控好施教中用力的大小、时间的长短、节奏的快慢等问题。面对事关全局的大问题、矛盾复杂的难题，以及针对思想固化、僵化等不易于接受新事物的个体，需要花大力气、持续地开展教育。教育的目标和要求决定着教育内容，这与教育对象的主观条件一起，共同构成了决定教育火候的因素，教育者就是要根据这两者之间的关系及其运动状况做出决定，哪些可以急火速成，哪些需要文火慢攻，以及分别需要借力哪些工具才能促成工作达到预期成效。

三、思想政治教育的因时而进

思想政治教育活动总是在特定的时代背景之下开展。牢牢抓住思想政治教育的时代主题，使思想政治教育的目标、内容、方法更好地关注时代发展、紧扣时代脉搏、顺应时代潮流、反映时代要求，增强教育的时代感，捕捉教育对象思想发展变化的恰当时机，在加强教育的主动性、针对性、实效性上下功夫，促进思想政治教育因时而进，始终是思想政治教育有效性的核心关切。

链接

紧跟时代步伐，顺应实践发展，以满腔热忱对待一切新生事物，不断拓展认识的广度和深度，敢于说前人没有说过的新话，敢于干前人没有干过的事情，以新的理论指导新的实践。

——习近平．高举中国特色社会主义伟大旗帜　为全面建设社会主义现代化国家而团结奋斗：在中国共产党第二十次全国代表大会上的报告．北京：人民出版社，2022：20.

推动思想政治教育因时而进，努力增强教育的时代感，主要面临以下几个层面的任务：一是教育应充分关注和把握时代主题及其变化。不同的时代具有不同的主题。时代主题是一个时代的主要使命和前进方向，通常是我们判断政治与社会生活中各种问题的性质、认识各项制度与政策的参照系。当今时代，对和平与发展的追求已经成为世界各国的主要潮流，在和平与发展的大潮下处理好改革与稳定之间的关系，不断推进中华民族伟大复兴中国梦的实现，是时代最强音，也是全体中华儿女对未来发展的殷切期盼与不懈奋斗的精神动力。思想政治教育必须紧跟这一时代主题，努力研究教育的要求和内容，研究教育对象思想与行为的变化，探索教育落实的途径与方法。

链接

宣传思想工作一定要把围绕中心、服务大局作为基本职责，胸怀大局、把握大势、着眼大事，找准工作切入点和着力点，做到因势而谋、应势而动、顺势而为。

——习近平．习近平谈治国理政：第1卷．2版．北京：外文出版社，2018：153.

二是教育应面对并回应时代提出的重大问题。每个时代总会有属于自己的重大问题，这些问题直接规定了时代的特征与使命。直面并回应时代重大问题，是推动社会进步的必然要求。在经济全球化、社会信息化、文化多元化、教育国际化以及网络技术等因素的影响下，思想政治教育面临许多新的问题、矛盾与要求，需要在回应时代问题的过程中不断获得解决问题的新方法、新经验，并通过理论的创新发展不断形成对实践的引领。

三是教育应不断吸收和反映时代精神。每个时代都会涌现出一批勇于承担时代使命、敢于担当时代责任的先驱，他们的行动将会为时代的发展提供不竭的精神动力。弘扬时代精神，是思想政治教育永恒的主题，从时代精神中汲取养料，是思想政治教育永葆活力的重要源泉。在当代中国，经济、政治、社会、文化、生态等领域的发展，都面临着前所未有的机遇与挑战，都需要以改革创新的精神去积极面对。同时，时代也呼唤人们不断凝聚爱国主义精神、民主科学精神、开放发展精神、法治精神、人文精神、创新创业精神等，这些时代精神的凝聚和塑造，都需要思想政治教育在不同的环节和内容中加以贯穿和实施，从而不断增强教育的时效。

四是教育应在不断解放思想中与时俱进。每个时代都会对思想政治教育提出新的问题和要求，要求思想政治教育在历史的进程中既有传承又有创新。“创新才能把握时代、引领时代。”[①] 思想政治教育在过去的发展历程中积累了丰富和宝贵的经验，但我们在今天的时代条件下，必须对传统的工作模式做出全面客观的审视，继承那些至今仍具有现实意义的好传统，同时也要善于结合当前的实际工作不断发展其新内涵，在解放思想和与时俱进中推动工作的创新发展，紧跟时代的潮流，根据形势的变化来加强教育实践的针对性与有效性。

---

① 习近平．高举中国特色社会主义伟大旗帜 为全面建设社会主义现代化国家而团结奋斗：在中国共产党第二十次全国代表大会上的报告．北京：人民出版社，2022：20.

“问题就是时代的口号，是它表现自己精神状态的最实际的呼声。”[①] 发现时代性问题，及时开展思想政治教育，是教育因时而进的关键。这就需要教育者在教育过程中做一个有心人，洞察教育对象个体条件、群体条件与环境条件的变化，把准教育对象思想和心理的特定教育需求，并有效激发其隐藏于内心的教育渴望。教育对象对事物的认知总是在一定的情境中产生，教育者可以利用或创设特定的教育情境来感化其内心的体验。尤其是在当今以全面深化改革和全面开放为背景的时代下，改革的每一次深化都会触及不同群体的利益，利益调整的过程必将伴随着人们对改革的承受力和支持度发生变化，思想的困惑、心理的矛盾都需要思想政治教育的及时跟进，通过教育，一方面促进人们全面客观认识深化改革开放所带来的多重效应，另一方面也促使人们不断形成新的心理承受能力以及对深化改革开放后新环境的心理适应能力。

思想政治教育的因时而进须符合教育的循序渐进性。从宏观角度而言，循序渐进的思想政治教育过程，一定需要与时势的发展以及与时代性的问题保持密切的关联，一定需要反映时代的变迁与特点，根据时代性问题的发生、发展和演化的过程适时地开展教育，使教育的节奏跟上人们思想变化的节奏。从微观角度而言，思想政治教育所要实现的塑造教育对象良好思想政治素质的目标，是在一个阶段性与连续性相统一的教育过程中不断实现的，教育就是通过一系列的实践安排使教育对象的思想观念在知识和经验不断累积中发生感悟，这些感悟所形成的良性循环就是个体的思想觉悟不断提升的过程。“人的成长、成熟、成才不是一蹴而就的，而是一个渐进的过程”[②]。循序渐进是思想政治教育过程中不可忽视的重要原则，教育必须充分考虑教育对象的思想基础和接受能力，并以此为依据来安排教育的进程。此外，思想政治教育的因时而进还要求在教育过程中解决好教育的重点、难点与层次性问题，有步骤地解决存在于教育对象思想和价值观念领域的问题，使突出的问题重点解决、疑难的问题用心解决、特定时段出现的问题尽量在相应的时段内解决。

概言之，促进思想政治教育的因时而进，需要教育者深入了解教育对象的思想状况因外部形势和条件而发生的变化，自觉根据时代的变化和形势的发展对教育的内容、形式、方法等进行相应的调整，使教育能够与时俱进地面对和回应时代问题，能够从具有时效性走向形成针对性，从而实现思想政治教育良好的社会效应。

---

① 马克思，恩格斯．马克思恩格斯全集：第40卷．北京：人民出版社，1982：289－290.

② 习近平．思政课是落实立德树人根本任务的关键课程．北京：人民出版社，2020：6.

第二节 思想政治教育的“度”

度，是力度、分寸、节奏。思想政治教育过程中“度”的把握，就是以教育目标为导向，从教育对象的思想实际出发，采取严谨务实的工作态度和科学辩证的思维方法，因时、因事、因势而行地掌握和调整教育引导的尺度与标准，既不缩小大事，也不放大小事；既不盲目着力，也不矫枉过正，使思想政治教育在措施的力度与教育对象的可接受度之间保持平衡，从而实现教育应有的说服力和感染力。

一、思想政治教育的力度

力度，是用力的程度和力量的强度，指向的是思想政治教育所运用的措施。围绕思想政治教育目标的实现，通常需要在明确工作要求、部署工作任务、盘点各项可用的人力物力资源中合理安排工作进程、有效推进各项措施，不断根据主客观各方面条件的变化，确定工作的内容、方法、范围、密度等，把工作计划成功转化为工作成效。

关注思想政治教育的力度，其实质是关注思想政治教育的受重视程度、人们对待思想政治教育的态度以及关注教育实施过程中所采取的各类方法、措施的合理性与适当性。这种关注，既有助于人们在观念上更加重视思想政治教育过程的每一个环节，在行动中更加务实地把控好各种资源在每个环节中的分布和运用；也有助于人们以建构起对思想政治教育的担当与责任为基础，不断探索有效推进思想政治教育的运行机制，从而以特定的方式和过程调控，使教育目标更加深入人心，使教育内容更具说服力和感染力，使教育成效更加显著。

把握好思想政治教育的力度，需要体现在多层面的教育实践之中，包括如何把握好教育过程中组织领导的力度、资源投入的力度、媒体宣传的力度、推进落实的力度、文化建设的力度、仪式教育的力度等方面，这些领域工作的用力程度，都需要既反映思想政治教育工作自身的特点与要求，又顾及教育实施过程中的各种相关变量，是在丰富的实践中促进教育鲜活有力的重要表现。每一方面教育实施力度的把握，都直接关系到教育目标的实现。

把握好思想政治教育的组织领导力度。一方面，要把握好教育的方向和原则，落实好教育的重大任务，对于事关全局的重大问题需要统一认识、厘清思路、全面部署、不折不扣地推进落实。另一方面，要不断研究和把握教育规律，坚持思想政治教育的地位，坚守思想政治教育的使命，坚定思想政治教育的常抓不懈，努力把握教育对象思想上、心理上所产生的具有苗头性、倾向性、动态性的变化，促进思想政治教育在有目标、有计划、有组织、有步骤中开展。

把握好思想政治教育的资源投入力度。在加强组织领导的前提下，把握好教育活动中人力、物力、财力等方面的投入，使思想政治教育的开展获得良好的物质支持和资源保障。把握好人力资源的投入力度，就是要为思想政治教育提供和配备优质的教育与管理人员，汇聚高素质的思想政治教育主体力量，并充分发挥好他们的作用。把握好物力的投入，就是要为教育提供良好的场所和环境，提供教育过程所必需的物质装备，尤其是在新的技术条件下，还应充分体现现代科技发展对教育的重要支撑作用。把握好财力的投入，就是要为教育实践开展提供必要的经费支持，使与教育实践相关的人力、物力充分运转。

把握好思想政治教育的媒体宣传力度。要重视媒体所具有的教育功能，广泛动员和运用各种宣传工具，包括各类传统媒体和新媒体，通过明确宣传主题、设立宣传栏目、合理运用宣传方式，加强舆论工具对思想政治教育内容的积极传播，塑造思想政治教育实践活动在受众中的良好形象。要善于在不同的传播平台上营造开展思想政治教育工作的良好氛围，把握宣传时机、顺势而为，注意宣传方法、乘势而上，使各类受众不断形成对思想政治教育内容的亲近和接纳。

把握好思想政治教育的推进落实力度。组织领导、资源投入、媒体宣传等方面的着力和加强，为思想政治教育的顺利开展提供了有利的政策环境、舆论环境和物质支撑，但这些外部条件还需要通过我们抓紧抓实思想政治教育的实施本身才能转化为有效的力量。一方面，要善于充分运用有利的外部条件，营造良好的教育氛围，构建全社会共同推进思想政治教育的大格局；另一方面，还要善于建设有效的推进落实机制，把与时俱进的教育内容、切实有效的教育方法与规范化设计的教育环节、教育运行结合起来，形成对教育持续有效的推动力。

二、思想政治教育的分寸

分寸，是指人们言行的标准或限度，是人们在对事物做出认识判断和行动选择的过程中，恰到好处地拿捏言行的尺度。分寸的准确把握，源于人们对事物的全面认识，是熟悉事物特征和运动规律后形成的自觉态度和行动技巧。思想政治教育的分寸，是教育者基于对思想政治教育目标和要求的了解、对思想政治教育对象和环境的熟悉，以及对思想政治教育工作的责任感等而形成的对教育中有关问题尺度的把握和调节。

思想政治教育的实施是一个复杂的过程，各项要素之间的相互作用凸显着教育的难度，把握分寸，直接关系到教育的质量与成效的实现。在思想政治教育的目标设定和过程运行之间，存在着各种主客观因素，直接或间接地影响着教育进程。教育分寸的把握意味着对教育进程的掌控。在思想政治教育过程中，教育者既掌握着教育过程的主动权，又需要尊重教育对象的需要，并重视外部环境的影响。如何把握好教育过程中各种主客观条件，如何采用恰当的态度、方法、语言、行动来开展教育活动，如何在动态中控制并平衡好各种关系、调解好各种矛盾，都是思想政治教育分寸的体现。把握好分寸，就能对整个教育过程的走向、趋势和结果形成良好的预见，或创造条件，或调整方向，或改变策略，最终导向和达成社会所需要的教育效果。

思想政治教育是一项具有鲜明意识形态特性的教育活动。教育者在这项教育活动中所承载的重要任务是，通过说理使教育对象明确国家意志、社会责任与个人使命，实现知识教育与价值观教育的完美结合，而教育者所面对的则是具有较强的个体差异和不同需求的教育对象，因此，教育者要把握好分寸，就必须处理好各类关系。比如，教育目标的实现与教育内容的贯彻之间的关系，教育任务的落实与教育对象需求之间的关系，教育方式方法的采用和教育对象的接受度之间的关系等，教育者对教育内容、教育方法、教育时间、教育频率等的把握都须控制在特定范围之内。因此，把握好思想政治教育的分寸，对于教育者而言，既是一项技术和能力，也是一种觉悟和态度，关乎教育者的思想水平和道德情怀。

把握好思想政治教育的分寸，对教育者提出的要求是多方面的，包括教育者必须对教育目标具有深刻的理解和把握；必须具备审时度势的能力，能够对事物的发展态势形成前瞻性的认识，并且有意识地传达给教育对象；必须客观了解教育对象的社会需求、行为特征和心理变化，并且具备自如把握教育情境的能力，可以根据教育对象及其需求的变化、所处的心理状态来不断调整教育的内容、形式、手段、方法，以便能够开展具有针对性的教育活动；必须能在满足思想政治教育总体目标和符合教育对象接受规律的条件下做出抉择，注意教育内容与教育方式在教育实施中的恰当组合；必须能得当地运用各种教育手段，在运用赞扬与批评之间注意技巧，在运用传统方法和现代技术之间注意协调；等等。

把握好思想政治教育的分寸，教育者言行有度，教育的成果就能具备较好的可预期性；教育者言行失度，教育的效果就会难以预估。倘若教育者失度的言行表现为教育内容上的不当或失控，那就会导致无法对教育对象起到良好价值引领的作用；教育者失度的言行若是表现在教育方式方法的不当运用上，则容易引起教育对象对教育活动本身的抗拒心理以及对教育者的不信任。在思想政治教育过程中，教育者对教育分寸的把握是在其一次又一次的教育实施中具体呈现的，反映着教育者对教育事业、教育活动、教育对象的理解和把握，也是教育者教育能力、教育技巧和教育职业道德的综合体现。

概言之，思想政治教育的分寸，就是要求教育者能正确认识和妥善处理教育活动中的各种关系与矛盾，凭借其良好的教育能力、教育技巧和职业道德来赢得社会的尊重、赢得教育对象的喜爱。在教育实施中把握好分寸，应该成为所有思想政治教育工作者的工作追求和工作风格。

三、思想政治教育的节奏

节奏，是自然界或人类活动中的某种阶段性变化，这种变化，通常在高度、宽度、深度、时间等多重维度下展开，并可以通过探寻其中的规律而组织成一个连贯、有序的整体。思想政治教育的节奏，是指思想政治教育的开展过程应该是一种分阶段推进，是教育者在明确教育总体目标的基础上，在特定时间与空间、内容与对象、主体与客体、外部环境与内在心理等条件下，根据教育对象身心发展的不同阶段，对思想政治教育的内容进行合理的编排，对教育的形式进行有效的调整，对教育的方法和手段进行灵活的转换，使整个教育过程能彰显出轻与重、缓与急、张与弛、快与慢等之间的不同律动。

把握好思想政治教育的节奏，对于整个教育进程的顺利展开和教育目标的实现具有重要意义。把握好节奏，一方面，有助于教育者对教育的时空、内容、形式、方法、手段做出科学合理的安排，使之与教育对象的体力、智力、情绪、注意力等各方面情况相结合，使教育的速度、气氛、张力得到调控。另一方面，还有利于激发和维持教育对象参与教育实践活动的热情，使之能切身感受到教育内容的难度、密度、层次，并合理对应自身的接受水平，体会到教育始终在愉快、高效中进行，从而在富有节律感的教育进程中获得身心的健康发展。此外，把握好思想政治教育的节奏，还有助于改变教育对象对思想政治教育的刻板印象。思想政治教育由于在教育内容上具有很强的政治性、思想性、理论性，因而容易造成教育呈现上的刻板性、抽象性和模式化，使得教育对象容易产生审美疲劳和心理抗拒。因此，需要教育者能够在施教过程中合理把握并掌控好教育节奏，在特定的时间、空间范围内，对教育内容做出编排上的结构性调整，对教育的形式、方法、手段等要素也根据教育进程进行阶段性的调整，在变化中丰富内容和形式，调动好教育对象的学习兴趣和热情，从而增强教育的效果和教育的可持续性，使思想政治教育为教育对象所乐于亲近、乐于接受。

链接

今之教者，呻其佔毕，多其讯，言及于数，进而不顾其安，使人不由其诚，教人不尽其材，其施之也悖，其求之也佛。夫然，故隐其学而疾其师，苦其难而不知其益也，虽终其业，其去之必速。教之不刑，其此之由乎！

…………

君子既知教之所由兴，又知教之所由废，然后可以为人师也。故君子之教喻也，道而弗牵，强而弗抑，开而弗达。道而弗牵则和，强而弗抑则易，开而弗达则思。和、易以思，可谓善喻矣。

…………

善歌者，使人继其声；善教者，使人继其志。其言也约而达，微而臧，罕譬而喻，可谓继志矣。(《礼记·学记》)

思想政治教育的节奏大致体现在以下几个方面：一是教育内容的节奏，就是要使得教育的目标明确、主题突出、各项内容之间保持结构上的平衡，既要加强重点内容，也要关注到其他相关内容；二是教育环节的节奏，即在不同的时间和空间条件下实施相应的教育内容，做好教育内容在先后顺序、密度、难度等方面的设计与安排；三是教育方法的节奏，即把不同的教学方法合理地运用到不同的教育内容、教育进程、教育对象中去，注意方法转换的针对性和艺术性；四是教育过程中其他要素应用的节奏，包括教育者如何控制和协调好运用不同的场所来开展工作，教育者如何在与教育对象的互动中运用好不同的文本语言、肢体语言，教育者如何在教育过程中调动教育对象的积极性，使之对教育活动形成更好的参与，以及各种要素之间如何形成更为有效的搭配，等等。

要把握思想政治教育的节奏，需要对教育过程中包含的要素和环节进行综合分析。从教育内容来看，各项教育内容在时间先后上的顺序安排、在不同时间段之间的密度安排，教育内容在重点、难点上的划定以及重点难点问题在教育强度上的规定等，都需要在教育实施之前做好分界。据此，教育安排上便有了轻重缓急，从而使得教育过程呈现出良好的律动。从教育的形式、方法、手段来看，就是需要根据教育目标和教育内容的要求，做好有针对性的选择，什么样的教育内容与什么样的教育形式更为匹配，哪些教育内容应该在哪些时间段内完成，教育的密度、速度和进度怎样安排更为合理，教育难度与教育对象的可接受度之间如何对接，教育强度与教育对象的身心承受度之间如何协调，等等，都是教育过程中应该关注和调控的各种关系。

要把握好思想政治教育的节奏，需要教育者对思想政治教育活动的周期性、规律性、动态交替性等形成良好的认识，同时还要把握思想政治教育的目标与内容、教育活动的方式与方法、教育对象的生理与心理发展状况等之间的关系。这给教育者提出了具备良好节奏意识和节奏把握能力的要求。一方面，把握好思想政治教育的节奏，要求教育者能够充分发挥其在教育活动中的主体性地位和主导性作用，形成自觉的节奏意识，注意把控好教育活动的各个环节，注重与教育对象之间的互动，及时协调教育的进程，使思想政治教育过程能够在教育对象的充分融入、热情参与中进行。另一方面，“一切存在的基本形式是空间和时间，时间以外的存在像空间以外的存在一样，是非常荒诞的事情”[①]。把握好思想政治教育的节奏，需要教育者具备把控时间的良好素质，能够科学合理地分配和运用教育时间，并处置好教育时间、教育内容、教育场所之间的搭配，使相应内容的教育活动能够在适宜的时间、地点进行。再者，把握好思想政治教育的节奏，还需要教育者具备良好的知识水平、业务素质、心理素质和能力素质，能够判断复杂教育过程中出现的各种状况，及时运用自身综合能力果断做出调整教育节奏的抉择；需要教育者具有良好的设计艺术，能对教育过程的各个环节进行主次分明、详略得当的设计，在教育内容的系统性、教育时间的先后顺序、教育密度和难度的把握之间做到游刃有余，在各种教育方法的运用上张弛有度，在教育氛围的塑造上动静交替，在与教育对象的互动中言传身教，从而切实提高教育活动的效率。

第三节
思想政治教育的“效”

效，是效果、成效，是对思想政治教育的预期目标和实际结果之间吻合度的

① 马克思，恩格斯．马克思恩格斯全集：第 26 卷．2 版．北京：人民出版社，2014：56.

判断，也是教育水平的重要体现。通过教育活动的实施，使教育对象对社会生活中的各种思想、理论和现象形成良好的判断力，并在社会实践中具有自觉的行动力，是思想政治教育的重要目标。追求效果和成效，是包括思想政治教育在内的任何教育活动的根本指向，思想政治教育“效”的取得，是合理把握教育“时”与“度”的必然结果。为此，教育活动中需要切实关注教育主体的能动因素、客体的约束因素以及各类环境的限制因素等，从而为取得教育实效创造良好的综合条件。

链接

要坚持具体问题具体分析，“入山问樵、入水问渔”，一切以时间、地点、条件为转移，善于进行交换比较反复，善于把握工作的时度效。

——习近平．习近平谈治国理政：第2卷．北京：外文出版社，2017：221.

一、思想政治教育的效果

效果，是人们实践活动的成效和结果。思想政治教育的效果，是在特定教育目标的指引下，经过规划与设计的教育内容借助特定的教育形式、方法和手段，在内外部条件和主客体多种因素的作用下，教育活动产生的成效和结果。思想政治教育的效果，是思想政治教育实践活动的产物，也是各种主客观因素影响下的结果。人们通常根据预期目标的实现程度来判断思想政治教育的效果。

思想政治教育的效果会在多个层面得到体现：教育活动是否顺利进行、教育内容是否被接受和认同、教育形式和方法是否受欢迎、教育组织和管理是否具有效率，以及教育活动是否在总体上对教育对象的思想价值观念和行为方式产生积极影响，等等，都是思想政治教育效果的体现，而其中最根本的，当属教育活动对教育对象产生的影响。教育对象良好思想政治素质的形成，是检验思想政治教育效果的根本指标。

认识和把握思想政治教育的效果，需要从以下两方面展开：一方面，既要重视教育结果也要重视教育过程。人们通常习惯于从事物发展的结果来看待效果，但对于思想政治教育而言，教育实施的过程和结果同样重要。我们既要通过认识教育实施过程中的各项因素和各个环节，以及它们在运行中相互作用的方式来认识结果，也要善于在量的测评和质的认定中动态地研判教育对象思想和行为发展的总体趋势。思想政治教育的效果，既要在静态中衡量，也要在动态中考察。另一方面，重视考察教育的过程，就需要从深入认识参与思想政治教育过程的各种因素入手。教育者、教育对象、教育内容、教育载体、教育方法、教育组织和管理等，都在思想政治教育过程中起着举足轻重的作用。把握思想政治教育的效果，加强对这些因素的研究必不可少。

一是要加强研究教育者。教育者在整个思想政治教育活动中所扮演的组织者与引领者角色及其在教育过程中所处的主导地位，使其不仅有权决定教育内容、教育方式的取舍，而且其自身的知识水平、业务能力、思想觉悟、道德品质、处世态度、综合素质等直接决定了教育对象将接受怎样的教育影响。教育者对教育内容的加工和运用方式、对教育活动的精力投入和工作中的努力程度，还会以特定方式影响教育对象的情绪和心理及其对信息的接收兴趣、认同程度。可见，教育者对思想政治教育效果的产生起着重要的主导作用。

二是要加强研究教育对象。教育对象作为思想政治教育活动中另一方重要的主体因素，由于其所处的各种社会性背景和个体性因素存在差异，其对教育内容的需求和兴趣、对教育信息的接受方式和接受能力也各不相同，在学习和接收信息过程中通常表现出多样化的选择性，接受、抗拒、置之不理等各种情形兼而有之，这就使得同一内容、同一模式的教育在不同的教育对象身上可能收效不同。另外，在教育者与教育对象之间一对多的教育场景下，教育对象以群体的方式存在，个体对教育内容的反应还会在特定因素作用下形成群体性效应，这是我们在考察教育效果时必须关注并加强研究的问题。

三是要加强研究教育内容。教育内容对思想政治教育效果的影响既来自内容本身，也与传播内容的方式方法有关，它通常会从两个方向上影响教育的效果，其一是传播什么内容，其二是如何进行传播。思想政治教育传播的内容首先是自上而下地依据教育目标而确定的。国家和社会发展的需要、对教育对象的要求以及教育对象自身的状况，决定了总体的教育目标和内容。这些教育内容对教育效果的基本期待是，既体现维护意识形态安全的需要，也促进教育对象的健康发展。因此，思想政治教育的过程就是要求那些具有较强系统性、综合性、思想性、政治性、理论性的教育内容，能够全面、客观、准确地呈现给教育对象。

四是要加强研究教育载体。作为承载和传递信息的介质，教育载体对思想政治教育的效果有不可替代的影响。教育载体按时效可以分为传统载体和现代载体；按形态可以分为文化载体、活动载体、场所载体和传媒载体等，每一类载体在思想政治教育中都具有自身特定的优势和作用。思想政治教育的实施需要尝试综合运用多种载体、发挥其各自的特长从而为取得良好的效果服务。传统载体通常有课堂、讲座、会议、交流、研讨等，现代载体是指借助新技术而开展教育传播的各种平台，运用文化载体是把思想政治教育渗透于各种文化产品之中，而活动、场所、传媒载体等也都是能够发挥思想政治教育功能的介质。充分认识不同载体的特点，交叉和综合运用各类载体是思想政治教育工作者应有的技能。

在思想政治教育的实施中，上述这些因素是共同存在、相互影响的，它们与教育效果之间的关系也是复杂而辩证的，良好教育效果的取得，需要各种因素的有效运行与协同作用，需要加强对教育过程的组织和管理。“形式必然从内容中产生出来；而且，形式只能是内容的进一步发展。”[①] 教育的内容决定了应采用的教育形式、方法、载体等，也对教育者和教育对象提出了根本性的要求，但教育内容无法自我实现，既需要相应的形式、方法和载体，也需要教育者和教育对象积极发挥主观能动性。只有我们关注各种因素之间的相互关系与相互作用，在深入研究中找到各种因素之间的最佳搭配，教育才能取得更好的效果。

思想政治教育的效果，是特定教育内容、形式和载体共同作用下的结果，并通过教育对象的认知水平、社会态度、言语行为等途径得以呈现。但值得重视的是，一方面，教育效果的呈现方式有显性与隐性之别，显性的效果是外在表现的，容易被发现，隐性的效果则是内在潜藏的，不易被察觉。另一方面，教育效果也并非一成不变，可能呈现出阶段性特征，这就要求教育的实施是一个持续不断的过程，直到转化成个体强大的内在力量。研究思想政治教育的效果，就需要综合各方面的因素，透过现象看清本质，认识教育效果的形成机制和影响因素，对效果形成合理的预期和判断。

研究思想政治教育的效果，就要综合研究上述这些因素和可能出现的情形，既正视教育的结果，又反思教育的过程，并为预期目标的实现设计和选择更优的环节与过程。时代的发展会不断对思想政治教育及其效果提出新的要求，并迫使人们从制度架构、方法运用、目标设定、过程控制等多重角度去思考教育效果的改善和提高的问题，思考如何在教育实施中加强科学性、规范性来达成良好效果的问题，思考思想政治教育如何在内外部和主客体各种条件的变迁下实现多重转型，如何在教育管理上实现从经验向科学的转变、在教育姿态上实现从封闭向开放的转变、在教育方法上实现从灌输向引导的转变，等等。在特定的总体目标指向下，为了达成必要的效果，思想政治教育的实施必须既是一个教育过程又是一个组织管理过程，在

① 马克思，恩格斯．马克思恩格斯全集：第47卷．2版．北京：人民出版社，2004：9.

教育和组织管理的过程中，都应严格地按照目标的要求科学、规范地设计内容与形式、手段与方法，从把好选人用人关入手，使教育者树立起对国家和社会强烈的使命感、责任感，对教育对象既严格又关爱，充分调动其主观能动性，增进其自觉性和觉悟力。唯有各部门齐抓共管形成合力，思想政治教育的效果才能落到实处。

二、思想政治教育效果的评估

评估，即评价、估量。思想政治教育效果的评估就是在一定教育目标指引下，依据特定的标准，运用科学的立场和方法，对教育获得的结果进行量和质的评判。由谁来评判、在怎样的范围内评判、应用哪些标准和方法进行评判，都值得深入研究，是一项复杂度和难度都较高的活动。

“教育评价事关教育发展方向，有什么样的评价指挥棒，就有什么样的办学导向。”[①] 思想政治教育效果的评估，是促进思想政治教育科学化的一项举措。通过考察教育目标是否实现及实现的程度，进而获知教育管理和教育运行是否规范、教育内容是否科学、教育形式和方法是否有效、教育对象是否形成正确的思想价值观与正确的行为选择等方面的内容，使得人们对思想政治教育实施的目标、内容、形式、方法、主体等要素及其运行形成良好的把握与控制，使教育活动能够在有的放矢中开展。可见，效果评估，是一个完整教育过程的重要环节。对思想政治教育效果的评价和分析，对于不断总结经验，更好地发挥教育应有的作用具有重要意义。

思想政治教育效果的评估要取得良好的工作效率和社会效应，就需要我们在评估中做到明确范围、坚持原则、方法得当、标准科学。一般来说，思想政治教育效果评估的基本参照是教育所设定的目标和任务，根据教育活动的基本规律和教育对象的基本特点来考察教育目标和任务的实现及其程度。由于教育的结果是多方面因素共同作用下的综合产物，因此，评估的对象也是多方面的，既要对教育活动整体效应进行评估，也要评估参与教育活动的各项因素、教育环境和教育过程等；既要评估教育管理部门、教育者和教育对象在教育的目标、要求、内容、场地、经费、时间等方面所做的投入和应用，也要评估在这些因素作用下教育对象在思想、态度、行为等方面的具体表现和变化；等等。这其中既有静态的表现又有动态的趋势，既有质的规定又有量的积累，既有确定性的方面也有不可预测的因素。对于这些表现在教育过程和结果中清晰或模糊的变化及轨迹进行评估，需要我们综合运用

① 中共中央　国务院印发《深化新时代教育评价改革总体方案》. 新华社，2020 - 10 - 13.

各种现代技术和统计方法进行有效的探测与分析，恰当地选用各种定性和定量的分析工具。

以下几类是常见的评估和要求：一是从教育活动的整体效应出发，评估教育活动的目标和任务是否完成、教育决策和教育管理是否科学有效；二是通过综合考察教育的内容、形式、方法是否得当，是否能促成教育目标的实现，对教育过程进行评估；三是通过考察教育者是否发挥了主动性和创造性，并在教育中进行了具有针对性的有效引导，对教育者进行评估；四是通过考察教育对象是否进行了主动有效的学习，并且是否认同教育所传播的价值观，作为对教育对象的评估；五是通过对工作条件和教育的社会性因素进行考察，认识外部环境对教育活动的影响及其方式；等等。教育效果的评估，既是对效果本身的评估，也期待从评估中总结经验和成效、发现问题和不足，为进一步开展工作提供有益的借鉴。

思想政治教育效果的评估是一项系统性较强的工作，不仅需要坚持科学的方法，还需要坚持正确的立场，评估活动需要在学科性和政治性要求的相互结合中开展。为了促进评估活动的系统性、科学性，我们需要为思想政治教育效果的评估确立初步的工作原则：一是价值引领性原则，这是思想政治教育效果评估的首要原则，即在评估过程中主要考察教育是否提高了教育对象的思想政治素质和综合素质，是否使教育对象获得了全面健康的发展。二是实事求是原则，要采用科学的方法和技术手段进行规范化评估，坚持走群众路线，全面了解情况，广泛征求意见，用事实和数据说话，对教育的效果进行客观、公正的评判，避免发生不讲实际的主观性评估和盲目性评估事件。三是综合评价原则，思想政治教育本身是个复杂的系统，影响教育结果的因素众多，评估必须坚持综合评价的原则，不以偏概全、顾此失彼，不因某一方面结论的片面性而影响对全局的认识，要善于抓住事物的主要矛盾，不轻易做出好评与差评。四是可操作性原则，评估的程序和方法既要科学设计，又不过于烦琐；既要简便易行，又能精细分化，无论是定性还是定量的指标和数据，通过一定技术手段均应可以获得。

那么，科学的评估究竟应该以什么为依据、以什么为标准？宏观而言，评估的标准就是对照国家和社会对思想政治教育的要求与期待，衡量教育活动是否承载了其应有的使命、凸显了其应有的地位、发挥了其应有的功能；微观而言，就是具体到每一个教育对象是否通过教育而获得健康发展，思想政治教育应有的价值是否在教育对象身上获得实现。更广泛地看，评估的标准往往又可以进行历史与现实、相对与绝对、全局与局部、战线与领域的划分，在对思想政治教育的效果进行评估的过程中，可能会出现单位的标准、领域的标准、战线的标准、地区的标准、国家的标准、传统的标准、现代的标准、绝对的标准、相对的标准等，但无论采用何种标准，思想政治教育的效果都应该在特定的指标下进行比较，使教育保持一定的水平、达到一定的要求。

从上述多元的标准中可以发现，在每一种标准下对教育的效果进行衡量，都需要设计一个特定的指标体系，对特定的评估标准进行分解。通常而言，指标体系有宏观和微观之分，宏观层面而言，衡量的是教育所处整体环境和条件的水平，包括硬件条件的设施、配备和软件条件的舆论氛围、精神文化、人文风貌等；微观层面而言，主要是衡量教育对象的思想理论水平、政策理解能力和执行能力、应对复杂社会问题的即时反应力、对错误思想观念的抵制能力以及言行举止所表现的身心健康水平等。指标体系所反映的是设计者对教育规律和教育对象认知发展规律的把握，直接决定了信息的采集和处理的科学性，因此，科学的指标体系设计是促成教育效果评估科学化的必要条件。

做好思想政治教育效果的评估，既是对当前工作的全面检验，也是改善和推进未来工作的出发点。教育效果评估，一方面要对工作起到积极的激励促进作用，在客观认识和鉴定已有成绩的基础上，对良好的工作内容、工作方式、工作程序做出肯定，使未来的教育工作具备扎实推进的基础和依据，并由此激发出教育者和教育对象的工作热情和创新精神。另一方面也是一个发现问题、总结不足的机会，评估具有诊断的功能，能认识到教育过程中哪些因素在什么条件下容易产生负面效应，存在哪些问题和症结，从而对不足之处进行改进，避免问题的重复发生，同时也能够在评估中重新审视标准和指标体系的合理性、科学性，以认识评估中的问题和困境为起点，为未来的评估工作打开新局面。

三、提升思想政治教育的实效性

提升思想政治教育的实效性问题，是与思想政治教育的本质问题以及人们对思想政治教育本质的认识密切关联的。思想政治教育的实效性，是有目的、有计划、有组织地开展教育活动的必然追求，思想政治教育要同时实现国家意志、社会需要和个体发展的目标，其实效性的取得也是各方共同的期待，期待在一定目标指引下通过一定的程序设计和过程控制而开展的思想政治教育活动能够不断扩大和提升成效。由此，我们需要从政治属性（阶级性）、社会属性、个体属性三个层面来认识思想政治教育的本质，并进而认识思想政治教育实效性提升的问题。

思想政治教育具有政治属性，是一定阶级或政治集团为实现其特定的政治目标

（包含在社会发展的总体目标之中）而有计划地开展的意识形态教育活动，是代表国家意志的教育活动；思想政治教育具有社会属性，是特定社会对其成员所提出的政治素养、思想观念、道德品质、行为规范等方面的要求，是反映社会关切和社会需要的教育活动；思想政治教育还具有个体属性，是一种塑造个体思想道德品质和政治素养的教育活动。鉴于思想政治教育的综合性，教育实效的评估必定是一种综合评估，我们不能遮蔽其中任何一个衡量的维度。提升思想政治教育的实效性，也要对教育内容、方法、途径、环境等多方面进行考察，把政治思想教育、社会规范教育、个人品德教育的要求结合起来，避免只强调某一种属性而进行单方面的说教。

与其他教育实践活动一样，思想政治教育在开展的过程中也总是会受到各种主客观条件的影响，导致不同的结果。切实关注思想政治教育的实效，就要对所产生的各种不同结果进行客观判断，一方面，要善于判断所呈现的结果究竟属于一时的表面现象还是长久的内生成效，避免因热衷于虚假浮夸的外在和过程而忽略了本质；另一方面，要善于深入认识并有效运用评估的结果，既客观看待成绩，也清醒承认问题与差距，乘势而上，采取提升实效的针对性措施。

提升思想政治教育的实效性是一项系统工程，需要在战略目标、组织架构、运行机制等层面做好系统的、全局的规划，对影响教育过程的各层面因素做好全面认识和统筹安排。把思想政治教育目标的实现融入教育活动的任务和时间两大坐标之中，在特定的教育目标引领下，一方面，在任务轴上，充分协调好教育内容的供给与教育对象的需求之间的关系，深入研究教育对象的思想需求、理论需求和其他现实需求，把教育内容与教育的载体、方式、方法等形式有机结合起来，既通过丰富的教育形式在教育内容活起来的过程中实现良好的教育效果，也避免在形式主义和走过场式的活动中失去教育过程应有的目标和追求。另一方面，在时间轴上，充分协调好阶段性目标与整体目标实现之间的关系，协调好短期效果与长期成效之间的关系，既做好目标与任务的阶段性分解，又不因追求快速或短期的成效而忽视了长远和总体的目标。

提升思想政治教育的实效性，需要把高远的目标与切实的行动结合起来，在直面问题和困难中把教育要求落细、落实。现有思想政治教育的工作设计通常是一个从领导体制到工作机制的完整过程，其间包含众多环节，必须环环相扣才能取得教育实效。但事实上，政治与社会生活的复杂性常常使得诸多环节和机制在落实中遭遇困境，各级部门对思想政治教育的重视程度不够、领导体制的不健全、工作机制的不畅通、分工体系的不明确、管理过程中的疏漏、经费投入的不足或运行的低效、各类工作资源的分布不平衡等问题都会不同程度地存在。因此，如何避免由于问题而导致的低效，或者说如何前瞻性地对某些问题的发生形成预见和防范，顺利应对各种新情况新局面，是提升教育实效性所要解决的重要课题。提升思想政治教育的实效性，是一个不断面对问题的过程，问题意识的形成，能够有效促进思想政治教育在深入研究和认真面对问题中更加务实。

提升思想政治教育的实效性，需要把对局部教育成果和综合教育效应的追求结合起来，既在明确教育目标的基础上使教育实施更为精准，使思想政治教育的实施能引发教育对象情感、意识和行为的联动变化；又关注教育效果的全面性、综合性与长期性，使思想政治教育在特定层面产生的教育成果实现有效延伸和扩展，形成整体性、系统性的综合效应。思想政治教育与其他领域的教育一样，人与人之间思想和心灵的相互碰撞是其发挥作用的重要方式之一。教育的说服力、感染力和实效性就在于能够通过碰撞而开化、启发、点石成金。但思想和心灵的碰撞所产生的效果也往往会因内容、方式、时间、环境或其他条件的不同而有所不同，并且不可避免地致使有些效果具有局部性、即时性、短暂性，这就与我们所追求的全局性、历时性、长期性目标之间存在距离。因此，提升思想政治教育的实效性，还需要抓住合适时机、采取必要措施，实现教育成效的及时转化，在取得必要的即时性教育成果的同时巩固和深化成果内涵，不断引导教育综合效应的发生。

提升思想政治教育的实效性，需要进一步把教育要素、教育环节、教育过程等的优化与对教育资源的利用结合起来，实现教育资源利用效应的最大化。从教育资源的开发及其现状来看，思想政治教育资源日益丰富发展的态势不可阻挡，历史的、文化的、制度的、组织的等各类资源以多种方式、多种形态存在于日常生活之中、思想政治教育活动之间。思想政治教育的各个组成要素、环节和过程怎样开发利用好众多的教育资源，使之实现必要的教育功能与价值，是思想政治教育科学化与现代化进程中必然面对的问题。优化思想政治教育的要素、环节和过程，就是要把参与思想政治教育相关的各种因素都调动起来，使之能够以更合理的状态、更妥当的方式实现与各类教育资源的互动与对接，以高素质的教育主体、自主性和能动性极强的教育对象、因时而进的教育内容、因事而化的教育方法等优化的因素实现与各类优质教育资源的结合，使思想政治教育活动进入良性循环之中。

形势的发展不断对思想政治教育提出新的任务和要求，不断地“在改进中加强”思想政治教育，已成为时代性的使命。提升思想政治教育的实效性就是需要从时代使命和现实挑战出发，进一步加强顶层设计、坚持问题导向、实现过程优化，在形式与效果之间、长效与短效之间达成平衡，更好地推进思想政治教育的科学发展。

思考题

1. 如何切实把握思想政治教育的时机？
2. 如何理解思想政治教育结果与过程之间的关系？
3. 如何理解提升思想政治教育的实效性是一项系统工程？

第十一章

思想政治教育者

思想政治教育者是思想政治教育活动的组织者、实施者和调控者，在思想政治教育活动中起着主导作用。思想政治教育活动的开展状况和实际效果，在很大程度上取决于思想政治教育者的素质及其职责的履行状况。提高思想政治教育者的素质，培育更多优秀的思想政治教育者，是推进思想政治教育创新发展的基础性工作。

第一节 思想政治教育者的主要职责

思想政治教育者的主要职责，主要指教育者在思想政治教育活动中应承担的责任、应发挥的作用。为了提升教育对象的思想政治素质，促使其向与社会发展要求相一致的方向发展，思想政治教育者需要结合教育对象自身的发展要求开展思想政治教育，对教育对象的发展方向、发展方式进行引导，并在这一过程中履行其“指导者”和“引路人”的责任，承担立德树人的职责。思想政治教育从根本上说是做人的工作，就是要引领人、培养人、塑造人，使教育对象的思想观念、政治觉悟、道德品质、文化素养逐渐向与社会发展要求相一致的方向发展。在这一过程中，思想政治教育者既要传播社会主流价值观，对教育对象进行思想理论教育，为教育对象的发展提供知识见识，促使其创新思维的生成；又要强化价值引领，引导教育对象确立与社会发展方向相一致的理想信念、家国情怀、奋斗精神；同时，要履行组织管理的职责，对教育对象在思想政治教育过程中的思想和行为进行刚性约束，使之最终形成与社会发展要求相一致的思想政治素质。因此，思想政治教育者在履行立德树人基本职责的过程中，必然要承担思想理论教育、价值引领和组织管理的职责。

一、立德树人职责

思想政治教育者的立德树人职责，从广义上讲，泛指教育者按照一定社会、阶级、政党的要求，通过思想政治教育活动对教育对象进行思想政治素质培养和提升的职责；从狭义上讲，主要指在学校思想政治教育过程中，教育者通过思想政治教育活动对学生进行思想政治素质的培养和提升，尤其是强调人才培养目标要优先重视立德，即育人先育德。本节主要从广义层面来探究和阐述思想政治教育者的立德树人职责，即通过对教育对象的思想理论教育、价值引领和组织管理实现立德树人的根本任务、履行立德树人职责，引导和激励教育对象崇德向善、见贤思齐，弘扬真善美，传播正能量，向着与社会发展要求相一致的方向发展。

思想政治教育过程是教育者通过传播知识对教育对象开展思想理论教育的过

程。传播知识首先是传播社会主流价值观，使教育对象对其形成一定的认知，在认知的基础上产生价值认同，并使其逐渐成为教育对象的精神追求和行动指南，使教育对象认知、认同并践行社会主流价值观是教育者履行立德树人职责的重要内容。思想政治教育者要履行立德树人职责，必须自觉传播社会主流价值观，对教育对象进行思想理论教育，在此过程中自觉做到以德立身、以德立学、以德施教，并立志成为为学、为事、为人的大先生。思想政治教育者对教育对象开展思想理论教育的过程，是一个以理论的魅力和自身的人格魅力展示思想政治教育者所传播的思想理论值得追求的过程，也是教育者的身教和言教相统一的过程。教育者自身的思想政治素质及其在社会生活中的现实表现易于对教育对象产生重要影响，教育者自身对所传播思想理论的信仰程度、认同态度，直接影响教育对象的思想和行为。思想政治教育者履行思想理论教育职责，要运用各种有效的教育方法和技术手段，尽可能展示所开展的思想理论教育的思想性、理论性和亲和力、针对性，分析思想理论教育的必要性，直面思想理论教育存在的问题，引领、培养和提升教育对象的思想政治素质，使教育对象在潜移默化中形成对社会主流价值观的认知、认同，逐渐将其培养成符合社会发展需要的人才。

思想政治教育过程是教育者通过传播思想对教育对象进行价值引领的过程。社会主流价值观既以知识的形式存在于思想政治教育过程之中，又以思想的形式蕴含于知识体系之中，教育者在传播知识的过程中，更应把知识体系背后蕴含的思想观念揭示出来，尤其是把符合社会发展现实的思想揭示出来，引领教育对象的发展方向，对教育对象学习的思维方式和行为方式形成引领效应。思想政治教育者在履行立德树人根本职责的过程中，必然会通过一定世界观、人生观、价值观的传播对教育对象形成价值引领，期待教育对象形成与社会发展要求相一致的思想政治素质。当然，履行立德树人职责仅仅靠思想政治教育者开展显性教育是不够的，还应当使所传播的内容融入现实生活，营造适合教育对象接受教育者传播内容的良好氛围，坚持显性教育和隐性教育相统一，挖掘社会生活中所蕴含的思想政治教育资源，有效利用各种时机和教育场域，形成传播知识、传播思想、传播真理的生活情境与社会氛围，使社会主流价值观的传播像空气一样无所不在、无时不有，真正实现全员全程全方位育人。

思想政治教育过程是教育者对思想政治教育全过程进行组织、主导并对教育对象发展方向进行组织和管理的过程。组织管理意味着教育者对思想政治教育资源的有效整合和对教育对象的思想和行为的规范与约束。组织管理职责是思想政治教育者立德树人职责的重要组成部分。要立德树人，仅仅靠思想理论教育和价值引领是远远不够的，一些教育对象由于受社会环境和多元价值的影响，在日常生活乃至在学校学习时，会出现背离社会发展要求的思想和行为，甚至出现严重错误的思想和行为。对这些现象的出现，教育者除了加强思想理论教育和价值引领之外，还必须强化组织管理职责。依据特定的制度规范对教育对象背离社会发展要求的思想、行为进行规范和约束，利用计划、组织、指挥、协调和控制等管理要素，对教育对象的思想和行为进行制度化管理，使思想政治教育活动的实际效果沿着与教育者的预期目标相一致的方向发展。思想政治教育者立德树人根本职责的履行，主要通过思想理论教育、价值引领和组织管理等具体职责来体现，“教育”“引领”都是教育者通过思想性、理论性等教育内容来引导教育对象的发展方向，而“管理”则主要反映了教育者运用具有针对性的教育方法来规范教育对象的思想和行为，刚柔并济地履行立德树人职责，努力培养社会发展需要的建设者和接班人。

链接

育新人，就是要坚持立德树人、以文化人，建设社会主义精神文明、培育和践行社会主义核心价值观，提高人民思想觉悟、道德水准、文明素养，培养能够担当民族复兴大任的时代新人。

——习近平．习近平谈治国理政：第 3 卷．北京：外文出版社，2020：312.

二、思想理论教育职责

开展思想理论教育是思想政治教育者在思想政治教育过程中应当履行的重要职责，也是思想政治教育者履行其他职责的重要前提。思想政治教育是一个教育者与教育对象共同参与、相互作用的教育过程，在这一过程中，思想政治教育的目的性、教育性主要通过教育者履行思想理论教育职责得以体现。思想理论教育职责主要指思想政治教育者根据特定的教育目的和教育对象的思想品德状况及其身心发展规律，将思想政治教育内容以合理的教育形式和方法传授、传播、传导、传递给教育对象，进而对其进行思想引领、品德培育和人格塑造的职责。马克思曾经指出：“理论在一个国家实现的程度，总是取决于理论满足这个国家的需要的程度。”[①] 只有理论上清醒，政治上才能坚定。思想政治教育是以提升人的思想政治素质为根本

① 马克思，恩格斯．马克思恩格斯选集：第 1 卷．3 版．北京：人民出版社，2012：11.

任务的教育活动，必须重视思想理论教育，教育者通过开展思想理论教育来组织、实施和调控思想政治教育活动。

思想政治教育者履行思想理论教育职责，实质上是通过思想理论教育履行传道、授业、解惑的使命。思想政治教育者通过思想理论教育，为提升教育对象的思想政治素质提供所需要的思想理论、基本知识和基本规范，促使教育对象逐渐把一定社会所要求的思想理论素养内化为自身的思想品德、外化为自身的行为方式与生活习惯。引领教育对象对教育者所传播的思想理论形成认知、认同，并将其转化为自身发展的内在需求，是思想政治教育者的使命之所在。

思想政治教育者履行思想理论教育职责，应当在科学理解和系统把握思想政治教育内容的基础上，对教育对象开展思想政治教育。思想政治教育必须坚持理论性和实践性相统一的原则，用科学理论培养人。这一过程不在于让教育对象掌握多少相关的知识，关键在于使思想政治教育内容在教育对象的成长与发展过程中起到教育与引领作用，持续增强教育对象的主体意识、提升其实践能力。在这一过程中，思想政治教育者的首要任务不是满足于精彩的话语表达和理论传授，而是深入研究如何使教育对象真正实现学以致用的教育效果，充分调动教育对象自觉进行思想政治教育内容的内化和外化，持续提升教育对象自我学习、自我修养、自我教育的能力，尊重他们自主开展各项增强自我意识和实践能力的价值探索，为教育对象的自我发展创设氛围、搭建平台、释疑解惑、提升理性，在思想上解惑、精神上解忧、文化上解渴、心理上解压的同时，促使教育对象自觉、自主、能动、创造性地将社会发展的客观要求转化为自身的思维方式和行为方式。

三、价值引领职责

价值引领是思想政治教育者对教育对象的价值取向进行教育引导的具体体现。思想政治教育者的价值引领职责，主要是教育者依据个体与社会发展的辩证关系，根据社会发展要求对教育对象世界观、人生观、价值观的未来发展应发挥的作用、应承担的责任。思想政治教育就是要培养和提升教育对象的思想政治素质，使其符合社会的发展需要，教育者在思想政治教育活动中应当把这种需要转化为对教育对象进行价值引领的实际行动，担负起对教育对象进行价值引领的职责。思想政治教育者履行价值引领职责，既要突出社会未来发展对人才培养的思想政治素质要求，又要引导教育对象将这一思想政治素质要求自觉转化为自我成长的现实行动；既要突出价值引领的政治性与科学性，又要注重人才培养的价值性、全面性，在价值引领过程中形成结构合理、层次分明的思想政治教育内容，使教育对象的进步、成长与社会发展进步的要求相一致。

思想政治教育者履行价值引领职责，必须立足于社会发展的客观实际。教育者要把一定社会的发展目标有机地转化为教育对象的发展要求，紧紧围绕社会发展目标对教育对象开展思想政治教育，以促使教育对象理解与认同社会发展目标并自觉投身于社会发展的历史进程之中。教育者依据社会发展目标和教育对象的思想实际，明确履行价值引领的职责与任务，努力将教育对象引领、培养和塑造成未来社会发展需要的建设者和接班人。这既需要教育者在思想政治教育过程中把社会发展目标转化为教育对象认同并愿意付诸行动的目标，又要突出教育对象的个人发展目标与社会发展目标的一致性，该目标才易于被接受和付诸实施。因此，思想政治教育者履行价值引领职责，应当坚持促使个体成长与社会发展要求相一致的原则，引领教育对象确立正确的发展目标，并产生持续行动的力量，使他们个人的奋斗方向与社会发展的目标相一致，在此过程中持续提升自身的思想政治素质。

思想政治教育者履行价值引领职责，应当努力促进教育对象实现自我价值。实现自我价值是教育对象一生成长的精神动力，也为思想政治教育者调控思想政治教育过程和履行价值引领职责提供了目标导向。在阶级社会中，自我价值的实现程度一般与社会的建设者和接班人的培养紧密相连。“建设者”是一般性、大众化的目标导向，主要培养合格公民，这一层次的价值引领要求教育对象把自身的发展放在社会发展的宏观背景中，在发挥个体主体性的前提下，确立与社会发展相适应的思维方式和生活方式。“接班人”是高层次、精英式目标导向，主要培养未来社会发展的领导者，思想政治教育者的价值引领应与未来社会领导者的培养相适应、相一致。履行价值引领职责，教育者就要引领教育对象逐步确立与社会发展相适应的思维方式和生活方式，引领教育对象形成与未来社会发展相适应的道德品质和精神状态。

四、组织管理职责

思想政治教育者的组织管理职责，主要是教育者依据特定的教育目的和教育对象思想政治素质的现实状况，在遵循教育规律、思想政治工作规律和教育对象的身心发展规律的基础上，有计划、有组织、有目的地协调和运用思想政治教育资源，对教育对象开展思想政治教育，在促使其形成社会发展需要的思想政治素质过程中发挥的作用、承担的责任和使命。思想政治教育内容和价值总是在思想政治教育活动中传递给教育对象的，组织各种教育活动、履行组织管理职责是思想政治教育者的重要职责。思想政治教育者对思想政治教育活动的有效组织管理，强化了思想政治教育过程中资源供给的有效性，规范和引导了教育对象的思维方式和行为方式，为思想政治教育活动的顺利开展提供了组织保证和制度保证。

思想政治教育者履行组织管理职责，有助于强化思想政治教育活动的目标管理和计划管理。目标和计划的组织管理是思想政治教育者履行组织管理职责的基本体现，也是思想政治教育得以有序进行的重要因素。忽视目标的预设和计划的管理，思想政治教育就会缺乏明确的方向，难以有序地运行。思想政治教育者根据社会的发展要求和教育对象对思想政治教育内容的理解、认同和践行的状况，预设出层次性目标，制订出思想政治教育活动开展的详细计划，进而将各种思想政治教育资源优化组合，形成思想政治教育合力，并运用多种组织协调方式优化实施所制订的方案，以实现思想政治教育目标。

思想政治教育者履行组织管理职责，有助于强化思想政治教育活动的规范认同和制度管理。思想政治教育活动开展的过程，是思想政治教育内容逐步被教育对象内化和外化的过程，也是一定社会的制度规范逐步被理解和认同的过程。思想政治教育活动需要在一定的规范和制度下有序开展，这既是对思想政治教育活动开展的基本要求，也是教育对象正确认识人的社会性特征的客观需要。开放的社会环境和多元化的社会思潮，为人们开展多元价值选择提供了现实可能，然而，一定社会建设者和接班人的培养，必须符合社会发展进步的客观要求。思想政治教育者作为思想政治教育活动的组织者、实施者和调控者，必须承担规范思想政治教育活动的职责，在思想政治教育过程中强化规范认同和制度管理，使思想政治教育活动在一定制度规范内有序开展。思想政治教育是一种制度化的实践活动，教育者必须依据相关的制度规范开展对教育对象的思维方式和行为方式塑造和引领的活动，最终使教育对象形成符合一定社会发展需要的良好思维方式和行为方式。

思想政治教育者履行组织管理职责，有助于协调和优化思想政治教育活动的资源配置。思想政治教育是由教育者、教育对象、教育环境、教育内容和教育方法等诸多要素构成的复杂系统，其活动开展是由这一系统的诸多要素相互联系、相互作用而有序运行的。在思想政治教育活动中，思想政治教育者履行组织管理职责的一项重要内容，就是协调和优化思想政治教育活动的资源配置。思想政治教育者履行组织管理职责，必须具有优化思想政治教育资源配置的能力和素质，善于协调思想政治教育系统诸要素之间的关系，通过协调和优化思想政治教育资源配置，形成思想政治教育合力。

第二节 思想政治教育者的主要素质

思想政治教育从根本上说是做人的工作，思想政治教育者只有具备良好的思想政治素质、科学文化素质、身心健康素质和业务能力素质，才能在思想政治教育活动中更好地履行思想政治教育职责。

一、思想政治素质

思想政治教育者必须具备过硬的思想政治素质，铸魂育人、立德树人是思想政治教育者的基本职责和主要任务。思想政治素质是教育者能否顺利履行铸魂育人、立德树人职责以及能否顺利适应本职工作的关键素质，它涉及思想政治教育者是否具有人才培养所需要的理想信念、价值理念、道德观念、法治思维，这需要从政治素质、思想素质、道德素质和法治素质等维度来考察。当然，从以上维度来考察人的思想政治素质，仅指理论层面上把握和分析思想政治素质的逻辑维度，并不意味着现实层面人的思想政治素质仅仅包括政治素质、思想素质、道德素质和法治素质等，因为在现实生活中，人的政治素质、思想素质、道德素质和法治素质等是有机融合的，是“在理想信念、价值理念、道德观念上紧紧团结在一起”[①] 的。思想政治教育者的思想政治素质如何，理论上可以从政治素质、思想素质、道德素质和法治素质等维度进行分析。

第一，思想政治教育者应当具备以理想信念为核心内容的政治素质。政治素质是“一种特殊的素质，是人们为实现本阶级根本利益而进行各种精神活动和实践活动的特定品质”[②]。政治素质集中反映特定阶级的根本利益，是一个人政治立场、政治观念、政治品格、政治鉴别力和政治敏锐性的综合体现。政治素质是思想政治教育者从事思想政治教育活动必须具备的政治品质，对思想政治教育者实现特定的思想政治教育目标起着主导作用。思想政治教育者要引导、培养和塑造教育对象的政

① 《党的十九大报告辅导读本》编写组．党的十九大报告辅导读本．北京：人民出版社，2017：41.

② 波诺马廖夫，托辛克．共产主义教育辞典．成都：四川社会科学出版社，1986：187.

治素质，自己必须具备与社会发展要求相一致的政治素质，尤其是要具有坚定的理想信念。坚定的理想信念是思想政治教育者持久开展思想政治教育活动的内在动力，它促使思想政治教育者按照既定的思想政治教育方案去持续实现思想政治教育的目标。缺乏坚定的理想信念，在开展思想政治教育活动时很难保持良好的政治判断力、政治领悟力、政治执行力，也难以实现既定的思想政治教育目标。

第二，思想政治教育者应当具备以价值理念为基本内容的思想素质。思想素质是反映人的精神价值、人生意义和价值取向等方面内容的范畴，是社会存在在人的意识中的反映，它随着社会存在的发展变化而发展变化。如果说，政治素质反映了人的政治观问题，那么，思想素质集中反映的是人的价值观问题。价值观是人们关于什么是价值、怎样评判价值、如何创造价值等问题的根本看法，在社会实践活动中，价值观既凝结为一定的价值目标，也表现为一定的价值尺度和行为准则。在思想政治教育活动中，如果说政治观主要解决“是与非”的问题，它主要涉及关于政治性的判断和选择，那么，价值观主要围绕“好与坏”的问题来展开，它主要涉及价值性的判断和选择。思想政治教育者的政治素质在思想政治教育活动中起主导作用，而思想素质在思想政治教育活动中起灵魂作用，前者以目标教育的形式存在，后者则以观念教育的形式存在。思想素质是人们在政治素质生成过程中形成的对一定价值取向的判断和选择，在日常生活中，它以不同的价值形态存在，并构成了思想政治教育者对教育对象进行价值引领的基本理念。

第三，思想政治教育者应当具备以道德观念为统领内容的道德素质。思想政治教育者所从事的是铸魂育人、立德树人的工作，符合社会发展需要的道德素质是必备素质。由于“人们自觉地或不自觉地，归根到底总是从他们阶级地位所依据的实际关系中——从他们进行生产和交换的经济关系中，获得自己的伦理观念”①，因此，立“德”的内容和性质、树“人”的目标和意图，则会因为不同时代和不同阶级的需要而呈现完全不同的内容，思想政治教育者的道德观念、道德素质也会呈现出截然不同的性质。正是在这个意义上，恩格斯明确指出：“善恶观念从一个民族到另一个民族、从一个时代到另一个时代变更得这样厉害，以致它们常常是互相直接矛盾的。”② 思想政治教育者的道德素质和道德操守对教育对象而言是一种无声的力量，具有重要的示范作用，在思想政治教育活动中，教育者不仅要给教育对象传授道德知识并在此基础上形成道德观念，而且要通过道德养成、道德实践展示道德

① 马克思，恩格斯．马克思恩格斯选集：第3卷．3版．北京：人民出版社，2012：470.

② 同①469-470.

人格的育人魅力。对教育者而言，以特定道德观念为统领内容的道德素质是其展示人格魅力、实施道德引领的必备素质，想把教育对象培养成什么样的人，教育者自己首先就应该成为什么样的人；对教育对象而言，教育者的道德素质是鼓励其成就教育者所希望的成才成长目标的主要动力，并以“桃李不言，下自成蹊”的教育效果呈现出来。

第四，思想政治教育者应当具备以法治思维为关键内容的法治素质。法治是治国理政的基本方式，是国家长治久安的重要保障，是社会文明进步的重要标志。良好的法治素质是人才培养的基本内容和重要目标。如果说，道德素质反映了人的道德观问题，那么，法治素质集中反映人的法治观问题。法治素质是社会主体认识、掌握和运用法律的能力和品质，是其法治认知、法治意识、法治思维、法治能力和法治行为的集中体现，反映了人们尊法、学法、守法、用法的基本状况和现实表现。在思想政治教育活动中，思想政治教育者的法治素质主要涉及对法律的性质、地位、作用等问题的认识和看法以及依法行为的能力和品质，并通过自身良好的法治素质培育教育对象形成良好的法治思维、法治观念和法律信仰，在社会生活中自觉依法行使权力、履行法定义务、依照法律处理和思考问题的行为习惯。

在当代中国，思想政治教育者必须具备良好的思想政治素质。要“培养一代又一代拥护中国共产党领导和我国社会主义制度、立志为中国特色社会主义事业奋斗终身的有用人才”①，教育者必须要有坚定的理想信念、高尚的道德情操、扎实的学识和仁爱之心。理想信念、道德情操、仁爱之心都是人的思想政治素质的重要组成部分，而扎实的学识是人的思想政治素质形成的认知前提。一个优秀的思想政治教育者，能够始终把坚定正确的政治方向放在第一位，能够按照科学精神来认识、分析和解决思想政治教育活动中出现的各种具体问题，引导教育对象树立正确的理想信念、学会正确的思维方法，用科学的理论和真理的力量引导教育对象成长成才，在解决思想问题和实际问题的过程中展示其思想政治素质。

二、科学文化素质

科学文化素质是人的素质的重要组成部分，是指人们在科学文化方面所具有的较为稳定的、内在的品质或能力。科学文化素质反映了人们了解和掌握科学文化知识的基本状况以及运用科学文化知识认识问题、分析问题、解决问题的品质和能

① 习近平．思政课是落实立德树人根本任务的关键课程．北京：人民出版社，2020：5－6.

力。科学文化素质客观上影响和支配着人们认识世界和改造世界的能力，表明人们在知识获取及与之相适应的能力、行为、情感等综合发展的质量、水平和个性特点。思想政治教育者的科学文化素质，是其履行思想政治教育职责的前提和基础，没有一定的科学文化素质，思想政治教育者不会也不可能真正科学地承担立德树人的神圣职责。

思想政治教育者的科学文化素质是其扎实学识的体现。科学文化素质的养成建立在学习和吸收科学文化知识的基础之上，在社会实践活动中又以科学文化知识的形式表现出来。在现代社会，没有科学文化知识的思想政治教育者很难完成传道、授业、解惑的基本职责，更难以成长为优秀的思想政治教育者。一个优秀的思想政治教育者，"要有扎实学识。老师自古就被称为'智者'。……扎实的知识功底、过硬的教学能力、勤勉的教学态度、科学的教学方法是老师的基本素质，其中知识是根本基础。学生往往可以原谅老师严厉刻板，但不能原谅老师学识浅薄"①。思想政治教育者作为负有特殊使命的教育主体，必须高度重视科学文化知识的学习、积累和运用，只有自己不断"增长见识，丰富学识，……沿着求真理、悟道理、明事理的方向前进"②，才能自觉、科学地承担起立德树人的神圣职责。

在当代中国，思想政治教育者的科学文化素质培养离不开系统的理论知识和广博的科学文化知识。这些知识应当包括比较系统的马克思主义理论知识、思想政治教育专业知识、根据教育对象和所处环境的需要应掌握的其他有关知识。思想政治教育是以马克思主义为指导的教育实践活动，马克思主义既是指导思想，又是行动指南，同时，它构成了思想政治教育者科学文化素质的重要来源。系统掌握马克思主义的理论知识，既是思想政治教育者革命化和知识化的基本要求，又是其从事思想政治教育的前提条件。系统扎实的马克思主义理论知识和理论修养是思想政治教育者的基本功。思想政治教育专业知识是涵盖思想政治教育理论与方法以及与此紧密相关的政治学、伦理学、教育学、心理学、法学、管理学、社会学、信息科学等学科的相关知识，思想政治教育者只有具备这些知识，才能够顺利开展思想政治教育活动，并且有助于提高思想政治教育的思想性、理论性和亲和力、针对性。根据教育对象和所处环境的需要应掌握的其他有关知识，主要涉及教育对象所处的行业、领域、生活环境、教育对象的学科背景，这一类的知识主要是为了提升思想政治教育的针对性和实效性。此外，思想政治教育者应广泛涉猎文学、历史、哲学、

---

① 习近平．做党和人民满意的好老师：同北京师范大学师生代表座谈时的讲话．光明日报，2014-09-10.

② 中共中央党史和文献研究院．十九大以来重要文献选编：上．北京：中央文献出版社，2019：651.

艺术、体育、美学、地理和现代科学知识等，这一类的知识主要是丰富思想政治教育内容，完善思想政治教育形式，使思想政治教育更加丰富多彩，内容更完善，形式更新颖，有助于形成以文化人、以文育人乃至协同育人的新格局。

链接

我们不需要死记硬背，但是我们需要用对基本事实的了解来发展和增进每个学习者的思考力，因为不把学到的全部知识融会贯通，共产主义就会变成空中楼阁，就会成为一块空招牌，共产主义者也只会是一些吹牛家。你们不仅应该掌握知识，而且应该用批判的态度来掌握这些知识，不是用一堆无用的垃圾来充塞自己的头脑，而是用对一切事实的了解来丰富自己的头脑，没有这种了解就不可能成为一个现代有学识的人。

——列宁．列宁选集：第4卷．3版修订版．北京：人民出版社，2012：285-286.

三、身心健康素质

身心健康素质是指人的身体素质、心理素质呈现出的质的规定性，它是反映人口质量的重要指标。传统的健康素质主要强调“躯体无疾病”，在思想政治教育活动中的健康素质不仅仅包括“躯体无疾病”，而且扩展到身体、精神或心理乃至社会的完满状态。在现代社会，健康意味着人与自然、人与社会、人与人、人与自身的相互依存与和谐发展，人对健康观念的理解由单纯的生物医学模式转变为“生理-心理-社会”的医学新模式，身体健康出现问题之后的医疗方式也从以往的单纯治疗转变为预防、保健、治疗相结合的多元主体参与的方式。在思想政治教育活动中，身心健康素质一般从生理健康和心理健康两方面来把握。由于思想政治教育者的劳动具有时空上无限量性的特点，不仅需要体力，更要在与教育对象的交往中耗费大量的精力；若想成为一名优秀的思想政治教育者，必须“树立健康第一的教育理念”①，具备与职业发展相适应的、健康良好的身体素质和心理素质。

思想政治教育者必须具备良好的身心健康素质。良好的身心健康素质是思想政治教育者开展思想政治教育活动的体能表征。从生理健康方面而言，身心健康素质是人生命存在的基本素质。身体健康体现了思想政治教育者生理上的健康状态，是其顺利开展思想政治教育活动的基本前提，表明其在思想政治教育活动中能够精力

① 中共中央党史和文献研究院．十九大以来重要文献选编：上．北京：中央文献出版社，2019：652.

旺盛地、敏捷地开展工作。从生物学意义看，思想政治教育者的良好身心健康素质主要体现“躯体无疾病”的现实状态，它以身体各个系统和器官的良好运行状态和运动素质的健康发展为主要特征，为思想政治教育活动的顺利开展提供了良好的生理基础。

从心理健康方面而言，思想政治教育者的心理素质对思想政治教育活动的开展也有较大影响。心理素质是人的整体素质的重要组成部分，它是以生理素质为基础，在实践活动中通过主体与客体的相互作用，逐步发展和形成的心理潜能、心理特点、心理品质和心理行为的综合呈现。心理潜能是人的心理素质乃至社会素质形成和发展的前提条件或某种可能性，由于人脑的机能和意识的产生，人的生命存在具有向未来发展的多种可能性，这种可能性在某种意义上就是人的心理潜能。而心理特点主要指人在心理活动中呈现出的属性、性质、特征和状况，人的心理特点主要源于心理活动本身。心理品质是人在社会实践活动中形成的稳定的心理特点，包括广泛而稳定的兴趣、丰富而健康的情感、坚定而果断的意志、富有内涵的气质以及温和良好的性格等，思想政治教育过程中所强调和研究的心理素质，主要是指人的心理品质。心理行为是人的心理活动的外部表现，也是人的心理素质的基本标志，通过它可以检验人的心理素质水平的高低。思想政治教育者要给教育对象的“心灵埋下真善美的种子”，在思想政治教育活动中，良好的心理状态和心理适应能力，自尊自信、理性平和、积极向上的社会心态，对于感染、教育和引导教育对象的情绪、满足其心理需要、激发其形成健康向上的心理意义重大。思想政治教育者的心理素质，主要是指思想政治教育者身上持续呈现的、对教育对象能够形成积极影响力的稳定的心理特征，它主要包括良好而稳定的心理潜能、丰富而健康的心理品质、坚定而果断的心理行为等。

思想政治教育者的身心健康素质，对思想政治教育活动的开展和教育对象的健康发展意义重大。思想政治教育活动中人的各种行为方式，都受到人的身心健康素质的影响和制约，思想政治教育者的一切行为都可以从生理行为和心理行为予以理解和把握。在思想政治教育者的身心健康素质系统结构中，生理健康是其顺利开展思想政治教育活动的重要前提，心理健康是思想政治教育者承担教育职责、教育引导教育对象健康发展的关键。教育者强健的体魄、广泛而稳定的兴趣、丰富而健康的情感、坚定而果断的意志、富有内涵的气质以及温和良好的性格，能使教育对象对教育者产生亲近感、敬佩感和羡慕感，愿意积极自觉地按照思想政治教育者所设定的目标逐步迈进，在思想政治教育者的强健体魄、阳光心态、心理品质、心理行为的影响和熏陶下，教育对象自身的心理潜能容易被激发、被唤醒，从而在潜移默化中形成“亲其师，信其道”的教育效果。思想政治教育者通过与教育对象的心理互动以及相关的实践活动，不断塑造和培育教育对象形成自尊自信、理性平和、积极向上的社会心态，从而促使教育对象向与社会发展要求相一致的方向发展。

四、业务能力素质

思想政治教育者的业务能力素质，是指在思想政治素质、科学文化素质和身心健康素质等相互作用、相互影响的基础上，教育者呈现出的履行职责的能力、水平和特征。它既体现为科学文化知识的综合运用，也体现为实际工作中的精神、思想、方法和艺术。业务能力素质是教育者顺利开展思想政治教育活动所必须具备的主观条件，也是其使思想政治教育活动得以顺利完成的能力和本领。在思想政治教育活动中，教育者“要不断掌握新知识、熟悉新领域、开拓新视野，增强本领能力，加强调查研究，不断增强脚力、眼力、脑力、笔力”[①]，深入实践、仔细观察、反复思考、勤于引领是其业务能力彰显的主要标志，在很大程度上反映了教育者的“脚力、眼力、脑力、笔力”。思想政治教育者要承担铸魂育人、立德树人的神圣职责，必须具备与开展思想政治教育相适应的业务能力素质。结合思想政治教育过程来看，思想政治教育必须具备的业务能力素质既包括科学的工作理念，也包括观察分析能力、表达能力、组织指导能力、自我调控能力、人际协调能力等良好的工作能力和灵活得当的方法艺术。没有科学的工作理念和良好的工作能力，教育者很难胜任这份工作；缺乏灵活得当的方法艺术，其引领教育对象理解、认同、接受和践行思想政治教育内容的实效性会受到不同程度的影响，更谈不上成为一名优秀的思想政治教育者。

第一，思想政治教育活动的开展，要求思想政治教育者必须具备科学的工作理念。这种工作理念应当突出价值引领意识、人文关怀意识和资源优化意识。思想政治教育是以提升人的思想政治素质和传播社会主流意识形态为直接指向的实践活动，突出价值引领意识是教育者履行职责的首要要求。思想政治教育者的人文关怀意识，是指教育者在思想政治教育过程中，要体现尊重教育对象的主体性、赋予其人生意义和价值关怀，以促进教育对象德才兼备、全面发展。思想政治教育是做人的工作，体现人文关怀意识是思想政治教育者应有的理念和情怀。任何一项活动都有效率和效益的要求，思想政治教育者的资源优化意识是建立在优化思想政治教育

---

① 习近平．习近平谈治国理政：第3卷．北京：外文出版社，2020：315.

的资源投入与产出之比基础上的教育理念，强调思想政治教育活动要提升亲和力、把握规律性、加强针对性、注重实效性。思想政治教育者确立并强化价值引领意识、人文关怀意识和资源优化意识的程度，是其业务能力素质的体现。

第二，思想政治教育活动的开展，要求思想政治教育者必须具备良好的工作能力。它主要包括观察分析能力、表达能力、组织指导能力、自我调控能力、人际协调能力等基本业务能力。思想政治教育者的观察分析能力，主要指教育者通过对各种社会现象及教育对象的思想状况进行感知，从而对其展开调查研究和理论分析的能力。表达能力主要是指思想政治教育者向教育对象的信息输出能力，可以分为显性表达和隐性表达两种。显性表达主要是通过口头表达、文字表达来彰显思想政治教育的意图；隐性表达则采取形象表达或示范引领的无声语言引领和塑造教育对象的思想和行为。组织指导能力主要是指思想政治教育者对思想政治教育实践活动的预测预设、计划统筹、活动开展及效果评估的能力，反映了思想政治教育者的主导性特征。自我调控能力主要指思想政治教育者能够根据社会发展要求和教育对象的发展需求，及时调整自己的知识结构和活动开展方式，能够在思想政治教育活动中善于认识自我、支配自我和调控自我的能力，反映了思想政治教育者的主体性特征。人际协调能力主要指思想政治教育者在日常生活及思想政治教育活动中正确处理人际关系的能力，反映了思想政治教育者的示范性特征。思想政治教育者只有不断提升业务能力素质，才能适应新形势下思想政治教育活动开展的客观要求，才能真正提升思想政治教育的实效性。

第三，思想政治教育活动的开展，要求思想政治教育者掌握并灵活运用得当的方法艺术。每一位思想政治教育者无不希望自己所开展的思想政治教育活动受欢迎、充满情趣而且能够获得成功，但在实际活动中，有一些思想政治教育者所开展的思想政治教育活动效果不尽如人意。为什么思想政治教育者付出了大量的心血而有些思想政治教育活动效果不尽如人意呢？除了客观的社会环境因素之外，从主观的角度来说，思想政治教育者自身的知识水平、工作理念和方法艺术都会对教育效果产生影响，尤其是思想政治教育者开展思想政治教育的方法艺术，在一定程度上直接决定了思想政治教育的内容能否及时、有效、科学地传递给教育对象，能否更好地引起教育对象的内心共鸣。因此，思想政治教育者必须具备掌握和运用开展思想政治教育的方法艺术，在遵循教育规律、思想政治工作规律和教育对象的身心发展规律的基础上，科学把握教育对象的发展特点和成长需求，将思想政治教育内容融于循循善诱、春风化雨的教育活动中，使思想政治教育活动成为融传播知识与陶冶美德于一体的实践活动。思想政治教育者灵活得当的方法艺术，使思想政治教育活动不仅能够健康身心、陶冶性情，而且能使教育对象增长知识、锻炼才干。教育者的渊博学识、得当的方法与对教育对象的真心关爱，是其有效担负起“传播知识、传播思想、传播真理，塑造灵魂、塑造生命、塑造新人”时代重任的重要条件。

第三节 做新时代优秀的思想政治教育者

中国特色社会主义进入新时代，这是我国发展所处的历史方位。新时代优秀思想政治教育者的培养和成长，必须立足于这一全新的历史方位，适应时代发展要求，满足教育对象成长成才的需求和期待。思想政治教育不仅仅是简单的知识传授和品德教化，而是要激发教育对象形成符合社会发展要求的思想和行为，这一活动既要“因事而化、因时而进、因势而新”，又要遵循教育规律、思想政治工作规律和教育对象的身心发展规律。思想政治教育者通过加强理论学习、注重社会实践、强化自我修养、培养创新思维，持续提升自身思想政治素质，并将其转化为从事思想政治教育活动的综合素养，在思想政治教育活动中逐渐成长为优秀的思想政治教育者。

一、加强理论学习

加强理论学习是思想政治教育者顺利开展思想政治教育活动、科学履行思想政治教育职责的前提条件。“本领不是天生的，是要通过学习和实践来获得的”[①]，思想政治教育者承担铸魂育人、立德树人的重要职责，必须加强理论学习。

第一，思想政治教育者要加强马克思主义理论的学习。“要认真学习马克思主义理论，这是我们做好一切工作的看家本领”[②]，更是思想政治教育者开展思想政治教育活动、培养中国特色社会主义建设者和接班人的看家本领。在当代中国，加强

① 习近平．习近平谈治国理政：第1卷．2版．北京：外文出版社，2018：403.

② 同①404.

马克思主义理论学习是思想政治教育者学习的基本内容和客观要求，重视阅读马克思主义经典著作，掌握马克思主义的思想精髓和科学方法，才能科学回应和有效解决思想政治教育活动中遇到的重大现实问题。阅读马克思主义经典著作不仅仅是一个读书的问题，还涉及对待马克思主义理论的根本态度问题。思想政治教育者阅读马克思主义经典著作不仅仅是为了做学问，更重要的是通过学习形成科学世界观、人生观、价值观，持续提升开展思想政治教育活动的能力和水平。

第二，思想政治教育者要结合工作需要来加强理论学习。任何理论都集中体现着人类某种特定思维方式，思想政治教育者要正确认识和把握以知识形式存在的理论精髓和发展主线，科学分析理论产生的社会根源、文化背景和特定语境，既不可以教条地理解和运用理论，更不可以望文生义，以自己所处时代的历史境遇和社会环境来解读经典理论，而是要从历史和逻辑相统一、理论与实践相统一的视角学习理论、掌握理论和运用理论。这要求思想政治教育者加强理论学习必须结合工作需要，持续提升自身开展思想政治教育的理论水平和能力素质。思想政治教育是一种以理服人的社会实践活动，思想政治教育者首先得“有理”，即通过学习掌握理论。其次要“讲理”，即把理论化、系统化的理论知识以生动活泼的生活道理呈献给教育对象，而不是仅仅把理论学习的成果系统化、逻辑化、抽象化，应当引导教育对象学以致用。“讲理”必须以问题为导向面对现实，把道理、学理、哲理讲深、讲透、讲活，在正确理解和系统把握理论与现实之间辩证关系的基础上明理传道、立德树人。

链接

马克思主义的全部精神，它的整个体系，要求人们对每一个原理都要（α）历史地，（β）都要同其他原理联系起来，（γ）都要同具体的历史经验联系起来加以考察。

——列宁．列宁选集：第2卷．3版修订版．北京：人民出版社，2012：785.

第三，思想政治教育者要正确把握学习的方向。理论不仅仅是知识体系和思维方式，也是一种价值规范。加强理论学习，思想政治教育者既要掌握一定的知识体系，为开展思想政治教育活动提供必要的前提条件，又要正确把握学习的方向，避免学习陷入盲目状态甚至在错综复杂的形势中无所适从。“没有正确方向，不仅学不到有益的知识，还很容易被一些天花乱坠、脱离实际甚至荒唐可笑、极其错误的东西所迷惑、所俘虏。”① 思想政治教育者加强理论学习，目的在于增强开展思想政

① 习近平．习近平谈治国理政：第1卷．2版．北京：外文出版社，2018：406.

治教育的工作本领、提高解决实际问题的能力和水平，能够依据科学的理论把握教育对象的思维方式与行为方式，逐渐用科学的理论规范和引领教育对象的思想和行为，促进教育对象持续形成与社会发展要求相一致的思想政治素质。正确把握学习的方向，有助于增强教育者履行思想政治教育职责的能力和水平，以科学理性的认知、真挚高尚的情感、执着专注的意志、勤勉扎实的行为投入思想政治教育活动之中，逐步自觉成长为优秀的思想政治教育者。

二、注重社会实践

思想政治教育活动的过程是教育者与教育对象共同参与、相互作用的过程，是教育者按照一定的思想政治教育目标对教育对象进行思想政治教育的过程，是理论与实践相结合的过程。思想政治教育者既要重视理论学习，也必须积极关注和参与社会实践，因为“全部社会生活在本质上是**实践的**。凡是把理论引向神秘主义的神秘东西，都能在人的实践中以及对这种实践的理解中得到合理的解决”①。思想政治教育本身不是什么神秘抽象的活动，而是思想政治教育者借助和运用社会主流意识形态促进教育对象确立和提升思想政治素质的实践过程，是思想政治教育者的理论水平和实践能力对教育对象产生影响的动态过程。这一动态过程既是教育对象通过思想政治教育活动获得源源不断发展动力的过程，也是思想政治教育者履行思想政治教育职责，将思想政治教育目标的理想性和现实性相结合的过程。思想政治教育者只有既确立做好思想政治教育工作的志向，又积极开展思想政治教育实践的创新与探索，才可能成为优秀的思想政治教育者。

注重社会实践，思想政治教育者应当确立做好思想政治教育工作的志向。这主要解决思想政治教育者开展思想政治教育活动的目标和动力问题。思想政治教育是一种提升教育对象思想政治素质的实践活动，思想政治教育者是这一活动的组织者、实施者、调控者。思想政治教育活动的开展，既要有顶层目标的设计，更要有具体目标的实践要求，使每一次思想政治教育活动都尽可能地实现具体的预期目标，而这些具体预期目标的逐步实现就是在向思想政治教育活动的总体目标逐步迈进，这需要思想政治教育者具有顽强的意志品质、良好的理论素养、强大的实践能力和高超的思想政治教育艺术。这是一名优秀的思想政治教育者的必备素质。思想政治教育者关注和参与各种社会实践活动，加深对社会发展目标与个体发展目标的

① 马克思，恩格斯．马克思恩格斯选集：第1卷．3版．北京：人民出版社，2012：135-136.

系统认识与把握，努力使思想政治教育活动成为个体积极主动提高思想政治素质的自觉活动。

优秀的思想政治教育者总是在思想政治教育活动中成长起来的。思想政治教育者要在迅速变化的时代中赢得主动，要提升思想政治教育的思想性、理论性、亲和力和针对性，就要在坚持马克思主义基本原理的基础上，以更宽广的视野、更长远的眼光来思考和把握思想政治教育工作与教育对象发展面临的一系列现实问题，在理论上不断拓展新视野、做出新概括，在实践中做出成为“经师”和“人师”统一者的新探索。思想政治教育是一种教育实践活动，它主要通过思想理论的传授、学习和内化实现其思想理论教育和价值引领功能，并在现实生活中以思维方式和行为方式的塑造过程呈现其活动效果。思想政治教育者注重社会实践，就是要在体现时代性、把握规律性、富于创造性的思想政治教育活动中，持续领悟和彰显科学理论的真理性价值，进一步提升思想政治教育的实效性。

三、强化自我修养

思想政治教育者强化自我修养，不仅仅是为了更好地传授知识、开展思想政治教育，更重要的是要提升思想政治素质，努力培养符合社会发展需要的人才。思想政治教育者提高个体业务能力素质和专业技能，要服务于陶冶人的情操、激发人的潜能、提升人的思想政治素质的目的，真正做到在学习实践中加强自我修养，在自我修养过程中强化学习效果。思想政治教育者要在加强品德修养上下功夫，踏踏实实修好品德，自觉践行“言为士则、行为世范”的准则，成为有大爱大德大情怀的人。从思想政治教育过程来看，修养意味着思想政治教育者在一定价值观的指导下，以社会生活中的自我反省为主要手段来培养和完善性格的过程及呈现的状态。教育者自觉强化思想道德修养，就是要把自身的学习生活与国家的前途、民族的命运紧密结合起来，在实现价值理想和开展思想政治教育活动的过程中，形成良好的思想政治素质和实践能力，为更好地促进自身发展和在新的起点上做好思想政治教育工作奠定思想道德基础。

强化自我修养，思想政治教育者应当重视修养和信仰之间的辩证关系。崇高信仰的形成和确立尽管需要一定的知识水平、情感因素和生活阅历，但生活实践中的自我修养对信仰的形成至关重要。信仰是修养的理性升华和价值归宿，修养是信仰形成和确立的基本条件和必由之路。一个没有修养的人形成和确立崇高信仰的状况是不可想象的，具有崇高信仰的人在社会生活中必然是一个有修养的人。一名优秀的思想政治教育者首先是一个有修养的人，这种修养应当促使教育者不断向形成和确立崇高信仰的目标迈进。一个具有崇高信仰的思想政治教育者，必然是一个有修养的教育者，也是能够促使教育对象形成理性高尚、能动创造生活方式的人。思想政治教育者在社会生活中自觉进行自我修养，自觉学习和运用科学的理论武装自己，自觉抵制错误思潮与腐朽生活方式的侵蚀，在潜移默化中形成对特定价值观的极度信服，并愿意将其作为最高价值。崇高信仰的确立不是思想政治教育者源于心灵的自发需要，而是源于其强烈的社会责任感——培养符合社会发展需要的建设者和接班人的强烈责任感。思想政治教育者的崇高信仰在很大程度上体现为学习、工作和生活中的修养，并通过教育者的为人处世表现出来。

在当代中国，强化自我修养，应当从加强理论修养、党性修养、品质修养和道德修养等方面去实践。理论修养是加强理论学习的重要内容和主要目的，也是坚定理想信念的重要前提。思想政治教育者加强理论修养，最重要的是加强马克思主义理论的学习，“在真学真信中坚定理想信念，在学思践悟中牢记初心使命，在细照笃行中不断修炼自我，在知行合一中主动担当作为”①。思想政治教育者要“把培养社会主义建设者和接班人作为根本任务，培养一代又一代拥护中国共产党领导和我国社会主义制度、立志为中国特色社会主义事业奋斗终身的有用人才”②，必须强化党性修养，持续锻造政治品格、涵养政治智慧、增强政治定力、恪守政治规矩，持续提升教育者从事思想政治教育工作的思想政治素质。品质修养是一个人综合素质的集中体现，在生活实践中主要以人格的形式呈现。“人格要正”是对思想政治教育者品质修养的客观要求，思想政治教育者应当拥有高尚的人格以感染教育对象、赢得教育对象。道德修养作为人类道德实践活动的重要形式之一，是指“个体自觉地将一定社会的道德规范、准则及要求内化为内在的道德品质，以促进人格的自我陶冶、自我培育和自我完善的实践过程”③。新时代思想政治教育者加强道德修养，就是要自觉践行社会主义核心价值观，提高精神境界，养成科学思维习惯，促进修养者的身心和人格健康发展。思想政治教育者强化自我修养，无论是加强理论修养、党性修养，还是强化品质修养和道德修养，都要通过社会实践去体验和感悟生命存在的价值和意义，都是将一定社会的价值观内化为自身思维方式和生活方式的过程。思想政治教育者只有通过持续加强自我修养，为教育对象提供目标激励和学

---

① 习近平．习近平谈治国理政：第3卷．北京：外文出版社，2020：518.

② 中共中央党史和文献研究院．十九大以来重要文献选编：上．北京：中央文献出版社，2019：647.

③ 《思想道德修养与法律基础》编写组．思想道德修养与法律基础．北京：高等教育出版社，2018：127.

习榜样，对教育对象进行思想理论教育和价值引领，才可能自觉成长为一名优秀的思想政治教育者。

四、培养创新思维

创新思维是一种以新颖独特的思维方式去解决问题的理念和意识。它本质上是一种求新求异思维，这种思维通常以突破常规思维的局限来解决问题，避免落入俗套，能够在实践中起到引导人、发展人、塑造人的独特作用。思想政治教育者创新思维的培养，既要有打破常规的意识，又要重点抓好“理念创新、手段创新、基层工作创新，努力以思想认识新飞跃打开工作新局面，积极探索有利于破解工作难题的新举措新办法”①，自觉成长为一名优秀的思想政治教育者。

第一，培养创新思维，思想政治教育者应当敢于和善于打破常规。要培养创新思维，教育者必须打破常规，“因事而化、因时而进、因势而新”。思想政治教育者要持续提升立德树人的实效性，就必须敢于和善于打破常规，避免依靠惯常经验、服从教条和从众心态开展思想政治教育活动。思想政治教育者必须从人才培养和提升思想政治教育实效性出发，培养和确立创新思维，敢于和善于打破常规，使其所开展的思想政治教育活动与社会发展目标相契合、与人的思想政治素质提升要求相一致。

第二，培养创新思维，思想政治教育者应当坚持问题导向。马克思主义认为，问题是事物矛盾的表现形式，是“创新的起点，也是创新的动力源”②。一个优秀的思想政治教育者，只有坚持问题导向，才能科学把握思想政治教育的基本规律，才能在思想政治教育活动中不断提升思想政治教育实效性。坚持问题导向就是善于把握时代发展大势，善于把握事物运动、发展、变化的基本规律，在承认事物发展的普遍性过程中抓主要矛盾和矛盾的主要方面，在具体问题具体分析中不断地发现问题、研究和分析问题、解决问题。善于发现问题是创新思维培养的前提，正确分析和解决问题是创新思维培养的主要目的。思想政治教育者创新思维的培养，必须深入研究社会环境的变迁，研究社会实践的发展对思想政治教育活动带来的新要求、新挑战、新课题，善于根据教育对象的发展要求和期待开展思想政治教育活动，善于把创新思维培养与创新能力提升紧密结合起来，有效整合、优化和利用各种思想

---

① 习近平．习近平谈治国理政：第1卷．2版．北京：外文出版社，2018：155.

② 中共中央文献研究室．习近平关于社会主义文化建设论述摘编．北京：中央文献出版社，2017：80.

政治教育资源，善于运用创新思维应对思想政治教育发展面临的新挑战，满足教育对象发展的新期待，开拓思想政治教育的新局面。

第三，培养创新思维，思想政治教育者应当科学把握思想政治教育的创新重点。在当代中国，思想政治教育者肩负着培养德智体美劳全面发展的社会主义建设者和接班人的历史使命。创新思维培养要围绕这一历史使命而展开，在思想政治教育活动中不断创新教育理念，持续满足教育对象成长成才的需要，努力培养堪当民族复兴重任的时代新人，培养德智体美劳全面发展的社会主义建设者和接班人。思想政治教育活动实效性的提升，离不开教育者的理念创新，也离不开先进科学的教育手段，离不开对基层工作的深入研究和把握。因此，思想政治教育者创新思维的培养，要高度关注思想政治教育的手段创新和基层工作创新，善于运用新颖独特的手段开展思想政治教育，正视思想政治教育基层工作中存在的问题，积极探索有利于破解工作难题的新举措新办法，以科学的教育理念、先进的教育手段为依据，提出与众不同的基层工作创新方案，从而产生独特的、具有良好示范意义的实践效果。思想政治教育者在抓好理念创新、手段创新和基层工作创新的过程中，培养和强化创新思维，从而自觉成长为一名优秀的思想政治教育者。

思考题

1. 如何认识思想政治教育者的主要职责？
2. 思想政治教育者的主要素质包括哪些方面？
3. 在新时代如何做一名优秀的思想政治教育者？

后　记

2016年3月樱花时节，来自国内相关高校思想政治教育专业的十余位中青年学者相聚珞珈山，研讨并启动这部教材的编写。光阴荏苒，执笔写此后记之时，珞珈山已然又樱飞六度。在这五年多的时间里，教材编写组的各位同仁怀着对思想政治教育专业建设和人才培养的赤诚，潜心研读、反复推敲，终成此书。

教材的撰写分工是：

绪论由武汉大学沈壮海教授撰写；

第一章由中国人民大学王易教授撰写；

第二章由武汉大学杨威教授撰写；

第三章由武汉大学刘水静副教授撰写；

第四章由东北师范大学高地教授撰写；

第五章由重庆大学魏强副教授撰写；

第六章由西南大学白显良教授撰写；

第七章由华东师范大学许瑞芳教授撰写；

第八章由清华大学张瑜教授撰写；

第九章由兰州大学张哲副教授撰写；

第十章由同济大学徐蓉教授撰写；

第十一章由华南理工大学张国启教授撰写。

教材编写过程中，曾先后于武汉大学、复旦大学、河海大学举办编撰研讨会。三校为会议举办提供了诸多便利和帮助。河海大学戴锐教授、上海交通大学史宏波教授、北京师范大学杨增岽教授、浙江大学代玉启教授等为教材编撰的顺利推进也倾注心血甚多。《教学与研究》编辑部李文苓编审、《思想理论教育》编辑部曹宁华编审多次参加教材的编撰研讨，并提出了许多很有价值的意见和建议。中国人民大学出版社对教材的出版热情鼓励、坚定支持，并对我们一再拖延交稿时间给予了极大的理解和宽容。牛晋芳编审参与了教材从启动编撰到交稿付梓的全过程，时时鞭策、悉心编校，敬业精神、专业素养令人钦佩。

编写组每一位成员对思想政治教育学原理的认识和思考，无不受益于思想政治教育专业老一辈开拓者的教诲和指导；我们在对本领域已有相关教材的重温中、对学界同仁名篇宏论的研读中，亦获益无穷；武汉大学马克思主义学院、马克思主义理论与中国实践协同创新中心、教育部高校思想政治工作创新发展中心（武汉大学）对教材的编写，给予了鼎力支持。在此，我们一并致以深深谢意、敬意！

新时代思想政治教育的创新发展为写出新时代的《新编思想政治教育学原理》创造了条件，也发出了呼唤。我们谨用这部教材表达新时代的思想政治教育学人回应时代呼唤的努力、推动专业建设的执着。书中肯定还存在许许多多不完善的地方，我们期待来自各方面的批评指正，并将为教材的进一步完善做出持续不懈的努力。

作　者

2022 年 3 月

第二版后记

2022年10月，党的二十大胜利召开。党的二十大报告提出马克思主义中国化时代化新境界等重大问题，深入阐述了中国式现代化理论，对全面建设社会主义现代化国家、全面推进中华民族伟大复兴进行了战略谋划，作出了战略部署，为新时代新征程党和国家事业发展、实现第二个百年奋斗目标指明了前进方向，确立了行动指南，也为推进新时代思想政治教育理论与实践的创新发展确立了根本遵循。根据党的二十大精神，我们对《新编思想政治教育学原理》进行了精心修订。修订中，我们坚持以习近平新时代中国特色社会主义思想为指导，努力将马克思主义中国化时代化的最新成果充分融入、贯穿于对思想政治教育相应理论问题的分析探讨之中，努力从本学科的角度为构建中国自主知识体系做出自己力所能及的贡献。

《新编思想政治教育学原理》出版一年来，受到了思想政治教育学科领域师生的热切关注和鼓励，首印图书在一个月内即告售罄。华中师范大学张耀灿教授、中国人民大学刘建军教授、复旦大学高国希教授、北京大学宇文利教授、中山大学李辉教授等称"《新编》之'新'体现于结构之新和内容之新，在于伐隐攻微之新"，认为这部教材有"'变而趋新'的编写主旨""'宏微并进'的建构理念""'大开大合'的体系调整""'深浅有度'的理论阐述""'主辅分明'的呈现方式"，"体现了强烈的时代感和创新性"，"对于思想政治教育学原理来说是一个实质性的推动"。2022年4月24日，武汉大学梅荣政教授、骆郁廷教授、佘双好教授、熊建生教授、项久雨教授、倪素香教授等线下参加于校内举行的"新时代思想政治教育基础理论建设研讨暨《新编思想政治教育学原理》出版座谈会"，在肯定教材对推动新时代思想政治教育基础理论研究和教材建设所具积极意义的同时，也提出了进一步深化探索的宝贵建议。一年来，也有不少读者来信来电，反馈教学中应用此教材的有关情况和思考。各位师长、同仁的肯定和勉励，本学科领域众多老师和学生的支持与期待，时刻鞭策着我们勉力前行。借再版之机，我们向所有关心、关爱着这部教材建设的老师、同学，向这部教材的出版方中国人民大学出版社以及广大读者，致以真诚谢意！

这次修订中，各章修订任务均由原作者完成。

写此后记之时，窗外，又值春光明媚、樱灿枝头。

学无止境。我们期待各方的批评指正，并一定持续努力，为将这部教材打磨得更好而倾注心智。

沈壮海

2023 年 3 月于珞珈山

图书在版编目（CIP）数据

新编思想政治教育学原理 / 沈壮海主编 . -- 2 版 .
-- 北京：中国人民大学出版社，2023. 7
ISBN 978-7-300-31830-1

Ⅰ. ①新… Ⅱ. ①沈… Ⅲ. ①思想政治教育－教育学－研究－中国 Ⅳ. ①D64

中国国家版本馆 CIP 数据核字（2023）第 111172 号

新编思想政治教育学原理（第二版）
沈壮海　主编
Xinbian Sixiang Zhengzhi Jiaoyuxue Yuanli

出版发行	中国人民大学出版社		
社　　址	北京中关村大街 31 号	**邮政编码**	100080
电　　话	010－62511242（总编室）		010－62511770（质管部）
	010－82501766（邮购部）		010－62514148（门市部）
	010－62515195（发行公司）		010－62515275（盗版举报）
网　　址	http://www. crup. com. cn		
经　　销	新华书店		
印　　刷	涿州市星河印刷有限公司	**版　　次**	2022 年 3 月第 1 版
开　　本	787 mm×1092 mm　1/16		2023 年 7 月第 2 版
印　　张	20 插页 1	**印　　次**	2025 年 5 月第 3 次印刷
字　　数	366 000	**定　　价**	59. 80 元

教学支持说明

（教学课件）

中国人民大学出版社政法分社秉承“出教材学术精品，育人文社科英才”的出版宗旨，多年来，出版了大批高质量的马克思主义理论、法学、教育学、政治学教材和学术著作。

我们为本教材制作了相应的 PPT 教学课件，任何一位采用本书作为授课教材的教师均可免费获得该课件。为了确保该课件仅为授课教师获得，烦请您填写如下材料，并将相关信息通过 E-mail 发送给我们，我们将在收到相关信息后通过 E-mail 给您发送该课件。欢迎您加入我们的 QQ 群（全国政管教师交流二群，群号为 648117133），或登录我社官方网站（www. crup. com. cn），注册并认证成为教师会员，以获得更好的服务。

我们的联系方式：

地址：（100872）北京市中关村大街甲 59 号文化大厦 1202 室

中国人民大学出版社政法分社

电话：（010）62515383　62514775（传真）

E-mail：ggglcbfs@vip. 163. com

兹证明____________大学/学院____________院/系____________专业____________学年第____________学期开设的____________课程，采用中国人民大学出版社出版的________________________（书名、作者）作为本课程教材。授课教师为____________，授课班级共________个、学生________人。授课教师需要与本书配套的教学课件。

联 系 人：________________________

通信地址：________________________

邮　　编：________________________

电　　话：________________________

E-mail：________________________

系/院主任：____________（签字）

（系/院办公室章）

________年______月______日